河出文庫

哲学史講義 Ⅰ

G. W. F. ヘーゲル
長谷川宏 訳

河出書房新社

単行本版訳者まえがき

本書はG・W・F・ヘーゲル『哲学史講義』の全訳（全三巻）である。底本にはグロックナー版ヘーゲル全集の一七、一八、一九巻を用いた。

ヘーゲルはここで、初期ギリシャの哲学者タレスから同時代の哲学者シェリングに至る、西洋哲学史二千数百年の流れを大きく視野のもとにおさめている。（序論で中国の哲学とインドの哲学が取りあげられているが、これはあくまで、前置きないし付録と見るべきである。もっとも、東洋における理性的思考の未発達をいうヘーゲルの断定的な口調は、一九世紀の西洋の知識人が東洋をどう見たかを考える上で、興味深い資料を提供するものといえるのだが。）

世界の原理を問うタレスによって哲学の地平が切りひらかれて以来、数多くの哲学者、思想家、知者がこの地平にみずから登場して、答えを模索し、問いを深めた。世界はどのようにしてなりたっているか、自然とはどういうものか、人間とはなにか、人間はいかに生きるべきか、なにが真であり善であるか、――そうした問いに知力のかぎりを尽くして立ちむかった人びとを、ヘーゲルは「思索する理性の英雄たち」と呼んだが、英雄たちの知的格闘ぶりを、たんに個々の思想家のその場その場の格闘というにとどまらず、思索する理性そのものが時代とともに発展し成熟していく過程としてとらえるところに、ヘーゲルの『哲学史講義』の面目があった。

タレスにせよ、ピタゴラスにせよ、ソクラテス、プラトンにせよ、デカルトにせよカントにせよ、ヘーゲルはそのひとりひとりの問題意識と思考方法の特質をくっきりと描きだしつつ、同時に、かれらの思想原理を哲学史という大きな脈絡のなかにしっかりと位置づける。理性の英雄たちは、たがいにはげしく対立し矛盾しつつ、対立と矛盾のただなかで思索を深めることによって、哲学の流れを前へ前へとおしすすめる。『哲学史講義』でヘーゲルが視野のもとにおさめていたのは、そのような動の情景であった。

べつの面からこれをいうと、ヘーゲルは『哲学史講義』で数千年におよぶ思想のドラマを描きだそうとしたということができる。主人公はつぎつぎと交替するが、舞台を包むようにして思索する理性の柔軟・強靭なひびきが、あるいは高くあるいは低く鳴りわたって、ドラマがとぎれることがない。読者はどの場面でも、つぎなるドラマへの期待に胸をふくらませることができる。抽象的思考に深いりせざるをえない哲学を舞台に、これだけのドラマを描きだすヘーゲルの歴史眼は、西洋哲学史上、類稀《たぐいまれ》なものといわなければならない。ものごとをつねに対立と矛盾の相のもとにとらえる弁証法的思考が、思想の有為《うい》転変《てんぺん》を追うこの『哲学史講義』において、文字通り躍動している。と同時に、他方、ヘーゲルが、ドラマにかかわらない部分は、たとえそれがどんなに有名な理論や学説でも、大胆に切りすてて論をすすめていくことも、これは翻訳という作業の途上ではっきり見えてきたこととして、いっておかねばならないのだが。

翻訳は平明達意をもって旨とした。なにより、訳文がドイツ語原文とは独立に、日本語として無理なく読めるよう心がけた。

こんなあたりまえの心がけをあえて口にしなければならないのは、日本の哲学系統の翻訳書の多くが、いまだ、原文にひきずられることの多い、きわめて生硬かつ不自然なものだからだ。日本語の文章として何度読みかえしても納得のゆく理解が得られない。しかたなくドイツ語の単語におきかえてみる。あるいは、ドイツ語の文脈を想定してみる。挙句《あげく》、原書をひっぱりだしてきて対照する。――そんなわずらわしい手つづきを要求する翻訳が少なくない。そのことは、哲学をとっつきにくいものにする原因の一つにもなっていると思う。

そういう翻訳哲学書の通弊を避けるべく、この訳書では、ドイツ語を念頭におくことなく、日本語として普通に読んでヘーゲルのいいたいことが理解できることを主眼とした。ヘーゲルの描きだす思想のドラマを、日本語を通してたのしんでもらいたい。それが訳者としてのなによりのねがいである。

慣例となっている訳語のうち、日本語として生硬未熟で、専門家以外には意味を喚起しがたい語（たとえば、「表象」「規定」「措定」「思弁」「私念」「悟性」「傾向性」「人倫」「即自」

「対自」など）をあえて不採用としたのも、また、ドイツ語一語に日本語一語を対応させず、文脈に応じて適宜訳しわけたのも、右のねらいを実現せんがための方策であった。

一方、文体を「です」「ます」体にしたのは、原書が「哲学史講義」と題され、本文の大部分が聴講生のノートをもとに編集されたことを考えて、訳文にも話しことばのくだけた感じをだしたいと思ったからである。ドイツ語を読んで、講義者ヘーゲルの口調や抑揚を想像することはわたしの力にあまることだが、「です」「ます」体は「である」体よりも文と文とのつながりにさまざまなニュアンスをこめやすいところがあって、「講義」の性格上、逸脱や飛躍やいいよどみが少なくない『哲学史講義』の場合、この文体をとったおかげで文の論理的なつながりを浮かびあがらせやすかったのは思いがけぬ余得であった。

一九九一年一〇月一日

長谷川　宏

文庫版訳者まえがき

二十数年ぶりに、ヘーゲル『哲学史講義』（全三巻）が全四巻の文庫版に形を変えて世に出ることになった。訳者としてうれしい限りだ。

思い起こせば、ハードカバー、貼函《はりばこ》入りの『哲学史講義』は、わたしがヘーゲルの著作に取り組んだ最初の訳書だった。先行の日本語訳としては岩波書店の『哲学史』があったが、これはわたしの訳とは底本がちがっていたから、ほとんど参考にしなかった。

ヘーゲルのドイツ語に導かれて、並みいる古今の西洋哲学者の思想と学説に当たっていくことは、苦労と忍耐を強いられる仕事だった。日本語として無理なく読めるような、これまでの哲学書の翻訳とは類を異にする本を出したいという強い志がなかったら、中途で仕事を放棄していたかもしれない。上巻の刊行後に多くの好意的な書評が寄せられたのは、翻訳を進める上で大きな励みになった

ヘーゲル哲学の翻訳に挑戦しようと思い立ったとき、まっさきにこの『哲学史講義』を取り上げることになったのは、ちょうどその頃、「ヘーゲルを読む会」という研究会で月一回、

三巻本のドイツ語原書(ズールカンプ版)をコツコツと読みすすんでいたからだった。一九八一年に『精神現象学』の原書講読をもって始まった「ヘーゲルを読む会」は、三五年後のいまも続いている。顔ぶれは少しずつ入れかわり、同じメンバーは多くが老境に向かいつつあるが、ヘーゲルのドイツ語に丁寧につきあい、浮かび上がる疑問や問題点をみんなで議論するという会の進めかたは変わらないように思う。

版が改まるこの機会に、原書を傍《かたわら》に置いてかつての訳文を一字一句、気を配って追いかけた。あちこちで二〇年前の苦労の跡がしのばれたが、訳文全体に一定のリズムが保たれて読みにくくはない、と思えたのはうれしかった。

加筆・修正は、文意の通じにくいところを分かりやすくすることと、訓読みの漢字をやや多くすることとをおもなねらいとした。

文庫本化の作業は河出書房新社編集部の竹花進さんが担当してくれた。二〇代でヘーゲルを読んだという竹花さんは古典的な読書人といった趣きがあって、会話が楽しかった。尽力に感謝する。

二〇一六年七月一日

長谷川　宏

目次

●II～IV巻 目次

哲学史講義 I

はじめに

わたしは哲学史の講義をしようと、きょうはじめてここハイデルベルク大学の教壇に立ったのですが、まずひとこと前置きのことばをいわせていただきたい。まさしくこの時機に学問の府で新任の哲学教授として再出発することを、わたしはとくによろこばしく満足に思っています。というのも、哲学に注目と愛情のまなざしがむけられる時機がいま到来しつつあるかに思われるからで、寡黙だったこの学問がふたたび声を高めれば、これまで耳を閉ざしていた世間がふたたびその声に耳を貸してくれることが期待できるのです。つらい時代にあっては、日常生活のこまごまとしたことが大切に思え、現実の高度な利害関係やそれをめぐる争いに精神的かつ物質的な全精力が注がれて、もっと高次の内面生活や、もっと純粋な精神活動にむかう心の余裕がなく、すぐれた人びとまでが現実の利害にとらわれ、一部はその犠牲になってしまう。世界精神が現実世界にかかずらって、自分の内面に目をむけ、内部に力を集中することができないからです。が、いまや、現実のこの流れが断ちきられ、ドイツ国民は苦境を脱し、あらゆる活気にみちた生活の土台となる国家をまもりぬいたのです。だとすれば、一切の利害をうちに呑みこむ国家とならんで、教会が浮上してくることを、これまで思考と努力の対象となっていた地上の王国とならんで、神の王国にも思考がむけられることを期待できる。いいかえれば、政治その他、日常の現実とむすびついた利害関係とならんで、純粋な学問、自由で理性的な精神世界もまた、ふたたび花開くことが期待できるのです。

哲学史の流れを追っていくと、他のヨーロッパ諸国では学問や教養は熱意と関心をもって求められるのに、哲学となると、名のみ残って、内容は、おぼろげな記憶や輪郭すら消えうせるほどすたれている。哲学はドイツ国民のうちにのみ、固有のものとして保持されている。わたしたちは、その民族性からして、哲学という神聖な火の番人たるべき高貴な使命をあたえられているのです。ちょうどそれは、アテネのエウモルピダイ家にエレウシスの秘教をまもる番人の役が課せられ、また、サモトラケ島の住人に祭儀の維持と保存の役が課せられていたのに似ているし、もっとさかのぼれば、世界精神の要請として、あたらしい精神を生みだすという最高の意識的な課題がユダヤ民族に課せられていたことが思い合わされます。しかし、すでに述べたようなつらい時代にあっては、わたしたちはさまざまな世俗の利害関係にまきこまれ、本腰をいれて真剣に哲学と取り組むことはできなかったし、哲学に幅広い関心を寄せることもできなかった。ために、堅実な人びとが実業に励んでいるまに、哲学の領域では軽佻浮薄《けいちょうふはく》の輩《やから》が大口をたたいてのさばっていた。ドイツに哲学がおこってこのかた、この学問が今日ほど惨状を呈したことはない。空虚と暗愚がこれほどまでに水面に浮上し、自分が哲学を支配している、といわんばかりに思い上がったふるまいに出たことはないとさえいえる。ドイツ人のまじめさと正直さと堅実さをもって、この軽佻浮薄の徒たちにともに立ちむかい、哲学をさびしい避難場所からひきだしてやるのがわたしたちの使命ですが、それを果たすには、時代の奥深くからわたしたちに呼びかける精神の声を聞かねばなりません。諸君、美しさいやます時代の夜あけをともども祝福しようではありませんか。いままで外にむかって拡散していた精神が、おのれをふりかえり、自分のなかに還っていき、自分独自の領域を確保できるような時代がきた。人びとのきもちが、日々の利害を超えたところで、真なるもの、永遠なるもの、神的なるものを受けいれ、最高のものを考察し把握することのできる時代がきたのです。

わたしたちのように激動の時代を経ておとなになった世代から見ると、青年期に心おきなく真理と学問に打ちこめる諸君たちをしあわせだと思わずにはいられません。わたしは生涯を学問研究にささげましたが、いまこうして、学殖ゆたかで影響力の大きい場で、高度な学問的関心を呼びおこし活気づける仕事を担えること、まずもって諸君をそこにひきいれる仕事に貢献できることを、うれしく思います。諸君の信頼にこたえ、諸君の信頼をかちとりたいものです。が、さしあたり諸君に要求したいのは、なににもまして学問と自分自身、この二つだけを信頼することです。真理を求める勇気をもち、精神の力を信じることが哲学の第一条件です。人間は精神である以上、自分を最高に価値あるものと見なすべきだ。自分の精神の大きさと力強さについては、どんなに大きく考えても過大ということはありません。そして、この信念さえあれば、人間にとって、手の施しようのないほど頑固なものなどありません。はじめは隠され閉ざされていた宇宙の本質も、認識の勇気に抵抗できるだけの力はもたない。かならずやその秘密をうちあけ、そのゆたかさと深さを心ゆくまで目の前に示してくれるのです。

哲学史というと、ただちにつぎのことが注意されねばなりません。すなわち、哲学史の対象がそれにふさわしいすぐれたあつかいを受けるとき、哲学史は大いに興味あるものとなるけれども、その目的があやまってとらえられたときでも、それなりに興味をひくということです。いや、哲学とはなにか、哲学史は哲学にどう寄与するか、という点について、考えがまちがっていればいるほどかえって哲学史への興味が増すようにさえ思える。というのも、哲学史から出てくるのは、とりわけ、哲学史は無意味だという証明だからです。

歴史というものは――なんの歴史であれ――、偏見なしに、特殊な利害や目的にわずらわされずに、事実のみを語るべきだ、という要求は正当なものだといわねばならない。しかし、この紋切型の要求をくりかえすだけではどうにもならない。ある対象についての歴史は、当然にもその対象をどう考えるかということと密接にむすびついているからです。対象をどう考えるかにしたがって、その対象にとって重要なこと、目的にかなったこともおのずと決定され、出来事と対象との関係にもとづいて、語られるべき出来事の選択、出来事のとらえかた、とらえる視点が決定される。だから、国家とはなにかという点にかんして考えがちがえば、一国の政治史のうちに自分の求めるものがなに一つ見つからないということもおこりうる。哲学史についてはなおさらのことで、哲学史のいろんな記述を読んで、ほかのことはすべて書かれているのに、自分が哲学だと思っているものだけは見つからない、といったこともおこりうる。ほかの歴史の場合には、対象についての考えは、少なくとも大筋においては確定しています――特定の国や民族や、また人類全体が対象となる場合でも、あるいは数学ないし物理学、また、芸術ないし絵画が対象となる場合でも。哲学の場合はそこがちがうので、それは、そういいたければ、哲学の短所といってもいいのですが、哲学がなにをなすべきか、なにをなしうるかという概念にかんして、極端にちがう見解があらわれる。対象についての考えが定まらないというこの第一前提をふまえれば、哲学史そのものがぐらついたものになるのは当然で、一貫性のあるものにするには、特定の考えをあらかじめ設定するほかないが、そんなことをすれば、ちがった考えに立つ人間から、この哲学史は一面的だと非難されることになる。

けれども、このような短所の指摘はいまだ歴史記述を外からながめたものにすぎない。もう一つ、もっと根ぶかい短所がそれとむすびついています。哲学についてさまざまな概念があるとすると、哲学本来の研究を重ねた哲学者の作品を理解できるのは正しい概念を保持する人だけだということになる。というのも、思想の理解、とくに純粋に理論的な思想の理解は、ことばの文法的な意味をとらえたり、それを内面化しながらイメージの領域にとどまることとはまったくちがうからです。哲学者の主張や定理や見解などを知ったり、そうした見解の根拠や説明に深くかかわりをもつことはむずかしいことではない。しかし、そうした努力にもかかわらず、定理の理解という肝心なことが失敗に帰することがあるのです。大冊の、いうならば学殖ゆたかな哲学史がないわけではないのに、その哲学史が、自分の幅広くあつかう素材を認識するに至っていない。そうした哲学史の著者たちは、ある楽曲のすべての音をはじめからおわりまで耳にしていながら、音の織りなすハーモニーだけはどうしても聞きとれない動物そっくりです。

というわけで、哲学史の場合には、講義の対象となるものをまずもって確定するような序論をもうけることが、他のあらゆる学問にもまして必要です。そういうと、名前はよく聞くけれど、その実体についてはなにも知らぬ対象を、いったいどうあつかったらいいのか、と尋ねられるかもしれない。そんなときは、いつかどこかで哲学の名をあたえられたものをさがして手にいれるという以外にやりようはないと思われるかもしれない。が、そんなことはない。哲学の概念が恣意的ではなく学問的に確定されねばならない以上、確定の作業が哲学そのものになるのです。というのも、これは哲学に独特のことですが、哲学の概念がはじまりをなすのは見かけだけのことで、本当は、哲学の論述全体を俟《ま》ってはじめて概念が証明される。いや、それによってはじめて概念が発見されるとさえいえるので、概念は本質的に論述の結果としてあらわれるのです。

だから、以下の序論でも、哲学史の対象たる哲学の概念は、仮りのものとしてあたえられるほかはない。と同時に、いま哲学そのものについていわれたことが、哲学史をもっぱら問題とするこの序論にもそっくりあてはまる。つまり、この序論に述べられることは、あらかじめ結着のつけられるような事柄ではなく、哲学史の論述そのものによってはじめてその正しさが証明されるのです。だからといってしかし、この予備的な説明が恣意的な前提のもとに概念を構成してよいというのではない。正しさを証明するには結果を待つほかないような、そういう説明をあらかじめおこなうのは、哲学のごく一般的な内容を前もって示しておきたいからにほかなりません。それは、通俗的な偏見にもとづいて哲学史に投げかけられる、多くの疑問や要求をしりぞけるのに役立つはずです。

序論

哲学史をながめわたすと、いろいろと興味深い側面が見えてきます。興味の中心をとらえようとすれば、過去の哲学と現在の到達点との本質的なつながりに目をむけねばなりません。哲学史ではあれこれの外的事情が考慮されますが、いまいうつながりはそうした外的事情の一つではなく、むしろ哲学史の本領ともいうべき内的な本性をあらわしていること、いいかえれば、哲学史上の出来事は他のすべての出来事と同様たがいに作用しあって進行するけれども、そこには独自の生産的な力が働いていること、このことをここでくわしく説明しなければなりません。

哲学史がわたしたちに示すのは、高貴な精神の群像であり、思索する理性の英雄たちの立ちならぶ回廊です。かれらは理性の力によってものごとの、自然の、精神の、そして神の、本質をきわめ、理性的認識という最高の財産をわたしたちのために獲得してくれたのです。だから、哲学史上の出来事や行動は、同時につぎのような性質をもっています。すなわち、哲学史の内容は哲学者の人柄や個人的な性格を問題とするものではなく、——ちなみに、政治史では、個人のうまれつき、天分、情熱、性格上の長所と短所といった特殊なものが、要するに個人をこの個人たらしめる特殊性が行為や出来事の主体となるのですが、――哲学史においてはむしろ、個人の特殊性に帰せられるところが少なければ少ないほど、つまり、人間一般の普遍的性格たる自由な思考に多くが帰せられ、この普遍的な思考そのものが生産の主体になればなるほど、そこで生みだされる思想はすぐれているのです。

思考の生みだしたものは、一見したところ、歴史的なものであり、過去の事柄であって、わたしたちの現実とは関係のないものに見える。しかし実際は、わたしたちの現在は同時に歴史的なものです。もっと正確にいえば、思考の歴史において過去がその一側面をなすのと同様、わたしたちの現在においても、一貫して変わることのないものがわたしたちの過去と切り離しがたくむすびついています。わたしたちが近代世界において獲得した自覚的な理性にしても、現在という土壌から直接に生じたものではなく、本質的に過去の遺産なのであり、くわしくいえば、過去の全人類の労働の結果です。物質生活上の技術、さまざまな道具と工夫、社会集団や政治集団の施設や習慣が、過去の歴史をいろどる思案、発明、必要、困苦、不幸、意思、実行、等々の結果であるように、学問や哲学の現在も、過ぎさった過去のすべてを、ヘルダーのいいかたを借りれば、神聖な鎖につなぎあわせ、以前の世界の遺産をいまに保存し伝承する伝統の力によってはじめてなりたちます。

しかし、伝統というものは、受けとったものをただ大切に保管し、後代にそっくりそのままひきわたす家政婦というだけではない。自然の運行ならば、無限の変化やさまざまな形態の活動をふくみつつも、根本の法則はつねに変わらず、そこにいかなる進歩も見られませんが、伝統は、不動の石像ではなく、生きものであり、水源を離れ山をくだるにつれてしだいに水量のます激流のごときものです。

こうした伝統を生みだすのが精神世界であって、普遍的精神はじっと静止していることがありません。そして、哲学史においてわたしたちが正面切って相手としなければならないのが、この普遍的精神です。個々の国民について見れば、その教養、技術、学問、精神力が全般的に停滞することもありうるので、たとえば、二〇〇〇年前と現在とを比較しても、総体としてさしたるちがいのない中国などがその例といえるでしょう。しかし、世界精神がこうした投げやりな休止状態に落ちこむことはない。精神の概念からしてそんなことはありえない。精神の生命とは行為であり、行為とは、目の前の素材を前提としつつ、それに働きかけ、それにあらたな材料をつけくわえて増加・拡大させ、のみならず、本質上それを加工し改造するものだからです。かくて、遺産を受けつぐことは、遺産を受けとることであると同時に遺産に手を加えることであり、こうして遺産は精神の変形を受ける素材となる。受けとられた遺産はこのような変化を受け、ゆたかにされ、同時に維持されるのです。

目の前にある学問を把握し、研鑽《けんさん》を積み、学問をさらに進歩させ、さらに高度な立場へとひきあげることが、わたしたちのみならず、あらゆる時代の精神の姿勢であり活動です。学問をわがものとするとき、わたしたちは以前の学問を超えた独自のものをつくりだしています。

目の前の精神世界を前提に、それを改造しつつわがものとするという生産活動の性質からして、わたしたちの哲学は以前の哲学とのつながりのなかで、その延長上にしか絶対に生じてこないといわねばならない。そして、哲学史の流れとは、わたしたちとは疎遠な出来事の生々流転《せいせいるてん》を示すものではなく、わたしたちの学問の生々流転を示すものです。

哲学史の定義にかんするさまざまな考えや疑問も、いま述べたことと深くかかわります。哲学の過去と現在のつながりを明断に認識すれば、哲学史の学習を通じて哲学そのものの知識をあたえようとする、わたしの主観的意図も納得してもらえるでしょう。さらに、哲学史をどうあつかうべきか、という点もいまいうことと関係するので、となると、哲学における過去と現在の関係を論ずることがこの序論の主要な目的です。そのためには、いうまでもなく、哲学のめざすところはなにかが、同時にとらえられていなければならない。いや、むしろそれが下じきにならねばなりませんが、すでにいったように、ここではそれを学問的に展開することはできない。ここでの議論は、哲学の成立のありさまを概念的に証明するのではなく、成立にかんする暫定的なイメージをあたえることで満足するほかありません。

なにかが立ちあらわれるというとき、たとえば日の出や月の出のような、惰性的な立ちあらわれを、――抵抗なき時空のなかでの単純な運動だけを、考えてはなりません。わたしたちの目の前を過ぎていくのは、自由な思考の行為であり、それが思想の世界、知の世界の生成出現の歴史です。人間を動物から区別するものは思考の力だという古い先入観を、ここで思い出してみましょう。人間が動物より高級なものをもっているとすれば、それは思考によって得られたものだ、人間的なものはすべて、外見がどうであれ、そこに思考が関与しているからこそ人間的だ、というわけです。しかし、思考はそれほど本質的で実体的で活動的ではあるが、その関与するところは種々雑多です。なかで、もっともすぐれたものといえば、思考が自分以外のものにかかわったり追求したりするのではなく、もっぱら自分自身に――もっとも高貴なものに――かかわり、自分自身を追求し発明する場面です。ところで、哲学史とは思考の自己発見の歴史ですが、思考にあっては、自己を生みだすことが自己を発見することであり、自己を発見することが現実に存在することです。こうして生みだされたものがさまざまな哲学なので、思考が自己発見の努力のなかで生みだした一連の哲学は、二五〇〇年にわたる労苦の成果です。

自分自身を対象とする本来の思考は、完全無欠であり、永遠です。真なるものは思想のうちにのみふくまれ、きょうやあすの真理であるだけでなく、時間を超えた真理です。そして、それが時間のうちにある場合についていえば、それはいかなる時点においてもつねに真理です。ところで、その思想世界がどのようにして歴史をもつに至るのか。歴史のうちに記述されるのは、変化するもの、去りゆくもの、過去の夜へとくだってゆくもの、もはや存在しないものですが、真なる必然的な思想は、――それこそがいまわたしたちの問題としているものですが、――いかなる変化も受けないものです。そこにどのような事情が存在するのか、それが第一に考察したい問題です。第二に問題とすべきは、哲学のほかにも重要な思想の所産がたくさんあって、しかもそれが哲学史の主題とはなりえないことです。宗教、政治史、国家体制、芸術、学問などがそれです。これらの思想的所産はわたしたちの対象たる哲学とどう区別されるのか。そして同時に、それらは歴史のなかでたがいにどう関係するのか。以上二つの問題点は、ここでわたしがどのような哲学史を講義しようとしているかを説明するのに役立ちます。さらに第三点としていうべきは、個々の思想におもむく前に全体を概観する必要があるということです。さもないと、個々のものだけを見て全体が見えず、木だけを見て森が見えず、さまざまな哲学説だけを見て哲学そのものが見えず、ということになりかねませんから。個々の哲学と哲学一般との関係が大切です。全体の目的や使命を一般的にとらえたいという欲求が精神にはあって、前途を見通すにはそれが必要です。まず風景全体をざっと見わたし、つぎに目を転じて個々の部分に入っていく。個々の部分のすばらしさは、じつは、全体との関係によって生まれてくるので、哲学や哲学史ほど、その関係がみごとになりたつ場面はありません。一般の歴史ではたしかに本来の学問の場合ほど全体の流れを確定する必要はない。歴史は一見すると偶然の出来事のつらなりのように見えますから。個々の事実はばらばらで、ただ時間の順序に従ってならべられているにすぎない。が、政治史となると、もうそれでは満足できない。そこには必然のつながりが予感され認識されるので、個々の出来事は全体の目標や目的にたいして特別の位置や関係をもち、そのなかで意義をあたえられる。というのも、歴史における意義とは、全体との関係であり、つながりだからです。全体を目の前に思い浮かべることが、歴史事実の意義をとらえることです。

かくて、以下の三点についてだけは、本論に先立つ序論が必要です。

まず第一に、哲学史とはなにかが、つまり哲学史の定義と概念と目的が究明されねばならない。それにもとづいて哲学史のあつかいかたもあきらかになります。とりわけ興味をそそってやまないのが、哲学史と哲学との関係です。哲学史は内容の外面的な興亡を叙述するだけでなく、歴史的にあらわれるかに見える内容そのものがどういう意味で哲学の一部をなすかをも記述する。つまり、哲学史そのものが学問的なものであり、大筋において哲学の一部ですらあるのです。

第二に、無尽蔵で多種多様な諸国民の精神文化について、そのどこまでを哲学史から除外すべきか、それを哲学の概念にもとづいてこまかく決定しなければならない。もともと、宗教や宗教にまつわる思想、とくに神話の形を取った思想は、そのあつかう素材からして哲学にきわめて近く、また、宗教以外の学問的な成果は、その形式からしてこれまた哲学に近いから、一見すると、哲学史の範囲は際限なく広がらざるをえないように見える。こうした思想すべてが哲学史であつかわれねばならないと思われるかもしれない。すべてが哲学と名づけられたのではなかったか、と。たしかに、一方では、哲学と宗教、芸術、他の学問、さらには政治史との密接なつながりが丁寧に観察されねばなりません。が、他方、哲学の定義がなされ、哲学の領域がきちんと確定されるならば、宗教的直観や思想的予感のはじまりとは区別される、哲学史の出発点を手にすることができます。

哲学の概念にもとづいて、第三に、哲学史の時代区分の必然性が示されねばなりません。——この区分によって、哲学史は有機的に前進する一全体として、つまり、理性的なつながりをもつものとして提示され、かくて、哲学史そのものが学問の名に値するものとなります。ただその際わたしは、哲学史がなんの役に立つのかといったたぐいの反省や議論にかかずらう気はありません。効用はおのずとあらわれます。最後に、広く利用されている哲学史の資料についてふれておきます。

A、哲学史とはなにか

　哲学史に足をふみいれるとき、わたしたちがまっさきにぶつかるのは、哲学史そのものが内部に矛盾をかかえているのではないか、との思いです。というのも、哲学のめざすところは不滅で永遠で絶対的なものの認識である。つまり、哲学の目標は永遠不変の真理なのだが、哲学史の語るところは、ある時代には存在したが、べつの時代にはべつの思想におしのけられて消えさったものだからです。真理が永遠だということから出発すれば、真理はさりゆくものの領域に場所を占めることはなく、したがって歴史をもたない。逆に、歴史をもつとすれば、歴史は過去の認識形態のつらなりを表現するものだから、そこには真理は見出されない。真理は過去のものではないのだから。

　この大雑把な論法が、ほかの学問だけでなく、キリスト教そのものにもあてはまると考え、キリスト教や学問に歴史があるのは矛盾だという人がいるかもしれない。が、この論法をそれだけ独立におしすすめるのは意味のないことです。キリスト教や学問に歴史があるという事実が、その論法への直接の反証なのですから。しかし、矛盾の意味をさぐろうと思うなら、宗教や学問の外面的な運命の歴史と、宗教そのもの、学問そのものの歴史とを区別しなければならない。そうして見ると、哲学の歴史は、その対象の特殊な性質からして、ほかの領域の歴史とは類を異にすることが見えてくる。そして、右にいう矛盾が外面の歴史ではなく、内面の、内容そのものの歴史にかかわることがあきらかになる。キリスト教には布教の歴史や信奉者の運命の歴史などがあります。そして、キリスト教が教会という形をとって存在するようになると、時代時代のさまざまな現実的関係にまきこまれ、さまざまな運命をたどり、本質的に歴史をもつ存在となりました。しかし教義そのものにかんしていえば、それはそれで歴史をもたないわけではないけれども、当然ながら、ただちにその発展を完了し、確固たる表現を獲得し、この古い信条があらゆる時代に妥当し、いまもなお不変の真理として妥当するものとされています。（もっとも、近ごろは妥当は見せかけで、神のことばも口先だけの空虚な形式となっているようですが。）で、教義の歴史がさらに発展していく余地はわずかに二方面しかない。一つは、当初の確固たる真理にたいしてありとあらゆる追加やふみはずしをおこなうこと、もう一つは、このふみはずしとたたかい、追加部分をけずりとってもとの単純さにもどること、これだけです。

宗教に見られる外面的な歴史は、さまざまな学問にも、そして哲学にも、見られるものです。哲学にも、成立、拡大、開花、衰退、復活の歴史があり、師匠たちの、支持者たちの、戦士たちの歴史があり、同様にまた、しばしば宗教との、ときにまた国家との、外面的関係の歴史があります。哲学史のこうした側面は興味深い問題を誘いだすきっかけにもなるので、その一つに、たとえば、絶対の真理を教えようとする哲学が、まったく少数の個人、特別の民族、特別の時代にかぎってあらわれるのはどういうことか、という問題があります。同じような問題はキリスト教にもあって、哲学よりずっと普遍的な形式で真理を述べようとするキリスト教が、こんなにおそく歴史に登場し、しかも、それ以来いまに至るもなお特別な民族にかぎって受けいれられているのは矛盾ではないか、と問うことができる。ただ、こうした類《たぐい》の問題は、さきにあげた一般的な矛盾から出てくるというには特殊にすぎる問題で、哲学の外面的な存在や外面的な歴史に関係の深いこうした側面については、哲学的認識の独自性に言及したのちに目をむけるのがいいと思います。

しかし、もっと内面的な内容にかんして宗教史と哲学史を比較して見ると、哲学の場合には、宗教とちがって、はじめから確定している真理を不変の内容として歴史から取りだすことはできない。ところが、キリスト教の内容をなす真理は、その中身が変わることがなく、だから、まったく歴史をもたないか、もたないに等しい。だから、宗教にあっては、キリスト教をキリスト教たらしめる根本原理にかんして、右に述べた矛盾はおこりえない。ふみはずしや追加が根本原理にからむことはなく、それらは変わりゆくもの、その性質からしてまったく歴史的なものです。

いろいろな学問にも、その内容には歴史がある。つまり、内容が部分的に変化したり、以前は正しいとされた法則の一部が廃棄されたりします。しかし、内容の多く、いやひょっとすると大部分は、維持されるわけで、あたらしく生じたものも、以前に得られたものの変更というより、追加もしくは増補です。これらの学問は接合によって前進するのです。鉱物学や植物学などでは、以前にくらべて大幅の進歩が見られるとの報告がありますが、大部分は以前のままで、新規のつけたしは内容を変えることなく付加されています。とくに数学のような学問では、その歴史は、内容的には、定理の応用範囲の拡大を説明するというだけの楽しい作業です。たとえば基礎幾何学は、ユークリッドの記述の範囲をそのままに、古代ギリシャ時代以来、歴史なきものとしてあると見ていいのです。

これにたいして哲学史が示すのは、追加なき単純な内容の持続でもなければ、既成のものにあらたな財産がしずかに添加されるという経過でもなく、全体がつねにあらたな変化をこうむるような情景であり、変化のはげしさゆえに、ついには目標だけは共通だという絆《きずな》すらなくなってしまう。理性的認識という抽象的な対象そのものが消えうせ、哲学という建物はどこにもなく、ただ人びとが思い上がって哲学という虚名を求めるだけというありさまです。

一、哲学史にかんする俗説

さて、まずもって、哲学史にかんする通りいっぺんの俗説についてふれておかねばなりません。これは広く流布した見解ですから、みなさんもきっとご存じのことと思います。なにしろ、哲学史についてちょっとでも思いをめぐらすと、すぐに頭に浮かぶような考えなのですから。もっともここでは必要なことのみに簡単にふれて、哲学のちがいについての説明は本論であつかうことにします。

a、哲学史をさまざまな思いこみの貯蔵庫だとする説

まず第一に目につくのは、哲学史の役目が時代や民族や個人のばらばらな出来事を——時間的にも内容的にもばらばらな出来事を——ものがたることにあるという説です。時間的なばらばらについては後にふれることにして、ここではまず内容的なばらばらについて、つまり、ばらばらな行動とはどういうものかについて考えてみたい。哲学の内容は、情熱や幸運に突きうごかされる外面的な行動や事件ではなく、思想です。ところで、ばらばらな思想とは、あれこれの思いこみにほかならず、哲学的な思いこみとは、哲学のこまごまとした内容や哲学固有の対象——つまり、神や自然や精神——にかんする思いこみということになりましょう。

さて、わたしたちが最初にぶつかるきわめて通俗的な哲学史にかんする見解は、貯蔵庫におさめられた哲学的な思いこみの一つ一つを、時間的に整理してものがたるのが哲学史の仕事だとするものです。どう好意的に見ても、貯蔵庫におさめられたものは思いこみというしかない。しっかりした判断にもとづいてものをいえる人なら、このような哲学史を愚かさの回廊とさえ名づけるでしょう。少なくとも、たんなる思考、たんなる概念に沈みこんだ人間のつくりなす迷妄の回廊と名づけるでしょう。ところが、哲学史を思いこみの貯蔵庫だとする見解は、哲学についてなにも知らないと広言する人びとだけが表明しているのではない。

(人びとが哲学についてなにも知らないと広言するのは、無知だからといって哲学の根本をめぐる判断がくだせないわけはないと世間一般に考えられているからです。それどころか、哲学についてなにもわかっていなくても、哲学の価値や本質についてはだれでもしっかりと判断できると思われています。)そういう門外漢ばかりでなく、哲学史を書こうとする人、書いた人さえも、哲学を思いこみの貯蔵庫だと考えている。さまざまな思いこみをものがたるような哲学史は、とりとめなき好奇心を満足させるもの、もしくは、博識のひけらかしになってしまう。というのも、博識とは、とりわけ、無用なことをたくさん知ること、つまり、知っているという以上の内容も興味もないものをたくさん知ることだからです。

しかしまた、他人のさまざまな思いこみや考えを知ることは有益ではないかと思う人もいるかもしれない。思考力が動かされ、多くのいい考えにぶつかり、自分でもなにかを思いこむ機縁にもなるかもしれない。思いこみから思いこみへとわたり歩くのが学問だというわけです。

哲学史がたんに思いこみの回廊をしつらえるにすぎないのなら、――それがよしんば神や自然界や精神界の事柄の本質をめぐる思いこみの回廊であっても、――哲学史はむだで退屈な学問になってしまう。考えの流れや博識から大いに利益をひきだすことができるとしても、そうです。たんなる思いこみの羅列を知ることほど無用なことがあるでしょうか。それほど退屈なことがあるでしょうか。哲学的な理念をたんなる思いこみとして解説し論述するような哲学史は、ちょっと目を通しただけで、全体がいかに干《ひ》からびて退屈で興味なきものかがわかります。

思いこみというものは、そのときそのときの気分に左右される主観的な考えであり、恣意的な思想であり、空想です。思いこむのはわたし個人であって、それは普遍的な思想でも絶対的な思想でもありません。哲学には思いこみのはいる余地はなく、哲学的な思いこみなどというものはない。哲学的な思いこみということばを耳にしたら、もうその発言者が――かりに哲学史の著者であっても――教養の基本を欠いている証拠と見なしてよい。哲学は真理を客観的に探究する学問であり、真理の必然を追跡する学問であり、概念を認識する営みであって、なにかを思いこんだり、思いこみを紡《つむ》いだりするものではありません。

哲学史が思いこみの歴史だという考えをさらにおしすすめていくと、結局のところ、われわれの知識はたんなる思いこみにすぎなくなる。どんなものも思いこみとされてしまう。が、思いこみに対立するものこそが真理であり、真理は思いこみを色あせたものにします。ところが、哲学史に思いこみだけを求め、思いこみしか見つからないと頭から思いこんでいる人には、真理といっても、顔をそむけたくなることばにすぎない。哲学はここで二面の敵に遭遇している。一面で、周知のように、信仰深い心が、理性や思考には真理を認識する能力がなく、それどころか、理性の行きつく先は疑いの奈落であって、真理に到達するには理性や自己思考を放棄し、権威を盲目的に信じなければならぬといっている。（哲学および哲学史と宗教との関係については後述。）他面、これまた周知のように、いわゆる理性が自分の権利を主張し、権威にもとづく信仰をしりぞけ、キリスト教を理性的なものたらしめる。すると、わたしがなにかを承認するのは、まったく自分自身の洞察と確信のみにもとづくことになるが、驚くべきことに、理性のこうした主張は、理性が真理を認識できないという逆説的な結果をもたらします。この、いわゆる理性は、名目上、思考する理性に味方して宗教信仰とたたかってはいますが、同時に、理性に背をむけ、理性の敵となり、理性よりもむしろ内面の予感や感情に重きをおき、主観的なものを、つまり、各人がその主観性においてみずからつくりだす確信を、真偽の尺度にしています。自分の確信とは、思いこみが人間の最終的なよりどころとされたものにほかなりません。

広く流布する考えを出発点とするわたしたちは、哲学史のなかにある右のような見解を相手としないわけにはいかない。この見解は人びとの一般教養に染《し》みわたった考えで、――いわば、現代の先入観であり、人びとの共通理解ないし共通認識となった原則であり、文句のつけようのない前提としてあらゆる学問的探究の基礎をなしています。この原則こそ、真に時代の特徴を示すしるしなのです。神学においては、教会の信仰箇条がキリスト教の教えとして通用するのではなく、各人がそれぞれ自分の確信に従ってともかくも自分なりのキリスト教の教えをこしらえあげる。また、しばしば見うけられることですが、神学を歴史的に追求しようとして、さまざまの思いこみを知ることをもって神学的な関心事とする。そして、手はじめに、すべての確信を尊敬し、確信のもちようは各人それぞれにゆだねられていると考える。ここでは、真理を認識することが目標ではないのです。

自分の確信というものは、事実、理性的ないし哲学的認識において主観に要求される最後のもの、絶対に必要なものではある。しかし、確信が、感情や予感や直観のような主観的根拠に、つまり主観の特殊性にもとづくのか、それとも、思想にもとづき、事柄の概念や本性の洞察から生まれてくるのか、というちがいは決定的で、前者の場合には、確信は思いこみになってしまいます。

いま強調された思いこみと真理の対立は、すでにソクラテス・プラトンの時代、——つまり、ギリシャ的生活が破滅していく時代の文化のうちにも見てとることができます。プラトンにおけるドクサ（思いこみ）とエピステーメー（学問）との対立がそれです。同じ対立は、アウグストス治下、およびそれ以降のローマの公的・政治的生活の没落の時代にも見られます。哲学への無関心をよそおう快楽主義がはびこった時代です。キリストが「わたしは真理を告げるためにこの世にやってきたのだ」といったとき、ピラトが「真理がなんだ」と反論したのはどういう意味だったのでしょうか。高みから見おろすいいかたで、真理がなにかはもう自分たちにははっきりしている、というほどの意味でしょう。自分たちの知はそれ以上にすすんでいて、真理を認識することなどもはや問題ではないというわけです。自分たちは真理を超えているのだ、と。——そう主張する人は、実際に真理を超えてしまっているのです。

真理を超えた立場から哲学史に取り組もうとすれば、つぎつぎとあらわれる特殊な見解を学ぶこと、——自分の外にあり、自分の理性的思考を自由に働かしてそのなかにわけいっていく必要のない、たんに外的で死んだ歴史的資料、内実のない空虚な内容を学ぶこと、——

それが哲学史の意義のすべてだということになる。そんな空虚な仕事に満足できるのは、当人の主観が空虚だからです。

とらわれない人間にとっては、真理はいつまでも偉大なことば、胸を打つことばでありつづけます。ところで、真理は認識できない、という主張についていえば、後に見るように、その主張は哲学史そのもののうちにも登場します。ここではただ、たとえばテンネマンのようにそうした前提を認めたならば、わたしたちは哲学にたずさわる理由を失ってしまう、とだけいっておきましょう。というのも、真理をもつと主張するすべての説が虚偽だということになるからです。ここでわたしはむしろ、以下のような古い先入観を価値あるものとして呼びおこしたい。つまり、真理は知のうちにあるので、行住坐臥《ぎょうじゅうざが》のうちにおのずと知られるのではなく、思考による追求を通してはじめて知られるという先入観、いいかえれば、真理が認識されるのは、直接の知覚や直観においてではなく、また、外的・感性的直観においてでもなければ知的直観においてでもなく（どんな直観も直観であるかぎり感性的なのだから）、思考の苦労によるほかはないという先入観を、さしあたり呼びおこしておきたい。

b、哲学史そのものが哲学的認識の無効を証明しているとする説

哲学史上にさまざまな哲学説があらわれるという事態は、べつの側面からすると、いいとも悪いともいえるような、べつの結果をもたらします。つまり、そんなにも多様な思いこみ、そんなにも多彩な哲学体系を目の前にすると、どれをよりどころにしたらいいか、途方にくれてしまうのです。人間をひきつけてやまず、哲学がその真相を認識しようと努力を重ねる大問題について、最大級の精神の持主すらあやまちを犯し、他人に論破されるのが哲学史の通例です。「偉大な精神にしてそうだとすれば、小人のわたしにどうして決断がくだせるか。」さまざまの哲学体系があるために生じるこの結論は、一見有害なものに思えるかもしれませんが、同時にしかし主観的に有益な面もなくはない。というのも、知ったかぶりで哲学に興味をもつふりをしたい人にとって、さまざまな哲学体系があることは、自分には善意があるといいつつ、いや、それなりの学問的苦労を重ねているといいつつ、実際は哲学をまったくなおざりにするための体《てい》のいいいいのがれの種になるからです。しかし、哲学体系の多様性は、たんなるいいのがれの種に利用されて、それですむというものではない。むしろそれは、自分の仕事として哲学に真剣に取り組む姿勢を打ちくずすための、まじめでまっとうな根拠となる、——つまり、哲学とのかかわりを放棄する正当な理由となり、哲学的な真理認識を得ようとするこころみのむなしさを示す反駁不能の判決となります。それでもなお、哲学が現実的な学問であり、哲学のどれか一つが真なるものだと考えるとすれば、どれが真なる哲学なのか、どうやってそれがわかるか、といった問いが生じてきます。どの哲学も自分こそは真の哲学だといい、それぞれてんでんばらばらに真理を見わけるしるしや基準をかかげるので、冷静・慎重に考える人は、どう決断するか、ためらわずにはいられない。

こうして哲学史を追跡してみようとする関心がさらにかきたてられます。キケロが、神にかんするそのような罪深い哲学思想史を提供しています。キケロは一快楽主義者の口を借りて語っていますが、その説以上の自説を展開していませんから、それをかれの見解と見なしていいでしょう。人はいかなる確定的な概念にも至らない、と快楽主義者はいいます。哲学の営みがむなしいという証明は、哲学史の全体をざっと見わたせばすぐにひきだせる。哲学史が示すのは、多様きわまる思想、多彩な哲学の登場であり、それらはたがいに対立し、矛盾し、反駁しあっている。だれにも否定できぬこの事実は、「死者は死者をして葬らしめ、汝はわれに従え」というキリストのことばを哲学にも適用できる、いや、適用せねばならぬ、と思わせます。哲学史の全体は、過去の、たんに肉体的に死んだ個人の王国であるのみならず、つぎつぎと前代の哲学を死に至らしめ埋葬していきつつ、みずからも反駁され、精神的に古びていく哲学体系の王国でもあるのです。その意味では、「われに従え」というよりむしろ、「汝自身に従い、汝自身の確信に執着し、汝自身の思いこみをもちつづけよ」というべきでしょう。他人の思いこみなどどうでもいいというわけです。

むろん、あたらしい哲学は登場してきて、ほかの哲学はもう時代おくれだと主張するでしょう。どんな哲学もその登場に際しては、以前の哲学を反駁し、その欠点を除去し、最終的な真理を見出したといいはるものです。しかし、これまでの経験に照らせば、そのような哲学にはむしろ聖書のべつのことばを進呈したい。使徒パウロがアナニアスにいうことばです。「見よ、おまえを運びだそうとするものの足が、すでに戸口の前に立っている。」見よ、おまえの哲学を反駁し追放する哲学が、例によって、すぐにもすがたをあらわそうとしているのだ、ということばを。

c、哲学の多様性にかんする説明

さまざまな哲学があり、過去にもあったことは、いうまでもなく、十分にたしかな事実です。だが、真理は一つ、――どうしてもそう感じ、そう信じるのが理性の本能というものです。だとすると、真なる哲学は一つしかありえない。ところが哲学はいろいろとある。ならば――と推理はつづきます――ほかのすべてはまちがっているにちがいない。ところが、どの哲学も自分こそは唯一の哲学だと断言し、確言し、証明する、――さめた思考の持主はふつうそのように考えをめぐらし、そしてそれは的を射た洞察のように見えます。ちなみに、さめた思考というきまり文句について一言すると、日々の経験の教えるところでは、さめた状態にあるとき、わたしたちは同時に目の前にあるものを欲しがるような気分にもなっている。ところが、さめた思考というものは、さめた状態から飢えや欲求の状態へとすすむことなく、いつまでも自分に満足しつづけるという才覚をもっている。だとすると、右のようにいうさめた思考は、死んだ知性だとわかる。というのも、さめていながら同時に満足感をもちつづけられるのは、死んだものでしかないからです。生きた物質は、生きた精神と同様、さめた状態に満足できず、生命の衝動にかりたてられて、真理や真理の認識を渇望し、この衝動を満たそうと前進をつづける。右のようなさめた反省に時を費し、それで満足というわけにいかないのです。

ところで、右の反省についてもうすこし考えてみましょう。まずいえるのは、さまざまな哲学があるにしても、そのどれもが、哲学であることに変わりはないことです。したがって、どんな哲学であれ、それを研究し、わがものにしたとすれば、(それが哲学であるかぎり)ともかく哲学なるものをわがものにしたことになります。哲学の多様性だけに目を奪われ、個々の哲学の特殊性に不快と不安を感じるばかりで、そこに現にふくまれる普遍的なものを把握し、承認しようとしないいいわけ好きの理屈屋さんは、わたしがべつのところでひきあいにだした滑稽な患者に似ています。医者に果物を食べなさいとすすめられたこの患者は、目の前にさくらんぼやプラムやぶどうを出されたとき、三つのどれも果物というものではない、一つはさくらんぼだし、もう一つはプラム、三番目はぶどうなのだから、と理屈をこねて、手を出さなかったといいます。

それはともかく、哲学体系の多様性とはどういうことなのかをさらに深く洞察することが肝心です。真理とはなにか、哲学とはなにかを哲学的に認識できれば、この多様性そのものも、真と偽が抽象的に対立しているのとはまったくちがった意味で認識することができる。それを説明することは、哲学史全体の意義をあきらかにすることです。

はっきりとつかまえなければならないのは、多様な哲学が存在することは哲学にとって——哲学の可能性にとって——けっして有害なことでないばかりか、哲学が存在するためにはどうしても必要なことだったし、いまでも必要であること、それは哲学の本質をなす事実であること、このことです。

そのことを考察するにあたって出発点となるのは、いうまでもなく、つぎの事柄です。哲学の目標は、思考と概念によって真理をとらえることにあって、なにも認識できない、とか、少なくとも本当の真理は認識できない、といったことを認識するのが目標ではないこと。（認識できないといえるのは、時間のなかにある有限な真理、つまり、非真理でもあるような真理だけです。）さらに、哲学史では哲学そのものが対象となるのだということ。

核心をなす事柄をひとことであらわすとすれば、「発展」という概念がそれにあたります。この概念があきらかになれば、ほかのすべてはそこからの帰結としておのずからあきらかになります。哲学史上の行為はけっして冒険というようなものではない。世界史がたんなるロマンではないように、哲学史の営みは、たんなる偶然の出来事の寄せあつめでもなければ、仲間うちで決闘し、徒労をくりかえし、なんの功績もなく消えうせる、さすらいの騎士の旅でもない。また、ある所でだれかがなにかをひねりだし、べつの所でべつのだれかがべつのなにかを勝手にひねりだすといったものでもなく、思考する精神の運動のなかには、かならずつながりがある。歩みは理性的なのです。わたしたちは世界精神の歩みを信じつつ、歴史に、とりわけ哲学の歴史に、目をむけなければなりません。

二、哲学史を概念的に定義する

真理はただ一つ、というすでにふれた命題は、いまだ抽象的・形式的なものです。その意味を深く考えてみると、この一つの真理を認識することが哲学の出発点でもあり目標でもありますが、同時にそれは、他の一切が――自然法則や、生命現象ないし意識現象の一切が――そこから流れでて、その照りかえしで輝く源泉のようなものです。べつの見かたをすれば、一切の法則や現象はさかのぼればかの一つの源泉へと還りつき、そこから概念的にとらえられ、流出のさまが認識される、そういうものです。したがって、もっとも肝心なことは、一つの真理がたんなる単純で空虚な真理ではなく、内容のはっきりした思想であると認識することです。

この認識の手助けとして、まったく一般的で無味乾燥な抽象概念にふれておかねばなりません。「発展」と「具体」の二概念がそれです。思考のつくりあげるものは一般に思想と呼ばれますが、思想は形式的なもので、思想をもっと輪郭のはっきりしたものにしたのが概念であり、思想を全体としてとらえ、過不足なく記述したものが理念です。とすれば、理念は真理でもある、いや、理念だけが真理です。そして、理念の本性は、まさしく発展することにあり、発展を通じてのみ把握され、本来の理念になることにあります。

a、発展という概念

発展とはどういうものかはだれでも知っています。しかし、よくわかっていると思われることを研究するのが、哲学の哲学らしいところです。人がなんの気なしに利用し、生活に役立てているものは、じつは、哲学的教養なくしてはよくわかっているとはいえないのです。発展の概念をさらにくわしく説明するのは論理学の仕事です。理念はみずから本来の理念へと至らねばならないというのは、矛盾したいいかたに思えるかもしれない。あるがままの理念が本来の理念だといえるように思えるかもしれない。

発展とはどういうことかを把握するには、いうならば二つの状態を区別しなければなりません。一つは、素質、能力、潜在状態（potentia, δύναμις）などということばで理解される状態、もう一つは、顕在状態、現実態（actus, ἐνέργεια）と呼ばれるものです。わたしたちが、人間は理性的だ、人間は生まれつき理性をもっている、というとき、そのもちかたは、素質として、萌芽としてもっているにすぎません。人間は誕生とともに、いや、母親の子宮のなかにいるときから、理性や知性や想像力や意志をもっている。子どもも人間ではあるが、かれのもつのは理性そのものではなく、理性の能力、やがて理性をもてるという可能性にすぎず、実際は理性をもたないに等しく、理性はまだ実在してはいない。かれはまだ理性的な行為はおこなえないし、理性的な意識をもってもいない。自分の潜在能力が自分に顕在化したとき、つまり、人間がおのれの理性を自覚したとき、はじめて人間は現実的な面をもつようになり、現実に理性的存在となり、理性にむきあうことになります。

これはどういうことなのか。潜在するものは、目に見える対象となって、意識にやってこなければならない。それが自覚するということです。対象となったものは、もともと潜在的にあったものと同じものです。だからこそ自覚したといえるので、そのとき人間は別人となるのではなく、自分を保持しつつ二重化されます。人間は考えるものですが、考えられるものは思想であり、思考の唯一の対象は思考そのものであり、理性の活動が生みだすのは理性的なものであり、理性が理性の対象です。(思考が非理性に堕落することもあるが、いまはそのことにはふれないでおきます。)潜在的に理性的だった人間が理性を自覚したからといって、かれが変わったわけではない。潜在的なものはそのまま維持されているが、しかしそこには途方もないちがいがある。なにもあたらしい内容があらわれたわけではないが、潜在と顕在という形式のちがいは途方もないもので、世界史上のちがいのすべてはそこにかかっています。人間はすべて理性的です。これを形式的にいえば、人間は自由だということであり、それが人間の本性です。ところが、おおくの民族が過去に奴隷制度をもっていたし、いまもなおそれの残っている民族もあって、しかもそのことがとくに不満というわけでもない。アフリカやアジアの諸民族と、ギリシャ民族、ローマ民族、近代人との唯一のちがいは、後者が自分たちの自由を知り、自覚していることです。前者も自由ではあるが、そのことを知らず、したがって自由に暮らしてはいない。それとこれとのあいだには途方もない変化があります。認識、学習、学問、行動の一切がめざすところは、ほかでもない、内的で潜在的なものを外にひきだし、対象化することです。

変化するというのは、目に見える存在へと移っていきながら、なお同一のままにとどまることです。もともとあったものが進行過程を支配しています。植物はわけもわからず変化して消滅していくものではない。胚種のうちに変化のさきゆきはふくまれている。胚種をながめても見てとることはできないけれども。胚種は発展しようとする衝動をもっていて、いつまでも潜在状態にとどまることに耐えられない。潜在状態にとどまりながら、それをよしとしないのが衝動ですが、それは矛盾したものです。その衝動が現実に力を発揮すると、さまざまな変化があらわれてくるが、それらはすべて胚種のうちにすでにふくまれていたものです。むろん、発展しない状態で、隠れて観念的にふくまれているのですが。潜在的なものの顕在化が完成すると、目標があらわれます。最高の展開、ないし予定された終点が果実で、そこでまた胚種が生みだされ、最初の状態にもどることになる。胚種が自分自身を生みだし、自分自身にもどろうとするわけです。胚種のうちにふくまれていたものはつぎつぎと外に出てきて、やがてまたもとの単一なものにもどっていきます。自然の事物の場合には、いうまでもなく、出発点となる主体と、最終項をなす存在——果実、種子——はべつべつの個体です。だから、二重化といっても、二つの個体に分裂する結果になって、二つは内容上同一というにすぎません。動物の生命循環も同様で、親と子は性質は同じながら、べつべつの個体です。

精神の場合はちがいます。精神が意識であり、自由であるのは、精神にあってははじまりとおわりが合体するからです。自然界の胚種は他のものへと変化したあとで、ふたたび単一な自分を取りもどす。精神も同様で、潜在的なものが顕在化し、精神はおのれを自覚する。が、果実や種子を対象化するのは最初の胚種ではなく、植物の観察者たるわたしたちだけであるのに反して、精神の場合は、はじまりとおわりが観察者の目に同じものと見えるばかりでなく、たがいにそのことを意識し、まさにそのことによって自覚的な存在たりえているのです。他者を自覚するものは他者と同一の存在であり、だからこそはじめて、精神は他者のうちにあっても自己を失うことがない。精神の発展は、外に出ていき、つぎつぎと自分を展開することであり、と同時に、自分のもとに還っていくことです。

自分を失わず、自分に還ってくるというこの運動は、精神の最高かつ絶対の目標ということができます。精神の求めるところはこれ以外にはありえない。天上天下に——永遠に——生じる一切、つまり神の生の一切も、時間のうちになされる一切も、そのめざすところは、精神が自己を認識し、自己を対象化し、自己を発見し、自己を自覚し、自己と合体することです。精神は二重化し、自己を疎外するものですが、二重化や自己疎外は、自己を発見し、自己に還ってくるためのものです。自由とはそこにしかなく、他者に関係しないもの、他者に依存しないものは自由ではありません。精神は自己に還ってくることによって自由を達成します。ここにはじめて真の所有が、真の自己確信があらわれます。精神がこうした自由に到達するのは思考によるほかはありません。確固たる自己を見出したという直観や感情のなかではわたしは自由ではなく、この自分の感覚をさらに意識するとき、自由なのです。また、意志するときには特定の目的や特定の利害がかかわってきます。それが自分の目的や利害であるかぎりでわたしは自由だけれども、この目的はつねに他なるもの、わたしにとって他なるもの、たとえば衝動や好みなどをふくんでいます。思考においてのみ一切の疎遠なものが透視されて、疎遠ではなくなり、精神は絶対的に自由となる。自由とは、同時に、理念や哲学の関心をいいあらわすことばでもあるのです。

b、具体という概念

発展にかんしては、なにが発展するのか、その絶対的な内容はなにか、といった問いが生ずるかもしれない。発展とは内容のない形式的な活動だと考えられるからです。しかし、行為は活動という以上にこまかく規定されるものではないが、活動だというだけで内容の一般的性格もあきらかにされている。潜在と顕在が活動の契機をなし、行為は、この二種の契機をうちにふくむものです。しかも行為はその本質からして一まとまりをなすもので、そこに行為の具体的な形があります。行為が具体的であるのみならず、活動の出発点をなす潜在的な主体も、つくりだされたものも、活動やその動機も具体的です。つまり、発展の歩みが内容でもあり、理念そのものでもある。そこには内容も理念もあり、しかも両者が一つになっている。この統一体は第三のものともいえるので、そこでは、一方が他方のなかにありながら、自己を失ってもいないし、自己の外にいるのでもありません。

哲学は抽象的なものや空虚な一般性のみをあつかうもので、むしろ、直観や経験的な自己意識や自己感情や生活感情のほうが内容が具体的で明確でゆたかだ、という先入観を多くの人が抱いています。実際、哲学は思想の領域に属するもので、一般的なものをあつかい、内容は抽象的です。しかし、それは形式ないし要素からしてそういえるだけのことで、その内部にわけいって見ると、理念はその本質からして具体的なものであり、さまざまな概念規定の統一体です。その点で理性の認識はたんなる分析的知性の認識とは区別されるので、真理にほかならぬ理念が、空虚な一般性のうちにあるのではなく、特定の明確な内容をもつ一般性のうちにあることを知性に示すのが、哲学の仕事です。真理が抽象的だとすれば、それは真理ではありません。健全な人間理性は具体的なものをめざします。分析的知性の反省が加わるところから、理論は抽象的になり、真ならざるもの、頭のなかだけの正しさになり、とりわけ非実用的なものになる。哲学は抽象をもっともきらい、具体的なものに帰っていくものです。

だから理念はその内容からしてそれ自身が具体的なものであり、潜在的に具体的であるとともに、潜在的なものを顕在化しようとする関心も具体的です。潜在と顕在の両概念をむすびつけると、そこに具体的なものの運動が得られます。潜在的なものがすでにそれ自身具体的であるとして、わたしたちが潜在的なものにのみ目をむけていると、顕在というあらたな形式の登場は、もともと根源的に一つであるものにふくまれていたものが、いまやべつのものとしてあらわれたという形を取る。具体的なものは顕在化しないではいられない。そこで具体的なもののうちに区別が生じる。――潜在性、可能性の段階では、まだ区別は目に見えるものではなく、（区別と矛盾する）統一が保たれてはいるのですが、じつはそれは、単純でありながら区別されてもいるのです。具体的なもののうちにあるこの矛盾こそが、発展の原動力をなします。こうして区別が現実にあらわれる。区別にもそれなりの役割があって、取りもどされてふたたび廃棄されるのがすなわちその役割です。区別の真理は、一つのもののうちにあることにほかならない。こうした運動こそ、自然の生命活動でもあり、理念や精神の内的な生命活動でもあります。理念は抽象的なものではなく、最高の存在です。最高の存在という以上にいうべきことはなく、あれこれの形容は、近代的な知性のつくりものといっていいでしょう。理念のうちには運動があり過程があるとともに静止がある。そこに存在する区別はいずれ消滅するほかないもので、それによって、完全で具体的な統一がもたらされます。

具体の概念をさらに説明するのに、ここで、感覚的な事物を具体物の例としてまず取りあげましょう。花は、匂い、味、形、色、などさまざまの性質をもってはいますが、それでも、一つの花です。これらの性質のどれ一つとして、この花のこの花弁に欠けることはなく、花弁のどの部分も、花弁全体がもっている特性をすべてもっています。同様に、金はどの一点をとっても金のすべての性質を分離・分割されることなくもっています。感覚的なものの場合には、さまざまな性質が同居することは当然と見なされています。精神的なものの場合に、ちがいが主として対立的にとらえられるのとは事情が異なるので、花の匂いと味が、たがいにちがうものでありながら、一つの花の中にきちんとおさまることに、わたしたちは矛盾も不快も感じない。匂いと味とをたがいに対立するものと見なさないからです。ちがったものを共存不可能と考えるのは、分析的思考だけです。たとえば、物質はつながったものであり、空間は連続的で、切れ目がありません。が、空間のなかに点を取ることもできる。物質はつながっているけれど、それをこまかくくだき、無限に分割することもできる。そこで、物質は原子ないし点からなっていて、だから連続してはいないということもできる。こうして一つの物質のうちに連続性と点性という二つの特性が同居していることになります。分析的な知性はこの二つをたがいに矛盾するものと見なし、物質は連続的であるか点的であるかのどちらかだと考えるのですが、実際は、二つをともどもふくむのが物質です。

べつの例をあげましょう。人間は自由をもつといわれますが、自由と対《つい》をなすのは必然性です。「精神が自由だとすれば、精神は必然性に支配されない」とか、反対に、「精神の意志や思考は必然性にもとづいて決定されるから、精神は自由ではない」といわれる。「一方が他方を排除する」というわけです。ちがうものはたがいに相手を排除するので、具体的なものを形成することはない、というのです。だが、真なるもの、つまり精神は、具体的であり、自由と必然性の両方を具えています。だから、精神は必然性において自由であり、必然性のうちにのみ自由を見出し、その必然性は自由のうちにのみ存立する、という洞察こそ、高度なものといわざるをえません。両者の統一のさまをあきらかにすることがむずかしいのです。ただ、必然性だけに一方的に支配されるものもあって、自然の事物はそうです。それゆえに自然は抽象的で、真に実在するものとはいえない、——といっても、抽象的なものはまったく実在しないというのではありませんが。たとえば、赤というのは抽象的・感覚的な観念です。が、日常わたしたちが赤というとき、抽象物を相手にしているとは思っていません。しかし、赤いばらこそが具体的なもので、そこには赤その他さまざまな抽象物が区別され析出されてきます。自由も同様で、必然性なき自由は抽象的です。このいつわりの自由が恣意であり、それはむしろ自由の反対物、意識せざる束縛、自由だという空虚な思いこみ、たんなる形式的自由です。

発展の概念と具体の概念のつぎにくる第三のもの、つまり、発展の成果というものは、運動の結果としてあらわれます。しかしその成果が、ある段階の結果にすぎないかぎりで、この終点は同時にべつの発展段階の出発点であり第一歩でもあります。その意味で、「完成品はつねにあらたに材料となる」というゲーテの言は正しい。完成されて形を整えた物質は、ふたたび、あらたな形式のための素材となります。精神は自己の内部にむかい、自己を対象化します。思考が自己にむかうことで精神に形があたえられ、思想があらわれる。精神が自己を概念的にとらえ、自己を形成した成果であるこの思想を、精神はあらたに自分から切り離し、自分の客体とし、あらたにそれに働きかける。こうして、以前の完成品はさらに磨きをかけられ、内容ゆたかになり、いっそうの明確さ、洗練さ、深さを獲得します。この運動は具体的に発展の系列をなすのですが、すすみかたは抽象的な、どこまでも果てしのない直線運動ではなく、もとのところにもどってくる円運動として思いえがかれなければならない。この円の周辺には多数の円があり、全体が大きな螺旋階段をなす発展です。

c、哲学とは具体的なものの発展を認識することだ

こうして具体的なるものの性質をおおよそ説明しおえたところで、具体的なるものの意義にかんして、このような明確な内容をもつ真理は発展への衝動をもつことをつけくわえたい。生命あるもの、精神的なものだけが内部でうごめき、発展します。こうして理念は、——具

体的な内容をもって発展するものとして——有機的な体系をなし、いくつもの段階や契機を内包する一全体をなします。

さて哲学とは、この発展を自覚的に認識しようとするものであり、全体を概念的に思考しつつみずからも発展していきます。発展がすすめばすすむほど、哲学は完全なものになります。

その上、この発展は外部の異質なものにむかうのではなく、枝葉にわかれていく発展は、同時に、内部にむかう歩みです。つまり、普遍的な理念が変わることなく基盤にあって、いつも全体を包括しています。

哲学理念の拡大発展が他のものへの変化や移行ではなく、内部への進行、内部への深化だとすれば、その前進は、これまで曖昧《あいまい》だった一般的な理念が明確の度を加えることにほかならない。理念の発展と理念の明確化とは同じことなのです。ここでは最高の伸展が最高の集中です。外にひろがる発展は、ちりぢりばらばらになることではなく、あくまで一つのまとまりをなしつつ、拡張によって中身がゆたかにふくらむにつれて、まとまりもいっそう強力に、求心的になります。

以上が理念とその発展の性質にかんして抽象的にいえることです。哲学がどう形成されるかも、おのずとそこからきまってくるので、生命体において一つの生命、一つの脈拍があらゆる部分に息づいているように、哲学においても、一つの理念が全体とそのあらゆる部分に行きわたっていなければなりません。そこに生ずるあらゆる部分が一つの理念から生じ、一つの理念のもとに体系化されねばならない。あらゆる特殊部分は理念という一生命の反映ないし複写にすぎず、部分の現実性はこの統一体のうちにしかなく、さまざまなちがいやこまかな部分的性質は、まとまりのあるものとして見れば、理念の表現ないし理念にふくまれる形式にすぎない。こうして、理念こそは中心であると同時に周辺であり、光源であると同時に、発散して自分の外に行くのではなく、いつも自分のもとに、自分のなかにとどまるものであり、必然の体系であるとともに、必然が同時に自由でもあるようなものです。

三、結論——哲学史とはなにか

哲学が発展する体系だとすれば、哲学史もまた発展する体系であり、そしてこのことこそ、わたしがこの哲学史講義で述べようとする中心点であり、根本概念です。

それを説明するには、まず、発展のあらわれかたに二種類のものがあることが注意されねばなりません。思想の進行過程でさまざまな段階が生ずる場合、進行の必然性ははっきり意識され、一段階ごとに、これしかないという必然性をもって登場してきます。——他方、必然性が意識されず、自然の流れに沿って、外見は偶然のようにさまざまな段階があらわれる場合には、概念が内部で首尾一貫してはいるけれども、この首尾一貫性が表には出てこない。たとえば自然界での枝、葉、花、実の発展は、内的な理念が発展の順序を先導しているけれども、それぞれはばらばらに生じてくるように見えるし、子どもの成長の場合も、肉体的な能力やとりわけ精神的な活動力は、単純に無邪気につぎからつぎへと発達するように見え、はじめてそうした場面を経験する両親には、目の前で奇跡がおこっているように思える。実際は、一切に原因があり、内部の力が流出していまそのようにあらわれたのであって、そうしたつらなりが時間的につぎからつぎへというあらわれかたをしているのにすぎないのですが。

二つのあらわれかたの一方を、つまり、さまざまな形がつながりをもってあらわれ、そこに思想上ないし認識上の必然性があることを示すのが、哲学そのものの課題であり任務です。ことに、取りあつかう対象が純粋理念であって、その理念が自然界や精神界でどういう特殊な形態を取るかは問わないものとすれば、必然性の追求は論理学の課題であり任務であるといえます。あらわれかたのもう一方、つまり、さまざまな段階や発展の局面が、時間のなかで、歴史的な出来事として、特定の場所で、特定の民族のもとで、特定の政治状況のもとで、幾多の要素がからみあって、——要するに経験的な形式で——生ずるといったあらわれかたをするように見えるとき、その光景を記述するのが哲学史です。哲学史とはなにかと問われたとき、そう答えるのが唯一の価値ある返答です。かくて、哲学史はその概念からしてもともと真なるものであり、哲学史が現実にもそうであることを呈示し確証することが、哲学史研究の課題です。

以上の考えからして、歴史における哲学体系の時間的順序は、理念の世界において概念内容が論理的に演繹されてくる順序と同一のものだということができる。哲学史にあらわれるさまざまな体系から、その外面的な形態、特殊な問題へのかかわりなどを除外して、根本概念だけを純粋に取りだしてくれれば、それがそのまま理念の世界における論理的な概念規定のさまざまな段階をあらわしているということができる。逆に、概念の論理的な展開をそれだけ取りだしてみれば、それがすなわち大体において歴史上のさまざまな哲学体系の展開過程です。（それがわかるには、むろん歴史的な形態のうちに純粋な概念を読みとる認識力が要求されるのですが。）とはいえ、歴史上の時間的な順序と概念体系の順序が食いちがう側面のあることはいうまでもありません。どういう側面で食いちがいがおこるかは、本筋を離れるので深入りできない問題ではありますが。

さて、右のことから、哲学史の研究が哲学そのものの研究であり、そうあるほかはないことだけはあきらかです。物理学史や数学史などの研究者は、物理学や数学そのものにもよく通じています。哲学だって同じことで、哲学史上にあらわれる経験的な形態や現象のうちに理念の発展を読みとるためには、当然、前もって理念とはなにかを認識していなければなりません。人間の行動を判断する場合に、正しいおこない、ふさわしいおこないとはなにかを前もって知る必要があるように。ところが、哲学史研究者の多くが理念を認識する目をもたないため、哲学史は思いこみの無秩序な寄せあつめにすぎないものになっている。現象の奥にある理念を諸君に示すこと、理念に照らして現象を説明すること――それが哲学史を講義するものに課せられた任務です。現象のうちに概念を見てとり、対象を正しく解釈するには、ものごとの概念を前もって保持していなければならないとすれば、いまある哲学史の多くがこんなにも薄っぺらなのにおどろくことはない。哲学史家の多くにとって、哲学体系の列は、たんなる思いこみやあやまりや思考の遊びにしか見えない。機智に富み、精神の努力にあふれている、等々、形式面にかんしてかれらはあれこれお世辞をならべはするが、しょせんは思考の遊びの列にしか見えていないのですから。哲学的精神を欠いた哲学史家に、理性的思考とはなにかがどうして把握でき、表現できるでしょうか。

理念の形式的性質について右に述べたことからして、哲学史は、理念の発展の体系としてとらえられないかぎり、学問の名に値しないことはあきらかです。(わたしの講義のねらいもそこにあります。) 知識の寄せあつめは学問ではない。理性を基礎とする現象の系列、理性のなんたるかを内容とし、それを解明していく現象の系列こそが、唯一、理性的な哲学史であり、哲学史が理性的な出来事であるのを立証するものです。理性にまつわる出来事の一切が、どうして理性的でないわけがありましょう。人間界を偶然が支配することはない、という信念は、それ自身理性的な信念といわねばならない。そして哲学の仕事は、哲学が歴史上の出来事としてあらわれる場合でも、それを支配するのは理念以外にないことを認識するところにあります。

以上、哲学史の一般概念を述べおわったところで、つぎに、そこから出てくるさまざまなカテゴリーを哲学史にどう適用するかをあきらかにしなければならない。哲学史の考察にあたってもっとも有意義な視点を提示してくれるような適用のしかたをあきらかにしなければなりません。

a、さまざまな哲学の時間的な発展

歴史をめぐるもっとも直接の問いは、さきに述べた、理念のさまざまなあらわれかたにかんする問い——哲学が時間のなかで発展するものとしてあらわれ、歴史をもつのはどうしてか、という問い——です。この問いに答えるには時間の形而上学にはいりこまねばならず、へたをすると目下の目的から逸脱することになりかねない。で、ここでは、さきの問いに答えるのに必要な範囲内にかぎって、時間の問題にふれておきます。

以前にわたしは精神の本質にふれて、精神の存在とは精神の行為のことだと述べました。（自然はあるがままに存在し、したがってその変化はくりかえしにすぎず、その運動は円周運動にすぎませんが。）さらにいえば、精神の行為は、おのれを知ることにある。わたしはありのままに存在してはいますが、それは生物体としてのありかたにすぎず、精神として存在するのは、おのれを知るかぎりでのことです。デルフォイの知の神の神殿にかかげられた「汝自身を知れ」という銘は、精神の本性をさし示す絶対命令です。ところで、意識というものは、その本質からして、わたしがわたしに対峙し、わたしにとって対象となる、というありかたをふくんでいます。わたしがわたしから区別されるというこの絶対的な分割によって、精神は自分を自分の外に打ち立て、実在するものとなる。つまり、外界へと出ていき、自然物が一般にたがいに区別されて存在するように、存在するようになります。そうした外面的なありかたの一つが時間で、その形式をくわしく解明するのは自然哲学および有限な精神の哲学の課題です。

こうした外界での実在、および時間のなかでの存在は、もともとその本質からして有限であるほかない個々の意識のありかたであるだけでない。哲学的理念が思考の地平で発展していく際にも、そうしたありかたを取る。というのも、静止態の理念には時間がなく、理念を静止態において考えることは、理念を直接態に固定することであり、理念を内的に直観することにほかならないが、しかし、具体的な理念、さまざまな要素の統一体としての理念は、右に述べたように、その本質からして静止するものではなく、またその実在も本質上、直観的にとらえられるものではない。むしろ、区別と発展を本質とするものとして、思考の地平で発展しつつ実在し外在するものであり、したがって、純粋な哲学といえども、人間の思考の産物としては、時間のうちに展開される実在としてあらわれざるをえないからです。ただ、ここにいう思考の地平そのものは、個別的な意識の活動であるかぎり抽象的ではあるが、精神は、たんに個別の有限な意識として存在するだけでなく、それ自身、普遍的かつ具体的な精神としても存在します。そして精神をそのように具体的かつ普遍的にとらえれば、そこには、個々の精神が理念に沿ってつぎつぎと対象としてあらわれる発展の全局面がふくまれることになる。こうして、精神が思考においてつぎつぎと自己をとらえていく歩みは、同時に、全発展過程を集約するような前進、――個人の思考を通過し、個々の意識のうちに示される前進ではなく、精神の諸形態をゆたかにふくむ世界史を舞台とする普遍的精神の前進です。こうした発展史のなかでは、したがって、理念の一形態ないし一段階がある民族のうちで意識化され、その結果、この時代のこの民族がこの形態を表現することによって、みずからの宇宙を形成し、みずからの状況を精錬しえたけれども、高次の段階の理念は、一〇〇年後にまったくべつの民族のうちにあらわれるということもおこるのです。

　このように具体および発展の概念内容が確定されると、哲学の多様性なるものもまったくべつの意味をもってくるわけで、多様な哲学が固定されていつまでもよそよそしくならびたつ、といった哲学のちがいにかんするおしゃべりは、たちどころに封じられていきおいを失います。――このおしゃべりが、哲学を上品ぶって攻撃しようとする人には無敵の武器を提供するものと思われているのですが、この上品ぶった攻撃者たちは、貧弱な概念内容を誇りに思って（文字通り、乞食の誇りですが）、みずから所有し知るべきわずかなことすらも、たとえば多様性とかちがいとかについてすらも、まったくもって無知なのです。なるほど、それらはだれでも知っているカテゴリーで、だれもそれにつまずかず、よくわかっている。完全に理解した上で取りあつかい利用していると思っているし、そのなんたるかを知っているのはあきらかです。しかし、多様性をどうしようもなく動かしがたい概念規定だと見なす人びとは、多様性の性質や多様性にまつわる矛盾を知らない。多様性は流れの中にあり、その本質からして発展の運動のうちにとらえられ、――やがてほかのものへとすがたを変えていくものです。具体的な哲学理念は、潜在的にふくまれるさまざまなちがいを顕在化させつつ、みずから発展していく活動です。さまざまにちがうものとは、ここでは思想一般をいうので、というのも、わたしたちがいま問題にしているのは思考の発展だからです。理念のうちにもふくまれるさまざまなちがいが、思想という形であらわれる、というのが第一点。第二点は、このちがいがさまざまな場所でそれぞれ自立しなければならないこと。それが可能となるには、ちがいが全体とかかわりをもち、理念の総体をうちにふくんでいなければなりません。ちがいをふくむ具体的なものだけが現実的なものであり、ちがいは全体として形をなすのです。

このように思想が完全な形をなしたものが哲学です。が、さまざまな思想は、それぞれに理念をふくんでいます。それを見て、形式はどうでもよい、内容が、理念が、大切だ、という人がいる。さまざまな哲学が、形式こそちがえ、同じ理念をふくんでいるのだ、――形式だけが偶然なのだ、というわけで、そう考えて安心している人は少なくない。しかし、むしろ形式が重要です。形式は理念そのものが根源的に分岐したものにほかならず、理念はそれらの形式のうちでのみ本然のすがたをあらわす。形式こそが本質であり、理念の内容をなします。内容が枝分かれしていくと、それぞれが形式をもつ。だから、そこにあらわれる概念規定の多様性は、どうでもよいものではなく、必要不可欠なもので、さまざまな形式が統合されて全体的な形式ができあがります。さまざまな概念形式は理念の根源から出てくるもので、その形態が集まって全体をなすのです。形式がばらばらな場合には、形式のまとまりは形式そのもののうちにはなく、観察者たるわたしたちがまとまりをつけねばなりません。

哲学体系のそれぞれが、どれか一つの概念内容を担っています。ただ、概念はいつまでもばらばらで並立しているわけにはいかない。大きくまとめあげられて、全体の一要素として位置づけられるというのが、概念の運命です。それぞれが自立して立つ状態は、ふたたび解消される。拡散のあとには凝縮がやってきて、最初の統一が取りもどされる。この第三の、あらたな統一は、またしてもあらたな発展のはじまりにすぎないといえるので、こうして進行は無限につづくように思われる。が、のちにくわしく見るように、究極の目標がないわけではない。ただ、精神が自分を意識することによって解放されるまでには幾多の曲折があるということです。こうした見かたが唯一の価値ある哲学史観で、自覚した理性の殿堂を観察するには、そうした見かたに立たねばなりません。理性の殿堂は、ユダヤ人やフリーメーソンがソロモンの殿堂を建てる場合とちがって、内面の巨匠によって理性的に建てられるのです。

世界の動向もまたこのように理性的にすすむという偉大な仮定、――そう考えてはじめて哲学史への本当の興味が生まれるのですが――それは、キリスト教とはまたちがった意味での、摂理への信仰にほかなりません。思考の生みだすものが世界のなかで最善のものだという信仰です。理性は自然のうちにあり精神のうちにはない、という考えほどこの信仰に反するものはありません。精神の領域の出来事――哲学もそうですが――を偶然のものと見なす人は、神の世界統治をまじめに信じてはいない。そんな人が摂理を信じるといっても、それはむだなおしゃべりというものです。

精神が哲学を仕上げるには、いうまでもなく長い時間、おどろくほど長い時間がかかります。しかし、そもそも時間の長さにおどろくというのなら、ちょっと考えただけでも、宇宙の時間の長さは、天文学上の空間の大きさと同様、なにはともあれおどろくべきものです。世界精神の歩みののろさについていえば、世界精神には時間があって、急ごうとする気などないことが注意されねばなりません。「汝の目には千年も一日のごとし」で、時間の外の永遠の存在である世界精神には、時間は十分にあるのです。（夜を徹して仕事に励むかげろうにも、すべてをやりとげる時間はなく、そもそも自分の思いをやりとげて死ぬものは地上にはいないのですが。）世界精神は、概念の獲得のためにふんだんに時間を使えるだけでなく、ほかの多くのものをそのために費すことができる。たとえば、多くの人類を何世代にもわたって精神の意識化の作業のために利用できるし、また、途方もないほどの時代をそのために興隆させたり衰退させたりして、——しかもそれが世界精神そのものにはなんの痛痒《つうよう》でもない。そんな浪費をものともしないだけのたくわえがあって、堂々と仕事をおしすすめ、民族や個人も十分に消費するのです。自然は最短の道を通って目標に到達する、といういいかたがあって、それはまちがってはいないが、たいした命題ではありません。精神の道はまっすぐではなく、まわり道です。時間、労苦、浪費——有限な人生ではそれらは大問題ですが、精神にとってはなんでもありません。わたしたちも、特殊な洞察がいまこの場で展開されないから、とか、あれこれの思考がここに欠けているから、といって苛立《いらだ》ってはなりません。世界史はゆっくりと前進するのですから。

b、哲学史をどう取りあつかうか

以上述べたことから出てくる第一の結論は、哲学史の全体が内部に必然性のある一貫した歩みだということ、内部に理性をもち、理念に導かれた歩みだということです。哲学に足をふみいれたら、偶然的なものは捨てなければならない。哲学における概念の発展が必然的であるように、哲学史もまた必然的です。哲学史をひっぱるのは、さまざまな哲学形態の内的な葛藤です。有限な形態は真理ではないし、真理だと称することもできない。その存在が限定づきのものだからです。哲学史に内在する理念は、これら有限な形態をつぎつぎとこわしていきます。内容にぴったり一致するような絶対的な形式をもたぬ哲学は、形式が真理ではないために、消えていかねばならない。ここに、歩みのアプリオリな必然性がある。哲学史はその歩みの実例を提供するものです。

結論の第二は、哲学史上のどの哲学も必然的なものであったし、いまなお必然的なものであり、したがって、どれ一つとして没落することなく、すべてが一全体の要素として哲学のうちに保存されている、ということです。ただ、これらの哲学が特殊な原理をなすことと、その原理が世界観の全体に行きわたることとを混同してはなりません。原理は保存され、そして、これまでの一切の原理を集約するものとして最新の哲学はある。だから、どの哲学も否定されはしない。否定されるのは、個々の哲学の原理ではなくして、この原理を究極のもの、絶対的なものだとする考えです。たとえば原子論の哲学は、原子を絶対だと考える。原子はそれ以上分割できぬ単体であり、根本のところでは、個人的なもの、主体的なものだという。単体はそれだけでは抽象的な独立存在にすぎないから、絶対的なものとは、この単体が無限に多くあつまったもののことだ、と。これが原子論の原理ですが、この原理はもはや否定されて、現代には原子論者などはいない。精神を独立に存在する単体として、原子として、とらえることは可能だが、これはまずしいとらえかたです。つまり、単体が絶対者をあらわすことはありません。しかし、この原理は保存されてもいて、ただ、それが絶対者を全体として定義することはもはやないのです。こうした原理の否定は、発展のどの局面でもあらわれてきます。木の発展は胚種の否定であり、花は葉の否定で、葉が最高にして真なる実在ではないことを表現している。花も最終的に果実によって否定されるが、でも果実は、それ以前のすべての段階なしには結実できない。哲学の発展過程にもかならず肯定面と否定面がふくまれているので、両面を見てはじめて一哲学を哲学史上に位置づけることができます。肯定面の認識のほうがおくれてやってくるのは、実人生でも学問でも同じことで、やはり、価値を認めることより否定することのほうがやさしいのです。

第三。原理だけに考察の的をしぼって話をすすめましょう。それぞれの原理は、一定期間、時代を支配し、その形式のうちに世界観の全体（それが哲学体系と呼ばれるものですが）が述べつくされていると感じられる。そのとき、原理の展開の全体を知る必要も生じてきます。しかし、原理が抽象的で不十分であれば、わたしたちの世界観にふくまれるさまざまな形態を十分にとらえることはできない。たとえば単体というまずしい概念では精神の深みをいいあらわすことはできないし、デカルトのとらえかたでも、機械論には十分有効だが、それ以上の場面では多くを期待できないし、他の世界観（たとえば植物的世界観あるいは動物的世界観）のいうところは、不十分で、興味をそそりません。だから、こうした抽象的な哲学については原理のみを考察し、もっと具体的な哲学についてのみ、主要な発展形態や応用形態に目をむけることにします。高い原理をもたない哲学は首尾一貫性がなく、深い洞察を示すことがあっても、それが原理とむすびつかない。たとえばプラトンの『ティマイオス』は自然哲学の書ですが、原理が十分確立されていないために、その叙述は経験的に見てもとても貧弱で、あちこちに見られる深い洞察も、原理から導かれたものではありません。

第四。これまで述べたことから、哲学史は歴史にちがいないけれど、そこでは過去が問題なのではないという見解がひきだされてきます。哲学史の内容は理性にもとづく学問的業績であり、それは、移ろいゆくものではない。そこで仕上げられたものは真理であり、真理は特定の時代にしか存在しないというものではなく、永遠に存在するものだからです。哲学史の英雄たちの肉体（哲学者の外的運命）は、時間のうちに生きるもののつねとして、当然、過ぎさっていくのですが、かれらの作品（思想ないし原理）は、そのあとを追うものではない。というのも、作品の理性的内容は空想や夢や思いこみの産物ではなく、——哲学は夢遊病ではなく、さめきった意識です、——そこでおこなわれているのは、まだ核として、内的な本質として隠れている理性的なものを、精神の坑道から白日のもとにひきだし、人びとに意識させ、知らしめること、つまり、たえざる覚醒だからです。したがって哲学の業績は、過去の像として記憶の殿堂に安置されているだけでなく、いまなお、それが生みだされたときの新鮮さを失わないで目の前にある。（原理は過ぎさるものではなく、わたしたちは原理をいまに生かすべきです。）哲学の働きや作品は、後代の人びとによって廃棄されたり破壊されたりすることはありません。とはいえ、それらは布や大理石や紙やイメージや記憶のうちに刻まれて保存されるのではなく、――そうした素材は、自身が移ろうもの、もしくは、移ろうものをしるしとどめるものです――精神の変わらぬ本質たる思考（概念）のうちに刻まれて、虫くいにも盗難にも遭うことなく生きつづけます。思考がおのれの想像力を羽ばたかせて思考を獲得するというのが、精神の本来のありかたです。だから哲学上の認識はたんなる博識とはちがう。死んで埋葬されて朽ちはてたものの知識ではない。哲学史は、古びないもの、生き生きと現前するものを相手とするのです。

c、哲学史と哲学とのさらなる比較

わたしたちは、時間のなかに割りふられた富の全体を自分のものにすることができます。哲学の時間的なつらなりについては、それが哲学が学問として体系化していく道筋そのものであることが注意されねばならない。哲学そのものにおける理念の組み立ての順序と、哲学的な概念が時間のなかにあらわれる順序とはべつものだと思われるかもしれないが、両者は全体としては同じ順序をなします。その際、つぎのことが見おとされてはなりません。はじまりをなすのは、素朴なもの、直接的なもの、抽象的なもの、一般的なもの、まだすすんでいないもの、です。具体的なもの、ゆたかなものは後になってあらわれるので、最初にくるのは、もっともまずしい概念規定です。こうした考えは一般の常識に反するように見えるか

もしれないが、哲学上の考えというのは、哲学とは無縁な普通の人びとの考えとは正反対になることがめずらしくありません。普通には、最初にくるのは具体的なものだと考えられる。たとえば子どもは、自然のままの根源的な全体性をいまだ備えていて、おとなより具体的だ、おとなはさまざまな制限を受けて、もはや全体的ではなく、その生活は抽象的になっている、とわたしたちは考える。おとなは全霊をかたむけて行動するのではなく、特定の目的のために行動し、かくて、多数の抽象的な個別領域にひきさかれているが、子どもや若者はまるごと行動に打ちこめるというわけです。また、感情や直観が最初で、思考が最後だという心理活動の順序についても、感情のほうが、抽象化ないし普遍化の働きである思考よりも具体的だと考えられる。が、実際は逆です。感覚的な意識は、なるほど一般には具体的なものであり、思想的にどんなにまずしくとも、内容的にはこの上なくゆたかなものに思える。だからこそ、自然の具体性と思想の具体性（それは感覚的にはまずしいものですが）とを区別しなければなりません。子どもは思想的にはこの上なく抽象的で、この上なくまずしいものですが、自然と比較すると、おとなだって抽象的だ。しかし、思考の点ではおとなのほうが具体的です。おとなの目的はたしかに抽象的であり、家族を養おうとか職務を果たそうとかといった一般的なものですが、それは大きな客観的かつ有機的な全体に貢献し、全体を促進し、統轄《とうかつ》します。ところが、子どもの行為のなかにあるのは、子どもじみた自我、それも一時的に存在する自我にすぎないし、若者の行為においても、主要な目的は、主観的に教養を身につけることか、さもなくば、やみくもなのめりこみです。精神の働きについても同じことがいえるので、学問は直観よりも具体的です。

以上のことは哲学のさまざまな形態についてもいえるので、そこから得られる結論の第一は、最初の哲学はもっともまずしく、もっとも抽象的だということです。そこでは理念は曖《あい》昧《まい》この上なく、一般的に立てられているにすぎず、内容空虚です。そのことがわかれば、古代の哲学に不当に多くのことを要求することはなくなる。つまり、意識が深まったときにはじめてあらわれるような概念内容を、古代の哲学に求めるわけにはいかないのです。たとえば、タレスの哲学は有神論なのか無神論なのか、タレスは人格神をかかげたのか、たんに非人格的な一般的存在を主張したのか、という問いがある。問題になっているのは、最高理念の主体性がどうあるべきか、神の人格性をどうとらえるかということですが、現代人のとらえるそうした主体性は、古代にはおよそ求めようのないほど、ゆたかで内面的なあたらしい概念です。ユダヤ教の唯一神と同様、ギリシャの神々も空想やイメージのなかでは人格あるものとして思いうかべられていたかもしれないが、空想のなかで思いうかべることと、純粋な思想ないし概念によってとらえることとは、まったくべつのことです。現代人のもつ深い神のイメージを基準にすれば、古代の哲学は無神論だといってさしつかえないでしょうが、そのいいかたにも嘘がないわけではない。はじまりの思想は、無神論といいきれるほど発展してはいないからです。深さというと、集中力の大きさをいうように見えますが、精神は集中力がませばますほど拡散力もまし、外に大きくひろがっていく。ここでは、力強さは、対立や分裂の強さであり、力が強ければ強いほど、克服される分裂も大きいのです。

右のことからただちに導かれることですが、発展の進行が概念内容を明確にし、理念の内実を深め、理念をとらえかえすことである以上、最終・最新の哲学はもっとも発展した、もっともゆたかな、もっとも深い哲学だということになる。一見過去のものと見える一切がそのなかに保存されふくまれていなければならず、それはみずから哲学史全体を映す鏡でなければなりません。最初の哲学は、いまだ前にすすまない最初だからもっとも抽象的であり、最後の形態は、概念内容を明確にする前進の末にあらわれるものだから、もっとも具体的です。とはいえ、現代の哲学がこうした考えに立つものでないことは、すぐに気づかれることですが。のちの時代の前進した哲学は、その本質からして、それ以前の思考する精神の働きの結果であり、それは、その土台から切り離されて独立するものではなく、以前の立場からの要請と働きかけのもとになりたつ、というわたしの講義の精髄は、現代の哲学思潮とは相容《い》れないのです。

もう一つ、ここで思い出すべきことは、事柄の核心にあたること、つまり、最新の哲学のうちにとらえられ表現された理念は、もっとも発展し、もっともゆたかで、もっとも深いものであることを遠慮なくいうべきだということです。こんなことをわたしがいうのも、あたらしい哲学、最新の哲学、といういいかたが、きわめて安直になされるからです。こんないいかたで意味あることをいった気になる人びとは、数々の哲学を気軽に絞首刑にしたり祝福したりすることでしょう。どんな流星でも、いや、どんなろうそくの炎でも太陽と見なし、また、どんな理屈でも哲学だとさけびたて、その証拠に、哲学はふんだんにあって、日のあらたまるたびにきのうの哲学は駆逐《くちく》される、といったりする人びとなのですから。かれらにはお気にいりのことばがあって、意味のありそうな哲学にあるレッテルを貼《は》りさえすれば、それでその哲学の価値が定まると考えている。流行哲学というレッテルがそれです。

なおもばかばかしいことに、人間精神が教養を身につけようとまじめに努力をするたびに、おまえはそれを流行と呼ぶ。

（ゲーテ・シラー共作の風刺詩「流行哲学」）

第二の帰結は、古代の哲学の取りあつかいにかんするものです。哲学の発展ということを考えれば、古代の哲学的教養がいまだ把握するに至っていない概念内容をもちだしてきて、古代哲学にそれがないと非難するようなことは許されない。同様に、古代哲学が言明も考えもしなかった結論や主張を、たとえそれらがのちに古代哲学の思想から正当にひきだされたものであっても、古代哲学そのものにおしつけることは許されない。作品にはあくまで歴史的に立ちむかうべきで、直接そこに示されている考え以外のものをおしつけてはならない。その点、たいていの哲学史書は失格で、というのも、ある哲学者がおこなった主張を歴史的に示すものだとして引用がなされ、そこから多くの形而上学的命題がその哲学者のものだとされるのですが、実際は、当の哲学者はそんな命題は考えたこともなければ口にしたこともなく、それを証拠立てる歴史的痕跡などかけらもないことがめずらしくないからです。たとえば、ブルッカーの『批判的哲学史』には、タレス以下の哲学者について、三〇、四〇、いや一〇〇の哲学説が引用されていますが、歴史的に見て、それらの哲学者たちがそんな思想を抱いたとはとうてい思えないものばかり、——いずれ、どこにあるとも知れぬ、同類の知ったかぶり屋の書物からひいてこられた命題であり引用です。ブルッカーのやりかたは、ある古代哲学者の単純な哲学説に、その前提や帰結となるような考えのすべて（ヴォルフの形而上学の考えによれば、かの哲学説の前段命題および後段命題）をおしかぶせるもので、ありもしないことをなすりつけるこの手法があまりに無邪気におこなわれるので、それが現実の歴史的事実のように思えてしまう。古代の哲学者が現代のわたしたちと同じような反省をおこなっていたことになりかねない。だが、わたしたちのような反省が生まれることこそ、まさに発展の進行のしからしむるところです。時代のちがい、教養や哲学のちがいは、まさしく、そのような反省、そのような思想内容や概念の連関が意識のうちに、——その意識が発達していようといなかろうと——あらわれ出るか否かにあります。哲学史にとって重要なのは、思想のこの発展ないし現出にほかならない。一つの命題からいくつかの概念内容が正当に導きだせるといっても、すでにひきだされているかどうかはまったくべつのことです。内部にふくまれているものが外にひきだされること、それこそが重要です。

というわけで、わたしたちは哲学者自身のことばだけを相手としなければなりません。ことばを勝手に発展させると、当の哲学者が意識しなかった思考概念をもちだすことになるからです。たとえば、アリストテレスによると、タレスは万物の根元が水であるといったという。しかし、根元ということばをはじめて使ったのはアナクシマンドロスだとされる。すると、タレスはまだこの思考概念をもたなかったので、時間的なはじまりという意味での根元は知っていても、一切のもとになるという意味での根元は知らなかった。つまり、タレスは原因という思考概念を哲学に導入した人ですらなく、第一原因という考えは、もっと後代のものということになる。実際、この概念をまるでもたない民族も少なくなく、その概念を知るには高度な発展が必要です。このように、一般に民族の教養のちがいが思考概念のちがいとなってあらわれるとすれば、哲学においてはなおのことその点に留意しなければならない。たとえば、ブルッカーによると、タレスは「無からはなにものも生ぜず」といったという。水は永遠だというタレスのことばから、そう推論できるそうで、かくてタレスは無からの創造を否定した哲学者のひとりに数えられる。しかしタレスは――少なくも歴史的には――そんなことにはまったく関知しませんでした。同様に、ハインリヒ・リター教授も（その『イオニア哲学史』は労作で、全体としては牽強付会《けんきょうふかい》のない穏当なものですが）、タレスについては、歴史的な事実を超えた意味をおしつけています。教授はいう。「タレスに見られる自然の考察を、われわれは徹底して動的な自然観と見なければならない。かれは世界をば一切を包括する生きた動物と考えた。この動物は、すべての動物と同様、一個の精子から発展したもので、その精子は、すべての動物の場合と同様、水気をおびるか水であるかである。かくて、タレスの基本的な世界観はつぎのごとくである。世界は一つの生きた全体をなすもので、その全体は一つの胚種から発展し、動物のやりかたに似て、自分のもともとの本質にふさわしい栄養を摂取しながら生きつづけるのである。」これは、アリストテレスのいっていることとはまるでちがう。タレスについてこんなことを報告する古代の証言は皆無です。タレスの言からこうした考えをひきだすことは不可能ではありませんが、歴史にたずさわるもののなすべきことではない。このような推論によって、古代哲学をその原像とまったくちがうものに仕立てあげることは許されません。

第三。論理学の体系においてそれぞれの思考形態がまさにその形態にふさわしい位置をあたえられ、そこを過ぎると他の形態に従属する一要素になってしまうように、それぞれの哲学も、全体の流れのなかで、それぞれ特殊な発展段階に対応し、その特定の位置にあるとき本来の価値と意義を発揮します。それぞれの哲学を正当に評価するには、その独自の価値をいまいう位置においてとらえ、その面から承認しなければなりません。まさにそのためにも、それぞれが実際になした以上のことを要求したり期待したりしてはならない。認識がもっと発展したときに得られるような満足を、それ以前の哲学に求めるわけにはいかない。わたしたちの意識がかかげる問いや、今日の世界の問題意識について、古代人が解答をあたえてくれると信じてはならない。そうした問いは一定の思想的教養を前提とするからです。あらゆる哲学は、まさに特定の発展段階の表現であるがゆえに、その時代に帰属し、時代の制約にとらわれている。個人は民族の子であり、世界の子です。個人がどんなに手足をばたつかせても、かれはその世界を超えることはない。個人はその実体でもあり本質でもある共同の精神に帰属するからです。どうしてそこからぬけだすことができるでしょうか。この共同の精神は哲学の思考によってとらえられるものです。哲学は精神が精神を思考することであり、したがって、一般的精神を明確な実体的な内容とするものです。あらゆる哲学は、その時代の哲学であり、精神の発展の全連鎖のうちの一環をなすものです。だから、その時代にふさわしい問題意識にたいしてしか満足をあたえることはできません。

だとすれば、深い明確な概念を所持する今日の精神に、以前の哲学が満足をあたえることはありえない。今日の精神が哲学のうちに見出そうとするのは、すでに自分の内部で明確化され、自分の存在の根をなし、思考の対象としてとらえられた概念であって、要するに、精神はおのれ自身を認識したいのです。しかし、以前の哲学の理念はいまだそのように明確な形では存在しない。だから、プラトン哲学、アリストテレス哲学、等々のすべての哲学は、その原理においてつねにいまなお生きているといえるけれども、哲学そのものは、プラトン哲学やアリストテレス哲学のかつての形態や段階にとどまることはできない。それらのもとに立ちどまることも、それらをよみがえらせることもできない。だからこそ、今日、プラトン主義者も、アリストテレス主義者も、ストア主義者も、エピクロス主義者も、もはや存在しえない。古代の哲学をよみがえらすというのは、教養ゆたかな、内部に深く根をおろした精神を、以前の段階につれもどそうとすることですが、そんなことが精神の気に入るわけがない。それはちょうど、大のおとなが若者の位置に移動し、若者ないしは子どもになろうと努力するようなもので、おとなと若者と子どもが同一個人だとしても、そんな試みは不可能であり、ばかげています。

ちなみに、学問のよみがえりの時代、もしくはあらたな知の時代は、一五―六世紀に開幕しましたが、そこでは、古代哲学の研究が復活しただけでなく、古代哲学に熱をふきこむ試みがなされた。たとえばマルシリオ・フィチーノはプラトン主義者を自称し、メディチ家のコスモが（教授陣のそろった）プラトン・アカデミーを創設すると、そこの学長におさまった。また、ポンポナッツィのような純粋なアリストテレス主義者もいたし、おくれてエピクロス哲学を打ち立て、エピクロス風の自然哲学研究をおこなったガッサンディもいれば、ストア主義を標榜《ひょうぼう》するリプシウスもいた。当時、一般に古代哲学とキリスト教は対立するものと考えられていて、しかもキリスト教はいまだ独自の哲学を発展させてはいなかったので、キリスト教に賛成するにせよ反対するにせよ、哲学と名のつくものを求めるとすれば古代哲学のうちのどれかしかなく、その意味で古代哲学が復活させられたのです。しかし、生きた人間のあいだにミイラをもちこんでも、息をふきかえさすことはできない。精神は長きにわたって実質のある生活をうちにつみ重ね、いっそう深い概念をうちにたくわえ、古代哲学ではとうてい満足できぬような思考への高い要求をもっていました。したがって、古代哲学に熱をふきこむ試みは、必修の先行哲学形態をおぼえこむための過渡的な試み、必要な教養段階を取りもどすための遍歴と見なされるほかはない。時代精神と疎遠になった歴史上の原理を、時代をへだててなぞり、くりかえす（学びなおす）試みは、一時的な、どのみち死語にまつわる現象です。そこにあるのは翻訳ばかりで、精神を根源的に触発するようなものはない。精神は、おのれ自身から流れでるものを認識するときにしか満足を感じないのです。

さて、近年また、古代哲学の立場に帰るべきだと声高に主張され、とくにプラトン哲学が、それ以後の時代のすべての紛糾をぬけだす救済手段として推奨されていますが、この帰還は、古いものを学びなおすという無邪気さのあらわれではない。この遠慮深い提言の底にあるのは、北アメリカの山林にすむ未開人やその習俗やそれにふさわしい考えに帰りたいという文明社会の理不尽な要求や、かつてフィヒテが（たしか『人間の使命』のなかで）もっとも純粋で、もっとも単純な宗教としてメルヒセデク教の名をあげ、そこに帰るべきだとしたあのすすめなどと同質の心情です。そうした帰還には、一面でたしかに、はじまりや確固たる出発点へのあこがれが認められはするが、はじまりは権威主義的な形式のうちにではなく、思考や理念そのもののうちに求められるべきです。他面、発展したゆたかな精神がそうした単純なもの――つまり抽象的状態ないし思考――に帰っていこうとするのは、無力ゆえの逃避と見るほかはない。無力な精神は、思考による活用と深い統合を待ちのぞむ目の前の豊富な発展材料を、自分の手にあまるものと感じ、まずしい世界にのがれることで安心を得ようとしているのです。

プラトンや古代哲学をとくにだれかからすすめられたにせよ、その一般的な評判にひかれたにせよ、多くの人びとがそこから自分自身の哲学を汲みだそうとしてプラトンや古代哲学におもむきながら、そうした研究に満足せず、憮然《ぶぜん》たる思いで研究から身をひくのも、右のことから説明できる。古い哲学は一定程度の満足しかあたえてはくれません。古代の哲学者にしろ、他のどんな特定の時代の哲学にしろ、そこになにを求めるべきかを知らねばならない。少なくとも、そうした哲学は思考の一定の発展段階を示していて、その段階の限界内にある精神の形態と精神の必要しか意識にのぼっていないことを知らねばなりません。近代の精神のうちには深い理念がねむっていて、それが自分にめざめるには、古代の抽象的で曖昧《あいまい》で灰色の思想とは異なる環境と現実が必要です。たとえば、自由の本性、善意の起源、神の摂理、などについて、プラトンのうちでは哲学的な処理がなされていない。で、そうした問題について、かれの美しい叙述から通俗的で誠実な見解を取りだしてくることもできるし、そうした問題を哲学的に価値のないものと見なし、悪や自由をたんに否定的なものと見なす決意をかためることもできる。しかし、精神がひとたびそうした問題を自覚し、自己意識がそうした問題意識に深入りせざるをえないほど強く対立を自覚するとき、右の態度のどちらももはや精神を満足させはしません。認識能力の問題や、（プラトンの時代に存在しなかった）主観と客観の対立の問題についても事情は同じです。自我の自己内での自立ないし独立は、プラトンに知られていなかった。人間はいまだそこまで自己のうちに還ることがなく、そこまで自己とむきあっていなかった。主観はむろん自由な個人だったけれど、共同体のうちに統一された自分しか知らなかった。アテネ人は自分が自由だと知っていたし、ローマ市民は自由だった。しかし、人間がその実体からして絶対的に自由であり、人間として生まれつき自由だということは、プラトンも、アリストテレスも、キケロも、そして（その概念こそが法の唯一の源泉であるにもかかわらず）ローマの法学者も知らなかったのです。キリスト教の原理においてはじめて、個人の人格的精神がその本質からして無限にして絶対的な価値をもちます。すなわち、神はすべての人間を救おうとするのです。キリスト教においてはじめて、神の前ですべての人間は自由である、という教えや、キリストは人間を解放し、人間は神の前で平等となり、キリスト教的な自由を得た、という教えがあらわれる。こうした考えは、人間を、生まれや身分や教養とは関係なく自由にするもので、それによる人類の進歩には計りしれないものがあります。しかもなお、そこにはいまだ、自由であることが人間の概念をなすという考えはあらわれてはいない。自由の感情は何百年、何千年ものあいだ人びとをかりたてたので、この衝動以上に途方もない大革命をひきおこしたものはほかにありませんが、人間が生まれつき自由だというこの概念ないし認識、この自覚は、それほど古いものではないのです。

B、哲学と哲学以外の領域との関係

　哲学史は、個々の哲学を時間の流れに沿って叙述し、そこから哲学史というまとまりのある像をつくり出すものです。しかし、叙述にあたっては、時間のうちにあらわれては消える事実は相手とせず、民族や時代の一般的性格、一般的状況だけに留意すべきです。実際はしかし、哲学史そのものが一般的性格のあらわれであり、しかも、その最高峰をなすものです。哲学史は民族や時代の一般的性格と不可分にむすびつき、ある時代の特定の哲学形態は、それ自身、時代的性格の一側面、一要素をなすものにほかならない。こうした内面的な接触のゆえに、ある哲学が歴史的境遇とどう関係するかが立ちいって考察されねばならないし、とくに、哲学に固有なものはなにかが考察され、哲学もどきを排除して、哲学固有のもののみに目がむけられねばならない。哲学とたんに外的にむすびつくだけではなく、本質的にむすびつくものとして、二つの側面が考察の対象となります。一つは、文字通り歴史的な側面であり、いま一つは事柄の内容的なつながり、つまり、哲学と宗教その他とのつながりです。この考察を通じて、同時に哲学とはなにかがいっそう明確に定義されます。

一、つながりの歴史的側面

哲学史で政治状況や宗教などが考慮されねばならないのは、それらがその時代の哲学に大きな影響をあたえ、逆に哲学からの影響も受けるからだとよくいわれます。しかし、「大きな影響」といったカテゴリーに満足しているかぎり、哲学と哲学以外の歴史事象は外的にむすびつけられるだけで、両者がそれぞれ独立に存在するという視点をぬけ出すことはできません。いまわたしたちに必要なのは、両者の関係を影響とか相互作用とはちがったカテゴリーで考察することです。本質的なカテゴリーは、これらさまざまな形態の一切が統一をなすこと、いいかえれば、精神は一つだけで、それがさまざまな形で顕現するということです。

a、哲学が可能になるための外的・歴史的条件

まず注意すべきは、そもそも哲学がおこなわれるためには、民族の精神的形成が一定の水準に達していなければならないということです。「生活に必要なものを手に入れたのちにはじめて、哲学ははじまる」とアリストテレスはいいます。というのも、哲学は利己心のない自由な行為だから、前もって欲望の不安が消えうせ、精神が内部で強力な、高貴な、確固たるものになっていなければならない。情念がそぎおとされ、意識が一般的対象を思考するところにまですすんでいなければならないからです。だから哲学を一種の贅沢《ぜいたく》と呼ぶこともで

きるので、生活上必要でないような楽しみや営みが贅沢だとすれば、たしかに哲学は贅沢です。そのかぎりで、なるほど哲学はなくてもすむものだ。しかし、大切なのは、なにを必要と名づけるかです。精神の面からすれば、哲学こそはもっとも必要なものだともいえます。

b、哲学を精神的に必要とする時代の到来

哲学は一時代の精神の思考ないし概念として先天的に存在するとともに、その本質からして時代の流れの結果でもある。思想は、結果として生ずるもの、生みだされるものであり、自己を生みだす生命活動です。この活動には否定という要素を欠くことができない。つまり、生みだすことは否定することでもあり、哲学が生みだされるには、その出発点に否定されるべき自然なものがなくてはならない。哲学は、一時代の精神が最初の自然生活の投げやりな鈍感さからも、個々のものにくたくたになるまで関心をむける情熱の立場からもぬけ出したときはじめて登場します。精神は、自然的形態を超え、現実の道徳や生活力を超えて反省や概念思考へとむかう。その結果、精神は目の前の生活の実態や道徳や信仰を攻撃し、それらを動揺させる。こうして堕落の時代がやってくる。それがさらにすすむと、ようやく思想にまとまりが出てきます。まとめてこうもいえましょう。一民族が具体的な生活一般をぬけ出すと、階層の分離や区別があらわれ、民族は没落への道をたどる。内面的な努力と外面的な現実が分裂し、これまでの宗教形態その他が不満足に感じられ、精神は生活上の現実に関心を示さず、不本意なままそこにとどまり、公の場は解体される、――そのときはじめて哲学

がおこなわれる。精神は思想の空間に逃げこみ、現実の世界に対抗して思想の王国を打ち立てるのです。

だとすると、哲学とは思想のひきおこした堕落と手をむすぶものです。哲学は現実世界の没落とともにはじまる。哲学が抽象的な概念をひっさげて、悲観的な口調で登場するとき、青春の、生命体の、新鮮さはすでに失われ、哲学の和解は現実界でおこなわれるのではなく観念の世界でおこなわれる。ギリシャの哲学者たちは、政治から身をひき、あだ名通りなまけものの生活をおくりながら、思想の世界に生きていたのです。

これは、哲学の本質をなす事柄で、哲学史そのものによってもその正しさが裏づけられます。たとえば、イオニアの哲学は小アジアのイオニア国家群が没落しつつあるとき登場しています。ソクラテスとプラトンは没落途上のアテネの政治にはもはやなんのよろこびも見出さず、プラトンはディオニュシオスのもとでもっといい政治をおこなおうとしました。つまりアテネでは、アテネ市民の堕落とともに、哲学興隆の時代がきたのです。ローマでは、本来のローマ的生活たる共和国がローマ皇帝の専制のもとに没落しつつあるとき、——つまり、以前の信仰生活がゆらぎ、一切が解体と産みのくるしみにとらわれた世の不幸の時代、政治生活の没落の時代に、——はじめて哲学は広まりました。また、偉大で、ゆたかで、華麗でありながら、内面的には死んでいた帝政ローマの没落にともなって、アレクサンドリアの新プラトン派の哲学者たちによる、古代哲学の高度な、最高の仕上げがなされました。同様に、一五、六世紀において、中世のゲルマン的生活の形態が大きく変化し、——以前は政治と宗教がなお統一を保ち、国家が宗教にたたかいを挑んでも宗教の優位は動かなかったのに、――国家と宗教とのあいだに分裂が生じたまさにそのときに、哲学が、最初はたんなる暗記物として、しかしのちには近代を画する独立した形をもって登場してきました。このように、哲学は歴史形成の一定の時期にのみ登場してくるのです。

c、時代の思想としての哲学

しかし、時期がきて哲学が一般的におこなわれるというだけではない。一民族のうちにあらわれるのは特定の哲学であり、思想のこの特定の立場は、民族精神の他の側面すべてをつらぬき、それと内面深くむすびつき、その基礎をなす。特定の哲学形態は、その母胎たる特定の民族形態と軌《き》を一《いっ》にし、民族の体制や統治形態、公共生活や社会生活、技術や習慣や設備、芸術ないし学問上の努力や苦労、宗教や戦況や対外関係と軌を一にし、特定の原理が受けいれられる国家の没落や、より高度な原理が生みだされ発展する新国家の登場や興隆と軌を一にします。精神は、みずから到達した特定段階の自己意識の原理を、あらゆる側面にわたってゆたかにねりあげ、おしひろげていきます。このゆたかな民族精神は、一つの有機組織であり、一つのドーム、――天井や廊下や柱列や柱廊その他の部分をもちながら、それらすべてが一つの全体から発し、一つの目的から発するドームです。哲学も、このさまざまな側面のうちの一形式ですが、しかしどのような形式なのか。哲学は最高の花であり、全精神形態の概念であり、全状況の意識であり精神的本質であり、おのれを思考する時代精神です。

さまざまな形態をもつ全体が哲学を単一の焦点としてそこに映しだされ、そこでみずからのありかたを概念的に知るのです。

キリスト教の内部になくてはならぬ哲学がローマでは生じえなかったのは、ローマがキリスト教の精神を全体の全側面に行きわたらせるような段階に達していなかったからです。政治史や国家体制や芸術や宗教と哲学との関係は、前者が後者の原因だったり、逆に後者が前者の根拠だったりというものではなく、すべてがともども同一の共通の根をもっていて、――それが時代精神です。それは、全側面をつらぬき、政治その他の諸要素のうちに表現される単一の本質、単一の性格であり、あらゆる部分につながりをもつ単一の状態です。時代精神のさまざまな側面が、どんなに多様でどんなに偶然的に見えようとも、また、たがいに矛盾するかに見えようとも、基礎をなす時代精神と異質なものはそこにふくまれてはいないのです。ところで、この特定段階は以前の段階から生まれてきますが、一つの時代精神がおのれの原理にしたがって全現実とその運命をどのようにつくりなすかを示すこと、その全構造を概念的に叙述することは、ここでのわたしたちの課題ではない。それはそもそも歴史哲学の対象とするところだからです。ここでは、哲学に関連の深い精神の場において、時代精神の原理がどのような形態で打ちだされるのかを考察するにとどめねばなりません。

哲学も、そうした精神の形態の一つに位置づけられる。ということは、哲学がまったく時代とともにあるということです。つまり、哲学は時代を超えるものではなく、時代の内実が知の形を取ったものです。同様に、時代の子たる個人も時代を超えない。個人は自分の本質をなす時代の内実を自分なりにあらわしているにすぎない。ただ一方で、自分の皮膚の外に出る人がいないように、本当の意味で時代を超える人はいません。ただ一方で、哲学が時代精神の内実を対象にすえてこれを思考する、という形式面からすれば、哲学が時代を超えるといえなくもない。哲学が時代精神の内部にあるかぎりで、時代精神が一定の現実的内容をなすのですが、同時に、哲学は知としては時代精神を超え、時代精神と対峙しているともいえる。とはいえ、それは形式上そういえるにすぎない。哲学の内容は、本当のところ、時代精神以外にはないのですから。ただ、いうまでもないことですが、哲学の知そのものは精神の現実であり、精神が自己を知ることであって、そこから、形式的な区別が実質的な現実の区別という意味をもってくる。つまり、哲学の知は、あらたな発展形式を生みだすもので、このあらたな形式が知というありかたであらわれる。知を通して、精神は知と存在とに区別される。この区別がさらにあらたな区別をふくみ、そこにあらたな哲学が生まれる。だから、哲学はすでに精神の発展した性格をも備えているので、のちに実現される精神が内的に誕生する場所でもあるのです。具体例はのちに見ることになりますが、たとえば、ギリシャ哲学にふくまれていたものがキリスト教世界で実現されたりします。

二、哲学と関連領域との区別

哲学史は、その存在する場からしても、固有の対象の面からしても、他の学問や教養の歴史、とくに芸術史や宗教史と密接な関連をもっています。この関連は、哲学史の論述を混乱に陥れるような面を多分にもっています。哲学史が教養一般や学問的教養の達成したものにかかわったり、さらには、民族の神話や、そこに辛うじてふくまれる哲学ふうの考えにかかわり、その上に、すでに思想の形を取った宗教思想や、そこに見られる瞑想的なものなどにもかかわるとすれば、哲学史は際限のないものになってしまう。材料の厖大さとそれを加工・整理する作業の大変さからいってもそうだし、この材料がまた他の多くのものと直接にむすびついてもいるからです。しかし、他の領域との境界線を自分勝手におおよその目安でひくわけにはいかない。基本にもどってきちんと考えた上で境界線をひく必要がある。哲学という名前だけにとらわれると、すべての材料が哲学史のなかに入ってきかねません。

こうした材料について三つの視点から話します。関連する三つの側面をきちんと浮かびあがらせ、哲学から区別しなければならないからです。第一の側面は、一般に学問的教養と呼ばれるもので、分析的な思考のはじまりをなすものです。第二の領域は神話と宗教の領域で、哲学とこの領域との関係は、ギリシャ時代にもキリスト教時代にも、敵対的であることが少なくありませんでした。第三の領域は哲学ふうの理屈の領域、常識的な形而上学の領域です。

a、哲学と学問的教養との関係

個別の学問についていえば、哲学の場合と同様、たしかにそれらは認識や思考を本領とするものです。しかし、その対象はさしあたり有限な対象であり現象です。そして有限な内容にかんする知識の寄せあつめが哲学から除外されるのは当然で、それは内容も形式も哲学とは無縁です。それらが体系をなし、一般的な原則や法則をふくみ、そうした原則や法則から出発する場合でも、その知が関係するのはかぎられた範囲の対象です。究極の根拠は対象そのものと同じく前提されているので、たとえば、外的経験や、心情や、自然的ないし文化的な権利・義務感覚が、根拠を汲みとる源泉になっています。方法の面でも、個別の学問は、思考一般の規則や原則を述べた論理学を前提にしています。

学問の世界で承認され、他の素材の最終のよりどころとなる思考形式や視点や原則は、しかし、学問だけに固有のものではなく、時代や民族の教養一般に共通するものです。教養とはそもそも、意識や生活を支配する一般的な通念や目的、一定範囲の明確な精神力のことです。わたしたちの意識はこの通念を所有し、それを最終の概念として受けいれ、それを導きの糸としてさまざまな結合が可能になるものと考えます。しかし、それを知ろうとしたり、考察の対象としてそれに関心をもったりはしません。抽象的な例をあげると、どんな意識でも、「ある」というまったく抽象的な思考概念をもち、使用しています。「太陽は空にある。ぶどうが熟している」というように。教養が高まれば、原因と結果、力とその発現、等々の関係へとすすみます。これらの知や考えは、一般的な形而上学によって織りだされ、支配されています。人間の行為や営みの対象となる一切の具体的な素材は、形而上学の網のなかにとらえられるというわけです。しかし、この網や節目は、幾重にも重なる素材に隠されて通常の意識には見えてこない。わたしたちは、目の前の対象をよく知ることに関心を奪われているために、形而上学の一般的な筋目を浮かびあがらせ、明確に反省の対象にすることがありません。

わたしたちドイツ人は、一般の学問的教養を哲学と呼ぶことはめったにありません。けれども、たとえば国家や教会に直接かかわりをもたないすべての学問が、大学で哲学科にふくみこまれるところに、両者のむすびつきの痕跡が残ってはいます。そうした命名法と哲学という名の意義とは関連しているので、イギリスではいまでも学問的教養と哲学は強くむすびついています。イギリスでは自然科学が哲学の名で呼ばれる。イギリスの哲学雑誌（トムソン編集）には、化学、農業（肥料）、経済学、経営学の論文が掲載され（ドイツの「ヘルムスタット・ジャーナル」に相当）、そうした方面の新案があれこれ報告されています。イギリス人は気圧計や温度計のような物理器具を哲学器具と呼びます。人間の心情や経験にもとづく道徳および道徳学の理論も哲学と呼ばれ、果ては、国家財政にかんする理論や原理も哲学と呼ばれる。ということは、少なくともイギリスでは哲学の名に敬意が払われているということです。数年前、リバプールで催されたカニング外相の祝賀パーティーの謝辞に、「国家行政に哲学的原理が適用される国イギリスの繁栄を祈る」ということばが出てきます。つまり、イギリスでは哲学ということばに少なくとも皮肉の意味はこめられていません。

教養の黎明期《れいめいき》には、哲学と一般教養の混同はもっと頻繁《ひんぱん》におこります。民族の歴史には、精神が一般的な対象に目をむけ、自然物を一般的な分析思考にもとづいて明確に定義し、たとえば事物の原因を認識しようとするような時期があります。それは、民族が哲学をはじめた時期といわれますが、というのも、その内容が哲学と同様、思考によってとらえられるものだからです。また、精神的なものにかんして、道徳や意志（義務その他、精神の本質をなす関係）についての一般原理が述べられるとき、それを述べた人びとが賢者もしくは哲学者と呼ばれます。たとえば、ギリシャ哲学のはじまりをなすのは、七賢人とイオニアの哲学者たちです。かれらは、哲学的な命題以外に、多くの考えや発見をなしたとされていて、たとえばタレス（他のだれかという説もあるが）は、日蝕や月蝕を、月や地球がちょうどあいだに入りこんだためにおこると説明した人とされる。日蝕や月蝕の説明のごときも哲学説と呼ばれていたのです。ピタゴラスは和音の原理の発見者でしたし、天上界は穴だらけの金属で、その穴を通してわたしたちは、世界を取りかこむ永遠の火エンピレウムを見る、といった星空のイメージをつくる哲学者もいました。分析的思考の産物たるそうした命題は、哲学史であつかうわけにはいきませんが、しかしそうした命題のうちにはすでに、たんなる感覚的な凝視やたんなる空想的なイメージを超えるものがあります。分析的思考が外的・自然的にとらえた事物と精神とを対立するものと見なしたとき、地と天はこうして神の支配するものではなくなりました。そうした時代には、道徳訓や格言も一般的な道徳内容をもつようになる。七賢人の言など、その典型です。自然の一般的な運行にかんする言もそうです。

時代がくだって、学問のよみがえりの時期であるルネサンスがこの点からしても注目に値します。国家その他にかんする一般原理が言明され、それが哲学的な側面をもつ。ホッブスやデカルトの哲学がそうです。ただ、デカルトの著作は哲学的原理をふくむとはいえ、その自然哲学や倫理学は経験的なものです。スピノザの倫理学は、反対に、一般理念や神と自然の認識をもふくんでいます。以前の医学が個々の事例の寄せあつめで、占星術などに通じるような神知学的合成酒だった（聖遺物による治療もめずらしくなかった）のにたいして、いまや自然の観察が重視され、自然の法則や力の認識がはじまったのです。スコラ哲学の形而上学や宗教をもとに先験的に自然現象を解釈するやりかたは放棄されました。ニュートン哲学は、自然科学以外のものをふくまない。つまり、知覚や経験から汲みとられた、自然の法則、力、一般的性質の知識だけからなりたっている。その点で、哲学の原理とも対立するように見えますが、原理が一般的であること、さらには、わたしが経験の主体であり、経験がわたしの感官のうちに、わたしの感官を通してあるという点で、哲学と共通するものです。

　こうした思考形式は一般に権威に対立するものであり、とくに宗教および宗教的権威に対立しつつ登場してきます。中世の時代に教会が教義《ドグマ》を一般的真理として確立していたとすれば、いまや人間が自分自身の思考（というのはじつは冗語で、各人は他人にかわって思考することなどできない以上、自分で思考するしかないのですが）、感情、イメージを証人として、教義《ドグマ》に不信の目をむけるようになったのです。この原理は既成の国家体制にたいしても適用され、国家を修正するべつの原理が求められた。それが国家の一般原理です。宗教が権威主義的であるのと同じ意味で、王侯やお上にたいする臣民の服従の根拠も権威主義的です。ユダヤの王が神エホバによる聖別を受けていたように、君主たちは王権を神から受けとっていた。支配は神の指名によるものだった。そのかぎりで、そもそも神学と法学は、権威がどこに由来するにせよ、型にはまった権威主義的な学問だったのです。思索の働きはこの外的な権威にむけられました。こうして（とくにイギリスでは）国家法や市民法が、モーゼの法のようなたんなる神の権威にもとづくものではなくなった。たとえばフーゴー・グロティウスは『戦争と平和の法』（パリ、一六二五年）で民族法という考えを示し、歴史上民族が法と見なしたもの、つまり民族の同意（consensus gentium）が肝心だとしました。王の権威にかんしても、従来とはちがう根拠が、たとえば、国家に内在する目的や民族の幸福、といった根拠が求められた。それらは、啓示され、あたえられ、権威づけられた真理とは対立する、まったくべつの真理の源泉です。権威をべつの根拠にさしかえることが、哲学することと名づけられたのです。

こうして、哲学の知は有限なものの知となり、世界が知の内容となります。内容が人間の理性を出発点とし、自分で見たものを手がかりとする以上、ここに人間は自立を獲得したといえましょう。この自立的思考は価値あるものとされ、人間の知恵ないし世界知と名づけられましたが、というのも、知の対象が地上のものであり、知が生まれた場所もこの世界だったからです。それが哲学というものの定義だった。哲学を世界知と呼ぶことは理にかなったことだったのです。こうして哲学は有限なものを相手としましたが、ただスピノザ以後は神の理念ともかかわりをもち、宗教と目的を同じくする面も出てきました。フリードリヒ・フォン・シュレーゲルは世界知という呼び名を復活させましたが、ねらいは、哲学が宗教のような高度な話題を避けるべきだという点にありました。シュレーゲルの後継者は少なくありません。哲学は有限な対象のみをあつかうべきだという形式的な定義では、とうてい哲学の概念を尽くせるものではありませんが、精神が自立して活動すべきだという考えは、まったく哲学にふさわしいものだということができる。ところで、今日哲学から区別されるさまざまな学問は、すでに教会のほうから、有限なもののみを相手とするがゆえに神とは無縁だ、との非難を受けています。内容の面からとらえられたこうした欠陥は、わたしたちを哲学の第二の関連領域たる宗教へと導きます。

b、哲学と宗教との関係

第一の領域が、自立した認識という形式面で哲学に関連したとすれば、内容面でこの第一の領域と対立する宗教は、まさにその内容によって哲学と関連します。宗教の対象は地上のもの、この世界のものではなく、無限なるものです。哲学は、まったく一般的な対象を内容とする点で、芸術やとくに宗教と共通性があります。芸術や宗教は、最高の理念が哲学的意識にたいしてではなく、感覚的、直観的、想像的意識にたいしてあらわれたものです。そして、教養の時間的進行からして、宗教が哲学に先んじて登場する以上、両者の関係にはぜひとも言及しなければなりません。それは哲学史のはじまりをどこにするかという点とも関連することで、というのも、両者の関係を問うなかで、宗教と哲学はどこがちがい、どこから哲学がはじまるかが示されねばならないからです。

民族の宗教のうちには、いうまでもなく、当の民族が世界の本質や、自然と精神の核心をどうイメージし、それと人間との関係をどうイメージしたかが示されています。ここでは、絶対的な存在が民族の意識の対象となっています。対象になるとは、さしあたり、民族にとって他者としてあらわれること、近いか遠いか、友好的か威嚇的・敵対的かのちがいはあれ、ともかく彼岸としてあらわれるということです。礼拝や祭式のなかで人間はこの対立を破棄し、最高存在との一体感を経験し、神が人間に和解の手をさしのべてくれるという神の恩寵《おんちょう》を感受し確信するところまで自己を高めようとします。ギリシャの場合のように、最高存在がすでに人間にとって文句なく友好的なものとしてイメージされている場合には、祭式はこの一体感を享受するだけで十分です。ところで、そもそも最高存在とは、絶対的に存在する理性、普遍的で具体的な存在、意識のうちに客観的に根をおろす精神のことです。したがって、そのイメージのうちには一般に合理性がつらぬかれているだけでなく、普遍的で無限の合理性がつらぬかれています。右に述べたように、哲学に先んじて宗教がまず把握される。宗教が理性的なものとして認識され承認されねばならない。というのも、宗教は自己を啓示する理性のつくりだしたもの、自己を啓示する理性の最高にして、もっとも理性的な作品だからです。宗教というものは、民衆をだまして私腹をこやすため聖職者がでっちあげたものだ、という考えほどばかげたものはない。宗教を恣意や欺瞞の産物と見なすことは、軽薄でまちがったことです。聖職者たちが宗教を悪用することはめずらしくはない。しかしそれはあくまで、宗教にまつわる外的事情や歴史的なありかたから生ずる可能性にすぎない。宗教が宗教であるかぎり、ときにこうした外的な事情にまきこまれることがないわけではないが、しかし、宗教はその本質からして、むしろ有限な目的や紛糾にたいして身を持し、それらを超越する領域をなすものです。この精神の領域は、むしろ真理そのものの聖域であり、感覚世界の欺瞞や、有限なイメージや目的の欺瞞、思いこみや恣意の分野での欺瞞が洗いながされる聖域です。

宗教の本質的な内容をなす理性的なものを取りだしてきて、それを歴史的にならべれば、哲学説の系列ができあがるように思えるかもしれません。哲学と宗教は、普遍的で絶対的な理性という同じ土台の上に立ち、同一の対象をもつからです。精神は、宗教上の礼拝や祭式におけると同様、この対象をわがものにしようとする。しかし、その同じ内容が宗教のうちに存在する場合と哲学のうちに存在する場合とでは、その存在形式が異なっていて、だから、哲学史は宗教史とどうしても区別されねばなりません。礼拝は絶対存在に思いをかたむけるだけですが、哲学は絶対存在との和解を、思考による認識を通じて実現しようとする。精神が自分の本質を自分のうちにつかみとるというのは、そういうことです。哲学は、宗教とちがって、思考する意識という形式において対象と関係します。しかし二つの分野のちがいを、哲学には思考があるが宗教にはそれがないといったように、あまりに抽象的にとらえてはならない。宗教にも観念があり、普遍的な思想がある。むしろ両者はきわめて近い位置にあるもので、だからこそ、ペルシャ、インドなどの宗教を哲学として取りあげる哲学史の古い伝統があり、そしてそれはいまなお哲学史の全体を通じて部分的には保持されている習慣です。そのほかにも、たとえばピタゴラスがインドやエジプトから哲学を仕入れたといったいいかたは、至るところに見られる。インド人やエジプト人にとって、哲学をも内包することができたのは古くからの名誉、民族の知恵の名誉です。いずれにせよ、ローマの帝政時代に西洋に流れこんだ東洋の観念や祭礼は、東洋哲学の名で呼ばれている。キリスト教世界においてキリスト教と哲学がはっきりちがうものと見なされるのに反して、とくに古代東洋においては、宗教的な内容が哲学の形式で表現されているという意味で、宗教と哲学は不可分と見なされます。宗教と哲学を同一視する見かたがなお有力ななかで、哲学史と宗教的観念との関係にもっと明確な境界線をひくためには、宗教的観念と哲学説とを区別する形式について、もう少しくわしく検討を加えておいたほうがよさそうです。

宗教の普遍的な思想は、神話や空想的イメージや公認の正史の潜在的な内容をなしていて、それを哲学説として神話から取りだすかどうかは宗教の関知するところではない、というのが近代の常識ですが、それだけではない。内容を思想の形式ではっきりと言明する宗教もあるのです。ペルシャやインドの宗教には、きわめて深い、高貴な、哲学的な思想がそのまま表現されています。さらにいえば、教父哲学のように、宗教がそのまま哲学の表現となる場合もある。スコラ哲学はその本質からして神学でした。ここには神学と哲学の結合が、といって悪ければ、混合があり、それはなかなか厄介な問題をはらんでいます。問われるべき第一は、哲学が神学（宗教知）ないし（意識としての）宗教とどう区別されるか、という点であり、ついで、哲学史においてどこまで宗教的なものを考慮に入れるべきか、という点です。ここでは二つの側面から問題を見ていきましょう。第一に、宗教の神話的・歴史的側面とそれの哲学との関連、第二に、神学の内部にある哲学、いいかえれば、宗教のなかにある哲学的表現と純理論的な思想という側面です。

第一。神話的側面（歴史的に権威づけられた側面一般をふくむ）に関心をそそられるのは、同じ内容を表現する際の形式上のちがいがそこにはっきりとあらわれるからです。実際、たがいに関連の深い宗教と哲学が、同時に不倶戴天《ふぐたいてん》の敵にまで至ることがある。観察者にそう見えるだけでなく、歴史上のある時期、現実にそのような対立が生じている。哲学が宗教に歯向かうこともあれば、反対に哲学が宗教や教会から敵視され追放されることもあります。したがって、哲学史において宗教が考慮に入れられるべきか否かが問題だというだけではすまない。哲学自身が宗教を考慮に入れ、また宗教も哲学を考慮に入れたというのは、歴史上の事実です。両者はたがいにふれあうことなく歴史のなかに共存したのでない以上、わたしたちもそういうあつかいをすべきではありません。

哲学には、自分のはじまりや自分の認識法を正当化することが要求されます。ギリシャの民族宗教からして、すでに何人もの哲学者を追放しました。この対立はキリスト教会においてずっと大きくあらわれてきます。ところで、宗教と哲学の関係については、わたしたちはきっぱりと、はっきりと、堂々と語らねばなりません。フランス人にならっていえば、問題に取り組まねばならない（aborder la question）。微妙にすぎる問題だと口ごもったり、逃げを打ったり、遠まわしのいいかたをしたり、結局なにをいいたいのかわからぬ口上やいいぐさをさがしたりしてはならない。宗教のことはそっとふれずにおきたい、といったそぶりを見せてはならない。そんなそぶりは、哲学がこれまで宗教と対決してきたことをおおいかくすことにしかならないからです。宗教のほうでは、たとえば神学者たちは、そんなそぶりを示し、哲学を無視したりもしましたが、それも、気がねなく自分勝手な理屈をこねるためのものにすぎませんでした。

哲学的思考はたんなる世界知、たんなる人間の行為にすぎないのだから、人間は普遍的対象の思考たる哲学を放棄すべきだ、というのが宗教の要求に思えるかもしれない。このとき、人間の理性と神の理性は対立するものとされています。神の教えや掟と人間のつくりものや思いつきの区別ということになると、人間の意識、人間の知性や意思から生じた一切の人間的な現象が、後者に属するものとされ、それらの一切が神の知や神の被造物（神の啓示）に対立すると考えられがちです。こうした対立の構図は人間をおとしめようとするものですが、それがさらに昂《こう》じると、自然のうちに神の知恵を認めて驚嘆することを命令するようないいまわしが生じてきます。――たとえば、球根や、山や、華麗なレバノン杉や、樹間での鳥の歌や、動物たちのもっと強大な力や家族の結合を、神のしわざとして称讃するようないいまわし、さらにまた、人間にまつわる事柄にも神の知恵や善意や義を認めつつ、しかしその際、人間の行事や法律や意思にもとづく行動や世のなりゆきのうちにではなく、むしろとりわけ、知や自由意思が外的かつ偶然にしかかかわらぬ人間の運命のうちに神意を見、したがって、外的・偶然的なものがとりわけ神のおこないであり、意思や良心に根ざす本質的な側面をむしろ人間のおこないと見なすようないいまわしが生じてきます。外面的な関係や事情や出来事と人間の目的との調和というものは、むろん高級なものといえますが、それは、調和の見出されるのが人間の目的にたいしてであって、自然の目的——たとえばえさを見つける雀の生活など——にたいしてではないからこそ高級です。神が自然を支配するといった調和的な関係が高級だとされるなら、自由意志はどうなるのか。それは精神の支配者であり、（みずから精神的なものであるのだから）精神の内部の支配者であって、精神の、精神内部の支配者は、自然の、自然内部の支配者よりも高級ではないでしょうか。木や動物など、人間ならざる自然物のうちに神を認めて驚嘆するという姿勢は、コウノトリや猫や犬のうちに神の意識を認めた古代エジプトの宗教や、いまなお牛や猿を神として崇《あが》め、これらの家畜の保存と飼育に心を痛め、餓死しそうな人間がいてもそれらの家畜を屠殺《とさつ》すること、いや、えさを横どりして餓死をふせごうとすることだけでも冒瀆《ぼうとく》とされるような古今のインドの惨状と、それほどへだたっていないのではないでしょうか。

自然のうちに神の知恵を見るといういいまわしには、自然という作品は神の作品だが、人間が自然にたいしてなす行為や作品は神的なものではない、という考えが述べられているように見えます。しかし、人間の理性がつくりだしたものは、自然と少なくとも同等の価値をもっています。でも、そのいいかたも不当に理性を傷つけるものです。動物の生命や行為がすでに神的だとすれば、人間の行為はそれよりずっと高級で、無限に高級な意味で神的だといわれねばならない。人間の思考の優秀さはただちに認められねばならない。キリストはこういっています。「空の鳥（コウノトリやカッコウをふくむ）を見なさい。……あなたたちは鳥たちよりはるかにすぐれているのではないか。神が、きょうは生《は》えていてあすは炉に投げいれられる野の草にもこんな衣装をあたえたのだとすれば、あなたたちにははるかに多くをあたえないことがあろうか」（『マタイ伝』第六章、二六―三〇節）。神の似姿である人間が動物や植物よりすぐれていることは、文句なしに認められます。ただ、神的なものがどこに求められ、どこに見出されるかと問われれば、先のキリストのことばは優秀な点を述べているというより、最低線を示しているにすぎません。神の知にかんしても、キリストの真意は先の発言にはない。自然の被造物や自然にたいする支配力に驚嘆することから、つまり、自然への刻印や奇跡に驚嘆することから神への認識や信仰が打ち立てられるのではなく、精神のあかしこそが神への認識や信仰の根拠をなします。精神は自然より無限に高級であり、精神のうちにこそ神々しさがあらわれるのです。

ところで、絶対的に普遍的な内容がはじめて哲学的に展開される形式こそ、思考という形式であり、それは普遍的なるものそのものの形式です。宗教においては、内容は芸術を通じて直接に外的直観に訴えるか、さらにすすんで、想像意識や情感に訴えるかです。意味は感性的な心情によって受けとめられ、それが普遍的な内容を精神が理解したことのあかしとなります。この間の機微をあきらかにするには、わたしたちが現実になんであり、なにを所有するかということと、それらをどのように知り、どのように対象とするかということを区別する必要があります。この区別はかぎりなく重要なもので、民族と個人の教養はもっぱらその点にかかっているし、以前に発展のちがいとして問題にしたこともまさにこの点をめぐるものです。さて、わたしたちは現実に人間であり、理性をもっている。人間的なもの、理性的なものは、わたしたちのうちに、わたしたちの感情や心情や心のうちに、わたしたちの主観性一般のうちに反響します。この反響、この一定の運動が、内容一般を自分のものにしていく働きです。内容のもつさまざまの概念規定が、この内面に集まり、包まれていき、こうして精神が、内部で、普遍的な骨組において、ぼんやりと織り出されていきます。そのとき、内容は、単純で抽象的な自己確信や自己意識と直接に一体となっている。しかし、精神は精神である以上、その本質からしてなにかを意識するものです。精神は単純な自己へと閉じこもった状態から、自分を対象とする状態へと移行し、みずからを知らねばなりません。このようにみずからを対象化し、対象として意識するしかたそのもののうちに、先にいう区別が全体として横たわっています。

精神がおのれを対象として意識するしかたは、ぼんやりとした情感を単純に表現する段階にはじまって、もっとも客観的な、絶対的に客観的な形式、つまり思考の段階に至るまで、多岐にわたります。もっとも単純にして形式的な客観表現といえば、ぼんやりした情感や、そこにむかう気分をそのままことばにしたもの——「礼拝」や「祈り」など——がそれにあたります。「お祈りしましょう、礼拝しましょう」といったことばが、ぼんやりした情感を単純に思い出させるものです。「神のことを考えましょう」というのは、もう少しすすんだいいかたで、それは、ぼんやりとした宗教感情の絶対的で包括的な内容を、つまり、主観的で自己意識的な運動としての情感から区別される対象を、(形式としての運動から区別される内容として）表現している。とはいえ、この対象は、実体的内容の全体をうちにふくみつつも、内容はいまだ具体的に展開されず、まったく曖昧《あいまい》です。ところで、その内容を展開し、そこから出てくる関係をとらえ、表現し、意識にもたらすところに、宗教の発生と生産と啓示があります。発展した内容がさしあたり対象の形を取ってあらわれたものが、直接に直観される対象のすがた、感覚的にイメージされたすがた、自然的・物理的な、あるいは精神的な現象や出来事に由来する、もう少しはっきりイメージされたすがたです。

芸術というものは、情感のなかを客観的なものがさらりと通りすぎるのをつかまえて、これに持続的で確固とした形をあたえ、もって宗教意識の成立を助けるものです。意識が客観的なよりどころとする形なき聖なる石、たんなるそれらしい場所、等々が、芸術を通じて形や特徴や輪郭や内容的なめりはりをあたえられ、知ることのできる意識の対象となる。こうして芸術は民族の教師となるので、そこにたとえば、「ギリシャ人のために神の系譜を立てたホメロスとヘシオドス」（ヘロドトス）といった表現が生まれます。ホメロスとヘシオドスは、どこかから獲得されて目の前にある、混乱したイメージや伝承を、民族精神にかなった明確なすがたやイメージに高め、定着したのです。かれらの芸術は近代の芸術とはちがって、思想や観念やことばのうちにすでに確固として形成された宗教の内容を、石や布やことばに移しいれるというものではない。近代芸術が人びとの観念や思想の根底をなす宗教的対象や歴史事象をあつかう場合、すでにそれなりに完全に表現されている内容をあらたに芸術的に表現するにすぎないのにたいして、古代の宗教意識は、空想の力によってはじめて対象を把握し、空想的形態のうちにはじめて表現される空想的思考の産物です。

真の宗教にあっては無限の思考や絶対的な精神が啓示されているし、いまなお啓示されつつあるけれども、それを伝えるための容器は、心であり、想像意識であり、有限な分析的思考です。宗教は一般にどのような類《たぐい》の教養にもむけられている――「貧乏人にも福音は説教される」――というだけでは足りない。宗教は宗教であるかぎり、はっきりと心や心情にむけられ、主観の領域に、そして有限な想像意識の領域にはいりこまねばなりません。知覚や知覚を反省する意識において、その性質からして思索的たらざるをえぬ絶対者との関係が、人間の容量からして有限な関係となるほかなく、絶対者の性質と関係は、――即物的な意味にせよ、象徴的な意味にせよ――有限なイメージとしてとらえられ表現されることになります。

もっとも身近に直接に神を啓示する宗教は、イメージの形式ないし有限な反省的思考の形式において神を意識させるばかりでなく、その形式は神があらわれる形式でもある。というのも、それが、宗教意識に理解できる唯一の形式だからです。その点をはっきりさせるには、理解とはどういうことかに多少ともふれないわけにはいかない。すでに述べたように、絶対的な精神存在として意識にやってきて、その内奥にふれる宗教の核心的・基本的な内容は、一方で、意識のうちに反響し、そのことで意識の存在を証明するものでなければならない。これが理解のための第一の絶対的な条件です。もともと意識のうちにないものは、そのなかにはいりこむことも理解されることもありえない。つまり、無限で永遠な内容は、そのままでは理解不可能です。というのも、無限な実体は、なにかと関係することで自分を制限することがないからです。そんなことをすれば、それは制限されたことになり、真に実体的なものとはいえなくなる。だとすると、精神はそれ自体としては、有限なもの、外的なものではない。なぜなら、有限で外的なものは、もはやそれ自体としては存在せず、他者にたいしてあるもの、他者との関係のなかにあるものだからです。しかし他方、真にして永遠なるものが知られるものである以上、つまり、有限の意識のなかにはいりこみ、精神によって自覚されるものである以上、自覚の主体であるこの精神は有限な精神であり、その意識のありかたは有限な事物や関係を想像したり形成したりする。こうした有限な形式は意識にとって親しみやすく、なじみぶかいもので、意識にやってくる一切がこの形式に還元されてイメージ化され、そういう形で意識に所有され認識されます。

宗教の立場とはこうです。宗教を通じてやってくる真理は、外的にあたえられるものだ。真理の啓示は人間にあたえられるもので、そのとき人間はへりくだった態度を取らねばならない。人間の理性は自力では真理に到達できないのだから。宗教の真理とは、どこからやってきたかはわからないが、そこにあるものだ。その内容は理性を超え、理性の彼岸をなすものとしてあたえられる。これが権威宗教というものです。真理は預言者や神の使者などを通じて伝えられる。そういう人物は一個人ではあるが、かれがだれであるかは内容とまったく関係がない。ケレスとトリプトレモスは農業と結婚を教えた神としてギリシャ人に尊敬され、モーセやムハンマドは、それぞれに民族の感謝を受けました。どの個人を通じて真理があたえられるかは、たまたま歴史的にそうなったというだけで、真理の絶対的内容とは関係のない外面的な事柄です。人格が教えの内容そのものをなしてはいない。キリスト教だけはちがって、キリスト自身の人格、および神の子だというキリストの性質が、神の本性そのものをなしています。キリストがキリスト教徒にとって、ピタゴラスやソクラテスやコロンブスのような教師にすぎないのなら、キリストはなんら普遍的・神的な内容ではなく、神の本性を啓示したり教示したりするものではなくなるでしょう。そこに啓示の根本があるはずなのに。

もちろん真理は、――どのような段階の真理であれ――感覚的にイメージされた目の前の対象という形で、まずは外から人間にやってきます。モーセは燃えさかる柴に神を認めましたし、ギリシャ人は大理石像などの像によって神を意識にもたらしました。が、宗教でも哲学でも、こうした外面的なイメージにとどまるわけにはいかないし、とどまるべきでもない。そうした空想上の形態や（キリストのような）歴史上の内容は、精神的な内実をもつものとして精神にあらわれねばならない。つまり神は外面的なものにとどまるわけにはいかない。外面的なあらわれは精神なきものだから。わたしたちは「精神と真理のうちに」神を認識しなければならない。神は、普遍的で絶対的で本質的な精神です。この精神と人間の精神との関係について、以下の点がとくに注意されねばなりません。

人間は宗教を受けいれるという。人間の信仰の根拠はなんでしょうか。キリスト教は、精神が精神の内容を証明することだ、といいます。キリストは奇跡を望むパリサイ人を叱責《しっせき》し、精神のみが精神の声を聞きとる、奇跡は精神の予感にすぎない、奇跡は自然の中断である、精神こそがはじめて自然の運行にたいする真の奇跡である、といいました。精神そのものが自分自身の声を聞きとるほかはない。あるのは、ただ一つの精神、普遍的にして神的な精神です、――とはいえ、それを至るところにある精神と考えるだけでは不十分ですが。それは、個々の人間として存在するほかない多くの個人、いや、すべての個人に共通するもの、ひとりひとりみんなに埋めこまれているものととらえるべきではなく、すべてをつらぬくもの、精神そのものと、精神ならざるかに見える主観的で特殊な個人とを統一するものととらえねばなりません。精神は普遍的なものとしてはみずからを対象とし、特殊なものとしてはこの個人のうちにやどる。しかし、普遍的なものとしては、個人という他者を包括し、他者と自己自身を統一します。真の普遍は（通俗的にいえば）二つのものとして、つまり、普遍そのものと特殊とをつなぐものとしてあらわれる。自分自身の声を聞きとるというとき、そこには分裂が生じていますが、精神は、聞きとるものと聞きとられるものとの統一です。神的な精神のうち、聞きとられるほうが客観的精神、聞きとるほうが主観的精神です。しかし、精神が受動的であることはなく、受動性は一時的なものでしかない。あるものは、一つの精神的・実体的な統一です。主観的な精神は活動的ですが、客観的な精神も同じく活動的です。神的精神の声を聞きとる活動的で主観的な精神は、――神的精神の声を聞きとるかぎりで――それ自身、神的な精神です。このように、精神がもっぱら自分自身と関係することこそが絶対的に重要なことで、そのとき、神的な精神は精神の共同体のうちに生き、そこで息づいています。こうした神の声の聞きとりが信仰と名づけられるもので、それは歴史的な事実を信じるのとはちがうことです。わたしたちルター主義者は、――わたしはいまルター主義者だし、将来もそうありつづけたいのですが――神の声を聞き取るという根源的な信仰をもつだけです。神とのこの統一は、スピノザの実体に類するものではなく、自己意識が自己を無限におしひろげ、普遍と関係するに至るという知的なものです。人間の思考の限界を云々するのは浅はかです。神を認識することが、宗教の唯一の目的です。宗教の内容を精神が証言すること、それが宗教性そのものです。証言は精神の証明であり、同時に精神の創造です。精神は証言のなかではじめておのれを創造する。精神はおのれ自身を創造し、おのれを証明し、おのれを示し、おのれをあきらかにすることによって存在するのです。

つぎにくるのは、この証言、この内面的自己意識、心のなかでの機織《はたおり》、礼拝、包まれた意識（それゆえ、本来の意識に至らず、客観にとどいていない意識）が、みずからを開いていく過程です。自己をつらぬき、つらぬかれる精神が、いまやイメージとなってあらわれる。神が他者のすがたを取り、対象となるのです。神話にあらわれるさまざまな化身や受肉がそれで、宗教にまつわる歴史的なもの、権威的な側面は、すべてここに位置づけられます。もっとはっきりいえば、キリストがおよそ二〇〇〇年前にこの世にやってきたのも、いまいう歴史的事象の一つです。しかし、キリストはこういいます。「わたしは世のおわりまであなたたちのもとにある。」「ふたりの人間がわたしの名において集まるところには、わたしもまたいる。」わたしがもはや生身の人間としてあなたたちの前にいなくとも、「精神があなたたちを真理に導くであろう。」――外的な関係は正当なものではなく、破棄されるものだとキリストはいうのです。

ここには、二つの段階が示されています。第一が礼拝や祭式の段階で、晩餐《ばんさん》がその一例です。会衆は神的精神の声を聞き取り、その場には、いまを生きる生身《なまみ》のキリストが自己意識をもつ人間として現実に居あわせています。第二の段階は、意識が発展して、宗教的な内容が対象となるものです。いまを生き、現在そこに居あわせるキリストは二〇〇〇年前に飛びもどり、パレスチナの一角に追放され、歴史的人格として遠くナザレに、エルサレムに、いるのです。ギリシャの宗教でこの第二段階に相当するのは、礼拝される神が散文的な装飾円柱や大理石に、絵画でいえば、布や板に、つまり外面的なものになる段階です。晩餐はルター主義からすれば信仰のうちにしかなく、飲食行為そのものが神的なものであって、パンが聖なるものとして尊敬されることはない。また、聖像も物としての石以外のなにものでもありません。第二の立場は、たしかに意識のはじまる立場であり、形態を外面的に受けとるところから出発しつつ、自分自身に目をむけ、内容を記憶のうちにおさめる立場です。しかし、そこにとどまれば、それは非精神的というほかない。第二の立場——遠くにある死んだ歴史——にとどまることは、精神を拒否することです。聖霊に嘘をつくものはその罪を許されることがないという。が、聖霊（精神）への嘘とは、精神が普遍的——聖的——でないということ、つまり、キリストが切り離され隔離された存在にすぎないこと、キリストその人とはべつの人格にすぎないこと、かつてユダヤにいたか、いまなおいるとしても、どこかしら彼岸や天にいるにすぎないこと、現在において現実に共同体のなかにいるのではないこと、そこに嘘があります。有限な人間の理性について、理性の限界についてのみ語る人は、精神にむかって嘘をついています。というのも、無限で、普遍的で、自分の声を聞き取る精神は、自己を限定や限界や有限性そのもののうちに聞き取るのでも、それらと関係をもつのでもなく、自己を自己のうちに、自己の無限性のうちに聞き取るからです。

哲学は本質を認識するものだといわれる。肝心なのは、なにかの本質がそのなにかの外にあるのではないということです。わたしの精神の本質はわたしの精神そのもののなかにあるので、外にあるのではない。一冊の本の本質的な内容にしても同様で、本の装丁や紙やインクや単語や何千という活字を除いたら、内容もなくなる。本質をなす単純かつ普遍的な内容は本の外にはないからです。同様に、法律も個人の外にあるのではなく、個人の本当の存在をなしている。わたしの精神の本質はわたしの本質的な存在であり、わたしの実体そのものです（さもなければ、わたしは本質がないことになります）。精神の本質は、いわば、燃えやすい材料であって、対象の形を取った普遍的存在そのものによって火をつけられ、照らされる。そして、この燐光体が人間のうちにあるかぎりで、火がつき、燃えあがり、照らさることが可能で、それがつまりは人間における神の感受、神の予感、神の知です。これなしては、神の精神も真に普遍的ではない。本質は内容なき不確定なものではなく、それ自身、本質的な内容です。書物が本質的内容のほかにもいろいろ内容をもつように、個人の精神にも、本質的なもののたんなる現象にすぎないような内容がたくさんある。宗教とは、しかし、この本質を知った状態であり、外的な内容にまといつかれた個人は、この本質から区別されねばなりません。本質は精神であって、抽象体ではない。「神は死んだ者の神ではなく、生きた者の神であり、」（『マタイ伝』）しかも生きた精神の神です。

偉大なる世界の名工は友もなく
もの足りなさを感じたがゆえに、さまざまな精神を創造した、
自分の至福を映しだす至福の鏡を。
最高存在は張りあうものとてなく、
魂に満ちあふれた盃から
無限の力が泡立ってくる。

（シラー「友情」）

さて、宗教と哲学における知の形態のちがいについていえば、普遍精神がさしあたり外的な意識の対象としてあらわれる宗教的な知の形態、それを破壊するようなものとして哲学はあらわれます。外的な存在を手がかりにはじまった礼拝は、すでに述べたように、やがてみずから内部にむかい、外的な存在を廃棄する。とすれば、哲学は礼拝や祭式と方向性を同じくし、それらのやろうとしたことをやっているだけだともいえます。ところで、哲学にとって肝心なことは二点あって、一つは、宗教的な礼拝と同様、内容の核心をなす精神的な魂をさぐりあてること、もう一つは、この魂を思考という形態を取る対象として意識の前にもた

らすこと、この二つです。哲学は、宗教によって意識の前にもちだされたものを——それが空想の産物であれ歴史的事実であれ、意識の前にイメージとしてあるものを——思考し、概念的に理解するものです。宗教意識にあっては、対象を知る形式はイメージをともなう形式、多少とも感覚的なものをふくむ形式です。神が——自然の生命のつながりとして——自分の子をつくった、といういいかたは哲学ではしない。が、そうしたつながりの思想や実質は哲学において承認されています。哲学がその対象を思考するとき、宗教ではばらばらだったものが統一されるという利点がある。礼拝においては意識は絶対存在に没頭しますが、この外へむかう動きと、内への動きという宗教意識の二段階が、哲学的思考において一つに統一されます。

宗教と哲学という二形式は、たがいに異なるもの、それゆえ対立するもの、矛盾するものとしてあらわれます。二つがいわばはっきりとした輪郭をもって登場するとき、それぞれがたがいにちがいばかりを意識し、したがって、まずは敵対的な関係に立つことは、自然でもあるし、どうしようもないことです。なにかがあらわれるとき、その最初の形は、輪郭をもってそこにあること、ほかのものと区別されてそれとしてあることです。思考が自己自身をもっと具体的にとらえ、自分に沈潜し、精神そのものを意識するのは、後のことです。このとき、具体的なものは、さまざまな内容をあたえられ、他者をもうちにふくむ普遍的なものとなります。それ以前の精神は、抽象的で、自分にとらわれ、ちがいに目を奪われ、他と対立しています。それが自分をもっと具体的につかむようになると、細部にこだわることも、ちがいのうちにのみ自分を知り自分を所有することもなくなり、具体的精神として、自分とはちがう現象形態のうちにも核心的なものをとらえ、その現象を理解し、それに関心をむける。つまり、その内容やその内実のうちにいまや自分自身を認識し、ここにはじめて、自分の対立物を理解し、それに正当な価値を認めるのです。

一般に歴史上の対立のなりゆきを見てみると、まず第一に、思考は宗教の内部に不自由なままにとどまって、あれこれの表現形式をもって自分をひけらかす。第二に、思考が強化され、内部に安定感を備え、そうして他の形式にたいして敵対的な態度を取り、他のうちに自分を認識しようとはしない。最後の第三段階に至って、他者のうちに自分自身を承認する。

哲学的思考のはじまりは、哲学がまったく自立的に自分の仕事を営み、思考がすべての民族信仰から切り離され、イメージの世界とならぶもう一つまったくべつの領域を獲得したところに求められねばなりません。そのとき、宗教と哲学はまったく平和に共存する。というよりむしろ、そもそも対立が反省されることがなく、したがって、両者を和解させようとか、民族信仰のうちに、概念とはまったくちがう形態で和解を示そうとか、民族信仰を説明し正当化しようとか、また、自由な思考の概念そのものをふたたび民族宗教のやりかたで表現しようとか、そういった考えが成立しないのです。

とはいえ、最初の哲学は自由ではなく、ギリシャの異教世界の枠内にとらわれています。その哲学がこの世界に自立する存在として登場してきたとき、哲学は民族宗教と対立する。その内実をとらえ、その内部に自己を認識するまでは、敵対的な姿勢を取ります。初期のギリシャ哲学者たちは大体において民族宗教を信奉するか、少なくともそれに逆らったり反省を加えたりはしなかったのですが、時代がややくだって、たとえばクセノファネスになると、民族の宗教観念をこの上なくはげしい調子で攻撃し、こうして、多くのいわゆる無神論者が登場しました。民族の宗教観念の領域と、もっと抽象的な思考の領域とが平和に共存するさまは、もっと後の、もっと教養を積んだギリシャの哲学者たちに見られるので、その哲学者たちの思索の営みは、礼拝の実行や神々への敬虔な呼びかけや供犠《くぎ》などとまったくりっぱに——偽善としてではなく——両立していました。ソクラテスは、民族の宗教とはべつの神々を教えたとして告訴されましたが、かれのダイモニオン(精霊)はたしかにギリシャの道徳や宗教の原理に反していたとはいえ、同時にかれは、ギリシャの宗教のしきたりをまったくまじめに果たしていて、よく知られているように、死ぬ間際のことばも、アスクレピオスに鶏のお供えをわすれないように、と、友人たちに依頼することばでした、——もっとも、そのねがいは、神の本質にかんするソクラテスの徹底した思想、とくに道徳思想とは両立しえないものでしたが。プラトンは、詩人の存在や詩人のつくりあげた神々に強く反対しました。ずっと時代がくだったところで、新プラトン主義者たちは、以前に哲学者たちが拒否した民族の神話のうちに、普遍的な内容を認識しました。かれらは神話を解釈しなおしてそこから思想的意味を取りだし、神話そのものを、教養ある哲学説を象徴するものだと考えたのです。キリスト教にかんしても同様のことがいえるので、最初にあらわれた思考は、キリスト教の形態にしばられ、その内部を動きまわる自立性のない思考で、キリスト教を基礎とし、その教義を絶対の前提としていました。のちに、思考の翼が強靭《きょうじん》になると、いわゆる信仰と、いわゆる理性との対立があらわれます。若鷲が真理の太陽にむかって自力で空高く舞いあがるのですが、しかし、それが宗教にたちむかう猛禽《もうきん》にとどまるかぎり、たたかいはつづきます。最終段階に至って、哲学は宗教の内容を思想そのものの力によって思索的・概念的にとらえ、宗教を正当に位置づけます。そのためには概念が自己を具体的にとらえ、具体的な精神性へと到達していなければならない。そしてそれこそが現代哲学の立場でなければなりません。哲学はキリスト教の内部に生じ、世界精神の内容をそのまま自分の内容とするほかはない。世界精神は哲学のうちのみならず、以前は哲学と敵対していた宗教の形態のうちにも概念化されます。

したがって、宗教と哲学は共通の内容をもち、形式だけがちがう。概念の形式が完成され、宗教の内容をも把握できるのが哲学だということになります。宗教上の真理は、もっぱら秘教と呼ばれたものにふくまれます。秘教は宗教の思索的な部分です。新プラトン主義者のあいだでは、秘教をさずけるとは、思索的な概念をあつかうことを意味します。秘教とは、表面的に見ると、秘密に満ちたもの、知られていないものと解される。しかし、エレウシス祭の秘教には、知られていないものはなにもなかった（アテネ人は——ソクラテスをべつとして——だれでもその秘教をさずかった）。わたしはこのことをとくに文献学者諸氏にたいしていっておきたい。文献学ではまだ、秘教が秘密に満ちたものだと思われているのですから。秘教は、外国人の前で公開することだけが唯一の禁止事項で、その違反者だけは罪に問われました。キリスト教では、その教義が秘教といわれますが、それは、神の本性についての知識であって、そこには秘密めいたものはなにもありません。キリスト者はすべて秘教をさずかって神の本性の知識をもつので、それはキリスト教を他の宗教とわかつ大きな特色です。つまり秘教は知られていないものを意味するのではない。すべてのキリスト者が秘密に通じているのです。秘教は、思索的な内容というその本性からして、分析的思考にたいしては秘密のものでも、理性にたいしてはそうではない。思索的なものという意味で、まさしく理性的なものだからです。分析的思考は思索的なもの、この具体的なものをとらえられず、ちがいにあくまでこだわり、ばらばらなものを統一しようとはしません。秘教はたしかに矛盾をふくみますが、同時に矛盾を解消していくものでもあります。

哲学はむしろ、近代の神学に見られるいわゆる合理主義と対立します。合理主義がたえず理性を口にしながら、その実、無味乾燥な分析的思考にすぎないからです。理性らしきものといえば、自己思考にかろうじて見出されるだけで、それもしかし抽象的な思考にすぎません。神学上の合理主義は内容上も形式上も哲学と対立します。内容についていえば、合理主義は天上の世界を空虚にし、一切を有限な関係にひきおろし、形式についていえば、合理主義のそれは、哲学とちがって、たんなる理屈ならべ、不自由な理屈ならべで、概念的にものごとをとらえるものではありません。宗教の内部では、超自然主義が合理主義に対立しますが、超自然主義は真実の内容という点ではむしろ哲学に近く、しかし形式上は哲学と異なります。というのも、超自然主義はまったく精神を欠いた、こわばったもの、外的権威にたよって自己の正当性を主張するものだからです。スコラ学者はそのような超自然主義者ではなかった。かれらは思考し、教会の教義を概念的に認識したのです。宗教が抽象的な権威にしがみついて思考を排撃し、「地獄の門も教会には勝てないだろう」（『マタイ伝』）と主張したとしても、理性の門は教会の門よりも強く、——教会に勝つとはいえないまでも、教会と和解するのです。教会の内容を概念的に思考する哲学は、宗教のイメージにくらべると、自他をともに理解するという点でまさっています。つまり、哲学は宗教を理解でき、合理主義をも超自然主義をも理解し、おのれをも理解しますが、宗教はそうはいかない。イメージの立場に立つ宗教は、自分と同等の立場にあるものを理解するだけで、哲学や概念や普遍的な思考内容は理解しない。哲学が宗教に対立することをもって哲学非難の材料とするのは一概に不当なこととはいえませんが、宗教の立場からこれを非難するのは、不当なふるまいにあたることがめずらしくありません。

絶対的に存在する精神にとって、宗教という形態は不可欠のものです。宗教とは、真なるものがすべての人間、ないし、あらゆる形の意識にたいして現象する形式だからです。人間の一般的な意識形成の過程は、第一に感覚的意識、第二に一般的なものの形式が感覚的現象に混じってくる反省の段階です。宗教的イメージの意識、つまり、神話的なもの、実証的なもの、歴史的なものというのは、反省的な分析思考によって受けとめられる形式です。精神の証言のうちにふくまれる神的な実在は、分析的思考の理解できる形式のうちにあらわれるとき、はじめて意識の対象となります。意識は日常の生活経験を通して、これらの形式と親しんでいなければならない。逆に宗教は、真なるもの、精神的なるものの意識であり、理性の形式をもたねばならない。いいかえれば、真なるものの意識は宗教の形式をもたねばならない。これが、宗教という形態を正当化する一般的な論理ですが、ただ、思考する意識がすべての人間にとって外的・一般的形式を取るとはかぎらないことは注意すべきです。

さて、宗教と哲学のちがいについての説明はこれでおわりますが、右の議論とも部分的に関連することで、哲学史の取りあつかい上、なおふれておきたいことが二、三あります。

第二。哲学史のなかで宗教に関連の深いものを、どうあつかうべきなのか。最初にあらわれるのは神話で、これは哲学史のなかにひきいれることができるように見えます。神話は空想の産物で、だからそこには恣意のはいりこむ余地があります。しかし、神話の主要な部分は空想する理性のつくりだしたもので、その理性は、本質を対象としつつ、いまだ感覚的なイメージ以外の手段をもたない。そこで、神々は人間の形であらわされる。神話は芸術などと同じようにも研究できますが、思考する精神なら、自然のなかに理性をさぐるように、神話に潜在的にふくまれる実質的な内容、思想、哲学説を探究しなければなりません。神話のこうしたあつかいは、古くは新プラトン主義者にその例があり、最近ではとくにわたしの友人フリードリヒ・クロイツァーの象徴研究の仕事『古代民族、とくにギリシャ民族の象徴と神話』がその一例です。このあつかいかたは敵意と非難の的となり、古代の作品にはもっぱら歴史的に対峙すべきなのに、クロイツァーは、古代人が考えもしなかった哲学説を神話のなかに読みこんだり、神話からひきだしたりといった非歴史的態度を取っているといわれています。この非難は一面ではまったく正しい。古代の神話をあつかうクロイツァーや新プラトン主義者たちのやりかたはそういうものだからです。たしかに古代人たちはそのような哲学説を意識的に考えだしたはずはなく、そんなことはだれも主張してはいない。しかし、そうした内容が古代の神話に潜在的にもふくまれていない、というのはばかげた反論です。理性（思考する理性ではないにしても）の産物たる民族の宗教および神話は、どんなに単純で、どんなに子どもじみて見えようとも、ほんものの芸術作品と同様、たしかに思想や普遍的内容や真理をふくんでいる。理性的なものを求める本能がそれらの根底にある。とともに、神話が感覚的にものごとを見ていくかぎりで、偶然的で外的な材料がそこに多量にまぎれこむのも事実です。というのも、概念を感覚的に表現しようとすると、いつでもそりのあわない点が生じ、空想の土台の上で理念を正しく表現するのは不可能だからです。歴史的ないし自然的に生じてくる感覚的形態は、さまざまな側面から決定されざるをえませんが、こうして形態が外的に決定される過程で、理念にあわないものが多少ともはいりこまざるをえない。感覚的な説明には多くのあやまりがふくまれることもありうるので、こまかい点についてはとくにそうです。ならわしや行動や道具や衣服やいけにえ等々は、むろんそれぞれに類似したものをふくみ、相互につながりのあるものですが、といっても、そこに緊密な統一性などはなく、偶然的なものを数多く見出さないではいられない。しかしそこに理性がふくまれることは神話の本質をなすこととして承認されるべきで、神話をそのようにとらえることは、ゆるがせにできぬ見かたです。

けれども、わたしたちの哲学史に神話をふくめるわけにはいきません。その理由はこうです。哲学史では哲学説一般が、つまり、なんらかの表現のうちに潜在的にしかふくまれない思想が、取りあつかわれるのではなく、潜在的な状態をぬけだして、思想の形式で明確に意識された思想こそが取りあつかわれるからです。潜在的であるか明確に意識されるかは天と地のちがいです。たとえば、子どもにあっては理性はたしかに存在するが、たんなる素質としてふくまれるにすぎない。ところが哲学では、内容が思想の形式をとって立ちあらわれる、その形式が重要です。そして、理念の絶対的形式は思想にほかならない。宗教のうちに潜在的にふくまれる哲学説は、哲学史を構成しない。哲学史を構成するものは思想として存在しなければなりません。

多くの神話では、むろん、人物像とその意味が同時にあたえられるか、人物像が身近に意味をたずさえています。古代ペルシャ人は太陽ないし火を最高の存在と崇《あが》めていた。ペルシャ宗教の根底にあるのは、はてしない時間（永遠）です。この単純で無限の存在が善神オルマズドと悪神アハリマンという二つの原理をもっています。プルタルコスはいいます。「一つの存在が全体を支配し統治するのではなく、善と悪がいり混じる。そもそも自然が純粋単一のものを生みだすことはない。ひとりの施主が、宿屋の亭主のように、二つの樽を混ぜあわせて一つの飲物をつくって分配するのではない。もともと二つの敵対する原理があって、一方は右にむかい、他方は左にむかって、その運動が、全世界とまではいかなくとも、少なくもこの地球に不均衡な動きをあたえる。予言者ゾロアスターはとくにこの関係を、一方の原理（オルマズド神）が光で、他方の原理（アハリマン神）が闇で、中間がミスラ神だと考えた。ペルシャ人はミスラを媒介者と名づけた。」ミスラとは、実体であり普遍的存在である太陽が全体を支配するものへと高められたものです。それは、オルマズド神とアハリマンの仲を取りもって、二神が平和共存できるよう計らうのではなく、オルマズドの側に立って悪とたたかいます。ミスラは善悪の双方に加担する不幸な中間物ではありません。

アハリマンはときに光の長子と名づけられますが、光のなかにとどまるのはオルマズドだけです。目に見える世界をつくるにあたって、オルマズドは地上のとらえがたい光の国にしっかりした天の丸天井をすえつけ、その上方は最初の原光によってすみずみまで照らすようにした。地上のまんなかには原光までとどく高いアルボルディ山がある。オルマズドの光の国はしっかりした天の丸天井とアルボルディ山の上に一点のかげりもなく存在し、地上もまた第三期まではそうだった。そこに、いままでは地下の夜の国を支配するだけだったアハリマンが侵入し、オルマズドと支配権をわかつ。いまや、天と地のあいだの空間が、光と夜に二分される。かつてはオルマズドが光の精神界を、アハリマンが夜の精神界を支配していたのが、オルマズドの国へのアハリマンの侵入によって、地上を舞台とする光の創造と夜の創造の対立が生じてくる。以後、二つの物質界が、つまり、純粋で善なる物質界と不純で悪なる物質界が対立する。この対立は自然全体にひろがる。そこでオルマズドはアルボルディ山の上で、地上の媒介者たるミスラを創造する。物質界の創造の目的は、創造主から離反した存在を取りもどし、それをふたたび善へと改心させ、こうして悪を永遠に消滅させること以外にはない。物質界は善と悪の舞台であり戦場であるが、光と闇のたたかいはどこまでも決着のつかぬ対立ではなく、一時的なものにすぎない。最後は、光の原理たるオルマズドが勝利を占める。

いいたいのは、哲学的観点からしてこの二元論が注目すべきものだということです。この二元論は概念なくしてはなりたたない。つまり、自分のもとで直接に自分の反対物になり、他のもののうちで自分自身と統一されるという概念の特質がこの二元論にふくまれている。二つの原理のうち、本来、光の原理だけが本質で、闇の原理は空虚なものであるとすれば、以前に最高存在と名づけられたミスラと手をつなぐのは、光の原理以外にはありません。こうしたイメージのなかで、哲学ととくに関係の深い要素を見ようとすれば、興味をひくのは一般的な観念だけ、つまり、単純な存在が絶対的に対立し、その対立が本質上の対立としてあらわれるとともに、本質を廃棄する対立としてもあらわれるという点です。対立は偶然に生じたものではありません。しかし、精神的な原理と物質的な原理は区別されず、善と悪の対立は同時に光と闇の対立としてあらわれています。したがって、思想が現実から身をひき離しているともいえる反面、宗教におけるように、超感覚的なものがふたたび感覚的に、非概念的に、散漫にイメージされるといったひき離しはおこなわれてはいない。むしろ、散漫にひろがる感覚的なものが単純な対立へとまとめられ、運動も単純なイメージでとらえられている。こうしたとらえかたは、たんなる像の次元を超えて、思想にきわめて近い位置にある。とはいえ、そうした神話といえども、やはり哲学とはちがう。思想が第一位を占めるのではなく、神話の形式が主導権をにぎっているからです。像と思想のあいだをゆれ動くのは、あらゆる宗教に見られるところで、その混合はなお哲学の外部にあるものです。

フェニキアの作家サンクニアトンにも宇宙進化論があります。「物の原理は混沌（要素が未分化なまま重なりあっている）と精霊である。精霊が混沌を満たし、混沌のなかから生命の力と動物の精液をふくむ、ねばねばした泥をつくった。泥と混沌物質との混合と、そこから生ずる発酵によって、元素がわかれてきた。火素は上昇して星をつくった。火素が空気に作用して雲ができた。土はみのりゆたかになった。泥によって腐らされた水と土の混合物から、不完全で感覚のない動物が生じた。この動物がこんどは感覚のある完全な動物をつくった。夕立の雷のとどろきが、精液のなかにねむる動物を最初に生命へとめざめさせた。」

つぎは、カルデアの神官ベロソスです。「最初の神はベルで、女神（海神）はオモロカである。そのほかにもまだ神々はいた。ベルはオモロカを真二つに切り、それぞれの部分から天と地をつくった。つぎにベルは自分の首を切り、こうして神の血のしずくから人類が生まれた。人間をつくったあと、ベルは闇を追いはらい、天と地をわけて世界を自然にかなった形態にした。地上のあちこちに人口が足りないように思えたので、かれはほかの神に自分を傷つけてもらい、その血からさらに人間や動物をつくった。人間は最初は野蛮で文化なき生活をしていたが、（ベロソス・オアネスという名の）怪物が人間を一国家に統合し、芸術や学問を教え、人間性一般を涵養《かんよう》した。この目的を果たすため、怪物は日の出とともに海からすがたをあらわし、日没とともにふたたび水中に身を沈めた。」

神話的なものが、哲学の方法たらんとする要求をもつことはありえないことではありません。かつては、哲学説を空想に近づけようとして神話の形式を用いた哲学者がいました。神話の内容は思想にまちがいありません。しかし、古代の神話の場合は、神話はたんなる覆《おお》いではない。思想があり、それを隠す覆いとして神話があるのではない。現在の自覚的な神話利用ではそういうこともおこりえますが、詩のはじまりのころには、散文と詩がきちんと区別されていたわけではありません。古代の哲学者たちが神話を用いたのは、たいていの場合、自分の思想にふさわしい形象をさがしもとめた結果だったのです。プラトンはそのようにして多くの美しい神話をつくったし、神話のつくり手はほかにもいた。キリスト教の形式で哲学をおこない、どんな哲学的な事柄をもキリスト教的に語ろうとしたヤコービもそのひとりです。

けれども神話という形式は哲学にふさわしいものではない。みずからを対象とする思想は、思想の形式でみずからの対象とならねばならない。思想の形式へと高まらねばなりません。プラトンはしばしばその神話のゆえに高い評価を受け、神話なき哲学者たちより天分がゆたかだとされます。プラトンの神話は抽象的な表現形式にまさると考える人も少なくなく、たしかにそこには表現の美しさがあります。しかし、よく見ると、プラトンの神話は、一面では、純粋な思想の形式で表現できないがゆえに用いられたものであり、また一面では、導入部にだけ用いられて、本題にはいると表現形式が変わって、たとえば『パルメニデス』のように、形象なき単純な思考概念がつらねられます。むろん神話は外面的に利用価値のあるもので、思索の高みからおりてきて、イメージしやすいものをあたえるのは、やっていけないことではない。しかし、プラトンの価値は神話にあるのではない。思考がひとたび強化され、自身の内部で、思想の地平で、存在を生みだすことができるようになれば、神話は、哲学をおしすすめる力などもたない余計な飾りにすぎません。なのに、人びとはしばしば神話にばかり執着する。同様アリストテレスも、あちこちに比喩をはさむがゆえに誤解を受ける。比喩は思想とぴったり一致することなどなく、いつも余計なものをふくんでいる。思想を思想として表現できない未熟さが、感覚的表現に助けを求めるのです。思想が神話によって隠されるなんてもってのほかで、神話的なもののねらいはむしろ、思想を表現し、思想をあきらかにすることにある。象徴的表現はたしかに不十分なものですが、しかし、思想を象徴のなかに隠す人は、もともと思想などもってはいません。思想はみずからを啓示するもので、だから、神話は思想を過不足なく表現する媒体ではない。アリストテレスは『形而上学』のなかで「哲学を神話的に語る人びとについては、真剣に取りあつかうに値しない」といっています。神話は思想を表明するにふさわしい形式ではなく、もっと次元の低いものです。

一般的な内容を表現する形式としてここに思いあわせられるのは、数や直線や幾何学的な形です。それらは形象的なものですが、神話ほど具体的ではありません。たとえば、永遠は円である、自分のしっぽをかむ蛇である、といったいいかたがそれで、たしかに形象表現です。しかし精神はそのような象徴を必要とはしない。ことばをもっているからです。こうした表現形式に執着する民族がありますが、その形式に多くを期待できません。抽象的な概念内容ならなんとかそれで表現できても、それから先は混乱が生じるばかりです。ちょうどフリーメーソンが深い知恵をあらわすシンボルをもっているように、——底の見えない井戸が深いといわれるような深さですが、——人は、隠されたものを容易に深いと感じてしまう。背後に深みがあると思うのです。しかし、なにかが隠されているという場合、背後になにもないということだって考えられるので、フリーメーソンの場合でも、（内外の多くの人に）まったく隠されているのが、背後になにもないこと、つまりフリーメーソンが特別の知恵も学問ももっていないということかもしれない。思想とはむしろ自分を表明するもの、表明することがその本性であり、明晰になることが思想自身であるようなものです。いいかえれば、表明というのは、あってもなくてもいいようなある状態、表明されなくても思想が思想たりうるある状態ではなく、表明されることがそのまま思想であるということです。

ピタゴラス派をあつかうところで述べるつもりですが、数は思想をとらえる適切な媒体ではありません。たとえば、ピタゴラスの一、二、三、を例に取ると、一は統一を、二はちがいを、三は一と二の統一をあらわすといわれ、3＝1＋2という等式がもちだされる。だが、この等号はちっとも意味の深いものではない。一と二は足し算によってむすびつけられていますが、それは最悪の統一形式です。三は、宗教なら三位一体の形式で、哲学なら概念の形式で、もっと深い意味をもってあらわれる。数えるというのは、なんともだめなやりかたです。

中国の易の哲学についても、そこに数による思想表現の例を見出すことができます。けれども中国人は数の記号について説明を加えているから、そこから概念規定を取りだすことができます。多少とも教養を積んだ民族なら、どんな民族でも一般的で単純な抽象概念に手を出すものです。

第二に注意すべきは、宗教そのもののうちに、さらには詩のうちにも、思想がふくまれていることです。宗教は、芸術的な表現をもつだけでなく、現実的な思想や哲学説をふくみます。詩のなかには（詩はことばを要素とする芸術ですが）、思想を表明しようとする思いもふくまれていて、深い普遍的な思想をもった詩人もいないわけではない。本質的なことにかんする普遍的な思想は至るところに見出されます。とくにインドの宗教では、普遍的な思想が明確に表明されます。だから、そうした民族は本来の哲学をもっていたという声も聞かれます。たしかにインドの書物を読むと、興味深い普遍的な思想にぶつかりますが、ただ思想といっても、たとえば生成と消滅の観念、輪廻《りんね》の観念といったきわめて抽象的なものにかぎられます。フェニックスのイメージもインド人に知られていて、それはオリエントからやってきたものです。こうして古代人に見られるのは、生と死の思想、生から死へ、死から生へという移行の思想、存在という肯定的なもののうちにすでに否定的なものがふくまれているという思想、などです。逆に、否定的なものがすでに自身のうちに肯定的なものをふくみ、生命体の過程たる変化の一切が否定的なもののうちにある、という思想も見られます。けれども、そうした思想はときたまあらわれるにすぎず、それを本来の哲学と見なすことはできない。哲学というものは、思想そのものが他のすべてのものの土台、絶対的な基盤、根っこになったときはじめて成立するので、古代インドの表現はその域に達していないからです。哲学は、すでに前もって土台をなすものとして存在する対象について、それを思想の形にまとめるというものではありません。内容そのものがすでにして思想であり、端的にはじまりをなす普遍的思想であって、哲学における絶対的なものとは思想として存在しなければなりません。ギリシャの宗教には永遠なる必然性があり、それは絶対的な、まったく普遍的な関係であり、普遍的な思考概念です。しかし、この思想はなお主観を脇に残したままなので、関係の全体を支配するものではない。必然性は真の包括的な存在そのものとは認められない。だからそれもまた哲学的な考察の対象とはなりえない。同様に、エウリピデスの哲学、シラーの哲学、ゲーテの哲学、といういいかたは可能でも、かれらのすべての思想——真理や人間の使命や道徳等々にかんする一般的な考えかた——が、たんに副次的な産物であることもあれば、独自の思想形式を獲得していないこともあって、そこに表明されたものが究極のもの、絶対的な土台をなすものとはいえません。インド人の場合は、思想に関係するものすべてが、まったくばらばらです。

第三に、宗教の内部に見出される哲学は、哲学史の対象とはなりません。インドの宗教のみならず、教父やスコラ学者にも、神の本性そのものにかんする深い思索的な思想が見出されます。そうした思想を知ることは教義学史にとっては不可欠の関心事でしょうが、哲学史にとってはそうではない。といっても、スコラ学者については教父よりも注意が払われねばなりませんが。教父はたしかにキリスト教の発展におおいに貢献した偉大な哲学者たちでした。しかし、かれらの哲学的な思想は、一面で、すでに形のととのった他の哲学、つまり、プラトンの思想に依拠しているし、他面、哲学的な思想が宗教の哲学的な内容に——つまり、教会の教えとしてそれ自体が基礎をなし、まずもって信じるほかない内容に——由来します。したがって、この思想は一つの前提の上になりたつことになって、本来の哲学、自分の足で立つ思想とはいえません。むしろ、すでに確固たるものとして前提された宗教観念に仕えるもの、——他の観念や哲学説を論破するためであれ、異説にたいして自分の教説を哲学的に擁護するためであれ、——宗教のための哲学であって、思想は究極のもの、内容の絶頂、内面的に自立した思想、として認識され表現されてはいない。内容はすでにそれ自体で正しいものとされ、思想的に吟味されることがありません。といっても、分析的思考では宗教の真理をとらえることはできず、分析的思考が（啓蒙思想のごとく）理性を自称し、自分こそ世界の主人だと思いあがるのはまちがいです。キリスト教の内容は哲学的思索によってしかとらえられない。ただ、教父が教会の教えの内部で思考するかぎり、その思想はきわめて哲学的でも、内容が思考そのものによって正当化されているわけではない。内容を最終的に正当化するのが、教会の教えなのです。ここでは哲学はある固定した教義の内部にあって、自由に自分から出発する思考ではありません。同様に、スコラ学者の場合にも、思想はいくつかの前提にしばられていて、自力で思想が設計されることがない。教父の哲学にくらべれば思考の自立の度合は大きいけれど、教会の教えと対立するところまではいかない。哲学と宗教は協和すべきだし、協和してもいたのです。だが、思想というものは、教会がすでに真理と認めたものを、あらためてみずから証明すべきものです。

以上で、哲学と関連の深いものについての説明をおわります。この説明のなかで、わたしたちは、この関連領域のなかの個々の要素(それは、哲学の概念にふくまれるものも、ふくまれないものもありますが)にもふれてきました。わたしたちはいまや、哲学の概念を認識することができるところにきています。

c、哲学と通俗哲学との区別

哲学と関連の深い二つの領域のうち、一方(特定の学問)は、自分で見、自分で考える姿勢はもちながらも、有限な材料に埋没しているという点で、つまり、有限なものを認識しようとする活動の形式的主観的な契機はともかく、内容が普遍性をもたないという点で、哲学と見なすわけにはいかなかった。もう一つの領域である宗教は、客観的な契機こそ哲学と共通するものの、自分で考える姿勢がつらぬかれず、イメージや歴史に頼って対象がつくりあげられる点で、哲学から区別されねばなりませんでした。哲学は主観的な面と客観的な面の統一と浸透を要求します。哲学はこの両側面を統一し、人間が謙虚に自分を捨てる日曜日と、自分の足で立つ仕事日とをともども支配し、思いのままにあつかいます。ところで、個々の学問と宗教のほかに、二つの契機を統一しているかに見える第三のものがあって、それが通俗哲学です。それは普遍的な対象を相手とし、神や世界について哲学するものだし、そうした対象を認識すべく思考をも働かせるものです。しかし、この哲学もわたしたちは脇にのけなければなりません。キケロの著作が通俗哲学の代表の一つです。そこでは、それなりに価値のある哲学がおこなわれ、立派なことが述べられている。人生経験や情緒経験もゆたかで、世の中のありさまを見とおした真理が語られている。人生の最大事について教養ゆたかな表現がなされていて、キケロの人気がおとろえることはないでしょう。狂信家や神秘家もべつの面から通俗哲学者の類《たぐい》と見なすことができます。かれらは深い信仰心を表明し、高貴な領域での経験に欠けるところがない。最高度の内容を表現できるし、叙述は魅力あるものです。パスカルの著作などがその好例で、『パンセ』には、奥深い洞察があちこちに見られます。

けれども、哲学という点からすれば、通俗哲学には一つの欠陥が貼りついています。通俗哲学が最後に訴えかけるのは、（近代においてもそうですが）人間のもって生まれた心情です。キケロは、なにかというと心情をもちだします。道徳本能の話にも心情が出てきます。宗教は客観的なものをよりどころとするのではなく、宗教心情をよりどころとし、人間が神を直接に意識することが、宗教の究極の根拠とされる。キケロはしばしば一般的同意（consensus genium）ということばを使います。（この呼びかけは、主観の自立が求められる近代ではかえりみられなくなる傾向にありますが。）感情がまず呼びおこされ、理由や理屈はその後にくる。しかも、この理由や理屈がまた直接に心情に訴えるものです。自分で考えることがたしかに要求され、内容も自己から汲みとられているものの、わたしたちは通俗哲学のやりかたを本来の哲学と見なすわけにはいかない。内容の汲みとられる源泉が、個々の学問や宗教と同質のものだからです。個々の学問では、自然が源泉をなし、宗教では源泉となる精神が権威であり、内容があたえられ、信仰心は一時的に外面的な権威を破棄するにすぎませんでした。通俗哲学の源泉も、心、衝動、資質、生まれつき、法感情、神の感情、などです。内容も、自然のままの形態にすぎません。感情のなかにすべてがあるといえなくはないが、それなら、神話のなかにすべての内容があるともいえるので、そうしたありかたは本当のありかたではない。宗教の掟や教えは、内容がもっと明確な形を取って意識にあらわれたものですが、感情においては、主観の恣意がいまだ内容に混じりこんでいます。

三、哲学および哲学史のはじまり

哲学の内容をなすのは普遍的な思想であり、哲学は隅から隅まで思想で満たされています。この普遍的な内容は明確な定義をあたえられねばならず、この定義が哲学史のなかでしだいに立ちあらわれてくるさまが示されねばならない。最初にあらわれる定義は直接的なものですが、普遍的なものはのちのち無限の定義を受けるものとしてとらえられねばならない。哲学とはそういうものであるとして、さて、哲学と哲学史のはじまりはどこにあるかが問題となります。

a、思考の自由がはじまりの条件である

これまでの議論をふまえるなら、一般的な解答はこうなりましょう。哲学は、普遍的なも

のが全体を包括するものとしてとらえられたとき、あるいは、存在が普遍的にとらえられたとき、あるいは、思考の思考が登場したとき、はじまるのだ、と。さて、それがどこでおこり、どこではじまるのか。これが問いの歴史的な側面です。思考は自立し、自由に存在し、自然から解き放たれ、直観への埋没から身をひき離さねばならない。思考は自由な思考として自己のうちにはいっていかねばならず、そのとき自由がしっかりと意識される。だとすれば、哲学の本来のはじまりは、絶対者がもはやイメージとして存在するのではなく、自由な思想が絶対者を思考し、絶対者の理念をとらえるとき、いいかえれば、ものの本質として認識された存在（それは思想そのものでもありうるのですが）が絶対的な全体でもあり、万物の内在的本質でもあるものとしてとらえられたとき、つまり、存在がかりに外的存在のように見えても、にもかかわらず思想としてとらえられたとき、そのときが哲学のはじまりです。だから、ユダヤ人が神と考えた（すべての宗教は思考ですが）単純で非感覚的な存在は、哲学の対象ではない。ものの本質ないし原理は水である、火である、思想である、といった命題こそが哲学の対象です。

思考が純粋にすがたをあらわすこの一般的な定義は抽象的なものです。それが哲学のはじまりをなしますが、はじまりは同時に歴史的なものであって、わたしたちの述べたような原理を体現する民族が、具体的にあらわれます。自由の意識をもつ民族は、自由の原理にもとづく共同体をつくりあげます。民族がつくりなし、民族が保持している自由の概念をもっぱらの根拠として、民族の立法がおこなわれ、民族の全共同体がつくりあげられます。哲学が成立するには自由が意識されていなければならないというとき、哲学のはじまりに立ち会う民族は、自由の原理を基礎とすることが要求されている。実践面からすれば、そのうえに、現実の自由、政治的な自由が花開いていなければならないことになります。現実の自由とは、個人が自己を個人として自覚し、自分が個人として無限の価値をもつ普遍的でかけがえのない存在だと自覚すること、いいかえれば、主観が人格の意識を獲得し、個として端的に自立することにあります。そこには対象の自由な思考——絶対的で普遍的で本質的な対象の思考がふくまれます。思考するとは、なにかを普遍の形式にもたらすことであり、自己を思考するとは、自己を普遍的なものとして知ること、自己に普遍的なものという定義をあたえること、自己と関係することです。そこに実践的自由の場が拓かれます。かくて哲学的に思考するとは、思考が普遍的な対象に立ちむかうこと、普遍的なものを対象とし、対象を普遍的なものとして明確化することを意味します。感覚的に意識される個々の自然物を、思考は普遍的なものとして、思想として、客観的な思想として、——あるいは思想的な客観として——明確化します。もう一つ肝心なことは、この普遍的なものをわたしがいま認識し、明確にし、知ることです。普遍的なものを知り、認識するには、わたしが自立し、自立性を保持していなければならない。対象がわたしのむこうにあり、しかもそれを同時にわたしが思考するかぎりで、対象はわたしのものとなる。それはわたしの思考でありながら、わたしにとって絶対的な普遍として存在する。わたしはそのなかにはいりこみ、この客観的で無限なもののうちにあり、そのことを意識し、対象を所有する立場に立つのです。

政治的自由と、思考の自由の発生との一般的なつながりは、以上のようなものです。歴史上に哲学が登場するのは、自由な体制が樹立されている国でなければなりません。精神は自然な意思から解き放たれ、自然物への埋没状態を脱していなければならない。世界精神のはじまりの形態は、この離脱がいまだおこなわれぬ、精神と自然の一体化した状態ですが、それは直接的な一体化の状態というべく、真の統一ではない。東洋世界のありかたが一般にそうしたものです。哲学はギリシャ世界においてはじまります。

b、東洋および東洋哲学との決別

世界精神の最初の形態について若干の説明を加えておきましょう。精神は意識であり、意志するもの、欲求するものです。自己意識が最初の段階にあるとき、その観念活動や意思活動の範囲はかぎられています。したがってここでは知性もかぎられていて、精神と自然の統一といっても、統一は完全なものではない。精神の目的が、いまだ普遍的なものとして立てられていないのです。わたしが法や道徳を意志するとき、わたしの意志するものは普遍的であり、普遍の性格が意志の根底をなしています。一民族が法律をもつとき、普遍的なものが対象となっており、そのためには精神が強化されていなければなりません。意志が普遍的なものを意志するとき、意志の自由がはじまる。普遍的な意志は思考の思考（普遍的なもの）への関係をふくみ、思考は自分のもとにある。民族が自由を意志するとき、その欲求は法律に従うものとなる。以前に意志されたものは特殊なものにすぎなかったのです。意志が有限なのは東洋の性格です。意志の内容は有限であり、いまだ普遍的なものとしてとらえられていない。だから、主人と奴隷の階層しかなく、専制政治が世界を支配するのです。恐怖が支配の基本をなします。意志が有限なものから解き放たれていないのは、思考がいまだ自由を自覚していないからです。意志は有限なものにとらわれ、その有限なものが否定的に感じられる。こうした否定の感情——もちこたえられないのではないかという感情——が恐怖です。自由とは、有限なものにとらわれているのではなく、自立していることだから、攻撃されることがない。ところが、東洋の人間は恐怖のうちにあり、恐怖によって人間を支配する。支配する側も支配される側も同一の段階にあって、ただ意志のエネルギーの大きさがちがうだけです。支配する人間は、すべての有限なものを特殊な一目的のために犠牲にできるというにすぎません。

宗教も、当然のこと、同じ性格をもつので、基本は主への恐怖で、人びとはそれを超えることができない。「主への恐怖が知恵のはじまりである」(『詩篇』)。その通りで、人間はそこから——有限の目的が否定されるべきものだと知るところから——はじめなければなりません。ただし人間は有限な目的を廃棄することで恐怖を克服しなければなりません。宗教が満足をあたえるものにとどまるかぎり、宗教自身が有限なものにとらわれている。そこでは和解は主として自然の形態でおこなわれ、自然の形態が人格化され尊敬されます。意識は自然の内容を超えて無限なものへと高まらねばならないのに、ここでの主要な宗教意識は権力への恐怖であり、権力にたいして個人はおのれの頼りなさを知るばかりです。ところで個人の従属ぶりには二つの形態があり、意識は極端から極端へとゆれ動きます。従属する意識が対象とするのは有限なものですが、これはまさしく有限な形態としてあらわれることもあるし、まったく抽象的な無限としてあらわれることもある。で、奴隷的な受動の状態にある意志が（実践面で）エネルギーのある意志へと転化することもあるが、ただそのエネルギーはいまだ無秩序な恣意にすぎません。同様、宗教においても、感覚に深く沈潜することが神に仕えることであるかと思うと、まったく空虚で抽象的な無限へと逃避する宗教行為があらわれもします。一切をあきらめるという崇高な決意が東洋人に、とくにインド人に見られますが、そうした人びとは自分の身を痛めつけ、内面の抽象世界に浸ろうとする。たとえば、十年間自分の鼻先だけを見つめ、まわりの人に養われ、それ以外になにも精神的な内容をもたないインドの行者たちがいますが、そういう人びとは抽象的な知者にすぎず、知の内容はまったく有限なものです。そんなものが自由の土台をなすはずがない。専制君主は自分の思いつきを実行するだけで、なかには善行もふくまれますが、それが法律として定められることはなく、あくまで当人の恣意にとどまります。

東洋においても精神があらわれはしますが、そこではまだ主体が人格として存在せず、客観的な実体（それは超感覚的なものであることもあれば、物質的にイメージされることもある）のうちで否定され没落していくようなものとしてしかあらわれません。個人の到達しうる最高状態たる永遠の至福は、実体への没入、意識の消滅、実体と個人との区別の消滅、つまり無の境地としてイメージされます。宗教的関係の最高峰が無意識にあるかぎり、それは精神を欠いた関係というべきです。実体にたいして人間が個人として存在しはしますが、――実体が普遍で、個人は個別的です。だから人間は、至福に到達しえず、実体から切り離されているかぎり、統一の外にあり、なんらの価値もなく、偶然のもの、無用のもの、有限なものにすぎない。人間は、生まれによってどのカーストかに帰属させられる。人間の意志は実体的なものではなく、外的・内的な偶然に左右される恣意にすぎず、実体だけが価値あるものです。

人間の性格の気高さ、偉大さ、崇高さなどが排除されるわけではないが、それらは生まれつきの性質ないし恣意として存在するだけで、万人に尊敬され、万人によしとされ、万人がもつべきものとされる、客観的な道徳内容や法内容ではない。その意味で、東洋の主体は拘束されないという長所をもつといえる。確固としたものはなにもなく、実体が不明確なのに見合って、個人の性格もまた不明確で自由で拘束されない。わたしたちにとっては正直さとか道徳性にあたるものも、東洋では国家のうちに、つまり、主観の自由のうちにではなく、実体的ないし自然的ないし家父長的な形で存在する。東洋には良心や道徳が存在せず、あるのはただ、最悪の心と最高の気高さが共存することさえあるような、自然の秩序だけです。だとすれば、東洋では哲学的認識もなりたちえないことになる。それがなりたつには、実体ないし普遍的なものを対象として知り、対象として思考し展開する必要があります。そして、それができれば、実体的なもののうちに同時に自己のすがたを認め、自己を肯定的に維持できる、つまり、わたしの思考が、たんに主観的な概念や思想（つまり、思いこみ）であるにとどまらず、わたしの思想でありながら、客観の思想、実体的な思想でもあることになるのですが。

かくて、東洋的なものは哲学史から排除されねばなりません。もっとも、わたしとしては東洋哲学のおおよそについて、とくにインド哲学と中国哲学について、若干の解説は試みるつもりです。以前のわたしの講義では東洋の哲学を無視していましたが、それも当然で、わたしたちが東洋の哲学について判断をくだせるようになったのはつい最近のことです。かつては、内容をよく知りもしないで、インドの知恵を大いに尊敬する風潮がありましたが、最近になってその実相があきらかになり、その一般的性格にふさわしい処遇がなされるようになりました。

c、ギリシャにおける哲学の開幕

本来の哲学は西洋においてはじまります。西洋においてはじめて自己意識の自由が登場し、自然的意識はみずから没落し、精神は自己の内部におりていきます。東洋の輝きのなかでは個人が消滅するだけなので、西洋においてはじめて光は思想の閃光となって、自己の内部にさしこみ、そこから出て自分の世界をつくりだします。したがって、西洋の至福とは、主体そのものが持続し、実体のなかでもゆるがぬこと、と定義されます。個々の精神が自分の存在を普遍的なものととらえるわけで、普遍性とは自己とのこの関係そのものです。自我が自分のもとにあるというこの人格性と無限性が精神の存在をなすので、それが精神のありかたであり、精神はそのようにしか存在しえないのです。おのれの自由を知り、あくまで普遍的なものとして存在するというのが民族のありかたであり、——それが、民族の公私にわたる全生活の原理です。わかりやすい例を一つあげましょう。わたしたちは、自分の存在の本質からして、個人の自由が根本条件をなすことを知っている。君主のたんなる気まぐれが法律となり、君主が奴隷制を採用するようなことがあれば、わたしたちは、そんなわけにはいかないぞと思う。自分が奴隷になりえないことは、だれもが知っている。寝ぼけていること、眠そうなくらしをしていること、公務員であること——そんなことは自分の存在の本質をなすことではないが、奴隷でないということは、存在の本質にかかわる。奴隷でないことが、人間の自然なありかたというものだ。そのありかたが西洋において本来の哲学の土台をなします。

わたしが衝動に動かされて他人に従属したり、特殊な事柄へのこだわりを捨てられない場合、わたしは、そのありかたからして、本来の自分とはちがう人間になっています。というのも、まったく普遍的な自我であるわたしが、にもかかわらず情念にとらわれているのですから。これは恣意であり、衝動を内容とする形式的自由です。真なる意志が善や正義を目的とし、わたしが自由で普遍的であるとともに、他者もまた自由で、主体的で、わたしと対等であるといった自由人相互の関係が確立され、ともに普遍的意志の本質的な法則や規則や法的体制が確立された状態、——そうした自由のさまはギリシャ民族においてはじめて見出される。だから、哲学もここにはじまります。

ギリシャには現実に自由の開花するさまが見られますが、同時に、その自由がいまだ限定つきの、制約されたものであることをも認めざるをえない。なお奴隷が存在し、奴隷制のもとに国家がなりたっているからです。東洋とギリシャとゲルマン世界とにおける自由を、すぐ目につく特徴によって抽象的に区別すればつぎのようにいうことができる。東洋ではただひとり（専制君主）が自由であり、ギリシャでは一定数の人が自由であり、ゲルマン人の生活では万人の自由が認められ、人間が人間であるかぎり自由だと認められる、と。しかし、ひとりの人間が自由であるためには他の人間も自由でなければならない以上、東洋ではただひとりの君主も自由ではありえず、そこにあるのは、たんなる欲望、恣意、形式的自由、わたし＝わたしという自己意識の抽象的な同一性にすぎません。一定数の人が自由であるギリシャでは、アテネ人やスパルタ人は自由だが、メッセニア人やヘイロテス人は自由ではない。ここでは、なにを根拠に自由な「何人か」があらわれるのかが注目されねばならない。それは、ギリシャの見かたにいくらか特殊な変更をもたらすはずで、その考察は哲学史とも大いに関連します。自由の度合のちがいを見ていくことは、そのまま、哲学史の区分へと足をふみいれていくことにほかなりません。

C、哲学史の時代区分、資料、論じかた

一、時代区分

わたしたちは哲学作品に学問的に立ちむかおうとするのだから、哲学史の区分そのものも必然的な区分として示されねばなりません。一般的にいえば、哲学史には本来二つの時代区分、ギリシャ哲学とゲルマン哲学しかなく、それはちょうど芸術が古代芸術と近代芸術にわかれるのに似ています。ゲルマン哲学とは、キリスト教がゲルマン民族に属するかぎりで、キリスト教の内部にある哲学です。キリスト教ヨーロッパの民族は、学問の世界にかんするかぎり、総体としてゲルマン的な教養によって培《つちか》われている。というのも、イタリア、スペイン、フランス、イギリスその他は、ゲルマン国民によってあらたな国家形態を手にいれたからです。ギリシャの精神はローマ世界にまではいりこんでいます。ローマ世界を土台とする哲学について、語るべきことがないわけではありませんが、しかしローマ人は、独自の詩

人をもたなかったし、同様に、独自の哲学も生みださなかった。かれらは、受けいれ模倣するだけで、その面で利発だというにすぎない。宗教でさえもギリシャの宗教に由来するもので、ローマ独自の宗教は、哲学や宗教に近づくどころか、むしろ非哲学的で非芸術的なものです。ところで、哲学史の出発点が、神を直接的な、いまだ発展しない普遍性ととらえるところにあり、その終着点（現代の終着点）が、二五〇〇年間の、緩慢といえばいえる世界精神の働きにもとづく絶対精神の把握にあるとすれば、現在のわたしたちにとっては、欠点を示しつつ一つの定義からつぎの定義へと前進していくことはたやすいことに思える。しかし、歴史の流れのなかに身を置けば、それはやさしいことではありません。

右にあげた二つの対立する主要な哲学について、もう少しこまかく見ておかねばなりません。ギリシャ世界が思想を理念にまで発展させたのにたいして、キリスト教ゲルマン世界は思想を精神としてとらえました。（理性と精神はちがうものです。）この前進は、こまかく見るとつぎのようです。いまだ曖昧《あいまい》で直接的な普遍者（神）、――それは存在とも客観的思想ともいえるものですが、嫉妬深いがためになにものも自分と肩をならべるのをゆるさないこの存在が、すべての哲学の実体的な基盤をなしています。この存在は変化することがなく、ただ自分のなかに深くわけいり、自分を明確にしていく展開のなかで自分を明示し、意識にもたらすもので、とすると、哲学の第一期の発展は、すでに一切をふくみこむ単純な根拠から、概念規定や形状や抽象的性質が無邪気に立ちあらわれてくる過程と性格づけることができます。

こうした普遍的基盤の上になりたつ第二期は、このように現出してきた概念規定が、主観の力によって理念的かつ具体的な統一へとまとめあげられる段階にあたる。第一期の概念規定が抽象体だとすれば、第二期では、絶対者が、外的に明確化されるのではなく、みずからを明確化する普遍者として、つまり、活動的な思想としてとらえられます。絶対者は概念規定を統合するものとして、具体的な個として、明確化されます。主観的な統合は、アナクサゴラスの知性《ヌース》にはじまり、ソクラテスに至ってさらなる展開を見ますが、そこでは、思考が自分をとらえ、その思考の活動が基礎をなします。

第三期は、明確化し区別していく思想の活動によって実現された、このいまだ抽象的な統合が、統合の観念的部分をなすこまかな概念内容へと分岐していく段階です。概念内容が未分化なままに統一され、それぞれがちがうものとして共存している段階をぬけ出して、対立する側面そのものがそれぞれに一全体をなしていきます。対立のまったく一般的な形式は、普遍的なものと個別的なものとの対立、あるいは形を変えて、思考そのものと外的現実・感覚・知覚との対立です。普遍的なものと特殊なものとの同一性をあきらかにするのが概念です。そのとき、普遍と特殊はそれぞれに具体的なものとして概念化され、普遍は普遍でありながら、普遍と特殊の統一であり、特殊についても特殊でありながら普遍と特殊の統一だといえるので、統一が二重の形式で打ち立てられます。そのとき、まったく具体的な普遍が精神であり、まったく具体的な個別が自然となる。そして、さまざまな抽象的契機は、その統一によってはじめて内容をあたえられます。こうして、ちがうものがそれぞれに一全体という体系にまとめあげられると、ストア哲学とエピクロス哲学とが対立してあらわれてくる。ストア主義は純粋思考が発展して一全体をなしたものです。他の側面、つまり、自然の存在ないし感覚が一全体をなしたとき、エピクロス主義が生まれます。どちらも、それぞれの概念内容を思考の全体性へと、いいかえれば哲学の体系へと、つくりあげたものです。この地平そのものに無邪気に身を置いてながめれば、それぞれの原理が独立した二つの哲学をなし、それが敵対関係をなすかに見えるかもしれない。が、実際は両者は同じもので、たがいに相手を対立物と思いこんでいるにすぎない。理念もまた、知を働かせてみると、それぞれに一面を強調したものにすぎません。

さらに高次の段階は、この区別を統一するものです。統一は懐疑主義の場合のように、ちがいをなくしてしまうことによっても得られますが、高度な統一は、理念を概念的に展開する積極的なものでなければなりません。概念は、自分をこまかく定義しつつ、しかも統一を保ち、定義を体系的に位置づけてその理念性と透明性をそこなうことのない普遍的な運動です。さらに、ちがったものが一全体をなすのが、概念の実在です。かくて、第四期の理念の統一とは、それぞれに一全体をなすちがったものすべてが、同時に、一つの具体的な概念統一体へと消えていく段階です。この統合は、最初は、無邪気な普遍の場でもっぱら普遍的におこなわれる。つまり、普遍的な理想が無邪気に把握されるのです。

この理念にまでギリシャ世界はすすみます。ここに理念的な知性界が形成されるので、それがアレキサンドリアの哲学です。そこに至って、ギリシャの哲学はその使命を果たして完成します。この進行過程を図式的にあらわすと、A、思考が(α)どこまでも抽象的で、だだっぴろい空間のよう。空虚な空間がしばしば絶対空間と見なされる。(β)つぎにあらわれるのはもっとも単純な空間の定義で、点から線や角へとすすむ。(γ)第三に、それがむすびついて三角形になる。具体的な形ではあるが、まだ平面の次元にとどまるもので——最初の、いまだ形式的な全体ないし境界で、アナクサゴラスの知性に対応する。B、さらにすすんで、三角形の各辺をそれぞれ一辺とする三角形を、もとの三角形の外側につくって、全体を大きな三角形にする。脇にできた三角形が、懐疑主義やストア主義にあたる。C、最後に、この平面図形と脇の三角形を織りあわせて一つのまとまった物体をつくりあげる。物体は、三角形を二重化した三角錐で、ここにはじめて完全な空間の定義があらわれる。三角形が物体の外にある場合には、この例はあてはまりませんが。

ギリシャ哲学が新プラトン派をもって終結するとき、そこには思想と浄福の完全な王国、潜在的な理想世界があらわれる。が、全体が普遍の次元にのみとどまっているがゆえに、その世界は非現実的です。概念にとって不可欠の契機をなす個別性が、この世界には欠けている。世界が現実のものとなるには、理念の両側面が一体化して、自立した全体が否定的な面をもつものとして樹立されねばなりません。この自覚的な否定作用、それこそが主観性であり、絶対的な個人としての存在なのですが、それによってはじめて理念は精神へと高まります。精神はおのれを知る主観性ですが、自分にとって対象となるもの——それも精神自身ですが——を一全体として知り、全体を自覚するときにのみ精神として存在します。すなわち、プリズムの上と下にある二つの三角形が、べつべつのものではなく、相互に浸透しあって統一されねばならない。べつのいいかたをすれば、物体の登場とともに中心と周辺部のちがいがあらわれ、そこにまた、単純な中心と実在の物体部分との対立が登場するのですが、全体は中心と実体部分との統一でなければならない。しかしそれも、無邪気な統一ではなく、主観が客観を知り、実体部分との対立を自覚するような統一でなければなりません。そのとき、理念がこの全体性であり、おのれを知る理念は、その本質からして主観性とは区別されます。主観性は自覚的にみずからを樹立するが、自分みずからを実体だと考えるところまで行く。主観性は最初は形式的なものにすぎないが、実体的なもの、潜在的に普遍的なものを現実化する力をもっていて、その使命は、自己を実現することを通して実体と一体化することにあります。否定的統一とも絶対的否定ともいえるこの主観性の働きによって、理想の国はもはやわたしたちのむこうにある対象というにとどまらず、現実の対象となります。こうした原理が登場するのはキリスト教世界においてですが、この近代的原理においては、主観が自由を自覚し、人間は人間であるかぎり自由です。こうした自由の観念とむすびついて、人間は精神であるという資質ゆえに実体に生命をふきこむ無限の使命を負っているという考えがあらわれます。神は、自分自身を二重化しつつこの区別を克服する精神、区別のなかで安定自足する精神にほかならぬことが知られます。世界に課せられた仕事とは、精神と和解し、精神のうちにおのれを認識することですが、この仕事はゲルマン世界にゆだねられています。

この仕事の最初のとっかかりは宗教にあります。宗教は、この原理の認識以前に、この原理を現実に存在するものとして直観し信仰するものです。キリスト教においては、この原理が感情やイメージ以上のものとして存在する。人間は人間であるかぎり永遠の浄福にあずかるもの、神の恩寵《おんちょう》や慈悲や関心の対象となるもの、いいかえれば、絶対的に無限の価値をもつものだというのが、キリスト教の考えです。キリストが身をもって人間に啓示した教義が、神の本性と人間の本性の一致であるというのも、この原理の展開にほかならず、ここでは、人間と神、客観的理念と主観的理念が一つです。旧約の原罪の物語にも、同じ考えが形を変えてあらわれています。とすると、蛇が人間をだましたとはいえない。なぜなら神がこういうのだから。「見よ。アダムはわれらの一員となった。かれは善悪の区別を知っているのだ。」主観的原理と実体性とのこの統一こそが重要で、精神の過程とは、一なる主観が自分の直接的なありかたを捨てて、実体と一体をなすものとしてあらわれ出る過程にほかなりません。人間のこの目的が最高の完全性といわれるものです。こうして見ると、宗教的な観念と哲学的な思索は人が思うほどかけ離れてはいません。ところで、わたしがこうしたキリスト教の観念を引用したのは、それが恥ずかしいものでないことを示すためで、いまのわたしたちがすでにそれを超えているとしても、初期キリスト教時代のわたしたちの祖先が、こうした観念に深く敬意を払ったことは、なんら恥ずべきことではありません。

二つの全体が存在するのが最初の状態です。実体が二重化されているのですが、しかしいまや二つの全体は外面的に並存するのではなく、端的に関係づけられています。以前にはストア派とエピクロス派が独立に登場し、——両者の否定が懐疑主義でしたが、——最後には両者のうちに潜在的にあった普遍性が立ちあらわれたのですが、いまや、対立するそれぞれが一つの全体として知られ、たがいに対立しつつ一体をなすものとして立てられている。これこそが、本来の思索的な理念であり、明確化された概念であって、個々の概念内容が一全体をなしながら端的に相互に関係づけられている。かくて、わたしたちの前には本来二つの理念が、つまり、知の形を取る主観的理念と実体的で具体的な理念があって、この原理が思想として意識されるに至る発展と形成の過程こそが、近代哲学の関心を寄せるところです。そこでは概念規定が古代哲学よりも具体的になります。二つの理念はやがてするどく対立するに至りますが、その対立を一般化してとらえれば、思考と存在の対立、個人と実体の対立、(主観そのもののうちで自由と必然性が同一の土俵上にあるような場合) 主観と客観の対立、自然と精神 (この場合の精神は、自然とむかいあう有限な精神のことですが) の対立、ということができる。求められるのは、この対立のうちに統一があるのを知ることで、それがキリスト教世界に登場した哲学の基礎をなします。

ギリシャ哲学が無邪気なのは、存在と思考のこの対立にいまだ気がつかず、対立を自覚していないからです。哲学や思考や理由づけのなかでは、思考が存在でもあることが思考の無意識の前提になっています。たしかにギリシャ哲学のうちにも、キリスト教の哲学と同じ立場に立つかに見える段階がないわけではない。ソフィストの哲学だけでなく、新アカデメイアの哲学や懐疑派の哲学なども、そもそも真理は認識できないという説をかかげている。すべての思考概念は主観的なものにすぎず、それをもってしては客観について決定的なことはなにもいえないと主張するかぎりで、これらの哲学は近代の主観性の哲学と同じものに見えるかもしれない。が、本質的なちがいがあるのです。古代の哲学が、われわれは目に見えるものしか知らない、というとき、目に見えるものがすべてです。その背後になお、そのもの自体とか一つの彼岸とかがあって、それについては、知られはするが概念的に認識されることはない、とは考えられていない。だから、実際の行動において、新アカデメイアや懐疑派は、目に見えるものに従って方針を立てるべきだ、といいます。が、目に見えるものを生活の基準ないし尺度に取り、それにもとづいて正しく、道徳的に、理解をもって（たとえば薬の調剤などで）行動することは、存在そのものを知ることではない。根底をなしているのはあくまで目に見えるものです。だから、その知を真なるものの知だと主張することはできない。近代の主観的観念論者たちは、もう一つべつの知――思考や概念を介さない知、直接知、信仰、直観、彼岸への憧憬（ヤコービ）――をもっていますが、古代の哲学者たちにそんな憧憬はなく、かれらは目に見えるものを知るだけで十分だと確信して、完全に満足と安心を得ている。こうした立場のちがいは正確におさえておく必要があるので、さもないと、結果が同じことから、古代の哲学にそっくり近代の主観性の概念を見るあやまちを犯すことになる。古代の無邪気な哲学のもとでは、目に見えるものが全領域を覆《おお》いつくすので、思考の客観性にかんする疑いは存在しないのです。

近代になると、主観と客観の明確な対立と本質的な関係が全体として生じてきます。理性と信仰との対立、おのれの洞察と客観的真理との対立は、いずれもこの対立が形を変えたもので、客観的真理はおのれの理性なしで、いや、おのれの理性を無視し放棄することによって、獲得できるとされる。また、教会の認める信仰か、近代的な意味での信仰かという対立もあって、近代的な信仰は、理性を拒否して、内的な啓示、直接の確信、直観、本能、内面に見出される感情によりどころを求める。これから発展していくはずのこの内面信仰の知が特別に関心をひくのは、その知が、すでに発展してきた知と対立の関係をなすからです。いずれの知のうちでも、思考・主観と真理・客観との統一が形成されていますが、ただ、内面信仰の知においては、普通の人間が直接に信ずることがそのまま真理の知であるとされるのにたいして、理性の知においては、知と真理が統一されるには、主観が感覚的意識という直接のありかたを超え、思考によって真理をかちとらねばならぬとされます。

目標は絶対者を精神として思考することです。普遍的な精神は、概念の無限の富を実在の概念として自由に自己のうちから解き放ち、自由に想像し伝達します。だから、個々の概念規定は相互に無関心なこともあれば、たがいに敵対することもあるが、全体はただ一つであり、しかも潜在的にそうだというだけでなく（それなら、一つにするのはわたしたちの反省の力ということになる）、同一性が自覚されている、――概念内容のちがいは、観念的なものにすぎないことが自覚されているのです。

ともあれ、全体として二つの哲学が、つまりギリシャの哲学とゲルマンの哲学があります。ただ、ゲルマンの哲学を二つの時代にわける必要があるので、それは、哲学が哲学として正式に登場する時代と、近代にむかっての形成と準備の時代です。わたしたちは、哲学が独自の形式を取って登場する時代をゲルマン哲学のはじまりとしましょう。すると、ギリシャと近代とのあいだに、あたらしい哲学の発酵する中間期があることになって、その時期の哲学は、一方で、共同体的なものにとらわれて独自の形式に到達せず、他方で、思想を真理の自由な根拠ないし源泉として認識するに至らず、あらかじめ前提された真理の形式としてのみ形成するものです。それを加えると哲学史は三つの時期に、つまり、ギリシャの哲学、中世の哲学、近代の哲学にわかれる。そして第一の時期は思想一般が問題となる時期、第二期は本質と形式的反省が分裂した時期、第三期は概念が基盤をなす時期です。といっても、第一期が思想のみをふくむというのではなく、概念も理念もふくまれるし、三期にしても、抽象的な思想を、とはいえ二元的な思想を、出発点とするのですが。

第一期——タレスの時代（紀元前六〇〇年ごろ）から新プラトン派の哲学（三世紀のプロティノス）まで。さらなる展開と形成（五世紀のプロクロス）を経て、すべての哲学が消えるまで（この時期の哲学はのちにキリスト教に流れこむ。キリスト教内の多くの哲学は新プラトン派の哲学を基礎とする）。——第一期は約一〇〇〇年にわたり、そのおわりは、民族移動やローマ帝国の没落の時期と重なります。

第二期——中世の時代。スコラ哲学の時代で、歴史的にはアラビアやユダヤの哲学もここにはいる。が、中心となるのはキリスト教会内部の哲学である。——第二期は一〇〇〇年以上にわたります。

第三期――近代の哲学。はっきりと形を取るのは三〇年戦争以後に、ベーコン、ヤコブ・ベーメ、デカルト（「われ思う、ゆえにわれあり」以後のデカルト）があらわれてからのこと。第三期は二〇〇年ほどで、この哲学はいまなおあたらしい哲学といえます。

二、資料

哲学史の資料は政治史の資料とはおもむきを異にします。政治史では歴史記述者が資料となるわけで、資料となる当の歴史記述者がさらに、個人の言動そのものを資料として歴史を記述します。時代をへだてた歴史記述者は、むろん、人の伝聞をもとに記述をすすめます。歴史記述者は事実をすでに歴史へと、物語の形式へともたらしています。歴史という名称には二重の意味があって、一方で行為や出来事そのものをあらわすとともに、他方では、物語の形で記述されたものをもあらわします。哲学史の場合には、歴史記述者が資料ではなく、行為そのものがわたしたちの前にある。哲学作品がそれで、それこそが真実の資料です。哲学史をまじめに研究しようとする者は、この資料そのものに取り組まねばなりません。けれども、作品は厖大《ぼうだい》すぎて、それだけをもとに哲学史をつづるわけにはいかない、それに、どうしても歴史記述者の助けを借りなければならない哲学者も少なくない。資料が保存されていない多くの時期、たとえば古代ギリシャ哲学の時期については、いうまでもなく、歴史記述者や他の著作家の言を頼りにしなければならない。また、時代によっては、だれかのつくった作品の抜粋を読むほうが望ましいということもある。スコラ学者の多くは、一五巻、二四巻、二六巻におよぶ大型本を残していて、こんなのは抄本ですますしかありません。また、入手困難な稀覯本《きこうぼん》も少なくない。文献の上に名前だけが残っているという哲学者も多く、その場合は、かれらの文章をおさめた文集にあたるほかはない。さて、哲学史にかんするめぼしい作品を以下にあげておきますが、このリストは完全なものではなく、もっとくわしい文献を必要とする向きは、テンネマンの『哲学史』の抜粋（A・ヴェント編）にあたってください。

(1)哲学史というものが書かれるようになった最初期の作品の一つに（試みのおもしろさしかありませんが）『トマス・スタンリイの哲学史』（ロンドン、一六五五年。第三版、一七〇一年。G・オリアリウスによるラテン語訳、ライプチヒ、一七一一年）があります。いまではあまり利用価値のないもので、古代の哲学学派を党派別に述べるだけで、近代には哲学がないかのごとくです。古代哲学だけがあって、キリスト教とともに哲学の時代は過ぎ去った、哲学は異教徒の営みで、キリスト教では真理がそっくり目の前に置かれている、というのが、当時の普通の考えでした。自然の理性から汲みとられる真理（古代の哲学）と啓示された真理（キリスト教）とのあいだに区別が設けられていて、キリスト教においては哲学はもはや存在しないというわけです。文芸復興の時代には、まだ独自の哲学はなかったのです。スタンリイの時代には、むろん哲学はあるのですが、それがまだ若すぎて、年配のお偉がたが新時代の哲学と認めて敬意を払うというわけにはいかなかった。

(2)ヨハン・ヤコプ・ブルッカー『批判的哲学史』(ライプチヒ、一七四二―一七四四年、四部五巻。増補第二版、一七六六―一七六七年、四部六分冊、第四部が二巻にわかれ、第六巻は補巻)。雑多な寄せあつめで編集され、純粋な資料を提供するというより、当時はやりの考えがあちこちにまぎれこんで、表現はおそろしくいい加減です(本書七九ページ参照)。こうした論じかたはまったくもって非歴史的ですが、哲学史ほど歴史的な論じかたが必要とされるものはない。この作品はまったくどうしようもない大荷物です。それの抜粋が、ヨハン・ヤコプ・ブルッカー『哲学史概論――若き学徒のために』(ライプチヒ、一七四七年。第二版、ライプチヒ、一七五六年。第三版、ボルン校訂、ライプチヒ、一七九〇年)です。

(3)ディートリヒ・ティーデマン『哲学的思索の真髄』(マールブルク、一七九一―一七九七年、七巻)。政治史にも広くふれられていますが、心のこもらぬ論述で、硬直した、わざとらしい文体です。学識ある教授が全生涯を哲学的思索の研究にささげながら、思索についてなに一つ感じとることがなかったという悲劇的な事例がここにあります。(かれの『プラトンの対話篇について』にも同じことがいえます。)哲学者たちが理屈を述べたてているところは、かれらのことばが抜粋されていますが、思索の箇所にくると、ティーデマンは冷静さを失って引用を断ちきり、内容のない説明をくだくだとはじめる。たまったものではありません。この本の功績といえば、中世の稀覯本や、カバラ書、神秘書からの貴重な抜粋がなされていることだけです。

(4)ヨハン・ゴットリープ・ブーレ『原典資料にもとづく哲学史教科書』(ゲッティンゲン、一七九六—一八〇四年、八部)。古代の哲学はほんのわずかにあつかわれるだけ。興にまかせて、あちこちで詳細な記述がなされます。稀覯本からの、たとえばゲッティンゲン図書館蔵のジョルダーノ・ブルーノの著作などからの有益な抜粋が数多くなされています。

(5)ヴィルヘルム・ゴットリープ・テンネマン『哲学史』(ライプチヒ、一七九八—一八一九年、一一部、「第八部スコラ哲学」は二巻にわかれる)。個々の哲学についての記述はくわしく、古代よりも近代の哲学のあつかいのほうがすぐれています。近代の哲学のほうが記述しやすいのは、抜粋をするか、ただ翻訳するだけで間に合うほど思想が身近だからです。古代の哲学はそうはいかないので、それらはべつの概念的立場に立っているため、つかまえるのがむずかしい。そこで人は古代的なものを自分たちになじみのものに気やすく変えてしまう。テンネマンのやりかたがそれで、だから、かれの古代哲学はほとんど使いものにならない。たとえば、アリストテレスにかんする誤解ぶりなど、アリストテレスと正反対の主張をアリストテレスにおしつけるといったひどいもので、テンネマンがこれこそアリストテレスだというその反対を考えると、かえってアリストテレス哲学の真相に近づくことができる。テンネマンは誠実な人で、本文に引用箇所がきちんと提示してあるから、原文と訳文がしばしば矛盾するのがわかる。テンネマンは、歴史記述者は哲学をもたないことが大切だと思っていて、自分が体系をもたないことを自慢していますが、かれの心の奥には哲学があって、かれは批判哲学の徒です。かれは、哲学者たちを、かれらの研究を、かれらの天分を、ほめたたえますが、歌のおわりにくると、すべての哲学者にむかって、カント哲学を体得していない、認識の源泉を探究していない、したがって真理を認識できない、と非難のことばを投げつけます。

簡略なものとして三作をあげておきます。(1)フリードリヒ・アスト『哲学史梗概』(ランツフート、一八〇七年。第二版、一八二五年)。シェリングの哲学を下敷きにした、筋のいい著作です。多少の混乱は見られますが。観念哲学と実在哲学とをいささか形式的に区別しています。(2)A・ヴェンツ教授(ゲッティンゲン大学)の、テンネマンからの抜粋(第五版、ライプチヒ、一八二九年)。おどろくことに、価値のあるなしに関係なく、なんでもかんでもが哲学としてひきあいにだされています。一つの原理に従ってものごとをとらえることほど簡単なことはなく、それでなにかあたらしいこと、深いことを達成したかのような気になるものです。いわゆる新哲学は、茸《きのこ》のようににょきにょきと地面からはえてきます。(3)Th・A・リクスナー『哲学史案内』(三巻、ズルツバッハ、一八二二―一八二三年。第二普及版、一八二九年)。いちばんすすめたい本です。でも、哲学史のすべての条件を満たしているというわけではない。ほめられない部分が少なくありません。ただ、原典の主要部分が引用されている各巻の付録は、とくに役に立つものです。とくに古代の哲学者たちの文選は便利です。プラトン以前の哲学者については、そう多くの文章が取りあげられているわけではありませんが。

三、論じかた

哲学外の歴史については、大きな流れをつくる時代の精神ないし原理にふれるにとどめます。主要な哲学者については、その実生活にもふれます。哲学については、一般に原理が学問をおしひろげるような衝撃力をもつもののみを取りあげます。だから、学問の世界でよく取りあげられる名前でも、哲学にかんして貢献するところの少ないものは、相手にしません。一学説の普及の歴史やその運命にはふれないことにし、また一学説を弁じたてるだけの哲学は無視します。一定の原理にもとづく世界観全体の展開も同様です。

哲学史の記述者は自分では体系をもたず、自分の考えをつけくわえず、自分の判断をさしひかえるべきだ、というのは、理にかなった要求のように見えます。哲学史は不偏不党の立場をつらぬき、哲学者の言の抜粋のみをこととすべきだというわけです。事柄をなにも理解せず、いかなる体系ももたず、ただ歴史的知識しかもたない人は、たしかに、不偏不党の立場を取ることができるでしょう。しかし、政治史と哲学史はちがうのです。政治史の場合には、出来事をただ編年的に記述するというやりかたに固執しなくても、たとえばホメロスの叙事詩のように、まったき客観性を保つことができる。ヘロドトスやツキディデスもそうです。かれらは自由人として客観的な世界をあるがままに認め、なにもつけくわえなかったが、かれらの表現した行為は、かれらの臨席する法廷にひきだされて、さばきを受けています。けれども、政治史に目的がはいりこむこともないわけではない。リヴィウスの歴史がそうで、そこではローマの支配が主題となっています。かれの歴史には、ローマの勃興、自衛、支配権の行使が描かれる。一般的な目的はローマであり、ローマの支配権の拡大、支配体制の確立、等々です。同様に、哲学史においては発展する理性がおのずからなる目的です。それは、外からもちこまれたよそよそしい目的ではない。それは事柄の核心をなすもので、それが普遍的なものとして根底にあり、だから目的としてあらわれ、個々の教養や形態を比較する基準となります。したがって、哲学史が歴史上の行為をも語るべきものだとすれば、第一に問われるべきは、哲学の行為とはなにか、ある行為が哲学的であるか否か、という点です。外的な歴史の場合は、すべてが行為です、——むろん重要なものとそうでないものとはありますが。ともかく行為は直接に思い描けるものですが、哲学はそうはいかない。だからこそ、哲学史は歴史記述者の判断をまったくぬきにしては論じられないのです。

東洋の哲学

第一にくるのは、いわゆる東洋の哲学です。しかし、それはわたしたちの記述の本体をなすものではなく、暫定《ざんてい》的なものにすぎない。それについてことばを費すのも、なぜ、わたしたちがそれと広くかかわりをもたないか、それが思想ないし真の哲学とどう関係するかを説明するためにすぎない。わたしたちは、東洋哲学について語るとき、哲学について語るべきではありますが、この点で注意すべきは、わたしたちが東洋哲学と名づけるものは、哲学というより東洋一般の宗教的なものの考えかたに近く、宗教的な世界観が哲学と見なされがちだということです。わたしたちは、真理が宗教の形式を取る場合と、哲学的な思想の形式を取る場合とを区別してきました。東洋の哲学は宗教的な哲学です。ここでは、東洋的な宗教観念が哲学とも見なされがちなのはなぜか、その理由が示されねばなりません。

ローマの宗教や、ギリシャの宗教や、キリスト教の場合には、わたしたちがそこに哲学を読みとることは少なく、宗教と哲学のむすびつきは強くはありません。ギリシャやローマの神々は独立の形態をもつし、キリストやユダヤの神もそうです。ここでは全体が宗教的雰囲気に浸っていて、そこからただちに哲学説が導かれることはない。それら神話的ないしキリスト教的な形態をあらためて解釈し、哲学説へと組みかえるのは一仕事です。これに反して東洋の宗教の場合には、ずっと直接に哲学的な観念が連想される。両者が近しい関係にあるのです。このちがいの根拠は以下の点に求められます。個人の自由の原理はギリシャの世界に、もっと強くキリスト教の世界に、あらわれる。だから、ギリシャの神々は個人として、人格の形であらわれる。これに反して、主観性の契機があらわれない東洋のような世界では、宗教的な観念が個人としてあらわれず、一般的な観念という性格をもち、したがってそれが哲学的観念ないし哲学的思想となってあらわれる。というのも、それらは一般的に語られ、一般論が優勢だからです。なるほど、ブラフマンやヴィシュヌやシヴァなど個人の形を取るものもありますが、個人としての形はあくまで表面的なもので、人間の形に安心してよりかかっていると、それがただちに消えうせて法外なものがあらわれる。自由が欠けているために個人が確立されず、一般観念が個人的な形を取るにしても、それは表面的な形式にすぎません。

東洋の観念が哲学思想に似たものに見えるおもな理由は、以上の通りです。ギリシャのウラノスやクロノス〈時間のこと、ただしすでに個人〈時の神〉の形を取った時間〉にあたるものが、ペルシャではツェルワナ・アカラナですが、これは際限のない時間をあらわします。オルマズドやアハリマンもまったく一般的な存在ないし観念で、哲学にきわめて近いか、いや哲学説そのものといえるような一般原理に見えます。東洋哲学という呼び名は、東洋の、この壮大で一般的なものの見かたが、西洋に——つまり、限定と節度の土地、主観の精神が優位を占める土地に――接触した時期によく用いられました。とくに初期キリスト教時代の数世紀に――意義ある時代ですが――、東洋の壮大な観念は西洋のイタリア地方にはいりこみ、グノーシス派の哲学のなかに法外なものを増長させ、西洋の精神が教会のなかでふたたび優位を占め、神の明確な像をつくりだすまでの時期に、力をふるいました。

以上、東洋哲学のたえざる基礎をなす一般的な性格が第一点です。第二点は、東洋の宗教の特殊な内容にかんするものです。絶対的で永遠なる神が、東洋ではすべてを覆《おお》いつくすものとしてとらえられ、個々の神にたいする関係もそれに準じます。つまり東洋の宗教の基本線は唯一の実体そのものだけが真なるもので、個人はこの絶対者と対立するかぎり、いかなる価値ももたないし価値を獲得もできない、というところにある。個人はこの実体と一体化することによって、つまり、主体として存在することをやめ、無意識のなかに消えていくことによってのみ、真の価値をもちうる。これが東洋の宗教における基本的な関係です。反対に、ギリシャの宗教やキリスト教では、主体がおのれの自由を知り、自由を求める。個人がこのように自立し、自己を意識している以上、いうまでもなく、この個人を離れて思想を構築することはきわめてむずかしい。ギリシャにおけるそれ自体高度な個人の自由の立場と、陽気で上品な生活のもとでは、思想がすべてを覆うものとしてあらわれるのはむずかしい。ところが、東洋ではすでに宗教において実体的なものがそれだけで主要なもの、本質的なものとされ（個人の無法、無意識が直接にそれとむすびついている）、しかもこの実体が哲学的理念です。有限なものの否定もおこなわれますが、それも、個人が実体と統一されるときにのみ自由に到達できるといった類《たぐい》のものです。東洋の精神のうちに、思考による反省や区別の意識が登場し、原理が明確化されようとすると、明確化のためのカテゴリーや観念は実体的なものとうまく統一されない。そのとき、すべての特殊なものが粉砕され、節度のない東洋的崇高さがあらわれるか、もしくは、明確に秩序立てられた観念が認識される場合には、それは無味乾燥で、分別くさく、精神のないもの、思索的な概念を受けとめることのできないものであるか、のいずれかです。この有限なものが真理に到達するには実体のなかに沈潜するほかなく、実体と切り離されているかぎり、みすぼらしさを脱しえない。だから東洋には、無味乾燥な分別知、たんなる概念規定の列挙、古きヴォルフ論理学のごとき論理学しかない。宗教儀式も同様で、礼拝への沈潜、ついで、おそるべき数の式典と行事、そして他方には、すべてが没落するような度はずれの崇高さが、見られます。

さて、わたしがふれたく思う東洋の民族は、中国民族とインド民族の二つです。

A、中国の哲学

中国もインドも高度の文明をもつとの名声を得ているが、この名声にしても、両民族の歴史の長さにしても、実態がわかってみると、大いに割り引きされてしまいます。高度の文明といえば、宗教、学問、国家支配、国家体制、詩、技術、商業、等々をふくみます。ところで、中国の国家体制をヨーロッパのそれと比較してみると、両者は形式的な面で拮抗するだけで、内容は大いにちがいます。インドの話をヨーロッパのそれと比較しても、同じことがいえる。インドの詩はどんな民族の詩にも劣らぬほど、輝かしく、ゆたかで、洗練されている。古代東洋の詩の内容は、たんなる空想のたわむれとして見れば、最高度の輝きを示している。しかし、詩において肝心なのは内容そのもの、まじめに受けとめられた内容です。ホメロスの詩でさえも、わたしたちにとってはまじめに受けとめられない。だからホメロスのような詩はわたしたちの時代には生まれない。天才がいないのではなく、——ホメロスに匹敵する天才はいるのです、——内容がわたしたちにふさわしくないのです。同様に、インドや東洋の詩も、形式上は非常に高度だが、内容は一定の限界内にあって、わたしたちを満足させない。法制度や国家体制などについても同様で、形式的には首尾一貫した高度なものでも、わたしたちのもとに適用されて満足をあたえるようなものではなく、正義の形態というよりむしろ正義の抑圧形態のごとくに感じられる。以上、東洋文明の形式に魅了されて、それを近代文明と対等またはより上位に置こうとする考えにたいして、さしあたり一般的な注意をしておきます。

中国で第一に注目すべきものは、紀元前五〇〇年ごろの孔子の教えです。孔子の哲学はライプニッツの時代に注目を集めました。それは道徳哲学です。かれの書物は中国人のあいだでもっとも尊敬されています。かれは基本文献、とくに歴史の基本文献に注釈を加えました。ほかに哲学にかんする仕事もありますが、これもやはり古代の伝統的な文献の注釈書です。しかし、かれの道徳教育はかれをもっとも有名な思想家たらしめ、その教えは中国人のあいだで権威となっています。かれの伝記は、フランス人の宣教師によって中国語原典から翻訳されています。それによると、かれはタレスとほぼ同時代の人で、一時期政府の要職につきながら、君主の不興を買い、官職を失って友人のあいだで哲学者の生活を送りつつ、しばしば提言を求められたという。孔子と弟子たちとの対話が残されていますが、そこにあるのは通俗道徳です。それは、至るところ、どんな民族にもあるもので、特筆すべきものではありません。孔子は実用的な知恵のもちぬしで、思索的な哲学はまったくなく、あるのはただ、善良な、有用な、道徳の教えで、そこにはなんら特別のものはありません。キケロの道徳教訓書『義務について』のほうが、孔子の全作品よりも有益です。孔子の原典を読むと、孔子の名声のためには原典が翻訳されないほうがよかったと判断したくなります。

　第二に注目すべきは、中国人が抽象的な思想や、純粋なカテゴリーにも関心をもったことです。古代の書『易』（原理の書）がその基礎をなします。伏羲《ふっき》にかんする『易』の説明は、まったく神話的なつくり話で、意味がない。肝心なのは、一定の符号を組みあわせた図（八卦）をかれが発明したことで、伏羲は、河からあらわれでた竜馬の背中にその図を目撃したといいます。図には、短い線分が横ならびに、また上下に描かれ、それが一定の意味をもつ符号となっている。中国人によれば、これらの線は漢字のもとでもあり、かれらの哲学のもとでもあるという。符号の意味はまったく抽象的なカテゴリー、この上なく抽象的で、この上なく表面的な思考概念です。むろん、純粋思考が意識にもたらされたことは評価されねばなりませんが、思考の展開はきわめて不十分で、まったく表面的なところにとどまっています。思考は具体的ではあるが、この具体性が概念的にとらえられたり思索的に考察されたりすることはなく、日常の観念から取ってこられ、日常の直観や知覚にもとづいて表現されるため、この具体的な原理を読みとるにあたって一般的な自然法則や精神法則を感覚的にもせよ把握するといったことはおこなわれません。興にまかせて、易の考えの基礎にあるものを少しく見ておきましょう。形の基本は二本の棒で、一本は切れ目のない水平線（—と書き、これが陽とよばれる）で、もう一本はさきのと同じ長さで途中に切れ目のあるもの（--と書き、陰とよばれる）です。陽は、完全なもの、父、男性、（ピタゴラスふうに）肯定、をあらわし、陰は、不完全なもの、母、女性、分裂、否定、をあらわします。この符号は物の原理となるとても大切なものです。この二種類の棒を二段に重ねると四つの形ができる。⚌と⚍と⚎と⚏で、大陽、小陽、小陰、大陰です。この四つの形は、完全な物質と不完全な物質をあらわします。大陽と小陽は完全な物質を、しかも大陽は若くて強い物質を、小陽は古くて弱い物質をあらわします。陰を根本とする大陰と小陰は不完全な物質をあらわし、そのなかにまた若と老、強と弱の区別があります。

この棒を三段に重ねると、「卦《か》」とよばれる八種の形ができる。☰、☱、☲、☳、☴、☵、☶、☷がそれです。（棒をもう一本ふやして四本にすると、六四の形ができる。これが漢字のもとにもなるので、これに垂線と曲線を適宜つけくわえたものが漢字だと中国人は考えました。）わたしが「卦《か》」の意味にふれるのは、それがいかにうわべだけのものかを示すためにほかなりません。大陽と陽からなる第一の符号☰は、一切をつらぬくエーテルたる天（「乾」）をあらわします。（天は中国人にとって最高のもので、キリスト教の神を中国ふうに天と呼んでいいのかどうか、宣教師のあいだで大論争となりました。）第二の符号は純粋な水（「坎」）を、第三の符号は純粋な火（「離」）を、第四は雷（「震」）を、第五は風（「巽」）を、第六はふつうの水（「兌」）を、第七は山（「艮」）を、第八は地（「坤」）をあらわします。（わたしたちなら、天と雷と風と山を一直線上にならべたりはしないでしょうが。）こうして、ここでは絶対的な一と二という抽象的思想から、すべての事物が哲学的に生成するのを見ることができます。すべての符号についていえることですが、それらが思想をあらわし、思想がたしかにそこにあるとの思いを喚起できるのは、まちがいなく卦の利点です。思想がはじめにあって、つぎに現実へとはいっていく。もっとも、そうなるともう哲学ではなくなりますが。

『書経《しょきょう》』のなかにも中国の知恵について述べた章があって、万物のもとになる五元素として、火、水、木、金、土があげられています。五元素の組み合わせしだいで色とりどりのものが出てくる。なりたちの法則の第一は、『書経』によれば、五元素を命名すること、第二は五元素に注目することです。これまた、わたしたちの目からすれば、とうてい原理といえるようなものではない。中国では、一般的な抽象観念が、まったく外面的に、意味のふくらみをもつことなく、具体的なものに移行します。それが、すべての中国の知恵や研究の基本です。

中国には、もう一つ、道教というきちんとした教派があって、その教徒たちは官吏でもなく、国家宗教の擁護者でもなく、また、仏教徒でもラマ教徒でもありません。この哲学と、哲学に密接に関連する生活態度の創設者は、老子です。老子は、（紀元前七世紀のおわりに生まれ）孔子より年長で、政治に長《た》けた孔子が助言を求めて老子のもとをたずねてもいます。老子の書物『老子』は四書五経にふくまれず、経典としての権威はありませんが、しかし、道教の主著たることに変わりありません。（道教徒は理性の信奉者で、その生活態度たる道は、理性の道、理性の法則のことです。）道教徒たちは理性（道）の研究に生涯をささげ、やがてこう確信します。理性の根本を認識したものはまったく普遍的な知と普遍的な治療法と徳を手にいれ、超自然の力を獲得して天にのぼり、空とぶことができ、死ぬことがない、と。

道教徒たちは老子のことをブッダ、つまり、人間のすがたのままで永遠に生きつづける神だといっています。老子の主要な著作はいまも残っていて、それがウィーンで翻訳されたものをわたしはそこで直接見たことがあります。とくによく引用される一節は、つぎの通りです。「名なき道は天と地の原理であり、名のある道は万物の母である。欲望をもって道を見るものは、不完全な状態しか見ないので、道を認識しようとするものは、欲望なき人でなければならない。」『老子の生涯と思想』の著者アベル・レミュザは、万物の母たる道が、ギリシャ語のロゴスにあたるといっています。それにしても、いったい道の思想全体に、ためになるどんなものがあるのでしょうか。

古代人がよく引用した有名な一節はこうです。「理性（道）が一を生みだし、一は二を生みだし、二は三を生みだし、三は全世界を生みだす。」（ここに、三位一体の暗示を見てとることもできます。）「万物は暗い原理（陰）をささえとしつつ、明るい原理（陽）を包括している。」（ここは、万物がエーテルに包括されるとも読めるところで、というのも、中国語は格を表示しないまま、単語をただ並列するだけだからです。）

「見ても見えないものは、夷《い》とよばれ、聞いても聞こえないものは希《き》、つかまえようとしてつかめないものは微《び》とよばれる。面とむかっていながら、その首が見えず、そのあとに従いながら背中が見えない。」三つの区別は「理性（道）の連鎖」と名づけられます。この引用文を読むと、自然に、ヘブライ文字のJHVHや、アフリカの王ジュバの名や、イオヴィスなどが連想されます。夷―希―微ないしI―H―Wはまた、絶対の深淵や無を意味します。最高のもの、究極のもの、根源的なもの、第一のもの、万物の根源は、無であり、空虚であり、まったくわけのわからぬもの（抽象的普遍）であるわけで、それがまた、道（理性）と名づけられます。ちなみに、ギリシャ人が、絶対者は一である、といい、近代人が、絶対者は最高の実在である、というとき、ここでもすべての概念規定が抹消され、たんなる抽象的実在だけが残って、肯定の表現は取っているものの、道教と同じ否定の思想が述べられているにすぎない。哲学がそういう表現にとどまるかぎり、それは初歩の哲学です。

B、インドの哲学

インドの知恵の古さについて、わたしたちはよろこんでその数字を信用し、それに敬意を払ってきました。しかし、もっと大きい数字のあらわれる天文学の作品に親しくふれてみると、数字の大きさは事実にもとづくものでないのがわかります。インド人の年代記ほど混乱し不完全なものはほかにありません。インド人の歴史には、天文学や数学をつくりだしながら、これほど歴史に無能な国民もめずらしい。インド人の歴史には、ささえやつながりがないのです。紀元前五〇年ごろに活躍し、その治世に『シャクンタラー』の作者カーリダーサのあらわれたヴィクラマディチャの時代が、一つのささえになるとこれまで信じられてきました。しかし研究がすむにつれて、六人ものヴィクラマディチャがあらわれ、よくよくしらべてみると、その時代は紀元後二世紀のことだとわかりました。インドには王の系図があり、厖大《ぼうだい》な数の名前があがっていますが、すべてが曖昧《あいまい》なのです。

周知のように、インドの名声は非常に古くからギリシャ人たちの耳に鳴りひびいていました。修行僧の名で知られる人びとは、信仰者と名づけることもできる人びとで、瞑想に打ちこみ、放浪するキニク派のむれのように外的な生活を捨て、すべての欲望を断ちきっていました。ギリシャ人のあいだではこれらの修行僧がとくに哲学者としてよく知られていましたが、というのも、外面的生活のすべての関係を断ちきることが哲学だと考えられていたからです。こうした断念のありかたこそ、わたしたちがここで取りあげ、考察すべきインドの根本的な特徴です。

インドの教養はとても発展したりっぱなものです。しかし、その哲学は宗教と一体化していて、宗教上の問題意識がそのまま哲学的な問題意識となっています。神話には受肉や個体化にかかわる側面もあって、それは哲学の普遍性や理念形式に反するように見えますが、受肉といっても、どんなことでもたいていは受肉といえるような不正確なもので、個体として確立されてしかるべきものが、いつしか普遍性の靄《もや》に流れこんでしまいます。ところで、宗教的な観念が哲学とほぼ同じような普遍的な基礎をもつがゆえに、聖なる書『ヴェーダ』は、哲学の基礎ともなっています。わたしたちのあいだで『ヴェーダ』の研究はかなり徹底しておこなわれています。そのおもな内容は、さまざまな神のイメージへの祈り、儀式や供物《くもつ》などにかんする指示です。『ヴェーダ』の書かれた時期はまったく区々《まちまち》で、大部分は古い時代に書かれていますが、ヴィシュヌ神の祭礼の部分などはずっとのちに書かれています。『ヴェーダ』はインド人の哲学の基礎であり、無神論の哲学でさえそれをもとにできています。無神論の哲学にも神々が登場するのは、哲学をするのにどうしても『ヴェーダ』を参照しなければならないからです。こうして、インド哲学は宗教の内部に位置を占めますが、それはちょうど、スコラ哲学がキリスト教の教義の内部に位置を占め、教会の信仰を基礎とし前提とするのに似ています。

さて、インドの考えは以下の通りです。まず、一つの普遍的な実体があり、それは抽象的な形を取ることも具体的な形を取ることもあるが、そこから一切が生じてくる。生じてくるものとして、一方に神々があり、他方に動物や無機の自然があって、人間は両者のあいだに位置します。宗教的にも哲学的にももっともすぐれた点は、意識をもった人間が、礼拝や犠牲やきびしい贖罪《しょくざい》行為、さらには哲学や純粋な瞑想によって、実体と一体化できるという考えです。

インド哲学についてわたしたちが明快な知識をもつようになったのは、つい最近のことです。インド哲学というと、一般にインドの宗教的な思想をさすのがふつうでしたが、近年、正真正銘の哲学作品が知られるようになりました。とくに、イギリス人コールブルックが『ヒンズーの哲学について』(一八二三年)のなかでインド哲学の二作品の抜粋を提供してくれたのが貴重で、これはインドの哲学をあつかった最初の文献です。(フリードリヒ・シュレーゲルが『インド人の言語と知恵について』のなかで述べていることは、もっぱら宗教思想をあつかったものにすぎません。かれは、インド哲学に取り組んだ最初のドイツ人のひとりですが、その研究はそれほどみのりあるものではなかった。もともとかれの読んだものが、『ラーマーヤナ』の目次以上に出なかったからです。)コールブルックによると、「インド人は、いくつかの古い哲学体系をもっている。そのうち、ヴェーダと一致する体系は正統と見なされ、聖なる書の教えに一致しないものは異端と見なされる。」「正統を誇る体系は、ヴェーダのいうところを解明し、」支持するか、「この根本教典の本文から精緻《せいち》な心理学を導きだすこと」をもっぱら意図する。この体系は「ミーマーンサーと呼ばれ、それは二つの学派にわかれる。」これと対立する異端の体系にも主要な二派があって、一方がサーンキヤ、他方がニヤーヤである。「サーンキヤがまた二派にわかれるが、」その二つのちがいはたんに形式的なものにすぎない。「ニヤーヤ派はガウタマを開祖とする、」とくに複雑な教義をもつ学派で、「とくに、アリストテレスの論理学に匹敵するような推論の規則を展開する。」コールブルックの抜粋はサーンキヤとニヤーヤの二体系からのもので、かれによれば、この二派にかんする古文献が数多く、また、そこからひかれた格言詩が広く流布しているとのことです。

一、サーンキヤ哲学

サーンキヤの開祖はカピラと呼ばれます。「古代の賢者で、一説には、ブラーマの息子、七大聖のひとりといわれ、一説には、弟子アースリと同様、ヴィシュヌの化身であり、火と一体であるといわれる。」カピラの断片（スートラ）がいつごろ書かれたかはわからないとコールブルックはいいます。その断片がほかの、とても古い書物にすでに引用されているのが確認できるだけで、正確なことはなにもわかりません。

サーンキヤは二、三の学派にわかれますが、ちがいは些《さ》細《さい》なものにすぎません。その哲学には「異端的な面と正統的な面」があるとされます。「インドの学派や哲学体系すべての目的は、生前・死後をつらぬく永遠の幸福を獲得する手段の提示にある。ヴェーダいわく、『認識すべきものは霊魂である。霊魂は自然から切り離されねばならず、したがって再生しない。』すなわち、霊魂は輪廻《りんね》をまぬかれ、」肉体にとらえられることがない。つまり、霊魂はべつの肉体にやどって再生することがない。「輪廻からのこうした解放が、無神論、有神論を問わず、すべての体系の本質的な目的である。」サーンキヤいわく、「輪廻からの解放は知によって達成される。たのしみを手にいれたり、精神上、肉体上の悪を近づけないといった世俗的な手段は、十分ではない。ヴェーダの示す手段でさえも効力が疑わしい、――ヴェーダの指令する宗教儀式を施行するという公認の方法でさえも。」この点でサーンキヤはヴェーダに離反しています。ヴェーダの示す手段の一つに、「とりわけ動物のいけにえ」がありますが、サーンキヤはこの手段をしりぞける。というのも、これが動物の死とむすびつくからで、肝心なのは、動物を傷つけたり殺したりしないことであり、だから、いけにえは純粋ではないというわけです。

悪から解放されるもう一つの方法は、おそるべき修行の実行で、これは自分の内部を見つめることとむすびついています。ブラフマンとは、総体として見れば、この一なる非感覚的な状態、いわゆる最高の状態です。インド人が祈りに没頭し、瞑想にふけり、精神を自分のうちに集中するとき、この純粋な集中の瞬間がブラフマンであり、そのときのわたしがブラフマンです。インドの宗教と哲学には、こうした内面的な瞑想の動きがあります。哲学は思考によって、宗教は祈りによって、至福を得ようとします。この至福こそが最高のもので、神々ですらこの至福に従います。たとえば、目に見える天の神たるインドラは自分のうちで瞑想にふける魂よりもずっと下位の存在で、何千というインドラが死滅しても、魂は変わることなく存在します。「あらゆる悪からの完全かつ永遠の解放が至福であり、」サーンキヤによれば、その至福は「真なる知によって」達成される。したがって、サーンキヤ哲学と宗教とのちがいは、サーンキヤが詳細な思考の教えをもち、諦念を内容空虚なものにすることなく、明確な思考へと方向づける点にもっぱら見出されます。サーンキヤによれば、「知とは、外面的に知覚できるかできないかを問わず、物質界と非物質界とに共通する原理を正しく認識することにある」のです。

サーンキヤの体系は三部に、すなわち、一、認識の方法、二、認識の対象、三、原理認識の特定の形式、にわかれます。

一、認識の方法については、三種の明証性があるとされる。第一が知覚、第二が推論、第三が肯定で、注意とか学習能力とか伝統といった他のすべての認識方法は結局は第三の肯定に組みいれられる。知覚については説明するまでもないでしょう。推論というのは、原因と結果をむすぶもので、その際、一つの事柄から第二の事柄への筋道は一本だけです。すすみかたには三つの形式があって、原因から結果へ、または、結果から原因へ、または、以上の二つとちがう因果関係、にわかれます。たとえば、雲の集まるのを見て雨を予想するのが第一の形式、丘に煙がのぼるのを見て火を推定するのが第二の形式、月がちがった時刻にちがった場所にあるのを見て月の運動を仮定するのが第三の形式です。いずれも、単純で無味乾燥な常識的関係です。さて、第三の明証性が肯定です。肯定とは伝統や啓示（たとえば正統なるヴェーダ）にもとづく認識をさし、広い意味では、わたしが自分の意識にもとづいて肯定する直接的な確信もそれにふくまれ、さらには、「口伝えに聞いたことによる確信や伝統にもとづく確信」もそれにふくまれます。以上が三種の認識方法です。

二、認識の対象ないし原理としてサーンキヤの体系は二五のものを提示します。ここでそれをわざわざ列記するのは、その無秩序ぶりを示すためです。一、一切の根源としての自然。それは、普遍的なもの、物質の根源、永遠の物質で、区別されず、区別できず、部分がなく、それ自身はなにかから生みだされたものではないが、たえずなにかを生みだす絶対的な実体。二、知性。自然の第一の産物で、みずから他の原理を生みだすもの。区別されて三神となり、その三神が三つの性質を――善と不純ないし醜（欲望、活動）と暗黒とを――体現する。それらは一人格にして三神つまり、ヒンズー教的三神一体で、神の名は、ブラフマーとヴィシュヌとマエスヴァラ。三、「意識、自我。すべての知覚や反省のうちに自我が存在し、感覚や（知性の）対象が自我にかかわるという信念。つまり、わたしが存在するという信念。自我は知性の力により生じ、みずからは以下の原理を生みだす。」四―八、五つの繊細な始源体、原基、元素。高度な本質を有するもので、人間の感官によっては知覚できない。意識の原理から派生し、みずからは、土、水、火、空気、空間の五要素を生みだす。九―一九、つぎの一一の原理は、自我から生みだされた感覚器官である。そのうちの一〇器官は外的な器官で、五つが感官、五つが運動器官、つまり、声、手、足、肛門、性器である。一一番目の器官は内部感覚器官である。二〇―二四、以前に原基と名づけられたものから生ずる五つの要素、つまり、空間をふくむエーテル、空気、火、水、土。二五、霊魂。――以上のきわめて乱雑なならべかたのうちに、わたしたちは反省のほんのはじまりを認めるにすぎません。こうやってまとめられてみると、普遍的な思考が働いているように見えるけれども、このまとめかたにさしたる意味はなく、体系的だとはとてもいえません。

これまでのところ、さまざまな原理が左右に、あるいは前後に並列されていました。霊魂においてそれが統一されます。サーンキヤによれば、霊魂は生みだされたものでも、みずから生みだすものでもない。それは個体としてあり、だから多くの霊魂がある。それは、感覚するものであり、永遠不変の非物質である。そこからさき、サーンキヤの有神論体系と無神論体系で見解がわかれるとコールブルックはいいます。有神論体系は個々の霊魂だけでなく神（イスヴァラ）もまた世界の統治者であるととらえます。ともあれ、霊魂の認識があくまで肝心なことです。自然の観察と自然の断念から、霊魂と自然との統一がもたらされる、――それは、道をすすむのに足の不自由な男と目の不自由な男が、運び役と案内役として協力するようなもので――「一方が案内されつつ運び」（自然？）「他方が運ばれつつ案内する」（霊魂？）。霊魂と自然とのこの統一によって創造の力がかきたてられ、知性その他の原理が発展していく。だから、この統一は存在するもの一般にとっての絶対的なささえであり、存在を維持していくためのささえでもある。これは偉大な思想です。思考のうちには対象を否定する作用がふくまれますが、ものごとを概念的にとらえるにはこの否定作用が必要です。それは目の前のものを直接にとらえる意識のおしゃべりよりも、はるかに深いものです。それにくらべると、東洋人は自然と一体化して生きている、といういいかたは、皮相で不正確な表現です。というのも、霊魂の活動たる精神はたしかに自然と関係し、自然の真実と一体化しているけれども、この一体化は、じつのところ、その本質からして、あるがままの自然を否定する契機をふくむからです。自然と直接に一体化しているのは、動物の生活、感覚的な生活、知覚にすぎません。精神は自己のうちに還り、自然的なものを否定することを通じてはじめて自然と一体化するのです。

さて、インドに存在する理念は、自然と霊魂の一体化です。そして、この一体化は創造です。霊魂の望みと目的は、よろこびと解脱《げだつ》だとインド人はいいます。それを達成するには、すべての原理をぎりぎりまで発展させた上で内部にふくみこむ、純良な環境が必要だという。こうした考えのうちには近代の理念や普遍性に通じるものがふくまれています。ちょうど、花が胚種のうちに、現実的・実在的ではないが、観念的にはふくまれるように。その理念を表現するものがリンガで、それは自然の生殖力、生産力をあらわし、インド思想では重要な価値をもつものです。この純良な力は、粗野な肉体にやどって、さまざまな形を取る。そして、粗野な肉体に沈みこんで堕落しないようにする手段が、瞑想であり哲学です。

これまでわたしたちは抽象的原理を見てきました。宇宙という具体的現実の創造にかんしては、つぎのことをいっておかねばなりません。肉体の創造は、霊魂が粗野な肉体を身にまとうという形を取り、その際、上位の八階層と下位の五階層があらわれ、それに、独自に一階級をなす人間が加わって、全体で一四階層となり、それが三つの世界ないし階級に区別される。最初の八階層は、インドの神話に登場する神の名、ブラフマー、プラヤパティ、インドラ、などと名づけられ、神ないし半神である。ブラフマー自身もここでは被造物と見なされています。下位の五階層は動物で、四足獣が二階級にわかれ、第三階層が鳥、第四階層が爬虫類《はちゅうるい》と魚と昆虫、第五階層が植物と無機物です。上位五階級の居住地は天にあって、かれらは善と徳を享受し、不完全で過ぎゆくものとはいえ、幸福な生活を送る。その下には暗黒と虚偽の地があって、下層の生きものがそこに住む。中間にあるのが、邪悪と欲望の支配する人間界です。

以上三つの世界は物質的に創造されたものですが、それと対立する創造の原理として、「知的創造」があります。これは、「知性の能力や感情にかんするもので、大きく四つの階級に――妨害をなすもの、不能にするもの、満足をあたえるもの、知性を完成するものに――わけられる」。一、「妨害をなすものには、六二種があげられる。八種のあやまり、八種の思いこみ（思いちがい）、十種の激情（極端な思いちがい）、一八種の憎しみ（陰気さ）、一八種の悩み。」ここに示されるのは、経験心理学的に観察されるふるまいです。二、「知性の不能には、器官の損傷、器官の欠陥など、二八種がある。」三、「満足は内的か外的かにわかれる。内的な満足には四種あって、第一は、（まったく一般的かつ実体的な）自然にかんするもので、認識が自然の原理そのものの一変形だという思いにもとづき、自然の働きによる解《げ》脱《だつ》に期待が寄せられる」。自然を哲学的に認識すれば解脱が得られるというわけです。しかし、真の解脱は自然の働きにゆだねられるものではなく、霊魂が自分自身の力で、自分の思考活動によって生みだすものです。「第二の満足は、禁欲的な修行が（苦痛や苦悩や苦行を通じて）十分に解脱を保証してくれるという信念にある。」「第三の満足は時間にかんするもので、研鑽《けんさん》なくしても時間の流れのうちに解脱が生じるという考えにもとづく。第四の満足は、解脱が運命に左右されるとの幸福観にもとづく。一方、外的な満足とは、感覚的な動機、たとえば、もうけ（商売）の不安定をきらう気持や、享楽のあとの悪い結果をおそれる気持から、享楽を自制することによって得られる。」等々。四、知性の完成にも多くの種類があって、なかには、「推理や親切なもてなし等々によって精神を完成させる」という、現代の応用論理学にもあるような直接の心理的な方法もあります。

体系の主眼点についてもう少しくわしく見ておきましょう。「サーンキヤは、他のインドの哲学体系と同様、とくに三つの性質を重視する。」それは絶対理念の契機をなすもので、「自然の実体ないし変形と考えられる。」インド人がものを観察する際に、絶対的な心理は三つの概念規定をふくみ、理念は三つの契機をもつことで概念的に完結する、ということを意識したのは、注目すべきです。プラトンその他にも見られるこの三位一体の高度な意識は、思考による観察の領域ではいつしか失われ、宗教的な彼岸をあらわすものとしてしか維持されなくなります。分析的思考はそれを正面から受けとめられなくて、無意味な考えだと説明する。カントに至ってようやく三位一体の認識への道がふたたび開けてきました。一切の概念を実質的に考察すれば、その本質と全体は三位一体の考えに汲《く》みつくされるので、そのことを意識にもたらすことが現代の関心事です。

インドでは三位一体の意識が感覚的観察を通じてもたらされたにすぎませんが、その三つの性質はこう区別されています。第一の最高の性質は善である。それは崇高なもの、あかるくするもので、よろこびや幸福とむすびついている。そこでは徳が支配的な力をもつ。この性質は火のなかで優勢で、だから、炎は上にむかい、煙は上方にのぼっていく。人間のなかでこの性質が優勢になると、上位の八階層でそれが優勢になった場合と同様、徳の原因となる。――つまり、この善とは、徹頭徹尾、肯定的・普遍的なものを抽象的な形式であらわしたものです。第二の中間的な性質は、醜ないし激情（衝動、情動）であり、自分に盲目なもの、不純なもの、有害なものです。それは、活動的で、はげしい気性で、変わりやすく、悪や不幸とむすびついている。空気のなかで優位を占め、ために風は十字形に吹くし、生物のなかで優勢になると、悪徳の原因となる。第三の最後の性質は暗黒である。それは、動きがにぶく、ものごとを妨害するもので、心配や鈍感さやあやまりとむすびついている。土や水で優位を占め、ために土や水は下方にむかうし、生物のなかで優勢になると、愚鈍の原因となる。――つまり、第一の性質は自己統一の状態であり、第二の性質は、差違の顕現ないし原理、悪しき衝動ないし分裂であり、第三の性質は、神話において破壊と変化の神シヴァ（マハドヴァ、マエスヴァラ）として具体化されるような、単純な否定です。わたしたちの三位一体と比較したとき、もっとも重要なちがいは、第三の原理が第一の原理に帰っていかない点にある。精神ないし理念は、否定を破棄してふたたび自己自身とつながり、自己自身に還ることを要求しているのですが。インドの場合には、第三の原理があくまで変化や否定にとどまっています。

「これら三つの性質は自然の本質と見なされる。サーンキヤはいう。『三つの性質は森の木のごときものだ。』」しかしこれはよくない比喩です。というのも、森は抽象的な一般物にすぎず、そこでは個々の木が独立に存在するからです。「ヴェーダの宗教思想によれば（そこには三つの性質が三神一体としてあらわれるが）、三つの性質が連続的な変化をあらわしている。すなわち、一切は最初は暗黒であり、つぎに、変身せよとの命令を受けて、衝動や実効のありさま（しかしいまだ悪に染まったありさま）を取り、最後に、もう一度ブラフマーの命令を受けて善の形を取る。」

この三つの性質に関連して、知性のありかたがさらにこまかく区分されます。「知性には八種のありかたがあって、そのうちの四種は善に属する。第一が徳。第二が学問と知識。第三が激情にわずらわされぬ状態、これには、不安をきらうという外的・感覚的な動機にもとづくものと、自然は夢であり、たんなるいんちきや欺瞞であるという確信から生ずる精神的なものとがある。第四が力。」力には八種あって、八つの特別な性質が示される。すなわち、どんなものでも通りぬけられるような極小形になれる能力。巨人の身体に拡大できる能力。太陽光線をつたって太陽のもとにのぼれるほど軽くなる能力。指先で月にさわれるほどの身体器官の無限の活動力。水に潜《もぐ》るのと同じぐらい容易に土に潜《もぐ》れるだけの不屈の意志力。一切の生物と無生物を支配する力。自然の運行を変える力。望みをすべて実現する能力。「そのような超能力を人間が生きているうちに獲得できるという考えは、」とコールブルックはつづけます。「サーンキヤ派に特有のものではなく、すべての体系や宗教思想に共通するもので、さまざまな劇や民話のなかで多くの聖者や僧侶がそうした能力を発揮し、また能力ありと信じられている。」超能力を否定する感覚的な反証など、ものの数ではない。というのも、インド人にとっては感覚的知覚などそもそも存在せず、一切は幻想へと移行し、どんな夢も真実であり現実であると考えられるからです。サーンキヤによれば、人間が思考をきたえて自分の内面へと高まりゆけば超能力が得られます。「ヨーガ・スートラの四つの章の一つに、超能力を得るための訓練がいくつもあげられている。」たとえば、あらかじめ指定された姿勢を保ちつつ、息をとめ五官をふさいで深い瞑想にふける訓練。そうしたもろもろの訓練をきわめた行者は、過去と未来にかんする一切を知り、他人の考えをいいあて、象の強さ、ライオンの勇気、風の速さを獲得し、空を飛び、水中を泳ぎ、土中に潜り、全世界を一瞬のうちに見わたす、等々の不思議をおこなうことができる。しかし、深い黙想によって幸福を達成するもっとも手っ取り速いやりかたは、聖音オームをたえず唱えるという祈りの方式である。以上が、サーンキヤのまったく一般的な考えです。

コールブルックはさらに、サーンキヤを有神論と無神論にわけています。有神論の体系では、「世界の最高支配者たるイスヴァラが他の霊魂とは区別される霊魂ないし精神と見なされるのにたいして、（無神論的サーンキヤたる）カピラは、神の存在をあかす証拠は存在しないとして、自覚的意志をもった世界の創始者イスヴァラを否定する。神の存在は知覚の示すところでもないし、推論によって導きだされもしないというのである。カピラが認識するのはむしろ、自然から生ずる実在であって、それは、絶対的な知性であり、すべての個人の知性の源泉であり、すべての存在がそこからしだいに生じてくる根源である。カピラは、『そのようなイスヴァラ（そのような意味での世界の創造者）は真なる存在である』と明言するが、『被造物の存在は、イスヴァラではなく、霊魂もしくは意識に依存する、一切は知性という偉大な原理に由来する』という。知性の活動形態たる個人の霊魂も、知性の一要素にほかならない。

三、サーンキヤの第三部、原理認識の特定の形式にかんしては、興味をそそりそうな二、三の点を取りあげておきましょう。すでに述べられたさまざまな認識法のうち、因果関係のむすびつきをたどる推論の方法がもっとも重要とされるので、まずその関係のとらえかたを見ておきます。「思考力その他の派生的原理は結果である。そこから、その原因が推論される。」こうした考えは、わたしたちのいう推論と一面で類似し、一面で背反します。サーンキヤの見解はこうです。「結果は原因が発動する前にすでに存在する。というのも、存在しないものが因果関係の力で存在するようになることは不可能だから。」（この見解に立てば、世界は永遠に存在することになります。つまり、コールブルックも注意しているように「無からはなにものも生じない」というのがサーンキヤの考えですが、これは、キリスト教のいう無からの世界創造とは矛盾します。）コールブルックは、「すなわち、結果とは産出されるものではなく、抽出されるものだ」といいます。問題はまさに、産出されるものとはなにか、ということです。インド人によれば、結果はすでに原因のうちにふくまれる。たとえば、油はしぼられる前にごまの種にすでにふくまれ、米は脱穀の前に稲のうちに、ミルクは搾乳の前に牝牛の乳房にふくまれる。「原因と結果の内容ないし本質は同一であり、」一着の服は、それを織り出すもとになる糸と、本質上ちがいがない。インド人は因果関係をそのようにとらえます。「無からはなにものも生じない」というとき、同時に、神は世界を無から創造するのではなく、自分のうちから創造し、自分自身の内容を存在へともたらす、といわねばなりません。原因と結果のちがいは形式のちがいにすぎず、分析的思考は両者を分離するが、統一的理性は分離しない。湿気は雨と同一です。力学ではさまざまな運動なるものが登場するが、運動そのものは衝突の前と後とで同一の速度をもつ。日常の意識にはまったくちがったものに見えるのですが。以上が、原因と結果の無差別というものです。

さて、インド人の推論は、「無差別の一般的な原因」を求めます。「個々の事物は有限であり、」だから、すべてをつらぬく原因がなければならない。知性でさえもこの原因の結果であり、この原因とは、自然を離れたのちに自然と一体化して創造活動をおこなう霊魂である。結果は原因から生ずるが、結果は自立するのではなく、一般的な原因へと帰っていく。三つの世界の創造は、一般的な解体と同時進行する。亀が手足を広げたあとでふたたび甲羅のなかにひっこめるように、一定の時期にやってくる事物の一般的な没落と崩壊のなかで、三つの世界を構成する土その他の五元素は、それが根本原理から生じてきたのとは反対の道をたどって、一歩一歩第一原因へと――つまり、最高にして無差別の自然へと――帰っていく。この過程には、「善と激情と暗黒の三性質」が付随する。この三つの関係がくわしく展開されるとてもおもしろかったのですが、残念ながらきわめて表面的にとらえられるにすぎません。自然は三つの性質の混合によって作用をおよぼし、各々の事物は、三つの流れが合流するように、三つの性質すべてをふくむ。同様に自然は変形によって作用をおよぼす。水が、植物の根に吸収され、実の内部に運ばれて、特別の美味を獲得するように。ここには、混合と変形のカテゴリーしかありません。インド人のいいかたでは、自然は、三つの性質を、形態および特性として適宜所有し、他の事物は、自然の結果として三性質を所有しつつ存在する、ということになります。

もう一つ、自然と精神との関係を見ておかねばなりません。「自然は霊的存在ではないけれども(霊魂は自身独立していて、享受されるものではなく、生みだされるものでもない)、霊魂の解脱《げだつ》を準備する任務を遂行する。ちょうど、感覚のない物質たるミルクが子牛を養う任務をもつように。」インド人の比喩によると、自然は踊り子のようなもので、霊魂を観客にして芸を披露する。観客の粗野なまなざしになんども身をさらす破廉恥ぶりが誹謗《ひぼう》の的となる。「しかし、十分見せたあとで、自然は退場する。見られるための行為だったのだ。そして、観客も、自然を見たからにはもう退場する。自然はもうそれ以上世界にとって使い道はない。けれども、自然と霊魂のむすびつきは、その後も持続する。」原理の研究によって精神的な認識が獲得されると、「わたしはなにものでもなく、なにものもわたしのものではなく、わたしは存在しない」という決定的な、反駁不可能な、唯一の真理があきらかになる。つまり、自我というのは霊魂とは区別され、そして最終的に自我ないし自己意識は、インド人にとって、消えていきます。「意識や知のうちに生ずるものは霊魂を映しだす像であり、霊魂の透明さを曇《くも》らせはしないが、みずから澄みきってはいない。霊魂は（自我なき）透明な自己認識を所有することによって悠々と自然を観察し、おそるべき輪廻《りんね》をまぬかれ、精神的認識——つまり、精神的内容にかんする媒介された精神的な知、自我や意識を滅却した知——以外のすべての思考形式や思考作用から解放される。」「霊魂はたしかにしばらくは肉体をまとってはいるが、それはちょうど、陶工のろくろが、陶器は完成したのにまだまわっているように、以前の刺激のいきおいがつづいているにすぎない。」だとすれば、インド人にとって、霊魂はもはや肉体と関係をもたず、霊魂と肉体の関係は表面的なものになる。「こうして、悟りをひらいた霊魂が最終的に肉体から分離し、霊魂にとって自然が消滅したとき、絶対究極の解脱が完成する。」以上が、サーンキヤ哲学の要点です。

二、ガウタマとカナーダの哲学

ガウタマの哲学とカナーダの哲学は表裏一体をなしています。コールブルックによると、「ガウタマの哲学はニヤーヤ（理論）と名づけられ、カナーダの哲学はヴァイシェーシカ（分派）と名づけられる。前者が独特の弁証法を形成するのにたいして、後者は特殊な感覚的対象を物理的にあつかうものである。」「学問や文学の領域で、ニヤーヤほどインド人の関心をひいたものはない。この研究の成果は、厖大な量の著作となってあらわれ、なかには非常に有名な学者の労作もふくまれる。」

「ガウタマとカナーダの遵守する規則は、ヴェーダの一節に、教育と研究のために必要な歩みとして示唆されているもの、すなわち、言表、定義、探究の三つである。」言表とは、物の名をいうこと、つまり、啓示の教えのままに物を表現することである。ことばはここでは人間に啓示されるものと考えられています。定義とは、物の本質的性格をなす特別の性質を表現することである。探究とは、定義の妥当性を吟味することにある。定義と物との一致のもとに哲学教師は学問的表現をくりだし、さらなる定義へとすすみ、提示された主題の探究へとすすんでいきます。名前とは物のイメージのことで、このイメージと定義で述べられたものとが探究において比較されます。

つぎに問題となるのは、観察される対象です。「ガウタマは一六の項目をかかげるが、主要なものは証明と証拠(形式的なもの)と証明されるものとである。他は、真理の認識と確信に寄与する補足的なものにすぎない。ニヤーヤは、幸福や至高の境地や悪の解脱《げだつ》が自派の原理すなわち真理の完全な認識の報いとして得られるとする点で、他の心理学派と一致する。そこには、肉体と切り離された霊魂が永遠に存在するとの確信がある。」――これは精神の自覚といえましょう。霊魂そのものが認識され証明されるべき対象とされています。もうすこしくわしく見てみましょう。

第一の要点たる明晰な証明をあたえるものには、四種がある。第一が知覚、第二が推論（これには、帰結から原因への推論、原因から結果への推論、類推にもとづく推論の三法がある）、第三が比較、第四が伝統および啓示にもとづく保証（主張）です。この証明方法は、ガウタマの作とされる古い小冊子でも、無数の注釈書でも、くわしく論じられています。第二の要点は、明晰に証明されるべき対象です。ここには一二の対象があげられる。第一の最重要な対象は霊魂であり、それは、肉体や感官とは区別される、感情と知の場であって、その存在は、好悪の情や意志などによって証明される。霊魂には一四の性質が、つまり、数、大きさ、特殊性、結合、分離、知性、満足、苦痛、欲求、反感、意志、貢献、責任、想像力がある。――はじまったばかりの反省はまったく無秩序で、それぞれの項目のあいだにつながりもまとまりも見られません。認識の第二の対象は肉体であり、第三の対象は感覚器官である（これには五つの外官が数えられる）。五官は（サーンキヤの主張とはちがって）意識の変形したものではなく、元素からなる物質的なもので、その元素とは、土、水、光、空気、エーテルである。眼球や耳が視覚器官、聴覚器官ではなく、視覚器官は、眼から対象へと出ていく光線であり、聴覚器官は、音を出す対象と耳の穴とのあいだにあって両者をむすびつけるエーテルである。眼から出る光線は、昼間の光と同じように、ふつうは目に見えないが、一定の条件のもとでは見ることができる。味覚器官は水っぽいもの（唾液）である、等々。ここで視覚についていわれているのと同様のことがプラトンの『ティマイオス』にも出てきます。眼の燐光体にかんする興味深い解説がゲーテの形態学をめぐるシュルツの論文「視覚と色彩の生理現象について」(一八二三年)に見られます。夜にものが見え、そのとき人間の眼がものを照らしているという事例が数多く出てきますが、むろんそれは特殊な条件の下での現象です。——第四の対象は感官の対象である。(注釈家)ケサバはここにカナーダの六つのカテゴリーを割りこませます。第一が実体のカテゴリーで、これには、土、水、光、空気、エーテル、時間、空間、霊魂、思考の九つがある。「物質的実体の根本元素は、カナーダによれば、もともとは原子であり、のちにそれが集まったものである。カナーダ原子は永遠だと主張する。」原子の結合にかんしては、多くのことがひきあいに出され、飛塵などもその際に生ずるとされる。第二のカテゴリーは性質のカテゴリーで、これには二四種がある。「一、色、二、味、三、匂い、四、触感、五、数、六、大きさ、七、個体性、八、結合、九、分離、一〇、先、一一、後、一二、重さ、一三、流動性、一四、粘性、一五、音、一六、知性、一七、満足、一八、苦痛、一九、欲求、二〇、反感、二一、意志、二二、徳、二三、悪徳、二四、能力(これには、速力、弾力、想像力の三種がある)。第三のカテゴリーは行動、第四が共通性、第五が相違、第六が結合で、カナーダはこれでおわるが、他の著者は第七のカテゴリーとして否定をつけくわえる。」こうしたやりかたがインドの哲学のおおよその輪郭です。

証明と、知られるべき対象という二主要点に加えて、ガウタマの哲学は第三点として「疑い」をあげます。第四点は「規則にかなった証明」、ないし、正式の推論、ないし、「五つの命題からなる完全な三段論法(ニヤーヤ)」です。五つの命題とは、「一、主張、二、理由、

三、実例、四、適用、五、結論、である。たとえば、一、この丘は燃えている。二、煙があがっているから。三、焜炉《こんろ》のごとく、煙のあがるものは燃えている。四、ところで、丘にはいま煙があがっている。五、だから、丘は燃えている。」このやりかたはわたしたちの三段論法とよく似ているが、証明すべきものが前もって提示されているところがちがうので、わたしたちなら一般命題からはじめるところです。でも、インドではこれが普通の形式で、例としてもこれで十分でしょう。

ここでもういちど事柄を整理しておきます。

すでに見たように、インドの哲学にとって大切なのは、霊魂の自己内集中、自由な境地への高揚、自力でつくりあげる思考です。この、もっとも抽象的な霊魂の自覚過程を、わたしたちは知的実体性と名づけることができますが、ただ、ここでは精神と自然が統一されるのではなく、まったく逆のことが生じています。精神にとって自然の考察はたんなる手段にすぎず、思考の訓練はあくまで精神の解脱《げだつ》を目標としています。つまり、知的実体性が目標なわけですが、哲学においては一般に、知的実体性は本質的な基礎であり、はじまりです。哲学とは、思考が自立する力をもち、真理の基礎をなすという考えに立つ観念論だからです。インドの知的実体性とは、ヨーロッパ人の考える反省、知性、主観的個人性の反対物です。わたしたちヨーロッパ人にとっては、わたしが自分なりの根拠や恣意に従って意志し、知り、信じ、思いこむことが重要で、それは無限に価値あることと見なされています。インドの知的実体性はそれの対極をなすもので、そこでは、自我の全主観性が消滅し、そして、主観性にとって、一切の客観がむなしくなり、いかなる客観的真理も義務も権利も存在せず、唯一残るのは、主観のむなしさということになります。知的実体性にまでたどりついて、主観のむなしさをそのすべての分別や反省ともども知的実体性の淵に沈めてしまうのは興味深いことで、それはこの立場の長所といえます。

欠点はつぎの点にあります。知的実体性が主観の目標ないし目的にかかげられ、主観の関心をひく状態と見なされると、客観性がまったく欠如してしまう。知的実体性がどんなに客観的だとしても、その客観性はまったく抽象的なものにすぎず、客観というにふさわしい本質的な形式が備わっていないのです。抽象の次元にとどまる知的実体性は、主観的な霊魂のもとにしか存在しえず、一切はそのなかで没落していきます。主観的な否定力しか残らないむなしさのなかで、一切が没落していくとき、知的実体性というこの抽象体は、空虚な無の境地に逃げていくほかありません。ここには自分の内部で対象を形成していく客観性が欠如しています。ここに求められているのは、知的実体性というこの土台が客観を生みだすこと、——思考と呼ばれる無限の形式を、みずからを明確にしていく客観性を、生みだすことです。この思考は、最初の主観的な思考としては、わたし個人のもの（わたしが考える、わたしの魂が考える）です。しかし、第二に、思考はまた、知的実体性をもふくみこむような普遍的なものであり、第三に、対象を形成する活動であり、ものごとを明確にしていく原理です。かくて、わたしたちの手にする第二の客観性は、うちに無限の形式をもっています。これこそが真に求められる土台であり、自己展開し、自己を明確化し、特殊な内容にも生きる場をあたえ、それを認め、内部に維持するものです。

東洋の見かたからすると、特殊なものは足元がふらついて、やがて過ぎさっていくことになっていますが、思考の土台がしっかりしていれば、特殊なものにもきちんと位置があたえられます。また特殊なものがみずから根を生やし、固定したものになってしまうこともあって、ヨーロッパの頑《かたく》なな分析的思考はその一例です。そうした思考を突きくずすには、東洋の見かたが役に立ちます。しかし、思考の土台が確立していれば、分析的思考はそれだけで凝《こ》りかたまることなく、流動的に維持され、体系全体のなかの一契機として生かされます。東洋の哲学のうちには、一定の明確な内容があって、それが考察の対象とされるのですが、考察の視点が一切を超越したところ、統一の外にあるため、考察が思考を欠き、体系を欠いている。知的実体性は彼岸にあって、此岸は無味乾燥でまずしい。特殊なものは、推論や三段論法といったぎこちない形式をもつにすぎません。スコラ哲学でも同じことがいえるのですが。一方、思考の土台があれば、特殊なものにもしかるべき位置をあたえることができ、体系構造全体のなかの一要素としてとらえ、概念化できます。インドの哲学では、理念が対象化されず、したがって、外的なもの、対象的なものが理念に即してとらえられることがない。それこそが東洋思想の欠点です。

真に客観的な思考の土台は、主観の現実的な自由に根ざします。普遍的なもの、実体的なものそれ自身が客観性をもたねばならない。思考が普遍的となり、実体的なものの土台をなすと同時に、自我としてもあらわれるとき、――思考が現実自体であるとともに自由な主観としても存在するとき、――普遍的なものは直接に現前するものとなる。それは、たんなる目標、たんに行く手にかかげられる状態というにとどまらず、絶対的なものとして目の前にあらわれます。この境地こそは、ギリシャ世界に見出されるもので、以下の考察でわたしたちはその形成過程を見ていきます。最初、普遍的なものはまったく抽象的に登場して、具体的な世界に対立しますが、でもそれが具体的な世界、および、本当の世界の土台であることに変わりはない。それは彼岸にあるものではない。いま現にあるものが本当のものであり、本当のもの、普遍的なものが対象の真理だ、と考えられるのです。

第一部　ギリシャの哲学

はじめに

ギリシャという名を聞くと、ヨーロッパの教養人、とくに、わたしたちドイツ人は、故郷に帰ったような気になります。ヨーロッパ人の宗教や天上界や彼岸は、ギリシャを一歩越えたむこうの東洋ないしシリアから輸入されたものです。しかし、地上の現在をなすもの、わたしたちの精神生活を充実させ、価値あらしめ、輝かしめる学問と芸術は、周知のように、直接に、また間接的に――ローマを迂回するという形で――ギリシャに由来します。ローマという迂回路はギリシャの教養がヨーロッパに流れこむ古き通路であって、ローマに起源をもち、いまに至るもローマ時代のことばを保存している古代の普遍教会も、迂回路の一つです。ヨーロッパの教育の源は、ラテン語の福音書と教父の著作でした。法もまた、ローマ法を申し分なく受けついだとの誇りをもっています。ずんぐりしたゲルマン精神は、ローマからやってきた教会と法のきびしい鍛練としつけを受ける必要がありました。それを通過してはじめて、ヨーロッパ人の性格は自由を受けいれられるようなやわらかいものになりました。こうして、ヨーロッパ人がやすらぎを手にし、現在に目をむけるようになると、外からやってきた歴史的なものは捨てさられる。人間が故郷に身を置きはじめたのです。その気分を味わうには、ギリシャのほうをむかねばならない。ラテン語とローマ帝国のことは教会と法学の手にゆだねましょう。わたしたちは、もっと高度な、もっと自由な学問（哲学）、および、美しく自由な芸術とその好尚とそれへの愛が、ギリシャの生活に根ざし、そこから精神を汲《く》みとってきたことを知っている。あこがれをもつことがゆるされるのなら、かの国、かの状態こそ、あこがれの対象です。

　ところで、ギリシャをわたしたちの故郷と感じさせるものは、わたしたちの見出すギリシャがそもそもその世界を自分たちの故郷としてつくりだした点にある。故郷にあるという共通の精神がヨーロッパ人とギリシャ人をむすびつけるのです。故郷にいるような気分で自分に満足し、自分以外のこと、自分以上のことにかかずらわない人びとや家族のもとにいると、自分も気持が落ち着くというのは日常よくある経験ですが、ギリシャ人がまさにそれです。かれらはもちろん、宗教や教養や共同体運営の基本を、大なり小なり、アジアやシリアやエジプトから受けいれましたが、はじめにあった外来の要素を除去し、改変し、加工し、ひっくりかえし、別ものにしたので、かくてギリシャにあって自他ともに評価し認識し愛するものは、まさにその本質からしてギリシャ的なものだとされるに至ったのです。

　そういうわけで、ギリシャ人の生活の歴史をとらえるには、さらなる起源へとさかのぼることも大切ですが、さかのぼらなくとも、その世界と生活様式の内部で、学問や芸術のはじまりと発芽と開花に至る進展、さらには堕落の源までも、まるごとその領域にふくまれるものとして追跡することができる。というのも、ギリシャの精神的発展は、外から受けいれたものをたんなる素材として使い、みずからは自由にふるまいつづけているからです。外来の基礎の上につくりあげられた形式は、ギリシャ独自の精神的な息吹《いぶき》——自由と美の精神——です。この精神は、形式と見ることも可能ですが、他面、じつはギリシャの高度な実体そのものをなします。

だが、ギリシャ人は文化の実体そのものをつくりだし（そして、いわば外来の起源への恩を忘れ、これを背後におしやり、ときには、ひそかに用意した神秘の暗闇に埋葬し）、自分たちの世界を故郷となしただけではない。こうした精神的な再生——本来のギリシャの誕生——を、尊敬することも忘れなかったのです。ギリシャ人は、ほかならぬギリシャ人であっただけでなく、また、自分たちがもたらしつくりだした、ほかならぬ自分たちのものを使用し享受しただけでなく、自分の故郷たるその生活全体を、自分自身のはじまりと起源を、身近に知り、感謝とよろこびの気持をもって思いうかべていたので、そこには生活や所有や使用のためという以上のものがあったのです。というのも、精神的再生から生まれたギリシャ精神は、(α)自分が自分であること、(β)そのように生成もしてきたことを知ること、それが本来の役目だと意識し、そこにやすらぐものだからです。ギリシャ人は、自分の生活を突きはなしてながめ、おのずとつくりだされ、おのずと自分に役立つようになったものととらえます。ものごとの根拠や起源についてははっきりとした知識をもちながら、足はしっかり地に着いている。そうして、自分の所有したものや経験したことすべてについて、物語をつくりあげた。世界の生成、すなわち、神々と人間、地、天、風、山、川の生成の物語だけでなく、自分の生活のあらゆる側面について、——火や火と関連するいけにえがどのようにしてもたらされたか、国家、農業、オリーブの木、馬、結婚、財産、法律、技術、神事、学問、都市、王侯一族、等々はどのようにしてもたらされたか、——こうした一切について、その起源をめぐる優雅な物語を身近なこととして語っている。ギリシャ人は、まず外的な生活面で、ものごとが自分の作品ないし業績としてあらわれるさまを歴史的に観察しうる民族でした。が、ギリシャ人は生活そのものにおいて故郷に暮らしていただけではない。さらにその精神においても故郷にやすらっていたので、物質的、市民的、法的、道徳的、政治的な生活において、自分をゆがめることなく、記憶の女神ムネモシュネのごとき自由で美しい歴史性(自分たちの現実がそのまま記憶のうちにとどめられるという歴史性)を保持していました。生活上も精神上も故郷のやすらぎのうちにあるというこの特質こそ、自由な思考の萌芽でもあり、哲学の成立する土壌でもあるのです。

故郷にあってくつろぐギリシャ人に似て、哲学というのも故郷にくつろぐもの、——人間がその精神において故郷にあるようなやすらぎを感ずるものです。わたしたちがギリシャを故郷のごとく感ずるとすれば、とりわけかれらの哲学こそがくつろぎの場をなすといわねばなりません。とはいえ、それは哲学がギリシャ的だからではない。哲学には哲学そのもの以外に特定の故郷はなく、そこに展開される思想は、どんな特殊性にも染まらない人類全体の共有物です。ギリシャにおける思想の発展はギリシャ人の原初の要素のなかからあらわれ、展開してくるもので、わたしたちは、なんら外的な動機を求めることなくギリシャ哲学を考察できる。ギリシャ哲学をとらえるには、ギリシャ人そのもののなかにはいればいいのです。とはいっても、その性格と立場をもう少しはっきりさせる必要があります。ギリシャ人は自立的な民族ですが、前提をもたないわけではない。ギリシャ世界といえども、歴史的であることに変わりはない。思想の面でいえば、精神と自然を一体の実体ととらえる東洋的な世界観がその前提です。それは自然的な統一といってもよい。その対極をなすのが、自分だけから生まれ、自分のうちにあるという抽象的主観性（純粋な形式主義）で、それはそのかぎりでいまだ空虚なもの、いやむしろ、空虚にされたものですが――いずれにせよ、それが近代世界の抽象的原理です。ギリシャ世界は自然的統一と抽象的主観性にはさまれて、美しい中間地帯をなしています。美しいのは、その中間地帯が自然的でも精神的でもあるからですが、でも、精神的なもののほうが支配的・指導的な位置にあります。自然のなかに埋もれた精神は、実質的に自然と一体化していて、意識という形を取る場合でも、主として勝手気ままな直観にとどまる。むろん主観的な意識という形は備えているけれど、勝手気ままです。ギリシャ人はちがう。かれらは自然と精神の実体的な統一を基礎とし本質としながらも、それを対象とし、それに知的にかかわるなかで、統一に埋没するのではなく、自分をまもりつづける。かといって、形式的主観性という他の極端に走るのではなく、統一のうちで自分をまもる。いいかえれば、自由な主観として、かの東洋的な統一を内容、本質、基盤とし、自由な主観として、その対象を美しいものへと形成していく。つまり、ギリシャ人の意識の段階は美の段階なのです。ここに美とは、精神から生ずる理想ないし思想のことですが、ただ、個人が精神的だといっても、自分の内部で自分の存在を思想の世界へと形成していくような抽象的主観にまではまだ到達せず、いまだ自然的・感覚的な側面を残しています。もっとも、東洋におけるように、自然的な側面が精神と同位同格であったり、精神に優越したりはしないのですが。ギリシャでは、精神の原理が一位を占め、自然界はあるがままの姿で独自に価値をもつことはもはやなく、輝きでる精神の表現にすぎず、精神の存在を示す手段ないし道具に格下げされています。（ただし、精神はいまだ、自分の内部でイメージをつくり、それをもとに世界を構築するような媒体とはなっていませんが。）

精神の核心をなす自由が風俗や法律や体制の基礎をなすギリシャにおいてこそ、自由な共同体が成立しうるし、成立しなければなりませんでした。が、そこには自然的なものがまだふくまれているから、国家共同体のありようにもまだ自然的なものがつきまとっている。それぞれの国家が自然な小個体をなして、一つの全体へと統合されることができない。普遍的なものが自由に自立するというわけにはいかず、精神的なものはいまださまざまな制約のもとにある。ギリシャ世界は、思想による絶対的で永遠の活動を展開し、その活動を意識にもたらすものでしたが、主観は自然的なものとの関係をどうしても断ちきれなかったがために、活動を全面的に推進するというわけにはいきませんでした。

ともあれ、東洋の法外な実体の力はギリシャの精神によって適度に抑制され、枠にはめられました。ギリシャの精神とは、節度、明晰さ、目標をもち、形態の輪郭をはっきりさせ、計りしれぬもの、無限に豪華でゆたかなものを限界づけ、個体として取りだしてくるものです。ギリシャ世界の富はもっぱら、数えきれぬほどの美しく愛らしく優雅な個々の作品にあり、それらすべてに見られる明朗さにあります。ギリシャでもっとも偉大なものは個人であり、芸術、詩、歌、学問、正義、徳の巨匠たちです。東洋の幻想、エジプトの建造物、オリエントの国家、等々の豪華さ、崇高さ、巨大さにくらべて、ギリシャの明朗さ（美しき神々、彫刻、神殿）やギリシャのまじめさ（制度や行為）がすでにしてちっぽけな子どもの遊びに見えるとすれば、ギリシャに花開いた思想は、ゆたかな個々の作品をも東洋の巨大さをも枠にはめ、単純な魂へと還元するものである以上、なおのことちっぽけな児戯に見える。しかし、そこにこそ、より高度な理想世界、思想の世界の富の源泉があるのです。

古人いわく、「人間よ、おまえは神々をつくる材料をおまえの情熱から得てきたのだ」と。――東洋人（とくにインド人）が自然の元素や力や形態から得てきたように。つけくわえて、「神のための場と材料をおまえは思想から得るのだ」ということができる。ここでは思想が神の登場の土台となっています。が、はじまりの思想が基礎をなし、文明全体をとらえる鍵となるわけではない。それはとんでもない誤解です。はじまりの思想はまったく貧弱で、この上なく抽象的で、東洋人が対象にあたえた内容ほどにも内容のないものです。はじまりは、直接的には、自然の形式、媒介なき形式でのはじまりです。そのかぎりで、ギリシャのはじまりは東洋的な面を多分にもっています。もしギリシャ思想が東洋の内容をまったく貧弱な概念規定に還元するものだとしたら、この思想はおよそ注目に値しない。思想として存在せず、思想の形式や輪郭をもたず、ただ自然の形式において存在するにすぎないからです。わたしたちはいつも二つのものを区別する必要がある。一つは普遍的なもの、あるいは概念であり、もう一つはこの普遍的概念が現実にさし示しているもので、二つを区別した上で、さて、現実にさし示されたものが、思想なのか自然物なのかが重要です。最初にさし示されるのはいまだ直接そこにあるもので、思想は潜在するにすぎない、というのがはじまりのすがただとすれば、ギリシャ哲学のはじまりは、イオニア学派の自然哲学にあるとしなければなりません。

この時代のギリシャの外的な歴史状況はといえば、ギリシャ哲学のはじまりは紀元前六世紀、キュロス王の時代で、小アジアではイオニアの共和国が没落する時期にあたっています。自力で高度な文化を形成した美しい世界が没落しつつあるとき、哲学が登場したのです。クロイソス王とリュディア人がまずイオニアの自由を危地に陥れ、ついでペルシャ人による統治が自由を完膚《かんぷ》なきまでに解体し、かくて、多くの住民は外に居住地を求めて、とくに西方に植民地を打ち立てました。イオニア諸都市の没落と時期を同じくして他のギリシャ諸国は古来の王族による支配を脱しました。ペロピダイ家など、多くの外来の王族たちが没落しました。ギリシャは広く外国と接触するようになり、国内でもたがいの交流を求めるようになりました。家父長的な生活はおわりを告げ、多くの国家で、自由な体制にむけて法律や施設を整備する必要が生じました。家柄によって市民の支配者となるのではなく、才能や空想力や学問によって衆にぬきんで、尊敬される個人が数多くあらわれます。そうした個人は市民たちとさまざまなかかわりをもつ。行政の助言者になるものもあれば——いい助言がかならずしも受けいれられるとはかぎりませんが——、市民に憎まれ軽蔑されて公職を退《しりぞ》く者もあり、冷酷ならずとも強権的な支配者になる者も、自由の立法者となる者もありました。

七賢人

こうした傑出した人物のうちに、最近の哲学史では取りあげられることのない、いわゆる七賢人がいます。かれらが哲学史の近くに立つ記念碑たるかぎりで、その性格について、哲学にはいる前に簡単に見ておきましょう。かれらは市民生活にさまざまに関与し、なかにはイオニア諸都市の戦闘に加わった者もあれば、外国に移住した者、ギリシャ国内で名声を得た者もありました。だれを七人に数えるかは一定しませんが、ふつうは、タレス、ソロン、ペリアンドロス、クレオブロス、ケイロン、ビアス、ピッタコスの七人があげられます。ディオゲネス・ラエルティオスの『哲学者列伝』には、「ヘルミッポスが一七人の名前をあげ、そのうちから各人が勝手に七人をえらんでいる」とあります。ディオゲネス・ラエルティオスによると、古くディカイアルコスがタレス、ビアス、ピッタコス、ソロンの四人をえらび、その四人はだれのえらぶ七賢人にもはいっているという。ほかに名前のあがっているのが、ミュソン、アナカルシス、エピメニデス、ペレキュデス、などです。ディオゲネスによると、ディカイアルコスは七賢人を評して、かれらは賢者でも哲学者でもなく、理解力のある立法者――才能ある人々――だといったという。この判断は広く受けいれられ、正しいとされています。かれらは、ギリシャが王族の家父長支配から法的ないし強権的支配へと移行する時期にあらわれています。かれらが賢者の名声をかちえたのは、一方では、実践的な意識の核心を、つまり、絶対的に普遍的な共同体の意識を把握し、それを徳目として、一部は市民法として表現し、国家のうちに現実に通用させたことによるし、また一方では、理論的な事柄を含蓄に富むことばで表現したことによっています。それらのことばのいくつかは、意味深長なすぐれた思想をあらわすだけでなく、曖昧《あいまい》さにつきまとわれているとはいえ、包括的・普遍的な意義がそこに認められるかぎりで、哲学的思索の表現と見ることができます。しかし七賢人は学問や哲学を本業とする人びとではなく、タレスについても、哲学に専心するようになったのは後年のことだと明言されている。かれらは実践家であり実務家でした。ただし、今日のように、国家経営や産業や経済の一特殊部門にたずさわるという意味での実践家ではなく、民主国家に生きて、国家の経営や統治の全般に関心をもつような実践家だった。とはいえ、かれらはギリシャの偉人ミルティアデス、テミストクレス、ペリクレス、デモステネスのような政治家ではなく、国家の救済や確立や全面的整備が、いや、国家生活の土台づくりさえもが、少なくとも法的安定の土台づくりが、課題であるような時代の政治家でした。

とくにタレスとビアスはイオニア諸都市にとってそのような政治家に思えます。ヘロドトスの『歴史』はこのふたりのことを語り、タレスについては、（おそらくクロイソス王による）イオニアの敗北以前につぎのような助言をしたといっています。イオニアの中心にあるテオスに単一の中央政庁を置き、中央都市と同盟都市との連邦国家をつくる。その際、同盟都市は地方行政区として存続する、と。この助言は、しかし、イオニア人の受けいれるところとならず、ためにイオニア諸都市は分裂し弱体化し、結局は征服の憂き目を見ます。ギリシャ人には自己の独立を放棄するのがよくよくむずかしいことのようです。同様に、プリエネのビアスの助言もイオニア人の受けいれるところとならなかった。それはもっとのちに（イオニアを最終的に敗北せしめたキュロスの将軍ハルパゴスが、イオニアを窮地に追いこんだとき）、イオニア人たちがパニオニオンに集まっていた決定的瞬間になされた起死回生の助言で、内容は、イオニア人は一致団結してサルディニアに船団をすすめ、ここにイオニア統一国家をつくれ、そうすれば隷属をまぬかれてしあわせに暮らし、最大の島を居住地として近隣の島々を配下にできるが、イオニアにとどまるかぎり自由になる望みはない、というものでした。この助言にはヘロドトスも賛意を表し、「イオニア人がこれに従っていたなら、かれらはギリシャ中でもっともしあわせな民になっていたであろう」といっている。が、助言は自由意志で受けいれられることはなく、暴力で従わせるしかなかったのでした。

ほかの賢者も似たような位置にあります。ソロンはアテネの立法者であり、ためにとくに名声を博しています。立法者の栄に輝くほどの高い地位を得た例は、歴史上ごく少人数で、ソロンと比肩できるのは、モーセ、リュクルゴス、ザレウコス、ヌマなどにかぎられます。ゲルマン民族のなかには、立法者の栄に輝く個人は見あたりません。また、今日ではもはや立法者は存在しない。近代では法制度や法秩序がつねにもうできあがっているからです。つけくわえるべきことはほんのわずかで、細部の明確化や取るに足らぬ補足が立法者ないし立法府に残された仕事にすぎない。要するに、個別事項の収集や削除や補正の仕事です。けれども、ソロンやリュクルゴスのおこなったことにしても、自分たちの目の前にすでに潜在的に存在するイオニア精神（ソロン）ないしドーリア的性格（リュクルゴス）を人びとの意識に（法律という形で）もたらし、一時的な混乱状態に終止符を打ち、法律の施行によって社会悪をも除去したという以上ではありません。

ところで、ソロンがけっして完全な政治家でなかったことは、かれの個人史をたどればあきらかです。自分の存命中に、ペイシストラトスにただちに僭主を称することをゆるすような体制は、なにほどの力もない転覆の試みにも対処できないほど脆弱で組織力がなく、当然のこと、内部に欠陥をもっていました。転覆させようとする攻撃に体制が抵抗できるはずだと考えることのほうが、むしろおかしなことです。それはともかく、ペイシストラトスはいったいなにをしたのか。僭主なるもののありようは、ソロンとペイシストラトスとの関係にこの上なく明瞭に示されています。ギリシャ人が秩序ある体制と法律を必要としたとき、法律を公布しそれに即して民衆を統治する立法者や君主の登場が見られます。公共の法律は、個人がその意味を洞察し了解しないかぎり、個人にとって暴力のように思われます。それは今日でもそうで、最初は国民全体にとって、のちには個々人にとって、暴力に見える。実際、最初は暴力を行使することが必要なので、その結果、民衆に洞察力が生まれ、法律を、おしつけられたものではなく、自分のものと感じるのです。大多数の立法者や国家経営者は、みずから民衆に暴力を行使し、僭主となることを引きうける。かれらが引きうけなければ、他の個人が引きうけねばならぬ道理で、いずれにせよ、それは避けては通れぬ事柄です。

さて、ソロンだが、――「かれが僭主として支配しても、民衆はよろこんで受けいれるだろう」(『哲学者列伝』)といって友人が支配者となることをすすめたとき、――「これを拒否し、また、ペイシストラトスが僭主をねらっているかに思えたときも、これを阻止しようとした。すなわち、ペイシストラトスの意図に気づくや、かれは槍と楯をもって民会に乗りこみ(槍と楯は当時すでに非常時の武器となっていた)、民衆にペイシストラトスのもくろみを暴露した。かれはいった。『アテネ人諸君、わたしはある人びとより賢く、ある人びとより勇気がある。つまり、ペイシストラトスのごまかしを見ぬけない人びとより賢く、見ぬいてもこわくてだまっている人びとより勇気がある』と。なにもできなくなったとき、かれはアテネを去った。」(『哲学者列伝』)ディオゲネス・ラエルティオスによると、ペイシストラトスは亡命中のソロンにりっぱな手紙を書きおくり、アテネに帰ってきて自由民として自分のもとで暮らすようすすめたという。ディオゲネスの書きとめた文面は以下の通りです。「ギリシャ人のなかで僭主の地位を得たのはわたしひとりではないし、その地位はコドロスの一族たるわたしにふさわしからぬものでもない。つまりわたしは、アテネ人がコドロスとその一族にあたえると約束しながら奪いとったものを、取りもどしたにすぎない。ほかにも、わたしは神々や人間にたいしてなんの不正も働いてはいない。どころか、きみがアテネ人のために制定した法律を、わたしは市民生活に生かそうと配慮している（かれの息子ヒッピアスもそうでした）。そして、いまアテネは民主制下にあるときよりうまくいっている。というのも、わたしがだれにも不正をゆるさないし、僭主としては、以前の王たちにあたえられた敬意と名誉と決まった俸給（収入）以上のものを受けとっていないからだ。すべてのアテネ人が所得の一〇分の一をおさめるが、それはわたしのためではなく、公共の供物《くもつ》の費用とか公共の行事とか戦争がおこった場合の出費にあてられるものだ。きみがわたしの陰謀を暴露したことをわたしは恨んではいない。きみは、わたしが憎いというより、民衆を愛するがゆえにそうしたのだし、わたしの統治のしかたをまだ知らなかったのだから。もし知っていたなら、それが気にいって逃亡することもなかっただろうから。」云々。ソロンは返書でこういっています。自分はペイシストラトスを個人的に恨んではいないし、かれを最良の僭主だと認めてはいる。しかし、アテネに帰るのは筋が通らない。自分がアテネ人にあたえた体制の本質が法の平等にあり、自分が僭主になるのを拒否していながら、いま帰国したりすれば、志に反してペイシストラトスの行為を是認することになるから、と。

ペイシストラトスの支配の下でアテネ人はソロンの法に慣れ、これを習慣とするまでになり、それがすっかり身についてくると上からの支配は不必要になって、かれの息子たちはアテネを追われ、ここにはじめてソロンの体制は不動のものとなりました。というわけで、法律をつくったのはソロンですが、この法制度を習慣や民俗となし、民衆の生命となしたのはべつの人間だったのです。

ソロンとペイシストラトスが分担した二つの仕事を、コリントのペリアンドロスやミティレーネのピッタコスはひとりでこなしています。

七賢人の外的生活については、これぐらいで十分でしょう。かれらはまた賢明なことばを口にしたことで名声を博し、ことばは保存されてもいる。しかし、それはわたしたちには一面でとても皮相で陳腐に思える。わたしたちがものを考えるにあたって一般的なもののいいかたに慣れすぎているからで、ソロモンのことばでさえ多くは皮相でありきたりのものに見える。しかし、そうした一般的な内容を一般的な形式ではじめて表現するのは、またべつのことです。ソロンの作とされる多くの二行詩が残っていますが、それらは神々や家族や祖国にたいするまったく一般的な義務を箴言《しんげん》ふうにいいあらわしたものです。ディオゲネス『哲学者列伝』の伝えるソロンの言には、「法律は蜘蛛の巣に似ている。小さいものはつかまるが、大きいものは巣をやぶってしまう」とか、「ことばは行動の影だ」といったものがある。こうした命題は哲学ではなく、一般的な反省、道徳義務の表現、格言、標語といったものです。賢明な言とはこうした類《たぐい》のもので、多くは無意味なもの、実際以上に無意味に見えるものです。たとえば、キロンの言に、「保証人になるのはわざわいのもと」というのがある。一面これはまったく普通の人生訓ないし処世訓だが、懐疑主義者たちはこのことばにきわめて高度かつ普遍的な意味をあたえて、それがキロンの真意でもあるとされた。すなわち、「なにか特定のものに執着すると不幸になる」という意味だというのです。懐疑主義者たちはキロンのことばをひとり歩きさせて、そこに懐疑主義の思想をこめようとした。懐疑主義者の原理とは、有限なもの、特定なものはなにひとつ絶対的には存在せず、仮りのもの、ゆれうごくもの、もちこたえられないものにすぎない、という点にあるからです。また、「適度が最善」というクレオブロスの言や、「度を過ごすことなかれ」というべつの人の言があって、これらはもっと一般的に通用します。際限なきものに対立する適度さ、プラトンのいう限度、かぎられたもの、——不確定に対立する確定されたものが最善だというわけです。ここでは適度がもののありかたとして最高のものとされています。

さて、もっとも有名なことばの一つは、クロイソス王との問答におけるソロンの言で、それはヘロドトスが『歴史』のなかでかれ一流のくわしさで述べています。その結論は、「死んでしまうまでは、だれもしあわせな人だと称《とな》えることはできない」というものです。しかし、この物語の注目すべき点は、そこからソロンとその時代の（ギリシャ人の）ものの考えかたをくわしく認識できることです。ここでは、幸福が望ましい最高の目標、人間の使命とされている。カント哲学以前は、このような幸福主義が一般的で、道徳も、幸福か否かにもとづいて考えられていました。ソロンの応答には、感覚的なもの、心地よいもの、感情の満足、などを超えるものがあります。幸福とはなにか、幸福をどう考えるか、と問われれば、形はどうあれ、外的ないし内的（物質的ないし精神的）な個人の満足、それも人間に実現可能な満足がそれだ、と答えることができる。考えがすすめば、個々の感覚的・直接的な満足ではなく、生活状態の全体を見てしあわせかどうかを判断するようになる。満足や充足が幸福の原理とされるだけでなく、生活全体が原理となって、個々の満足は価値の低いものとされる。幸福主義とは、生活全体の状態を見、満足の総計を出すものとなる。これこそが普遍的な幸福の思想であり、個々の満足を超える基準をあたえるもの、刹那的な満足に身をまかせず、欲望をおさえて、視野の広い尺度をもつべきことを教えるものです。この幸福主義は、インドの哲学の対極にあるものです。インド哲学では、魂が肉体を解脱《げだつ》し、単純に自分だけになることが人間の本分であり、完全な抽象がよしとされる。ギリシャはそれと正反対で、魂の満足は逃避や抽象や自閉によって得られるのではなく、現在に満足すること、周囲との関係で具体的な満足を得ることにあります。このような幸福観は、たんなる欲望の段階と、法そのもの、義務そのものを考察する段階の中間に位置するものです。幸福をなりたたせる内容は主観の満足、充足ですが、求められるのは総体としての満足で、個々の満足はどうでもよい。そこにはすでに普遍性の形式がふくまれてはいるが、いまだそれとはっきりわかる形であらわれてはいない。それが、クロイソス王とソロンの問答から読みとれることです。思考する人間は、現在の満足をめざすだけでなく、未来の満足のための手段をも追いもとめる。クロイソスはソロンにこの手段を見せびらかすが、ソロンはクロイソスの問いにイエスとは答えない。なぜかなら、だれかをしあわせだとほめたたえるには、死ぬのを待たねばならないのだから。しあわせかどうかは全生涯に関係することであり、誠実で高貴な死をむかえたかどうかがとくに重要なのだから。クロイソスの人生がまだおわっていない以上、かれをしあわせだと称えることはできない。そうソロンはいいます。そして、クロイソスのその後は、一時的な状態のよしあしがしあわせの名に値しないことを証明するものでもあった。

この教訓的な物語には、当時のものの見かたの特徴がみごとにあらわれています。

時代区分

ギリシャの哲学を考察するにあたって、まず三つの主要な時期を区別しなければなりません。一、タレスからアリストテレスまで。二、ローマ世界のギリシャ哲学。三、新プラトン派の哲学。

一、はじまりに位置する思想は、まったく抽象的で、自然的もしくは感覚的形式を取るものです。それが、明確な理念にまで発展します。この時期は、哲学思想のはじまりから学問が一つのまとまった全体をなすまでに発展していく時期にあたります。学問の全体をつくりあげたのはアリストテレスで、かれは以前の哲学の統一点です。プラトンがすでに以前のものを統一する位置にありますが、かれは、理念（イデア）を一般的に提示するにとどまって、展開が十分ではありません。新プラトン派は折衷主義《せっちゅうしゅぎ》といわれましたが、プラトンだって諸派の統一者でした。新プラトン派は折衷主義者ではなく、哲学諸派の必然性と真理を曇《くも》りなく洞察しました。

二、具体的な理念があらわれてきます。この理念がいまや対立のなかで自分を形成し、自分をつらぬいていきます。第二の時期は、学問が特殊な体系へと分岐していく時期です。一面的な原理が世界観の全体を経《へ》めぐります。一面的な思想のそれぞれが、他の思想と対立しながら、それぞれに一全体を形成します。ストア派の体系やエピクロス派の体系がそれで、懐疑主義は両体系の独断主義を否定するものです。その他の哲学は消滅します。

三、第三の時期は、ふたたび肯定に転じる時期で、対立が消えて一つの理想世界、観念世界、神的世界――全体性へと発展した理念があらわれます。欠けているのは無限の自立存在たる主観性です。

第一篇　タレスからアリストテレスまで

第一期はさらに三つにわかれます。

一、第一区分はタレスからアナクサゴラスまで——直接に言明される抽象思想から、みずからを自覚的にあきらかにする思想まで——です。はじまりは絶対的かつ単純なもので、ついで最初の定義が示され、さまざまな定義が試みられてアナクサゴラスに至ります。アナクサゴラスは真理を知性《ヌース》として、つまり、運動する思想としてとらえました。思想はもはや外から決めつけられるものではなく、自分みずからをあきらかにしていきます。

二、第二区分はソフィスト、ソクラテス、ソクラテス派をふくみます。自分みずからをあきらかにする思想が、わたしのうちに具体的に現存するものとしてとらえられる。それが主観性の原理です。ただし、主観性は無限の主観性ではなく、思考はさしあたり、抽象的原理として存在し、また、偶然の主観性として存在するにすぎません。

三、第三区分はプラトンとアリストテレスです、——ギリシャの学問の完成期で、客観的な思想ないし理念が全体へと形成されます。プラトンでは、自分みずからをあきらかにする具体的な思想が、いまだ抽象的な理念にとどまり、普遍の形式で存在するにすぎない。アリストテレスに至って、理念は自分みずからをあきらかにするものとして、つまり現実に活動するものとして、とらえられます。

第一章　タレスからアナクサゴラスまで

この時期については、いい伝えや断片しか残っていないから、まず資料のことにふれておきます。

(a)第一の資料はプラトンの提供するものです。プラトンはしばしば前代の哲学者に言及します。プラトンは、それぞれ独立に登場してはくるものの、たがいに区別をつけにくい前代の哲学を、その概念の明晰な把握を通じて一理念の具体的な契機として位置づけましたから、プラトン哲学はしばしば、前代の哲学説を長く引きのばしたもののように見え、剽窃《ひょうせつ》ではないかとの非難をまねいています。かれは古代の哲学者の著作を手にいれるのに多額の金を費し、著作を丁寧に研究したので、その引用は価値あるものです。ただ、かれはその著作に自分が教師として登場することはなく、いつも他の人物が哲学的対話をおこなうので、その叙述を読むかぎりでは、どこまでが歴史上の人物の思想で、どこから先がプラトンの追加なのかを区別できない。たとえば『パルメニデス』におけるエレア派の哲学の場合がそうです。その説をさらに発展させたところはプラトンのものにちがいないのですが。

(b)アリストテレスはもっとも内容豊富な資料です。かれは前代の哲学を自覚的かつ根本的に研究し、とくに『形而上学』の冒頭で（またその他いろいろな箇所で）古い哲学から順に歴史的な叙述を試みています。思索と学殖を兼ね備えたかれには、全幅の信頼を置くことができる。ギリシャの哲学を学ぶには、『形而上学』の第一巻に取り組むのが一番です。学者らしい才気をひけらかしてアリストテレスを批判し、かれはプラトンを誤解しているという人がいますが、そんな人には、プラトンその人とつき合ったアリストテレスほど、深く根本的にプラトンを理解した者はおそらくいない、といってやればいいのです。

(c)キケロのこともいっておきましょう。疑わしい資料ではあるのですが。かれは多くの情報を提供してくれますが、かれにはそもそも哲学的精神が欠けているために、哲学を歴史的にしかとらえられない。かれは資料そのものを研究しなかったようで、みずからも、たとえばヘラクレイトスはわからなかったと告白しています。そして、この深遠な古代哲学に興味をもてなかったがために、それをじっくり研究する気にはならなかった。かれの情報は主として、ストア派、エピクロス派、新アカデメイア、ペリパトス派など、あたらしい哲学にかんするものです。古い哲学を見るにもあたらしい哲学が媒介になっていて、しかもその媒介がそもそも思索的なものではなく、理屈ならべの類《たぐい》です。

(d)後期懐疑主義者セクストス・エンペイリコスの『ピュロン哲学概要』と『教師たちへの反論』は重要な資料です。かれは懐疑主義者として、一方で独断主義の哲学とたたかい、他方で懐疑主義擁護の証言として他の哲学者を引きあいに出すので（かれの著作の大部分は他の哲学者たちの教説で埋められています）、エンペイリコスは古代哲学史のためのもっとも豊富な資料です。そこには貴重な断片がたくさん載っています。

(e)ディオゲネス・ラエルティオス。かれの『哲学者列伝』は重要な資料集です。不用意な証言の引用があちこちに見られはしますが。かれには哲学的精神は認められず、その著作は外面的でつまらぬ逸話の集積です。哲学者の生涯を知るのに、ときには哲学説を知るのに、それは重要な資料です。

(f)六世紀なかば、ユスティニアヌス帝治下に活躍したキリキア出身のギリシャ人シンプリキウスは、ギリシャのアリストテレス注釈家のなかでもっとも学識のある明敏な学者です。その著作の多くはいまだ出版されていませんが、資料的価値の高いものです。資料の提示はこのくらいにしておきます。くわしいことは、どんな概説書にも出ていますから。

さて、ギリシャ哲学の歩みというと、普通に外的なつながりとされるもの、つまり、哲学者同士の師弟関係をもとに順序を追っていくというのがこれまでの通例で、それによると、つながりの一系列はタレスを、他系列はピタゴラスを出発点にするものでした。けれどもこのつながりはもともと不完全なものだし、それに外面的です。タレスを出発点として一つのまとまりをなす哲学派ないし哲学者群の一系列を取って見ると、時間の上でも精神の上でも、各人がたがいに大きくへだたっている。そこまでばらばらになると、（前後関係や観念上の外面的な師弟関係による系列化は可能だとしても）もう系列など本当はないといってもよい。

だが、精神というものはまったくべつの順序をなす。さきの二つの系列も、精神の面、および、特定の内容の面からすれば、たがいに浸透しあっています。

わたしたちが最初に出会うタレスはイオニア人です。イオニア人といういいかたはアテネ人をふくむこともあるし、逆に、小アジアのイオニア人の先祖がアテネ人だったともいいます。イオニア人は古くはペロポネソス半島にあらわれるが、そこから追われたらしい。しかし、イオニア人がどの部族をさすのかは不明で、イオニア人を名告《なの》る他の部族もあるし、アテネ人ですらイオニア人と呼ばれる。ツキディデスの『戦史』によると、そもそも小アジアのイオニア植民地は多くアテネ人の入植によるという。ギリシャ人がもっとも活発な活動を展開したのは、小アジアの海岸地方と海上の諸島とそれにイタリア（大ギリシャ）の西方地帯です。これらの諸部族のもとでは、内政と外交の両面から複雑多様な関係が生じ、内にこもることが不可能になって広い視野に立つものの見かたが生まれます。イオニアと大ギリシャの二地点こそ哲学史の第一期が展開する地域にほかならず、それが第一期のおわりにはギリシャ本国に根をおろし、そこを本拠とすることになる。つまり、ギリシャ外辺の二地点のほうが古き交易と文化の地であり、ギリシャ本国はこの点ではおくれを取っているのです。

注意すべきは、東と西の二地域に哲学もまた分割されることです。一方が小アジア、他方が西のギリシャ領イタリアで、哲学もイオニアの哲学とイタリアの哲学というように地理的に区分されます。哲学の性格（内容）に地理上の性格のちがいが反映している。一部の島々をもふくむ小アジアに育った哲学者は、タレス、アナクシマンドロス、アナクシメネス、へラクレイトス、レウキッポス、デモクリトス、アナクサゴラス、クレタ島のディオゲネス、などです。イタリアに育ったのは、サモス島出身ながらイタリアに住んだピタゴラス、それに、クセノファネス、パルメニデス、ゼノン、エンペドクレスなどで、ソフィストの多くもイタリアに住んでいます。はじめてアテネにやってきたのはアナクサゴラスで、以後、両端にあった学問が中央に統一され、アテネが学問の本拠となる。これが地理上の見取図です。つぎに思想表現についていうと、東方では感覚的・物質的な側面が支配的なのにたいして、西方では観念が優勢で、思想の形式を取った観念が原理とされる。東方の哲学者たちが、東洋にならいつつ、自然のどこかに絶対的なものを認識し、絶対者を物として提示するのにたいして、イタリアの哲学者たちは絶対者を観念として提示する。いまはそうしたちがいを確認しておくだけにします。シシリアのエンペドクレスが自然哲学者ふうだったり、同じくシシリア出身のソフィスト、ゴルギアスが観念的な哲学者だったりという不都合が、あるにはあるのですが。

もう少し丁寧に第一期を整理すると、A、イオニア派――タレス、アナクシマンドロス、アナクシメネス。B、ピタゴラスとその弟子たち。C、エレア派――クセノファネス、パルメニデス、など。D、ヘラクレイトス。E、エンペドクレス、レウキッポス、デモクリトス。F、アナクサゴラス。

第一期の哲学の内部にも前進を見出し、示さねばなりません。最初のまったく抽象的なもののとらえかたが、タレスその他のイオニア派に見られる。かれらは普遍的なものを水や空気といった自然の形態においてとらえました。このまったく直接的な自然の形態を放棄するところに、つぎの段階への前進がなければなりません。それをおこなったのがピタゴラス派で、かれらは、数こそが実体であり、物の本質であるといいます。数は、感覚的でもなければ、純粋な思想でもない。いわば非感覚的な感覚物です。一はまとまりをつける形式だが、すでに、一、二、三、……へと分岐している。こうして、絶対的な一という概念規定が、具体物に接近していきます。つぎに、エレア派では、思想が感覚的形式や数の形式から、はげしく純粋に離脱し、——純粋思想が登場します。そしてそこに思考の弁証法的な運動があらわれ、特定の個物を否定して、多なるものではなく一なるものだけが真理であることを示そうとする。エレア派では主観の過程にすぎぬこの個物否定の過程を、ヘラクレイトスは、それこそが絶対的なものだと言明する。絶対者は、動くもの、変化するものだというのです。これにたいして、エンペドクレスとレウキッポスとデモクリトスは、ふたたびもう一つの極へ、つまり、単純で物質的で静止する原理へ、——運動や過程とは区別される、過程の基体のほうへと帰っていきます。アナクサゴラスでは、運動し、自分みずからをあきらかにする思想そのものが、本質と見なされる。これは偉大な進歩です。

A、イオニアの哲学

古代イオニアの哲学が主題です。できるだけ簡潔にあつかいたいと思いますが、思想がきわめて抽象的で貧弱なだけに、むずかしいことではありません。タレス、アナクシマンドロス、アナクシメネスの三人以外は、名前をあげるにとどめます。古代イオニア哲学全体で六時限を予定していますが、内容は簡単です。学者というものは、とかく古代にくわしいことを自慢したがるものですが、知識がなければないほど、博学を気取れるというものです。

一、タレス

タレスとともにようやく本来の哲学史がはじまります。タレスの生涯は、イオニアの諸都市がリュディアの王クロイソスに隷属していた時期にあたっています。クロイソスの失脚(紀元前五四八年)によって、イオニアは解放されるかに見えましたが、その実、ほとんどの都市がペルシャ人の支配するところとなりました。タレスは、イオニアの破局ののち、なお数年生きのびています。かれはミレトス生まれで、家族はフェニキアのテリダイ一門に属するといわれる。生年は信頼すべき記録によれば紀元前六四〇年、マイナースによれば紀元前六二九年です。

かれはクロイソス王のもとで、また、ミレトスにおいて、政治にたずさわりました。ヘロドトスは何度かかれの活動にふれています。『歴史』の述べるギリシャ人のいい伝えによると、クロイソスがキュロスにむかって軍をすすめる途中、ハリュス河の渡河に頭をいためていたとき、陣営に居合わせたタレスが、陣地の背後を迂回する半月形の溝を掘って運河とし、もとの河を徒渉《としよう》可能にしたという。さらに、祖国ミレトスと関係することとして、クロイソスがミレトスに反キュロス同盟をむすぶよう提案したとき、それを拒否するようミレトス人に助言した。おかげで、クロイソスの敗北後、イオニアの諸国家はペルシャ人に征服されたのに、ミレトスだけは征服をまぬかれたという。が、べつにまた、かれは若くして国事から身をひき、学問に専念したとのいい伝えもあります。

かれはフェニキアへ旅行したともいわれますが、これは根拠の薄弱な話です。高齢でエジプトに旅行したのは、疑いありません。エジプトでかれはとくに幾何学を学びました。ただ、ディオゲネスがヒエロニュモスなる人物のいい伝えとして述べている逸話は、とても信じられない。それによると、タレスはエジプト人に、人間の背丈とその影の長さの比を利用して、ピラミッドの影の長さからピラミッドの高さを測るよう教えたという。(人間の影)・対・(人間の背丈)が(ピラミッドの影)・対・(ピラミッドの高さ)になるという比の計算です。

もしこんなことがエジプト人に目あたらしいことだったとすれば、エジプトの理論幾何学はひどくおくれたものだったはずです。これとはべつに、ヘロドトスは、タレスがメディア人とリュディア人の戦闘のさなかにおこった日蝕を予言していた話を伝えています。ほかにも、天文学の知識や研究にまつわるいい伝えや逸話があります。たとえば、空をあおいで星を観察していたタレスが溝に落ちたのを見て、人びとが足下のものさえ見えない人がどうして天上のことがわかるんだろうとからかった話。世間の人は、自分たちの嘲笑に哲学者が仕返しできないのをいい気になっています。が、世間の人は哲学者が自分たちのことを、あなたたちはたしかに溝に落ちることはないが、それはもともとあなたたちが溝にすっぽりはまっているから、つまり、高いところをながめやったりしないからだ、といって嘲笑していることがわからないのです。タレスはまた、賢者はその気になれば容易に金持になれることを実証したという。もっと重要なのは、一太陽年が三六五日であるのをあきらかにしたことです。最高の賢者にあたえられる黄金の鼎《かなえ》の逸話は、ディオゲネスのきわめて重視するもので、かれはあらゆる異説を集めています。鼎はタレス（または、ビアス）にあたえられ、タレスはべつの人にあたえ、こうしてつぎつぎとめぐって、ついにふたたびタレスにもどってきた。かれは（または、ソロンとともに）アポロンこそ最高の賢者であり、鼎はアポロンの神託所ディデュモイ（または、デルフォイ）に送るべきだと判断したという。ところで、かれが死んだのは紀元前五四八—五四五年のことで、享年七八歳、または九〇歳、テンネマンによれば、紀元前五四三年、ピタゴラスがクロトンにきた年のことです。死因は、体育競技を見物中、暑熱と渇《かわ》きに倒れたためといいます。

さて、哲学に話を移すと、かれが最初の自然哲学者であるのは衆目の一致するところです。かれの哲学についてわたしたちの知るところはわずかですが、それだけでも十分だといえなくはない。タレスの学説にもとづくとしか考えられない、さらなる哲学の発展と自覚の深まりがのちにあらわれて、それもかれの哲学にふくめて考えられるからです。かれの思想がほかにもいろいろあって、それは失われたかもしれないが、それらは本来の哲学的思索ではなかった。たとえば、ヘロドトスの『歴史』に出てくる、ナイル河の増水の原因は反対方向から吹く季節風によってナイルの水がおしもどされるからだ、といった説がそれで、こうしたものは哲学思想ではありません。哲学についてなら、かれの思索的な理念がどう哲学的に前進しえたかを知れるはずですが、すでに述べたように、かれが理念を前進させた形跡はない。かれの理念を哲学的に発展させたのは、後代の一時期にあらわれてかれの考えをきちんと受けついだ哲学者たちだった。だとすると、本当の意味で失われたものはなにもないといっていい。タレスの哲学がまとまった体系として提示されないのは、資料が散佚《さんいつ》したからではなく、最初の哲学というものがいまだ体系をなしえなかったからです。

タレスの著作というものはなく、そもそも著作をものしたかどうかわからない。ディオゲネス・ラエルティオスは、天文学にかんする二〇〇行の詩や、いくつかの箴言《しんげん》、たとえば、「多言は思慮深さのあかしではない」といったことばをタレスのものとしています。

古代の哲学者たちについての資料としては、かれらをたいていは一括してあつかうアリストテレスが一番です。古代の哲学を本格的に論じた『形而上学』一巻三章で、アリストテレスはこういっています。「最初の哲学者たちのうち、その大多数は、万物の原理をもっぱら物質の形を取るもののうちに求めた。」（アリストテレスは、第一原因として、一、本質ないし形、二、物質ないし基体、三、運動の原因、四、目的、の四つをあげます。）「すなわち、すべての物の存在のもとをなし、すべてがそこを出発点として生成し、また、最終的にそこへ帰っていくその当のもの、それは実体としてつねに変わらず、ただ性質が変わるだけだが、それこそが元素であり、万物の原理だとかれらはいう。」それが絶対のはじまりです。「だから、かれらの考えでは、どんなものでも、つねに同じ自然を維持する以上、生成することも消滅することもない。」たとえば、「ソクラテスが美的もしくは芸術的になったからといって、ソクラテスが端的に生成したとはいわないし、そうした性質を失ったからといって消滅したとはいわない。ソクラテスという主体はあくまで同一だから。ほかのすべてのものについても同様で、というのも、一つの自然ないし複数の自然が存在し、他のすべてはそこから生ずるが、自然自身は自分を維持し、」変わることがありえないから。「そうした原理がいくつあり、どのようなものであるかは、哲学者によってかならずしも意見が一致しているわけではない。（物質的なものを万物の原理ないし実体と見なした）自然哲学の祖タレスは、水が原理だという。それゆえにまた、かれは、大地が水の上にあると主張した。」水が土台だというわけです。セネカの説明によると、大地の内部にあるものではなく、大地を覆《おお》うものが普遍的本質とされていたようではありますが。

これらの原理がどういう性質をもつかをくわしく見ていくことにわたしたちの関心はない。唯一関心があるのは、原理が水だという発言が一体どこまで哲学なのか、という問いです。わたしたちのだれかがこういうことばを発すれば、それは哲学的発言ではなく物理的発言と見なされるでしょうが、ここでは、物質的なものが哲学的な意味をもっています。このような発言に接してただちに期待したくなるのは、この原理が展開されて、水が万物の実体であることが証明されること、つまり、この原理からどのようにして特殊な形態が演繹されるか、ということです。けれども、その点、とくにタレスについては、水が原理であり、万物の神であるという以上にはなにもわからないのが実情です。アナクシマンドロスやアナクシメネスやディオゲネスについても、原理以上のことはわかりませんが。

アリストテレスは、タレスが水に行きついた理由をこう推測しています。「タレスがこの考えを抱くようになったのは、ひょっとすると、すべての養分に水気があり、熱そのものも水気から生じ、生物が水気によって生きているのを観察したからかもしれない。ところで、なにかがそこから生じてくる、そのもとのものが万物の原理である。だから、かれは水を原理としたのであろうし、一方また、すべての種子に水気があり、水が水気の原理であるから、そう考えたのかもしれない。」アリストテレスはつづけます。「はるか昔にはじめて神のことを語った古代人が、同じように自然をとらえていた、と主張する人もいる。かれらは水の神オケアノスと海の女神テティスを万物生成の父母と見なし、神々の誓いのためには、詩人たちがステュクスと呼ぶ水を用いた。というのも、もっとも古いものがもっとも尊敬されるべきものであり、誓いはそのもっとも尊敬されるべきものだからである。」絶対不動のものにかけて誓いを立てるというわけです。

(a)本質は形なきものである。これがタレスの原理の核心です。ここでどうしてもいっておかねばならないのですが、タレスに水を万物の絶対的本質と考えさせたわけとしてアリストテレスが「ひょっとすると」という限定つきで述べていることは、タレス自身が提示した理由ではないし、そもそも理由といえるかどうか疑わしく、ここでアリストテレスは、自分が前に出て、いわゆる「実物証明」（現実と思想の一致）なるものをおこない、「水の普遍性を現実に」証明しています。後代の、たとえばプルタルコスの作といわれる『哲学原理』では、ひょっとすると、ではなく、確実にこれをタレスの理由としている。ティーデマンが『瞑想哲学の精神』で、プルタルコスは「ひょっとすると」を取りはずしたというのは当を得ています。プルタルコスのいいかたはこうです。「一切が水から生じ、水に帰っていくとタレスは推測する。理由は、(α)すべての生物の種子は原則として水気があり、他のすべてのものも水気を原理とするからであり、(β)すべての植物は水から栄養を取って果実をつけ、水が不足すれば干からびるからであり、(γ)太陽や星の熱、さらには世界そのものまでが水の蒸発によって栄養をあたえられているからである。」アリストテレスは、水気が少なくとも至るところにある、という事実を一通り示すだけで満足しています。プルタルコスになると、もっとはっきり、水が物の単純な本質であることの理由としてこの事実をもちだそうとするから、物が単純な本質として存在するとき、はたして水であるかどうかを吟味しなければならない。

(α)動物はどうか。動物の単純な現実の本質ないし未熟な現実は、動物の精液であり、――これはもちろん水気がある。(β)植物の栄養については上述の通りで、水が不可欠である。ところで栄養とはまさに物を存在せしめる形なき実体であり、個体に吸収されてはじめて個体の水分となり、物の形を取る。――動物の水気が主観的な形なきものだとすれば、植物のそれは客観的な形なきものです。(γ)太陽や月や世界全体が、植物に似て、水の蒸発によって生成してきたという考えは、いうまでもなく、古代人には受けいれられやすい。古代人はわたしたちとちがって、太陽や月を独立の存在とは考えていなかったのですから。

水という対象的・現実的な存在が、内部に形態の変化をもつ概念へと高められ、概念として提示されています。(感覚的確信の次元では、あらゆる物が個物としてとらえられるにすぎません。)概念化のはじまりは、世界が水として――単純な普遍体、流動体一般として――提示される点にあります。右に述べた理由づけのなかで、水はどこにでもあるものとされています。水の遍在はわたしたちにも容認できることで、ために水は一元素とも名づけられる。が、水の遍在とはいっても、水が現実にあらゆる場所を埋めつくしているわけではなく、まだほかにも元素はある。つまり、水の遍在は感覚的なものではなく、純理論的なものです。が、純理論的であるためには、水は感覚的なものであるのをやめて、概念とならねばなりません。流動性とは、その概念からすれば生命であり、精神的にとらえられた純理論的な水は、現実に感覚される水と同じものではない。こうして、感覚的な遍在と概念の遍在との葛藤《かっとう》が生じてくる。自然の本質があきらかにされ、自然が思考の単一な存在として表現されねばなりません。単一な存在とはまさしく形なきものであり、水は遍在（形なきもの）の概念とその存在との矛盾です。というのも、実際の水は、これと指示できる形をもち、感覚的なものとして目の前にあるからです。水は、水以外の土や空気や火などと区別して性格づけられる。が、土、空気、火と対比すると、形なき単一のものという性格をもつ、――土が固形、空気があらゆる変化を受けいれる元素、火がみずから変化する元素、と性格づけられるのにたいして。しかし、概念としての水は直観はされず、もはや物ではない。酸素や水素の場合と同様、やはりつねに物が存在すると主張せずにはいられず、物のイメージや物質の原理を消しさるのは不可能だけれども。こうして、対象は(α)わたしたちの目から見ても、(β)そのもの自身においても、分裂しています。形とともにとらえられた物は、もはや感覚的な物そのままではなく、表面的なありかたを超えて、普遍的な概念となっています。自然哲学は、物の感覚的なありかたを廃棄しなければならないのです。物質というものが、感覚的な物でないのは周知の通りで、物質は存在し、対象として実在しますが、あくまで概念としてとらえられるものです。電気、磁気といった物質は、感覚的なものとは正反対の、形なきものです。

一切が水から生みだされる、とか、水にかけて誓う、といったことは、古くからの伝統的な考えかたですが、この考えは哲学的思索につながる意味をもっています。最善のものが証人となる。神々が冥界の川ステュクスで誓いを立てたのはよく知られています。誓いとは、わたし自分のことを絶対に確実なものとして明言することです。客観的な証拠を示せなくて、わたしの確信が対象のうちに立証できない場合は、誓いも効力をもたない。支払いの場合は、それを確認するのは領収書や証人で、そこでは行動が対象となり、多くの人が見ています。しかし、行為が対象としてあらわれず、たんなる確信にすぎない場合には、誓いを立てて、自分の確信が絶対にまちがいないと明言しなければならない。このときの対象という形を取った思考の本質、もっとも内面的だが、しかし真実であり現実であるもの、それが水です。意識は対象のもとで真なるものとなるのですが、この真なる対象が地下の水（ステュクス）です。わたしはいわば純粋な自己確信を――神ないし純粋思考を――対象として明言するのです。

タレスの単純な命題は、(α)哲学です。というのは、水といっても、他の自然元素や自然物と対立する特殊な感覚的な水が考えられているのではなく、現実の事物の一切がそこに解消され、ふくまれるような思想としての水、いいかえれば普遍的存在としての水がとらえられているからです。また、タレスの命題は、(β)自然哲学です。というのは、この普遍的存在が現実に存在するものとされ、かくて絶対的な水は思考と存在の統一体だからです。

水が原理だというのがタレスの哲学のすべてです。それはどの程度に重要で、思索的なものなのか。わたしたちは、自分たちの身についたゆたかで具体的な思想世界のことを、ひとまず忘れなければならない。わたしたちの世界では、子どもでも、「神は天にいて目に見えない」といったことばを耳にしますが、そうした神はタレスの時代にはまだ存在しない。思想の世界はこれから建設されていくので、純粋な統一などどこにもない。人間は自然を目の前にし、そこにはたとえば、水、空気、星、天空があって、人間の視野はそれらにかぎられている。神々を空想することはあるが、その内容はやはり自然にしばられて、日の神、地の神、海の神となる。それ以上のもの（たとえば、ホメロスのイメージ）にしても、およそ思想を満足させるようなものではない。知的世界のいまだ意識されないこの時代にあってみれば、自然的世界を満たすさまざまな事物をそのまま認めるのではなく、単一で不変な実体へと還元していくには、精神の大いなる大胆さが必要だといわねばなりません。（神でさえも系譜をもち、活動し、種々雑多で、変化するときに、）生成も消滅もしない不変物の存在を明言するのは、大胆なことです。その存在が水だ、とタレスはいう。水は中立の存在であるがゆえに容易に単一物として示され、しかも、空気よりは物質性が強いのです。

水が絶対的なものだ、あるいは古代ふうのいいかたで、水が原理だ、というタレスの命題は、哲学的です。そこに哲学のはじまりがあるというのは、それが、一なるものこそ本質であり、真理であり、完全無欠なものであることを意識させるからです。ここには、感官によって知覚されるもの、直接に存在するものとの分離が、それらから身をひく動きが、あらわれています。もともとギリシャ人は、太陽や山や川などを独立の力をもつものと見なし、神として崇《あが》め、そしてそれらを、活動し、動かされ、意識をもち、意志をもつものだと想像しました。わたしたちには、それらはたんに空想上のイメージのように思われ、無限の普遍的な活力や形態をもちながらも、単一のまとまりをもたないものに見える。が、タレスの命題とともに、この荒々しい、多種多様なホメロス流の幻想が、安定したものとなり、無数の原理の並列が解消される。つまり、特殊な対象が自立した真理、自立した力と支配力をもつ、という考えがすべて廃棄される。そして、存在するのは普遍的なもの、単純な幻想なき直観、思考、一なるものだけであることが言明される。そして、この普遍的なものは、ただちに、特殊なもの、現象、世界の存在と関係します。

タレスのことばにふくまれる第一の関係は、特殊な存在は独立性をもたず、絶対に真なるものではなく、たんに偶然なもの、たまたまそういう形を取ったものだということです。これを積極的にいうと、一なるものから他のすべてが生じ、一なるものがあくまで他のすべての実体であり、特殊な存在は偶然な外的な作用を受けて生ずるということ、いいかえれば、すべての特殊な存在は移りゆくものであり、特殊な形を失ってふたたび普遍的な水に帰っていくということです。ここには、一なるものが真なるものだという哲学があります。こうして、絶対的なものが有限なものから分離されるわけですが、しかしここで、一なるものは天上にあり、有限な世界が地上にあると考えてはならない。普通に神を考えるとき、よくそうした区別がおこなわれ、世界は確固としたものと見なされ、感覚的な世界と超感覚的な世界という二種類の現実が同等の価値をもつように考えられるが、それはちがう。一なるものだけが真に現実的なものだというのが哲学的な見解で、ここでは、現実的ということばが高度な意味でとらえられねばならない、——日常生活ではすべてが現実的だと考えてさしつかえないのですが。

第二に注意すべきは、古代哲学者たちの原理は特定の形を、最初は物理的な形を、取るということです。水はすべてのものにふくまれる元素であり要素であり、物理的に遍在する力であると見られますが、一方また、他のすべての自然物と同様、特殊な存在でもあります。統一への必要にかりたてられて、特殊な事物のうちに普遍的なものを承認せざるをえないのはたしかだが、他方また、水が特殊な物であることに変わりはない。これは古代哲学の欠点です。真なる原理というものは、一面的で特殊な形をもつのではなく、普遍と特殊の区別そのものが普遍的でなければならない。形は全体が形をなすのでなければならない。それには精神の原理が活動し、高度な自己意識が生まれねばならず、そのときはじめて、形は絶対的な形へと仕上げられ、――精神の原理となる。が、それは最深の思考を必要とするもの、最後にあらわれるものです。古代哲学の原理は特殊な形態にとらわれたもので、むろん欠点のあるものです。ここでは、普遍から特殊へと移行していく道筋が不可欠で、それが活動として明確にされる。それは必要なことでもあります。

(b)等質の水が最高のものとされたところで、つぎなる問いは、これがどう分化していくかにあります。絶対的なものが自分みずからを分化していくことは、すでに具体化のはじまりです。以下、もっぱらこの分化のありかたが観察されます。

タレスの水には形が欠けています。形はどのように形成されるのか。水から特別の形態が生まれてくるようすは、あれこれの哲学史によく引用されます（アリストテレスも、タレスと名ざしはしていませんが、それについて述べています）。水が形を取るのは濃厚化と希薄化、もっと正確には、濃さと薄さ、密度の大小による、というのです。もっと明確にいえば、水を希薄にしたものが空気、空気を希薄にしたものが火のエーテル、水を濃密にしたものが泥、つぎに土だという。希薄な水、つまり空気は、第一の水の蒸発であり、エーテルは空気の蒸発であり、土や泥は水の沈殿です。第一の動きは単純な分裂であり、対立する二つの形があらわれるのですが、この動きは概念のうちに一般に見られるものです。第二の動きは感覚的な変化で、これは概念に従うものではない。分裂が意識をとらえる現象です。

タレスの自然哲学のうちにまず見出されるのは、(α)一般に、量的な区別です。が、概念にもとづく区別は、(実験で証明されるような)物理的な意味をもつものではない。内的な魂は、つねに感覚的なものとはちがうなにかを生みだすので、感覚的な意味を物質や物質の性質に求めてはならない。区別はまさしく概念の一般的な区別としてとらえなければなりません。感覚的に同じものを濃厚にしたり希薄にしたりというのは、近代科学の実験の手法であって、たとえばラヴォアジェは、水から土が生じるかどうかをさまざまに探求しました。酸素や窒素は空気だが、水素は空気中にはない。形や性質が絶対的に変化して、べつの感覚物になっているのに、感覚的な同質性が求められています。原理もまた感覚的な物として言明されるわけにはいかない。わたしが、酸素が本質的だといえば、酸素を示す必要があります。(β)形の本質は同一物の量的な区別です。その点は近代の自然哲学も変わらない。けれども、量的区別は本来の、絶対的な、本質からする区別ではなく、非本質的で他律的な区別です。すでに存在するどうでもいいものについて、他から区別がおしつけられたものが量的区別で、それは、概念にもとづく内的な区別ではありません。

水の濃厚化と希薄化が、水の形のちがいをなす唯一の変化ですが、濃厚化と希薄化は、絶対的な区別を外面的に表現するにすぎず、そこにいつまでもかかずらう必要はありません。そこには関心を引くものとてなく、まったく曖昧《あいまい》で含蓄のないものです。この区別は無意味です。

(c)形が濃厚化と希薄化の二面で表現されるかぎり、それは絶対的なものではない。原理は実在としてではなく、観念形式として、絶対的概念として、無限で、形成力をもつ統一体として、存在しなければならない。ちょうど、現在が過去と未来の単純な統一であり、また思考が単純な観念形式であるように。この点についてアリストテレスは『霊魂論』で、つぎのようにいっています。「タレスは、人びとのいい伝えによると、魂は物を動かすものだと考えていたようだ。磁石について、鉄を引きつけるのだから磁石は魂をもっている、といったのだから。」ディオゲネス・ラエルティオスは、磁石に加えて琥珀《こはく》にも魂があるとしたタレスの話を伝えています。この記述は、最初は、タレスが無生物にも魂を認め、――無生物に魂と呼ばれる物があるように考えた、というふうな誤解を受けましたが、そんなことはありえない。問題となるのは、タレスが絶対的な実在をどう考えたか、絶対的な実在が単純な存在と観念形式の統一であるという理念を、――つまり一般に魂というものの存在を、――かれが言明したかどうかにあります。ディオゲネスによると、タレスは世界が生命をもち、神を世界神々に満ちていると考えたとのことだし、プルタルコスの『哲学原理』によると、神を世界の知性と名づけたとされるが、古代人の一致した見解（とくに、アリストテレスの見解）によれば、こうした表現を最初に使ったのはアナクサゴラスであるという。物の原理が知性《ヌース》であると最初にいったのはアナクサゴラスだからです。

このように後代のものをもふくむ引用を重ねても、タレスが絶対者の形を明確にとらえたと考える証拠はない。どころか、それは、哲学史ののちの発展に矛盾する考えです。

タレスにおいて、実在が形をもつものとされているのはたしかですが、実在と形の統一はくわしく展開されてはいない。磁石が引きつける力をもつというより、魂をもつというほうが、すすんだいいかたです。力は、物質から区別される性質の一つで、述語として思いうかべられるが、――魂は自分を動かすもの、物質の本性と切り離せないものだからです。が、そうした考えはタレスの思いつき以上のものではなく、ぽつんといわれているだけで、かれの絶対的な思想と関係をむすぶことがない。その考えが発展させられることはなく、そこから普遍的なもののすがたが明確になることもありません。

実際、タレスの哲学は以下のように単純に要約することができます。(α)自然を単純な実在へと集約し、抽象的にとらえたこと。(β)根元の概念を打ち立てたこと。根元は一面では単純な感覚物、一面では単純な思想だが、いずれにせよ、原理――無限の概念（それ以上の点は不明確だが）――として提示されています。思想の存在が水と命名される現実の存在であり、水のもとにある思想ないし概念といえば、量の区別しかない、――しかしこの概念は対象に本来備わったものではありません。

以上が、タレスの原理を、その限界内で明確にした場合の意味です。キケロのことばに、

「ミレトス人タレスは、水が万物の根元であり、水の全体からつくられる精神が神だといった」とありますが、これとて、タレスにおける観念形式のありようを明確にするものではない。タレスが神について語った可能性はありますが、キケロはさらにすすんで、タレスは、水から一切を形成する知性《ヌース》として神をとらえた、というのです。どこでもかしこでも神による世界創造という考えを見つけたがる人には、この言は大いなるよろこびでしょうが、タレスが神の存在を認めた哲学者かどうかは、大いに論争のあるところです。プルーケやフラットはタレスを有神論者と見ていますし、宇宙が神々に満ちているということばから、タレスを無神論者ないし多神論者と見る人もいます。ただ、タレスが神を信じたか否かの問いはわたしたちにはどうでもいいもので、というのも、信仰や民族宗教が話題となっているのではないからです。重要なのは、絶対的な実在を哲学的にどう明確化するか、ということだけです。かりにタレスが神はかの水から万物を形成したといったにしても、それは非哲学的な発言にすぎず、それによって神の本質にかんする知識が深まることはない。それは概念を欠いた空虚なことばにすぎず、わたしたちの追求する思索的な概念ではない。同様に、世界霊魂ということばも無用で、タレスはその存在に言及してはいません。

二、アナクシマンドロス

アナクシマンドロスもミレトスの人で、タレスの友人でした。父はプラクシアデスといいます。生年は正確にはわかりませんが、紀元前六一〇年あたりでしょう。というのは、ディオゲネス・ラエルティオスがアテネ人アポロドロスの書から引用しているところによると、かれは紀元前五四八年に六四歳で、その後まもなく死んだとあるからです。同じころタレスも九〇歳で死んだとされ、とすると、アナクシマンドロスより二八歳年長ということになります。アナクシマンドロスは僭主ポリュクラテス治下のサモス島に暮らし、そこにはピタゴラスやアナクレオンも集まってきたという。かれはまた、自然について、恒星について、球について、等々の哲学思想をはじめて著作にあらわしたという。また、陸と海の境界を示す地図をつくったり、さまざまな数学的発明品、たとえば日時計（スパルタに設置）や、太陽の運行と春秋の分点を示す装置や、天球儀などをつくったといいます。

アナクシマンドロスの哲学思想は、範囲が狭く、くわしく展開されてもいません。「原理もしくは元素として、かれは無限なもの（不定のもの）を立てた。かれはそれを空気とも水ともその他のものとも限定しなかった。」（『哲学者列伝』）この無限なものがどういうものかを説明することばは、わずかしかありません。(α)それは一切の生成と消滅の原理である。そこから無限の世界（神々）が生じ、ふたたびそこに帰っていく。これはまったく東洋的な語り口です。原理が無限のものといわれる理由を、かれはこう説明します。「つぎつぎとなにかが生みだされていくには、材料が十分になければならない。」（プルタルコス『哲学原理』。キケロ『神の本性について』）「それは一切をうちにふくみ、一切を支配するもので、自身は、神的で不死で不滅のものである。」（アリストテレス『自然学』）(β)「アナクシマンドロスは（アナクサゴラスと同様）一なるものにふくまれるさまざまな対立を、一なるものそのものから区別する。」（『自然学』）その結果、一なるもののうちにある一切は確固としてはいるが不定であり、部分は変化するが、それ自身は変化しない。（『哲学者列伝』）(γ)無限なるものは数において無限ではなく、大きさにおいて無限であるとされる。（シンプリキオス『アリストテレスの「自然学」注釈』）――この点でアナクシマンドロスはアナクサゴラスやエンペドクレスや原子論者と区別されるので、アナクサゴラス以下が無限なるものの絶対的な分割を確言するのにたいして、アナクシマンドロスは無限なるものの絶対的連続をいいます。

アリストテレスの『形而上学』は多くの人の説を引用したなかで、水でも空気でもなく、「空気よりは濃厚で、水よりは希薄な」原理をあげた人もあるといっています。アナクシマンドロスのことをいっているとするのが大方の見解ですが、ありうることです。

さて、無限なるものを原理とする考えのすすんだところは、絶対的な実在がもはや単一のものではなく、否定的なもの、どこまでも広がるもの、有限の否定物であるとする点にある。無限の全体という考えは、原理は一なるもの、単一なるものだといういいかたを超えるものです。同時に、物質的な側面から見れば、アナクシマンドロスは水という個別元素を廃棄しています。無限なるものという原理を対象として見ると、それは物質というより思想に近い。が、他方、アナクシマンドロスが物質一般、つまりどこまでも広がる物質以外のものを考えていなかったのもあきらかです。プルタルコスはアナクシマンドロスを非難して、「かれは無限なるものがなんであるか、すなわち、空気であるか水であるか土であるかを述べていない」といっています。その原理が物質的なものなのに、かれは原理から性質を奪いとっている。性質をもたない物質は、「まさに存在することも実現されることもできない」というわけです。とはいえ、性質はまさに移ろいゆくものであり、無限であるとされる物質は、さまざまな性質を生みだし、しかも、分裂してあらわれる性質をむなしきものとして消滅させる運動なのですが。このようなものこそが、――たんなる際限なき否定ではなく――真に無限な存在なのですが、残念ながらこうした普遍性のある有限の否定は、わたしたちの考える運動にすぎない。無限なる物質を述べる際に、それが普遍的な無限であるとアナクシマンドロスがいっているようには思えません。

ところでかれは、無限なるものは同質なるものとは区別される、ともいう。つまり、不定なるものは一つの混沌であり、そこにはすでに特定の物や性質が入り混じっている、というわけです。区別は、同質なるものがたがいに結合し、異質なるものから分離する、という形を取る。けれども、これはまずしいもののいいかたで、不定なものから確定したものに移行する必要のあることを示すだけで、移行のやりかたはまったくおざなりのものです。

無限なるものが分裂し、対立を生みだしていく過程については、アナクシマンドロスはタレスと同様、濃厚化と希薄化という量的なちがいをもちだしてくるようです。後人によると、無限なるものからの分離の過程は発生と名づけられて、アナクシマンドロスは人間を魚から生成させ、水から陸へと発生させた、といわれる。発生ということばは近年も耳にしますが、たんに順序をあらわすだけの形式にすぎないのに、それでなにかすばらしいことをいった気になっているものが少なくない。が、そこにはいかなる必然性も、いかなる思想もふくまれないし、ましてや概念がふくまれることはありません。

さて、後代の報告（ストバイオス『自然学概要』）によると、アナクシマンドロスは、暖かさを導入者としている。（アリストテレスは、パルメニデス（形態の解消）と冷たさという考えを導入したともいう。）エウセビオスの『福音の準備』には、アナクシマンドロスの宇宙論にかんしてプルタルコスが論じた作品（現在は亡失）からの引用があります。曖昧《あいまい》な表現が取られ、エウセビオス自身もきちんと理解していないようですが、およそ、つぎのようなものです。無限なるものから、無限の天球と無限の世界が分離してくる。しかしそれらはたえざる分離によって存在するがゆえに、内部に破滅の運命をかかえている。——無限なるものが本質だから、そこからの分離は、区別を生む、つまり、性質や有限なものを生むというわけです。「地球は円筒形をしていてその高さは直径の三分の一である。永遠の昔からものを生みだす原理であった暖と冷が、この地球を生みだすにあたってたがいに分離し、地球を取りまく空気のまわりに樹皮のような灼熱地帯ができた。これが破裂して、破片がまるくかたまって、太陽や月や星が生まれた。」したがって、星もまた、「車輪形をした、火の燃えさかるフェルト状の空気」だとアナクシマンドロスは呼んでいます。

この宇宙論は、地殻の破裂という地質学の仮説に似ているし、太陽の爆発によって惑星が溶岩として生成してきたというビュフォンの考えにも似ています。わたしたちが天体を地球から切り離し、太陽を地球の本体ないし誕生地とするのにたいして、古代人は天体を大気圏に引きずりおろし、地球から太陽を発生させる。天体は、エピクロスの聖なる神々のように、わたしたちのもとにやすらいながら、それ以上の関係はもたない。生成の歩みでは、太陽が一般的なものとして地上に下りてはくるが、太陽はその本性からすれば地球より後にできたものです。地球こそが全体であり、太陽はその抽象的な一部です。

三、アナクシメネス

もうひとり、アナクシメネスが残っています。かれは紀元前五六〇—五四八年ごろに活躍したミレトス人で、アナクシマンドロスと同世代の友人でした。ひかえ目な人で、知られていることはごく少ない。ディオゲネス・ラエルティオスの浅慮撞着の言に、「アポロドロスによると、かれは第六三回オリンピック大会期（前五二八—五二五年）に生まれ、サルディスが（キュロスに）征服されたころに死んだという。」「かれは単純で飾り気のないイオニア方言を用いた。」

アナクシマンドロスの不定な物質のかわりに、かれはふたたび特定の自然元素（実在の形をもつ絶対的なもの）を、——つまり、タレスの水ではなく、空気を——もちだしました。かれは、物質は感覚的な存在をもつことが必要だと考え、しかも空気には形にとらわれないという利点があるとした。空気は水ほど物体的でなく、目に見えないもので、動きだけが感じられるというわけです。一切がそこから生じ、一切がふたたびそこに解消される。かれはそれを無限だとも考えました。ディオゲネス・ラエルティオスは、空気と無限なるものが原理である、と、あたかも原理が二つあるようないいかたをしています。が、シンプリキウスははっきりと「原実在は、一つであり、アナクシマンドロスと同様、無限なる自然であった。ただ、この無限なるものは不定なものではなく、特定のもの、つまり空気であった、」といっています。（アナクシメネスはこの空気を魂に類するものととらえたようですが。）プルタルコスは、一切が空気（後人によれば、エーテル）から生みだされ、一切がそこに解消される、もっといえば、「空気にほかならぬ魂が、各個人にまとまりをあたえているのと同様、空気にほかならぬ精神が世界全体にまとまりをあたえている。精神と空気は同じものだ」というように、アナクシメネスの考えかたを説明しています。

アナクシメネスは、実在の性質を魂に引きよせてとてもみごとに示している。かれはいわば、自然哲学から意識の哲学への移行を、いいかえれば、原実在が対象的なありかたを廃棄するさまを述べるのです。この原実在の性質は、これまで、意識の対極をなすものとして、それにそぐわぬとらえかたをされていた。つまり、(α)水または空気のような実在と見なされたり、(β)意識のむこうに横たわる無限なるものとされてきた。しかし、魂（ないし空気）は、どこまでもひろがる媒体で、そこでは数多くの観念が、統一や連続性を失うことなく、消えてはあらわれます。それは能動的であるとともに受動的で、その統一のなかから観念がつぎつぎとあらわれては捨てられ、こうして無限に変化しつつもつねに現在にあり、――否定的とも肯定的ともいえるものです。もっとはっきりいえば、この原実在の性質は、そのものずばり、アナクシメネスの弟子たるアナクサゴラスのものです。

ただし、このつながりはひとまずおいて、つぎにはピタゴラスを見ることにします。ピタゴラスはアナクシマンドロスと同時代の人だからです。ただ、物理的哲学の原理の発展というつながりからすると、アナクシマンドロスとアナクシメネスをひとまとめにしなければなりません。

イオニアの自然哲学者たちは、アリストテレスのいうように、原実在を空気や水のような物質の一種だと考え、さらには（アナクシマンドロスの定義によると）水より繊細で空気より粗野なものだとも考えました。やがて取りあげるはずのヘラクレイトスは、はじめて火を原実在だとしました。アリストテレスは、「土を原理と名づけるものがいないのは、土が合成された元素に見えるからだ」といいます。つまり、土はたくさんの要素の寄せあつめに見えるというわけです。それにたいして、水は一なる透明なものであり、感覚的に均一な形態を示すし、空気も火も物質もそうです。つまり、原理たるものは、一なるもので、それ自身において均一性をもたねばならず、土のようにさまざまなすがたを取るものは、均一とは思えないのです。

以上が古代イオニアの哲学についていうべきことです。貧弱で抽象的なこの思想の偉大な点は、(α)万物のうちに遍在する実体をとらえたこと、(β)実体は形がなく、感覚的なイメージにつきまとわれていないこと、にあります。

イオニアの哲学の欠点をアリストテレスほどみごとに認識した人はいない。かれは、絶対的なものを定義する三つの方法について、二つの面から判定をくだしています。（『形而上学』第一巻第八章）「物質を原理とした人びとは、多くの見当ちがいをしている。(α)物体的な元素のみをあげて、非物体的な元素については、それも存在するのに、あげてはいない。」自然の本質を示すには、自然を完全にとらえ、目の前にあるものをしっかり見ることが要求されます。経験的な手つづきというものがそれです。アリストテレスは非物体的な物のありかたをもちだしたうえで、イオニア哲学の原理は物質的でしかない、絶対的なるものは一面的に定義されてはならないのに、といいます。いいかえれば、かれらは非物体性を、概念としての対象を、打ち立てることがなく、物質的なものと非物質的なものを対置することがない。物質そのものが非物質でもあり、意識へと反転していくものであるのに、かれらは、自分たちが意識の本質について語っていることを知らなかった。要するに、第一の欠点は、普遍的なものが特殊な形態を取るものとして言明されたことにあります。

(β)アリストテレスのいう第二点。（『形而上学』第一巻第三章）「以上のことからあきらかなように、かれらのいう原因（原実在）は物質の形しか取っていない。しかし、考えがすすむにつれて、事柄そのものが道を切りひらいて、さらなる探究を促した。というのも、一なるもの、あるいは多なるものから消滅や生成がおこるとすれば、それがなんによって生じるか、その原因はなにか、という問いが生まれるからである。実体（基体）はみずから変化するものではないのだから。」変化の原因が問われるというわけです。「たとえば、材木や青銅が変化するとき、材木や青銅それ自身を変化の原因とはいえないし、材木がベッドをつくり、青銅が銅像をつくるともいえない。なにかべつのものが変化の原因である。それを探究することはべつの原理を探究すること、わたしたちのいいかたでは、運動の原理を探究することである。」(絶対的なるものが一つの固定した実体として思いうかべられる場合には、この批判はいまもなお有効です。)

アリストテレスのいうのは、物質そのものからは、つまり、自分を動かすことのない水からは、変化そのものをとらえることはできないということで、だとすると、タレスその他のイオニアの哲学者たちは、絶対的な実在を水その他の形なき原理としてしか定義しなかったことになります。アリストテレスは、古代の哲学者が運動の原理を探究も言明もしなかったと非難しますが、たしかにそこには動くものが存在せず、さらに目的がまったくなく、そもそも活動という概念が欠けている。アリストテレスは、べつの場所でこうもいいます。「かれらは生成と消滅の原因を提示しようとしながら、実際は運動の原因を廃棄している。絶対的実在は運動の原因として示されてはいない。単純な物体(土をのぞく)を原理にしたとき、かれらは一から他が生成変化するさまをとらえていない。ここに単純な物体とは、水、空気、火(ヘラクレイトス)、土のことだが。」かれらは生成の性質を認識しなかった。量的な区別としての濃厚化や希薄化は、形が二重になるだけで、単純な形の変化ではない。「こうした生成は、分離あるいは合体としてとらえられる。」が、生成そのものについていおうとすれば、「以前になにかであったものが、のちに他のものになる」という対立が――それも時間の上での対立ではなく、概念の上での対立が――あらわれてこなければならない。最初にあるのは単一に遍在するものであり、のちの他のものは多様で個別的なものだから、生成は、普遍的なものから特殊なものを経て個別的なものへと下りていかねばならない。生成は、その本来のありかたからしてこのような歩みをたどるので、概念の運動が対象的な形を取ると自然における生成や運動となり、その場合、個別的なものは後から、つまり、概念が類として自分のもとに帰っていくときに生ずる。水、空気、火は普遍的なものである。なかでも火がもっとも普遍的な元素に見える。もっとも微細なものだから。「火を原理とした人びとは、生成の性質を（生成がこのような道をたどるという認識を）もっとも適切に表現している。が、それ以外の人びともべつのことを考えていたわけではない。そうでなければ、土を元素とする人がいないなどということはおこりえない。土が元素だというのは民衆に広く行きわたった考えで、ヘシオドスの言に、土は最初の物体であった、とあるほど古く一般的な考えなのだから。」したがって、かれらは「生成において後なるもの」を「自然において第一のもの」とは見なさなかった。生成とはこうした歩みで、かれらはそれにつきしたがいはしたが、それをふたたび捨てさって、最初の形式的な普遍そのものを認識しなおし、三番目にくる全体を――つまり、物質と形の統一を――本質ととらえることはなかった、というわけです。

　アリストテレスによると、古くは物質や存在するものが根本原理とされ、新しくは一般概念が根本原理とされるという。絶対的な実在がみずからをあきらかにするものとしてとらえられないかぎり、いずれも死んだ抽象物にすぎません。

イオニアの哲学について、三つの要点を指摘できます。(α)原実在は水であるという考え。(β)アナクシマンドロスの無限。運動の記述。単純な発生と遍在する単一な形への還帰。濃厚化と希薄化。(γ)魂と比較されるような空気。

自然存在の側面――ここでは、水――が概念となることが求められています。分裂の契機たる濃厚化や希薄化も、ここではまだ概念による対立には至っていません。自然存在の側面を理念としてとらえるのが、ピタゴラスへの移行の意義ですが、そのとき、思考は感覚的なものから離れ、かくて知的なものと自然存在とが分離します。

B、ピタゴラスとピタゴラス派

ピタゴラスの伝記は、後代のいろいろなつくり話によってゆがめられています。後代の新ピタゴラス派がピタゴラスの生涯について大いに書き散らし、それがピタゴラス教団を中心に広く受けいれられた。しかし、それを歴史上の事実と見なすわけにはいかない。ピタゴラスの生涯が最初にものがたられるのはキリスト生誕後一〇〇年のあいだのことですが、時代のものの見かたの影響を受けたその伝記は、キリストの生涯を語る語り口と大なり小なり趣味をともにしている。その生涯は詩的世界のなかではなく、卑近な現実の土俵の上に置かれ、東洋ふうのイメージと西洋ふうのイメージを混ぜあわせたような、不思議と冒険に満ちたつくり話に仕立てられています。かれの特異な天分、特異な生活態度、弟子に課した特異な生活様式をつなぎあわせて、およそ尋常一筋ではいかぬ奇跡の人、この世を超越した人物というイメージがつくられる。魔法使いのあらゆるイメージ、超自然と自然との混交、気ちがいじみた不透明でみじめな妄想や狂信が生みだす神秘の数々、――ピタゴラスの生涯はそんなもので飾られています。

その生涯に劣らず、かれの哲学もさんざんなあつかいを受けています。(プラトンのとらえかただけは例外ですが。)キリスト物語の憂鬱なイメージや寓意《ぐうい》に類する一切が、かれの哲学にまといつく。数を観念の表現として用いたというのは、いい古された話で、たしかに意味深長に見える話です。直観的に感じとれる以上の意味がそこにあることは、すぐにわかるからです。(一は二であり、三は四になる、という魔法の計算。)しかし、そこにどれだけの意味があるかは、数の話をする人にも、話を聞いて理解しようとする人にもわかってはいない。思想が濁ってくればくるほど意味深長に見えるといった次第で、要するに、もっとも肝心でもっとも困難なこと、——つまり、事柄を明確な概念でもって言明すること、——それだけは、だれもしようとしない。というわけで、かれの哲学も、後代のいい伝えによるかぎり、不透明で浅薄な頭脳の生む、曖昧《あいまい》で不確実な考えのごとくに見えます。

さいわい、ピタゴラスの哲学については、アリストテレスとセクストス・エンペイリコスがくわしく論じていて、とくに純理論的な面については十分に知ることができます。後期ピタゴラス派はアリストテレスの記述を誹謗中傷《ひぼうちゅうしょう》しますが、アリストテレスは罵《のの》りで傷つくような存在ではなく、わたしたちもかれらの誹謗中傷を気にかける必要はありません。

のちの時代に、多くの偽作《ぎさく》がピタゴラスの作として世に出回りました。ディオゲネス・ラエルティオスはピタゴラス自身の諸作と、権威づけのためにピタゴラス作と名のる偽作とを区別して引用しています。が、第一にピタゴラスの著作なるものは残っていないし、第二にそれが存在したかどうかすら疑わしい。わたしたちが手にするのは、著作からの引用とわずかばかりの断片で、それもピタゴラスその人のものではなく、ピタゴラス派の手になるものです。前期ピタゴラス派と後期ピタゴラス派のあいだに、どのような発展や意味のちがいがあるのかは、確定できない。ピタゴラスと前期ピタゴラス派とにあっては、概念がいまだ具体的に展開されてはいません。

ピタゴラスの実生活を見ておきましょう。ディオゲネス・ラエルティオスによると、かれの最盛期は紀元前五四〇年です。生まれたのはふつうには紀元前五八四年ごろ、ラルヒャーがもっともはやく設定していて紀元前六〇八年。タレスやアナクシマンドロスと同時代を生きたことになります。タレスの誕生が紀元前六二九年で、ピタゴラスが六〇八年だとすれば、ピタゴラスが二一歳若いだけです。アナクシマンドロスよりは二歳ないし二六歳若く、アナクシメネスよりは二〇歳ないし二五歳年長ということになります。かれの祖国はサモス島で、かれもまた、これまで哲学がさかんにおこなわれた小アジアのギリシャの出身です。ヘロドトスによると、かれはムネサルコスの息子で、サモスのサルモクシスがかれのもとに奴隷として仕えていたという。サルモクシスは自由の身になってから大いに産をなし、やがてゲタイ人の王となり、自分と自分の一族の不死を主張したという。地下に一室をつくり、そこにこもって家臣たちの前からすがたを消し、四年後にふたたびすがたをあらわしたという。ただ、ヘロドトス自身は、サルモクシスがピタゴラスよりはずっと以前の人物だとしています。

ピタゴラスは青年期をポリュクラテスの宮廷で過ごしましたが、ポリュクラテス治下のサモスは、富をたくわえたばかりでなく、文化や芸術も栄え、また、一〇〇隻の艦隊をもつほどの強力な国家でもありました。ピタゴラスの父ムネサルコスは芸術家（宝石カット工）でした。ただ、右のことや、かれの祖国についても、べつのいい伝えがあって、かれの家族はエトルリア人の血筋で、ピタゴラスの誕生後はじめてサモスにやってきたともいわれます。まあ、いずれにせよ、かれは青年期をサモスで過ごしたのですから、サモスを故郷とするサモス人であるのはたしかです。

ピタゴラスの師は、キュクラデス諸島の一つ、シュロス島出身のペレキュデスだといいます。ペレキュデスについては、井戸から汲んだ水を飲んでいて、三日後に地震がおこるのを知ったとか、順風満帆《じゅんぷうまんぱん》な船を見てその沈没を予言したら船がたちまち沈没した、といった話が伝えられています。テオポンポスによれば、自然や神々にかんするギリシャ語の最初の著作をあらわしたのがペレキュデスだという。以前にアナクシマンドロスについて同じことがいわれましたが、そちらのほうは散文だったといいます。あれこれいい伝えをつき合わせてみると、ペレキュデスのことばとして残っているのは、神統記の冒頭で、「ゼウスと時間と大地は一つであった」というものです。かれはまた、この一つのものを最初に動かしたのはエロス神だといったという。それ以上のことはわかりませんが、そう興味をそそられることでも、惜しまれることでもありません。その死にざまについてもいくつかのいい伝えがあって、自殺したともシラミ症にかかって死んだともいいます。

ピタゴラスは若いころ小アジアを旅し、そこでタレスの面識を得、そこからフェニキアやエジプトにむかいました。この二国は小アジアのギリシャ諸都市と商業的・政治的にむすびつきが強く、ポリクラテスがエジプトの王アマシスにピタゴラスを推薦したとの話もあります。（アマシス王は、多くのギリシャ人をエジプトの地に引きいれ、ギリシャ人の部隊をつくりました。またギリシャに植民地ももっていました。）ピタゴラスはさらにアジアの内地へとむかい、ペルシャの魔術師やインド人のもとに赴《おもむ》いたといわれますが、そこまでいくとまったくのつくり話のようです。当時の旅は、今日と同様、教養をゆたかにする手段でした。ピタゴラスの旅は学問を積むためのもので、かれは、ギリシャ人および異邦人のほとんどすべての秘儀に通じ、エジプトの祭司たちの教団と階級に引きいれられたといいます。

ギリシャにあって偉大な知恵のこもったものとされるこうした秘儀は、他の宗教の場合でいえば、教義や祭式にあたるもののようです。祭式といえば、もっぱら犠牲《いけにえ》をささげることと歌舞音曲にかぎられていました。神を思い浮かべたり、そのイメージを意識化したりする契機はそこにはなく、イメージは伝統的に歌唱によって呼びさまされるものでした。一方、教義そのもの、つまり、神事をありありとイメージさせる働きは、秘儀のなすべきところとされていたようです。ただ、秘儀は、現在の説教のように、たんにことばでイメージをつくるだけでなく、肉体の変化をも要求するもので、そこに参加した人は、その雰囲気に浸りきって放心状態となり、感覚的な意識を捨てさるとともに、肉体が純化され聖化されるのを感じなければなりませんでした。しかし、そこに哲学に類するものがないのはあきらかです。秘儀に秘密のないことは、現代のフリーメーソンと同様で、そこには特別の知識や学問が、――ましてや哲学が、――あるわけではありません。

エジプトの祭司階級との交流はピタゴラスに重要この上ない影響をあたえましたが、それは、かれがそこから深い哲学的な知恵を汲《く》みとったという意味ではなく、共同の意識をどう実現するか、共同生活をどう実行し実現するか、という共同精神にかんする観念をそこでつかんだことにあります。共同生活の計画は、やがてピタゴラスの実行するところとなりますが、それはかれの瞑想的な哲学に劣らず興味深いものです。祭司が特別な階層をなし、そのための訓練を積んだように、ピタゴラスの教団も、規律の支配する、全体的に秩序だった独自の共同生活を営みました。ピタゴラスは、疑いもなく、結社のイメージを、つまり、生涯をつらぬく学問的・道徳的な教養を身につけるための確固たる共同生活のイメージを、エジプトからもちかえったのでした。

当時のエジプトは、ギリシャとくらべても、はるかに文化の高い国だと見られていました。階層の分化が存在することからしてすでにその証拠の一つで、人びとの職業がこまかく枝わかれし、技術にたずさわる人、学問にたずさわる人、宗教にたずさわる人の区別があった。そうでなければ、人びとが学問的な知識を求めてエジプトに赴くこともなかったし、ピタゴラスがエジプトから学問をもちかえった話も信じられません。

ピタゴラスは長いエジプト滞在ののち、サモス島に帰ってきました。しかし、かれのるす中に祖国の内政は混乱をきたしていて、ためにかれはすぐにまた故郷を捨てます。混乱というのは、ポリュクラテスが、僭主ではなかったのですが、多くの市民をサモスから追放し、追放された市民がスパルタに支援を求め、その協力のもとにサモスとの戦闘を開始したことにあります。（スパルタ人が援助をあたえたのは、単独者の支配を打ちたおし、公権力を民衆の手に返してやるのがスパルタ人の国是《こくぜ》だったからです。ただ、のちにスパルタは、それとは反対に、民主制を打ちたおし貴族制を導入するのですが。）ピタゴラスの一族も否応なくこの不愉快な紛争にまきこまれましたが、そうした内戦状態はピタゴラスにとってはなんの価値もないものでした。かれはもはや政治には関心がなく、政治状況が自分の計画を実行するには不向きであるのを見てとっていたからです。かれはギリシャの方々を遍歴し、さらにイタリアへと赴きました。イタリアの南部には、さまざまな種族がさまざまな動機で建設したギリシャの植民地があり、人口が多く、財産にもめぐまれた、多くの強力な商業都市が栄えていました。

　ピタゴラスはクロトンに居を定め、自力で世に打って出ました。政治家あるいは軍人、ないしは、市民生活を調整する立法者としてではなく、一般大衆を教え導く教師として、それも、なんらかの信念をふきこむことで満足するのではなく、個人の道徳的生活の全体を整えるような教師として、世に打って出た。かれこそ、民衆のための最初の教師と見なすことができます。みずから知者（*σοφός*）ではなく知を愛する者（哲学者 *φιλόσοφος*）と呼んだはじめての人がピタゴラスだといわれ、その呼び名は、知恵を所有しているのではなく、知恵を達成不可能な目標として追いもとめる謙虚さを示すものだといいます。しかし知者とは、同時に世の中に利益をもたらす賢者をも意味するので（自己一身にかんするふるまいには知恵は必要ではなく、まじめな正しい人はだれでも自分の境遇にふさわしいおこないをするものです）、知を愛する者（哲学者）とはとくに公の国家経営といった実践的な場面への参画を拒否するものであり、自分の所有物となるような知恵を愛するものではない。そういう知恵をあくことなく欲するものではない。知を愛する者（哲学者）とは、自分のむこう側にある対象として知恵と関係し、自分が知恵者であるだけではなく、関係のなかで知恵を追い求め、思考しつつ知恵とかかわる人です。ワインを愛する者とは、ワインにどっぷりつかった酔漢ではなく、ただただワインを追い求める人を意味するように。

ピタゴラスがイタリアで実地におこなったことについては、歴史家よりも後世の讃美者の手になる報告がめだちます。マルコスのピタゴラス物語には、奇怪な話がいくつも出てきます。新プラトン派に見られる深い洞察と奇跡信仰との対比は注目に値します。

後世のピタゴラス伝は、イタリア到着以前のピタゴラスについても数々の不思議をものがたりますが、イタリアでの行状についてそれがいっそう甚《はなは》だしくなる。のちのテュアナのアポロニオスの例に似て、ピタゴラスをキリストに匹敵する人物に仕立てようとの努力も見られます。ピタゴラスにまつわる奇跡は部分的には、新約聖書の奇跡とおもむきを同じくするもので、新約の修正版と見てさしつかえありませんが、その一部はきわめて悪趣味なものです。たとえば、以下のような奇跡をともなうピタゴラスのイタリア登場がそれです。イタリアのタラント湾に上陸したかれは、クロトン市にむかう途中、獲物《えもの》のない漁師たちに出会う。かれは漁師たちにもういちど網を引くようにいい、網にかかる魚の数を予言する。予言におどろいた漁師たちは、それが的中したらなんでもかれの要求通りのことをしようと約束する。

予言は的中し、ピタゴラスは魚を生きたまま海に放してやるよう要求する。ピタゴラス派は肉食をしない習慣だったからです。ここでも奇跡がおこって、陸あげされた魚は数を数えられているあいだに一匹も死ぬことがなかったという。

伝記作者はこうしたたわいのない話でかれの生涯を埋めつくしています。その上、かれがイタリア人みんなの心に強い印象をあたえ、すべての都市が贅沢《ぜいたく》な悪風を改め、僭主の権力を奪いとったり、追放したりしたといいます。そこでもまた歴史の歪曲《わいきょく》がおこなわれて、たとえば、ピタゴラスよりずっと昔のシャロンダスやザレウコスがかれの弟子にされたり、僭主ファラリスの追放と死がかれの影響によるものとされたりしています。こうしたつくり話とはべつに、かれの設立したピタゴラス派ないしピタゴラス教団が一般に大きな影響をあたえたのは歴史的事実で、教団の強大な影響、いやむしろ教団による支配は、イタリアのギリシャ植民都市の大半におよび、長い期間にわたって持続しました。

かれはたいへんな美男子で、しかも、一目見ただけで心を引きもし、畏敬の念を感じさせもする堂々たる風采《ふうさい》だったといいます。こうした生まれつきの威厳、礼儀正しさ、落ち着いた立居振舞《たちいふるまい》のほかに、かれを謎めいた独特の人物だと印象づける外的な特徴があって、その一つが白いリンネル製の服であり、もう一つが一定の料理しか並ばない食卓でした。(一人物の特別な個性や服装その他の外見は、近代ではもはや重要な意味をもたない。人は、一般の習慣ないし流行に合わせていればいい。というのも、外見は自分の意志とはかかわりのない、外的な、どうでもいいものだからです。偶然に決まるものは偶然にまかせればよく、人並み、十人並みという外的な合理性に従うほかはありません。）こうした外的な個性とならんで、ピタゴラスには雄弁の才と深い洞察力が備わっていて、かれはそれを友人ひとりひとりに分かとうとしただけではなく、洞察の深まりと生活様式および生活習慣の全体的な改造によって、市民全体の文化を高めようと働きかけました。かれは友人たちに知識を教授しただけでなく、かれらを一箇所に集めて特別の共同生活を営み、特別な人格を獲得し、仕事に熟練し、道徳性を養うよう訓練しました。ピタゴラスの研修所はやがて生活全体をかかえこむ同盟へと成長しました。ピタゴラスその人が、入念に仕上げられた芸術作品であり、堂々たる立体像でした。

かれの集団の運営については、後代の、とくに新プラトン派の記述が多く残っていて、そこには集団の規則がくわしく述べられています。この集団は全体として近代の司祭団ないし修道会に似た性格をもっています。入会希望者は、教養の程度と規律への服従度を試験される。その品行、好ききらい、仕事が調査される。入会後は、完全に規則に従う生活にはいり、衣服、食事、作業、就寝、起床、等々が定められ、時間ごとに労働を課せられる。会員は特別の教育を受ける。会員には二種類あって、一般教徒と秘密教徒に分かれる。秘密教徒は最高度の学問を伝授され、教団が政治的計画にかかわっているときは、政治活動にもたずさわる。一般教徒は五年間の修練を受ける。会員各自の財産は教団にさしださねばならないが、退会時にはもどってくる。訓練期間中は沈黙を課せられる。

すべての知育にとって、こうしたやりかたは不可欠の条件だといえるかもしれません。初心者は他人の思想をつかむことからはじめねばならず、そのために自分の考えを放棄することは学習や研究のための一般的な条件です。知性は問いや反駁《はんばく》や答えなどによって育成される、とよくいわれますが、じつは、そういうやりかたでは知性は育成されるのではなく、外からつくられるだけです。人間の内面は教養のなかで拡大され獲得されるもので、自制し沈黙をまもったからといって、思想や精神の働きがまずしくなるわけではありません。むしろそれによって、ものごとをつかむ能力がきたえられ、自分の思いつきや反論が役に立たないことがわかってくる、――思いつきの無力がわかってくれば、だんだん思いつきをもたなくなります。

さて、修練生や新入会者の隔離生活と沈黙がピタゴラスのやりかたとしてとくに強調されるのは、かれの集団でこの二つが厳格にまもられていたこと、特別な規則や一般的な自制なしに自然のままにやりすごしたのではうまくいかない、と考えられていたことを示唆するものといえましょう。ここでもまた、ピタゴラスがギリシャで最初の教師であったこと、いいかえれば、学問を教えるという仕事をギリシャにもちこんだ最初の人であったことを忘れてはなりません。前代のタレスも同時代のアナクシマンドロスも、学問を教えたり、自分たちの理念を友人に伝えたりはしなかった。そもそも学問が存在せず、哲学も数学も法学も、その他のどんな学問もなく、あるのは、個々の命題、個々の知識だけだったのです。教えられるもの――たとえば、武器のあつかいかた、哲学説の断片、音楽、ホメロスやヘシオドスの詩の吟唱法、三脚詩の吟唱法、その他の技術――は、教えかたがまったくちがう。ピタゴラスこそ、学問一般の最初の教師と見なされるべきです。ピタゴラスが学問を教えようとしたのが、ギリシャ人のような、学問的にきたえられてはいないが、愚鈍どころかこの上なく活発で、自然にきたえられたおしゃべりな民族であったのだとすれば、教えるに際して以下のごとく外的な条件を整えることがどうしても必要だったのかもしれません。(α)学問の教授がどういうものかまったく不案内な人びとのうち、とくに初心者には、進級者に伝えるべきことを聞かせてはならない。(β)学問的な対象についての非学問的なおしゃべりをどこかに置いて、まず学問に取り組まねばならない。

規則が厳格に見えたり、厳格につくられねばならなかったりしたのは、学問に不慣れな人のためだった。考えてみれば、ピタゴラスの聴衆は大人数だった上に、かれらは原則として共同生活をしていたのですから、それだけの人数をさばくには、きちんとした形式と秩序が必要だったのです。

ところで、共同生活は学問の教授のみならず、実践的人間の育成という側面をもっています。ただ、実践的といっても、技能とか、手足の特定の部分が自由に動かせるようになる訓練とかいうことではなく、一日の過ごしかたや行儀作法にかんするもので、それらにかんする一切が意識的に追求されるかぎりで、きわめて厳格に秩序立てられています。もっとも、厳格というのは、個人にとっては表面的で意に染まぬ一般原則にすぎません。そして、一般原則と個人の行動を比較し、両者を意識的に反省する立場に立てば、ことば通りの意味があらわれてきますが、規律に従って共同生活をする当人にとっては、一般原則と個人の行動という区別そのものが消滅してしまいます。

最後になりましたが、ピタゴラス教団が共同生活において遵守《じゅんしゅ》した外的な生活上の規則や修練法等については、後世の想像をも交えた詳細な報告がなされています。第一に会員は同じ服――ピタゴラスの着用した白いリンネルの服――を制服としていたという。また、一日の過ごしかたもきちんと決まっていた。朝の起床と同時に、前の日の出来事を記憶に呼びさますことが課せられた。その日におこなうことは前日の出来事と密接に関連するからだという。また、真の教養は、自分自身に注意をむけ、自分一個のことにかまけることにあるのではなく――それはかえってむなしい所業で、――自分を忘れ、一般的なものごとに没頭することこそ人格を形成するゆえんだとされたという。会員はまた、ホメロスやヘシオドスを暗唱しなければならなかった。朝には、いや、しばしば昼さがりまで、ギリシャの教育と教養一般の主要科目の一つである音楽の訓練があった。同じく、取っ組みあう、走る、投げる、といった肉体訓練も正規の科目であった。食事は共同で摂り、そこにも特別の決まりがあった。(決まりは報告によって区々《まちまち》ですが。)蜂蜜とパンが主食で、主な、いや唯一の飲物が水。輪廻転生《りんねてんしょう》に変調をきたすとして肉食は全面禁止。野菜のなかにも禁止品目があって、豆は禁止。豆を尊敬して食べないという教団の決まりは、大いに嘲笑の種とされていますが、やがて政治結社が解体するにおよんで、逃亡を追跡された会員の少なからぬ者が、豆畑に足をふみいれるくらいなら殺されたほうがましだとして死んでいきました。

二点注意しておきます。(α)たび重なる自己反省の義務づけ(朝の日課についてはすでに述べましたが、夜の日課もあって、その日のおこないについて正不正を吟味しなければなりません)——つまり、大げさで無用な心遣い——は人間の自由を奪いとり(沈思黙考はものごとを対象とするときに必要とされます)、道徳にかんする一切を厳格なものにしてしまいます。(β)神殿でのさまざまな集会、供犠《くぎ》、多数の宗教的なならわしは、正規の宗教生活に近いものです。(日常の過ごしかた全体については後述。)

教団も、教団内での共同生活による本来の人間形成そのものも、人間相互のつき合いも、長つづきはしなかった。ピタゴラスの存命中から教団の運命には変化が見られ、教団を暴力的に破壊する敵があらわれたといいます。ピタゴラスは人のねたみを受け、下心のある人物だとのそしりを受けましたが、真相は二つの市にまたがって市民権をもっていたということのようです。追いこまれたピタゴラスは、紀元前五〇四年、貴族にたいする民衆の反乱のなかで死をむかえたとのことです。死にかたにも諸説あって、クロトンで死んだとも、メタポンティオンで死んだとも、シュラクサイ人とアクラガス人との戦闘で死んだともいわれ、——死には豆畑がからんでいます。ピタゴラス派の団体と成員間の友情はのちのちまで維持されますが、結社の厳格さはうすれます。ギリシャ本土の歴史はもともと不明な点が少なくありませんが、プラトンの時代にも、ピタゴラス派が国家の長ないし政治権力者として登場するのが見られます。

ピタゴラス集団は、自由意志にもとづく修道会であり、教育と教養の施設であり、さらには持続する共同生活の場でもあったのですが、社会から隔離されたこのような集団は、ギリシャの政治的・公的・宗教的な生活にはなじまないもので、ギリシャでは長つづきできませんでした。エジプトやアジアでは、隔離された祭司集団が影響力をふるうのはよくあることですが、自由なギリシャでは東洋的な階級的隔離は認められない。ギリシャでは自由こそが国家生活の原理であり、しかも、法的関係や私的関係においては自由が原理となってはいない。近代社会では、個人は法の下に平等であるがゆえに自由であり、習俗や市民間の交際やものごとについての意見は各自の自由にまかされ、国家という有機体のなかで多様な形を取るのですが、ギリシャの民主制の下では、習俗や外的生活様式も市民それぞれにおいて同一でなければならなかった。同一の印章がずっと広い範囲に押されていなければならなかった。したがって、集団の計画や目的に拘束されて自由な市民として決断できない、というピタゴラス教団のありかたは、ギリシャでは例外としても存在する余地がなかった。教養としてはのちの時代まで存続しえても、外的な形態は解体していくほかはなかったのです。

ギリシャでは秘儀を保存して神に仕えるという特別の仕事が、代々エウモルピダイ家の司《つかさど》るところとされてきましたが、この一家は政治的に特別な階級をなすのではなく、ふつうの一般市民でした。同様に、祭司や女祭司、供犠《くぎ》の心得のある者、なんらかの長、君主、英雄たちも一般市民でした。ときにまた、キリスト教におけるように、宗教上の排外主義や隔離が極端な形を取ることもありました。ピタゴラスの教養がなくとも、ギリシャ人はかたよった民族ではなく、市民として共同の国家生活を営んでいました。特別に繁栄したり繁栄をつづけたりするものはなく、特別の原理や秘密が目に見える生活様式や服装としてきわだつこともなく、市民に共通する原理や生活様式があって、そのなかで開かれた集団や他とのちがいが生まれるのでした。ある事柄が共同体の利益に合致するかどうかは、公の場でみんなで議論されました。特別の服装、洗顔や起床の習慣、音楽の訓練、食事の制限などは、ギリシャ人の肌に合わぬものだったのです。ピタゴラスがそうした特別の規則を必要としたのは、むろん、ギリシャにおける最初の教師として、人格と生活の全体を包みこむような全人教育をめざし、知と心情と意志の形成によってあたらしい原理を築こうとしたからでした。これは一面からすると、共同体とかかわりのない個人的な、個人の自由にかかわる事柄であり、しかしべつの一面からすると、すべてに通じる普遍的な道徳生活の可能性をさぐろうとするものです。

ピタゴラスの寿命は八〇歳説と一〇四歳説とが争っています。

わたしたちにとって重要なのは、ピタゴラスその人でもなければピタゴラス派でもなく、ピタゴラスの哲学です。アリストテレスとセクストス・エンペイリコスが最良の資料ですが、ピタゴラスの教えといわれるものを比較してみると、のちに見るように、そこには多くのくいちがいやずれが見つかります。ピタゴラスの哲学をだめにした責任は、ピタゴラスの考えを自分の哲学に取りいれたプラトンにあるとされますが、ピタゴラス哲学の力は発展性をもつことにあって、最初のままで持続するわけにはいきません。

ここでまずいっておきたいのは、ピタゴラス自身の哲学と後継者のおこなった体系化や発展とを区別しなければならない、ということです。体系化と発展は一部は歴史に属するものです。あちこち不明な点をあきらかにした後継者としては、アルクメオン、フィロラオスなど、たくさんの名があがっています。他の多くの点でも、単純で未完成だったところがのちに形を整えられ、思想が強力明確に浮かびあがる例が見られます。だが、わたしたちはこうした歴史上の変遷を追いかける必要はなく、ピタゴラス哲学を一般的に考察するだけで十分です。同様に、はっきり新プラトン派や新ピタゴラス派に属するものは除外します。除外するにあたっては、新プラトン派や新ピタゴラス派以前の資料にあたることができるので、――なかでも、アリストテレスとセクストスがくわしい資料です。

ピタゴラスの哲学は実在主義の哲学から知性の哲学への過渡期をなします。イオニアの哲学者たちは、本質ないし原理は物質的に定義されるものだ、といいました。つぎに出てくる定義は、(α)絶対的なものは自然の形態でとらえられるのではなく、思考によって定義される。(β)そしていまや、その定義があきらかにされねばならない。(その手はじめが、「まったく無限定なもの」です。)以上の二点を実行したのがピタゴラスの哲学でした。

一、数の体系

さて、古くからのピタゴラス哲学の単純な主要命題は、「数が万物の本質であり、宇宙全体の組織は、調和のとれた数の体系と数の関係を骨組とする」(アリストテレス『形而上学』第一巻第五章)というものです。ここで真先に目をひくのは、普通に存在するとか実在するとか

（真なるものとか）と考えられる一切を一挙におしつぶし、感覚的な実在を根絶し、観念的な実在を呼びだしてくるという、語り口の大胆さです。世界の本質が非感覚的なものとして表現され、感覚的なものやそれに類するイメージとはまったくちがうものが実体もしくは真なる存在の位置を占め、そう表現されています。

が、それとともに思考の運動が否応なく要請される。この命題はどんな意味か、数とはなにか、という問いが生まれ、数そのものを概念となし、数と存在するものとの統一の運動を示すことが要請される。というのも、数と存在するものとはわたしたちにとって直接に一体となってあらわれるわけでもなく、また、数が概念としてあらわれるものでもないからです。ここでは、事柄そのものの運動を理解することが肝要で、理解の活動が事柄をぬきにした、自分勝手な偶然の運動であってはならないのです。

さて、数の原理はわたしたちにとって奇異でどうしようもない面をもってはいますが、数がたんなる感覚的な事物とはちがうのはまぎれもない事実で、数があらわれるとともに、ものごとの限定や一般的な区別や対立があらわれます。古代人たちはそのことをよく承知していたので、アリストテレスはプラトンからの引用文として、数学的な対象は、たんなる感覚的事物でも理念（イデア）でもなく、両者の中間にある、ということばを引いています。感覚的事物とちがうのは、数が無限（非感覚的）で不動（不変）だからであり、理念（イデア）とちがうのは、理念（一般的なもの、類）はそれぞれが一つしかないのに、数は同類同等のものがいくつも存在し、くりかえしが可能だからだというわけです。つまり、数は感覚的ではないが、いまだ思想でもないのです。

マルコス・ポルフュリオスの『ピタゴラスの生涯』にはもっとくわしい説明があります。「ピタゴラスは哲学をおしすすめて、思想をその鎖から解き放った。思想なしにはいかなる真理も認識され知られることがない。思想は一切を自分の内部に聞き、見る。思想以外のもの（感覚的なもの）は、不具で盲目である。ピタゴラスは目的達成のため数学的なものを利用した。数学的なものは感覚的なものと思想（普遍的、超感覚的なもの）の中間にあって、絶対的なものにむかう予行演習の意味合いをもつからである。」マルコスはさらに、先人モデラトスのことばを引いています。「ピタゴラス派は絶対的なものや第一原理を思想によって明確に表現することができなかったがために、ものごとのありさまを容易に示すことのできる数や数学的なものによりかかることになった。」たとえば、単位、等しい、原理が一、等しくないことが二、など。「最初の哲学たる数による教授法は、謎を多くふくむため、抹《まっ》消《しょう》されてしまった。プラトンやスペウシッポスやアリストテレスなどは、数を手軽に利用するという形で、ピタゴラス派の成果をぬすみとった。」（手軽な利用とは、月並みな思考概念を数に対応させることです。）こうしたことばは、古代人が数にかんする完全な意識をもっていたことを示しています。

数によってものごとをあきらかにする方法の謎めいたところが肝心の問題です。区別しなければならないのは、(α)純粋な思想、概念そのもの、と、(β)実在、および、実在への移行、です。算用数字の1、2、3、……は思考概念にあたります。ただ、数というものは(α)一を要素とし原理とする思想です。一は性質をもった存在をあらわすカテゴリーで、しかも、独立に存在し、自分と重なりあい、他の一切を排除する存在をあらわし、――他とは無関係にそれだけで定義づけられます。一をさらに発展させるには、一をくりかえし重ねていく足算しかなく、そこでは一という要素はそれ自身固定したままで外的に関係する。つまり数は、まったく死んだ、概念なき、たがいに無関心な、対立なき連続性です。1、2、……と数えながら、1を一つずつ足していく演算は、まったく外面的な、たがいに無関心な進行と組み合わせであり、進行はどこで中止しなければならぬということもなく、前後無関係にすすんでいく。とすれば、数はそのままでは概念とはいえず、――思想や概念の一極端、もっとも外面的な、たがいに無関心な量的差違をあらわすだけの一極端です。一は普遍的な思想ではあるが、他を排除することによって自己疎外に陥った思想であり、したがって、(β)直観の外面性につきまとわれた観念であって、そのかぎりで、(カントの図式のごとく)思想の原理と物質の原理(感覚的側面)とをあわせもっています。そして、感覚的なものが固定した外的なものである以上、一も、二、三、以下の形態も、いわば内的外面性につきまとわれている。それは思想のはじまりではあるが、最低のはじまりであり、いまだ自立した普遍的な思想ではない。なにかが概念の形態を取るためには、直接みずからのもとで対立物と明確に関係しなければならず、――この単純な運動が概念をなすのであって、どんな概念でも直接にその対立物と肯定的ないし否定的に関係するのですが、数はそうではない。数は限定されたものではあるが、対立はなく、たがいに無関心です。思想や概念においては、区別を観念的にうちにふくむ統一があり、自立性の否定が主要な契機をなすが、数の場合には、たとえば三といえば、いつも三つのものがそれぞれに自立して存在する。これが数の欠点であり、謎めいたところです。（本当は、三こそが思想の最初の表現たるべきなのですが。）そこから思想が浮かびあがらねばなりませんが、数の段階では、さまざまな関係が可能でありながら、関係がまったく不明確で、勝手気ままな偶然の関係にとどまっています。

だが、ピタゴラス派は数をこのようにたがいに無関心の状態でとらえたのではなく、概念としてとらえました。「非物体的なものが原理とならねばならないことをピタゴラス派は証明した。」しかしピタゴラス派は数を原本質ないし絶対的概念としてしまった。そうなったいきさつは、アリストテレスの以下の言が説明してくれます。「ピタゴラス派は、存在するものや生成するものに類似する点が、火や水や土よりも数のうちにより多く見出されると信じた。というのも、数の一定の性質が（つまり、非物質的で非感覚的である点が）正義であり、同様に、霊魂も知性も時間その他も数の性質だと考えたからである。さらに、和音についても、その性質や比率が数のうちに見出され、――要するに数は（尺度として）すべての自然物のうちに第一にふくまれるものだとして、ピタゴラス派は数を万物の要素と見なし、天界全体も調和であり数であると考えた。」

必要とされたのは、(α)一つの持続する普遍的な理念、および、(β)思想を明確に表示するもの、でした。アリストテレスは理念についてこういっています。ヘラクレイトスによれば、感覚的なものの一切は流転し、したがって感覚的なものについての学問は存在しえない。そこで、理念が必要となってくる。帰納的推理によって普遍的な理念の存在をはじめて明確にしたのはソクラテスだが、それ以前にピタゴラス派はわずかながら理念にふれ、たとえば、時間や正義や結婚の概念を数にむすびつけようとした。――理念の軌跡を認識し、どこに進歩が見られるかを知るためにはどういう視点が必要なのか、その好例がここにあります。内容そのものからは、そこにどういう問題意識がこめられているかを認識できないということです。

さて、以上がピタゴラス哲学の大筋です。数の原理が思想の表現として欠点をもつことはすでに注意した通りです。一はまったく抽象的な独立存在にすぎず、外面的な関係しかもちませんし、それ以外の数も、この一がまったく外面的・機械的に寄せあつめられたものです。一方、概念の本性は内面的なものにあるから、数は概念の定義をあらわすには、この上なく不適格です。数や空間図形で絶対者を表現できるというのは、偏見です。

大筋を見たあとは、数の意味するところが問題です。ものごとの基本は数と分量です。が、数そのものが事物の本質だというとき、あらゆるものに数と分量があると考えられてはならない。あらゆるものが量的および質的に定義されるというとき、大きさや分量は事物の一性質、一側面にすぎない。ここでは、数そのものが事物の本質だということが主張されていて、数は形式ではなく実体です。

数のあらわす一般的な意味についてなお考察しなければなりません。ピタゴラスの体系では、数そのものが観念的に統一と対立とこの両者の統一をあらわすものと考えられることもあり、他方、数をさまざまな一般的・観念的な内容をあらわす原理と見なし、算術で一列にならべられる1、2、3、……という数ではなく、「数の原理」、つまり、数のもつ概念上のちがいこそ「事物の絶対的原理」だと考える見かたもあります。

数が第一にあらわすのが統一であり、つぎにあらわすのが分裂です。ここにはやくも対立があらわれています。とくに注意すべき重要なことは、事物の形式上・内容上のかぎりない多様性が、統一と分裂という一般的な観念に還元され、それがものごとのとらえかたの原理(もっとも単純なとらえかた)とされていることです。物と物とがあれこれちがう面をもつことが問題ではなく、一般的かつ本質的なちがいが問題です。目の前にある物を見ると、たとえばこの紙とあの紙では、外形や色の濃淡にちがいがあり、人間の場合なら、気質や個性のちがいがある。しかし、こうしたちがいはなんら本質的なものではない、――特殊な目的にとってはゆるがせにできないかもしれないが、哲学にとっては本質的ではない。いま目の前にあるこのインク壺やこの紙きれはなんら本質的なものではなく、一般的なもの、つまり、持続する実体的なものだけが本質的です。そして、本質的なちがいの第一が一般的な対立であり、つぎにくるのが変形、形態のちがいなど、最初の対立そのものが濃密化したものです。たとえば、一と多があるとすると、両者の統一が大きさです。大きさは一と多によって定義され、それが明確な形を取るとき、外延量および内容量となる。たとえば、光の強さの場合、明度は内容量をあらわし、どのぐらいの平面が照らされるかは外延量をあらわします。

それがピタゴラスの出発点でした。こうして、さまざまな対立に数があてはめられることになります。が、ピタゴラス派はそれだけでは満足せず、とくに後期ピタゴラス派は数に具体的な性質をあたえました。展開がどのような形を取ったかを証明するのは目下の課題ではないが、統一から分裂へと発展していく過程が概念的にとらえられていないのはたしかです。一般的な観念がいきなり発見され、まったく独断的に固定されるだけで、だから、それは、干からびた、過程も弁証法もない、静止した観念になっています。

(a)ピタゴラス派は、第一の単純な概念は一だといいます。この一は、絶対的に他と分離され、排外的・排他的な算数の一ではなく、連続性や積極的なまとまりをもつ一です。多くの一があるのとちがって、この一は一つしかない。まったく普遍的な実在です。ピタゴラス派はさらに、あらゆる事物は一であり、「さまざまな事物はかの一を分有することによって一であり」、事物の究極の本質、ないし、純粋に観察されたその本来のすがたは一である、といいます。が、視点を変えれば事物は常にそれだけで存在することはなく、他の事物と関係する。それだけで存在するとは、自分に等しいというだけで、それだけでは具体的になにもあきらかにはならない。ここには注目すべき関係があらわれています。一は干からびた抽象的な一だが、事物ははるかにそれ以上の内容をもっている。では、まったく抽象的な一と、事物の具体的な存在とのあいだにはどのような関係が存在するのか。一般的な観念と具体的な実在との関係をピタゴラス派は「まねる」ということばで表現しました。同じ難問がプラトンのイデア論にもあらわれます。イデアは類概念をあらわし、具体的なものはそれと対立する位置にある。そこでただちに問題となるのは、いうまでもなく、具体的なものと一般的なものをどう関係づけるかということで、これは重要な点です。アリストテレスによると、ピタゴラスの「まねる」という表現に変えて、プラトンは「分有する」といういいかたをしたという。「まねる」という比喩的な、子どもっぽい、未熟な表現にくらべれば、「分有する」というのは、たしかにずっと明確な表現です。しかし、アリストテレスが正しく指摘するように、どちらの表現も不十分なもので、プラトンのいいかたに格別の進歩が見られるわけではなく、それは名前をつけかえただけの空虚なおしゃべりです。まねる、といい、分有する、といっても、関係に名前をつけたという以上ではないので、名前をあたえることは簡単ですが、関係を概念的に把握することは、またべつのことです。

(b)第二にくるのは対立の概念です。一が同一性、一般性だとすれば、第二のものは、二、区別、特殊性です。こうしたもののとらえかたはいまなお哲学的に有効なもので、それを最初に意識化したのがピタゴラスです。ピタゴラスは、しょっぱなから、ただ一と二と三を原理だというにとどまるわけにはいかず、それらの数とそれに類似のカテゴリー、ないし、観念をむすびつけないではいられなかった。そこで、二には対立が関係づけられる。一が多と、あるいは、自己に等しいものが他なる存在とどう関係するかについては、さまざまないいまわしが可能で、ピタゴラス派もそれについて、つまり、この最初の対立がどういう形式を取るかについて、さまざまないいかたをしています。二はただちに一に対立します。アリストテレスによると、ピタゴラス派は一と二の対立をとらえていたという。数の要素としての一と二はまだ数ではない。「ピタゴラス派は、数の要素は偶数と奇数だという。」(これは算術の形式の上での対立です。)「奇数は限定されたもの(ないし限定の原理)であり、偶数は無限なものである。」(これは数の要素を思想的にとらえたものです。)「ところで、一そのものは奇数と偶数の両面をもつもので、この一から数は生じてくる。」たとえば、三は一が三つであり、しかも一まとまりをなす。一は原理ではあるけれども、それ自身は大きさをあらわす数ではない。その通りで、数には、(α)単位、(β)大きさ、(γ)両者が一まとまりをなすこと、という条件が必要だが、一は大きさを否定するところになりたつからです。「一は偶数でも奇数でもある。(なぜなら、とピタゴラス派はいう。)一が偶数にくっつくと奇数となり(2+1=3)、奇数にくっつくと偶数になるから(3+1=4)。」一には偶数をつくる性質があるから、一自身が偶数でなければならない。だとすると、一という観念それ自身には、相反する要素がふくまれることになる。無限(無限定)のものと有限(限定づき)のものは、統一と一との対立にほかならない。一が絶対的な分立を、すなわち、純粋に否定的なものをあらわすのにたいして、統一は自分自身に等しいことをあらわします。

(a)で述べた絶対的理念の考えに従うと、対立は無限定な二です。一がいまだ理念としての一をあらわさないように、二もいまだ理念としての二をあらわさない。理念としての二は一つしかなく、この理念としての二を分有することですべての数えられる数が成立する。セクストスの説明によると、「自分と同一だと考えられる一の理念が数の一である。この一がべつのものとしてはじめの一につけくわわると、無限定の二が生じる。この二は特定の、限定を受けた数ではなく、理念としての一と同様、この二を分有することですべてのものが認識されるような二である。したがって、事物の二つの原理（神）が存在する。第一の単体は、それを分有するとすべての数が単体として存在することが可能となるものであり、第二の無限定な二は、それを分有するとすべての特定の分裂が分裂として存在可能となるものである。」ここに見てとれるのは、(α)二が本質ないし概念の契機をなす普遍的なものであること、(β)ほかの観念との対立関係のもとで考えると、一または二は形式とも物質とも考えられ、ピタゴラス派ではその両面が考えられていること。(αα)ピタゴラス派によると、二を分有することは等しくないもの、分裂や形式をもつものである。一は自己に等しい、形式なきもので、二とですべてのものは限定される、つまり、二は限定されたもの、多なるものである。このいかたは、つぎのように逆転させることができます。(ββ)形式を単純なもの――活動が絶対的形式である――と見なせば、一が形式であり、活動するものであり、限定するものであって、二はいまだ多としてあらわれていない多の可能性（区別なき単純な思想）であり、物質であって、さきの場合の一にあたる。アリストテレスは後のほうの考えをプラトンのものとし、プラトンは二を無限定なもの、一を限定されたものとした、と述べていますが、ここでいわれているのは、わたしたちの理解する限定ではなく、限定する働きのことです。ともあれ、一は統一と主体性という異なる意味をもっています。主体性、個体性の原理は、むろん、無限のもの、無限定のものを超えているので、無限定のものが輪郭のない抽象的なものであるのにたいして、主体や知性《ヌース》は、輪郭をあたえる形式です。かくて、プラトンは無限なもの、無限定なものを二に対応させ、ピタゴラス派は二を無限定な二と名づけたといえます。

この対立をさらにこまかくどうとらえるかについてはピタゴラス派のなかでも意見がわかれ、カテゴリーのはじまりの不完全さを示していますが、ともあれ、対立を絶対者に不可欠の契機ととらえた最初の哲学者はピタゴラス派でした。彼らはアリストテレスにはるかに先んじてカテゴリー表を作成し（ためにアリストテレスはピタゴラス派からカテゴリーを盗用したとの非難を受けました）、抽象的で単純な概念をこまかく定義しました。もちろん、表は不十分なもので、イメージと概念の対立が混在し、どこからなにが導きだされ、運動がどう体系的に展開するかは不明のままですが。アリストテレスはこの表の作成者をピタゴラス自身か、もしくは、「ピタゴラスと同時代人」アルクマイオンのいずれかで、「アルクマイオンがピタゴラス派から受けとったか、その逆かのどちらか」としています。表では十対の対立が示され（ピタゴラス派では十という数は重要です）、すべてのものがそのどれかにおさまるとされます。

一、限界と無限　　六、静と動
二、奇数と偶数　　七、直線と曲線
三、一と多　　八、明と暗
四、右と左　　九、善と悪
五、男と女　　十、正方形と平行四辺形

これは純理論的な哲学の理念を概念的に精密化していく試みですが、(α)ごちゃまぜの思いつき、(β)たんなる列挙、という域を超えて追求がすすむことはなかったようです。最初は一般的な思考概念の寄せあつめでしかなかった（アリストテレスもそうです）ということが重要です。対立をこまかくとらえようとするとき、取っかかりはそのように粗雑であるのが当然で、秩序も含蓄もないこの表示は、インドにおける原理や実体の列挙に似ています。

この方向をさらに発展させたのはセクストスです。かれは、後期ピタゴラス派の表の解説に反対して、ピタゴラス派の概念をすぐれた思索にもとづいて立体的に記述しています。「かの二つの原理が全体の原理となること（すべての概念が一と二という単純な原理に還元されること）、そのことをピタゴラス派はさまざまな形で示している。」セクストスの解説は、はじめに事柄そのものを示し、つぎにそれについての考察を述べる、という順序ですすみます。

一、「ものをとらえる三つの視点（根本的な見かた）がある。第一に差異の視点、第二に対立の視点、第三に対比の視点」。ここにはすでに立体的な考察が見られますが、この三つの形式はさらにこう説明されます。(α)「たんなる差異という視点から見られたものは、それぞれ独立に考察され、それぞれが自己と関係する主体としてあらわれる。馬、植物、土、空気、水、火などがその例である。それらはやがて消えゆくが、他と関係するものとして考えられてはいない」。これは、同一性、独立性の概念です。(β)「対立の視点からすると、あるものがべつのものと正反対のものとしてとらえられる。たとえば、善と悪、正と不正、聖と俗、静と動など。(γ)対比の視点からすると、対立のなかで独立している対象が、同時に、他との関係に無関心でもあるものとしてとらえられる。たとえば、右と左、上と下、倍と半分などがその例で、一方は他方からしか把握されない——右なしに左を思いうかべることはできない——けれども、各々はそれだけで提示される。」

「対立と対比がどうちがうかといえば、(α)対立においては一方の生成が他方の消滅となる。たとえば、動がなくなると静が生じ、動が生成すると静が消える。健康がなくなると病気が生じ、その逆も同様である。」つまり、対立物の一方の廃棄がもう一方の登場となる。「これにたいして、対比においては、両方が同時に生成し、同時に消滅する。右がなくなれば左もなくなる」。一方があれば、他方もある。倍と半分は同時に存在する。「倍がなくなれば、半分もなくなる。」対立する両方が廃棄される。(ただ、存在というものは分割できず、対立には無関心な場なのですが。)(β)「対立と対比の第二のちがいは、中間項のあるなしである。対立には中間項がなく、たとえば、健康と病気、生と死、悪と善、静と動とのあいだには、第三のものがない。これにたいして、対比されるものには中間項があって、たとえば大と小のあいだには並が、過大と過小とのあいだには過不足ないものが中間項をなす。」純粋に対立するものは0を通過して反対物に移行するが、対比される両項は中間の第三者のうちで安定する。純粋に対立するものも統一されたありかたをしてはいるが、統一されたときはもはや対立の関係はなくなっている。この論述は、いまなおきわめて重要な意味をもつ普遍的論理をとらえていて、あらゆる観念、あらゆる存在のなかに契機として生きるまったく普遍的な問題に目がむけられています。対立の本性にまで考察がおよんでいるわけではないが、対立が意識されたということだけでも重要なことです。

二、「さて、主体と二重の対立とのあわせて三種類があるとすると、それぞれの種類を一まとめにするような類概念がまず存在しなければならない。というのも、類概念は種概念に先行し、種概念を支配する一般概念だからである。類がなくなれば、種もなくなるが、逆に、種がなくなっても類はなくならない。種は類に依存するが、類は種に依存しないからである。(α)絶対的に存在すると見なされる（個々ばらばらな主体）の一般概念ないし本質たる最高の類は、ピタゴラス派によると、一である。」要するに、概念的なものが数に移しかえられたのです。(β)「対立のうちにあるものは、等しいものと等しくないものを類とする。静は、大小がないがゆえに等しいものであり、動は等しくないものである。自然に即したもの――緊張のない頂点――は等しく、自然に反するものは等しくない。たとえば、健康は等しいものであり、病気は等しくないものである。(γ)対比されるものの類は、超過と欠損、多と少、であり、」それが量的なちがいも質的なちがいもあらわす。

三、二つの対立。「独立するもの、対立するもの、対比されるものの三種類は、もっと単純で、もっと高度な類のもとにまとめあげられねばならない。等しいことは一に還元されるから、主体の類はすでにそれだけで一である。だが、等しくないものには、超過と欠損があって、この両者は無限定の二としてまとめられる。」超過と欠損は無限定の対立であり、対立一般である。一見すると、一と二という二つの原理があるように見えるが、対立や多も単一なものであり、純粋な活動、否定の力、限界も単一である。無限定の二とは、輪郭あるものの対立ではなく、純粋な活動一般である。「以上のような関係の一切から、最初の一と無限定の二が生じる。」ピタゴラス派によると、これが事物の一般的なありかただという。「ここからはじめて数の1と2が出てくる。すなわち、最初の一から数の1が生まれ、1と無限定の二から数の2が生まれる。1が二回で2となるのだから。」ここでは、1、2、3、等々は派生的なものとされています。「3以下の数は、1が動き、無限定の二が2を生みだしたがゆえに生じてくる。」一と二の質的な対立から数の量的な対立にどうやって移行するのかははっきりしません。「原理としての一と二のあいだでは、一が能動的な原理（以前のいいかたでは、形式）であり、二が受動的な物質である。そして、この二つから数が生じたように、世界の体系や世界の中にあるものもまた二つから生じる。」まさしくここには、移行し運動する観念の性質が見られます。ここには、一般的な思考概念と1、2、3を結合し、一般的な類が第一のもので数は派生的なものだとする高度な反省が見られます。

数についての考察をさらに追跡していく前に注意しておきたいのは、いままでに登場した一や、二や、限界としての一の対立や、無限定の二、などが、純粋な概念であり、――その本質上、対立するものとの関係によってしか存在せず、その関係のなかに本質があらわれる一般概念だということです。たんなる数として見れば、三は三にすぎず、そこにとどまるか、さらにすすむかは、どちらでもいいことです。ところが、一と二はもともと一つのものです。複数や多をあらわす二が単一のものだからです。とすると、(α)対立項が対等でない質的対立がまず考えられる。（両性具有の）一が分裂して、一と純粋な多という二つのものの対立が生ずる。この対立は、一方が他方を廃棄すると同時に、対立のうちに他方の本質を所有するという絶対的対立です。(β)対立項がたがいに無関心な量的対立。(γ)(αα)それぞれの個としての統一、つまり主体。(ββ)両者の普遍的統一。量的な区別とは、たがいに無関心な自立した事物がたくさんならんだ状態で、そのもっとも純粋なすがたが数です。無機物の本質を示すのが比重ですが、植物や動物も数であらわされます。絶対的な単一体が一と多に分裂し、さまざまな対立を生みつつ、それらを否定的な働きとして存続させます。そして、対立は単一性へと帰っていかねばなりませんが、それを統一するのが個々の主体であり、この単一性と対立の統一こそが普遍的かつ肯定的なものです。

ここには実際、絶対的実在の純粋な哲学的理念が示され、理念の運動が展開されている。プラトンのイデアもこれ以外のものではありません。哲学的思索がまさしく哲学的思索としてあらわれています。哲学的思索に無知な人には、このように単純な概念を用いて絶対的な実在のありかたがいいあらわされるとは信じられないかもしれない。一、多、等、不等、大、小、といった概念は、たしかに、平凡で、空虚で、干からびたものです。そうした概念の関係のうちに絶対的実在が、つまり、自然界および精神界のゆたかさと構成が、把握されるということは、常識にとらわれた人には、感覚的なものから思想へと帰っていく運動だとは思えないかもしれない。が、まさしくそこには哲学的な意味での神の表現があり、もっとも崇高なものが普通のことばで、もっとも深遠なものがありふれたことばで、もっともゆたかなものが貧弱な抽象概念でいいあらわされています。

さしあたりは、普通の実在に対立するものとして、一般的にいえば、全実在という一般的な類に対立するものとして、単純な実在の分裂と構造と多面性と対立と対立の持続が、――要するに、量的な差異が――あらわれています。したがって、これらの理念は現実の世界に存在し、現実のありかたを示す本質的で単純な概念であり、――運動が思想へと高まったといっても、現実をのがれてそうなったのではなく、現実そのものの本質を表現しつつ高まっている。ここにあらわれているのは、自己の本質を表現する理性であり、直接に統一された絶対的な実在です。

ところで、理念と実在との関係こそ、哲学的思索に慣れない人にはまったく理解が困難なものです。理念と普通の現実とはどう関係するのか。ここにはプラトンのイデア（このイデアが、ピタゴラス派の数や純粋概念にきわめて近いものですが）にまつわる問題と同類の問題が生じてくる。すなわち、つぎのような問題です。「数はどこにあるのか。空間でへだてられて、理念の天国に独立に住んでいるのだろうか。数は直接に事物そのものではない。事物や実体は数とはちがうものだ、――物体は数に似たところなどない。」(α)ピタゴラス派は、数を原形のようなものだとは考えない。原形というのは、事物の理念や法則や関係が、創造主の知性のうちにあるようなありかたをいうので、神の意識や知性のなかで考えられた理念は、ちょうど芸術家の思想がその作品と区別されるように、事物と区別されて原形と呼ばれるのです。(β)ピタゴラス派はまた、数を人間の意識のなかにあって、事物と絶対的に対立し、事物の性質を説明するのにもちだされるたんなる主観的な観念だとも考えない。そうではなく、物の存在をなりたたせる実体だと考える。つまり、各々の、しっかりと存在する事物は、その本質からして、(α)一であること、(β)一と二、および両者の対立と関係をもつこと、という二点によってはじめて存在をゆるされると考える。それが各々の事物のありかたであり、そのようにあることが事物が存在するということだというのです。

アリストテレスははっきりとこういっています。「ピタゴラス派の特徴は、限定されたものや無限や一を事物がそこから生まれ、生成し、そこに帰っていくようなものととらえ、」それらに火その他の事物と同じような実在をあたえた点にある。「つまり、ピタゴラス派は、無限や一を、それは無限だとか、それは一だといわれる当の事物の実体と見なし、数が万物の本質だとした。」「かれらは数を事物から切り離すのではなく、事物そのものだと見なした。」「数は事物の原理および素材であるとともに、事物の性質および力である、」——つまり、思想であり、実体であり、思想の本質においてとらえられた事物だというわけです。

こうした抽象的な定義は、のちにイアンブリコスやポルフィリオスやニコマコスが神について思索をめぐらす際に、宗教的な観念（算術的神像）によってもっと具体化されます。かれらは、そうした観念をもちこむことによって、民族宗教をより明確に定義しようとした。一とは、かれらにとっては、神そのものだった。一とは神であり、精神であり、両性具有者（偶数と奇数の二つをふくむもの）であり、また、実体、理性、混沌（無限定だから）、冥府の神タルタロス、最高神ゼウス、形式であるとかれらは考えた。同様に、二とは、物質であり、等しくないものの原理であり、争いであり、生みだすものであり、生命の神イシスであると考えた。

(c)三はとりわけ重要な数でした。一が完全な実在へと到達したとき、三という数があらわれる。一は二を通過してさらにすすみ、無限定と多とふたたび統一されるとき、三となります。一と多が三のうちで外的に合体するのはひどくまずいやりかたで、統一はいまだきわめて抽象的ですが、それでも、この論理は最高度に重要なものです。三は一般に最初の完全体と見なされます。アリストテレスはいいます。「物体は三を超えた大きさをもたない（つまり、三次元の中でそれぞれに決まった大きさをもつ）。だからこそ、ピタゴラス派も万物が三によって定義されるという。というのも、全体を数えると、おわり、途中、はじまりがあり、それは三であるから。」なんでもかんでも三にするというのは、近代の自然哲学のさまざまな図式と同様、根拠のあることではありません。「こうして、われわれはまた、自然からこの法則を得て、祭式で神に呼びかけるときも、三の法則を使用する。」すなわち、神の名を三度となえるときはじめて正式に祈ったと感じる、――三は聖なる度数だから。「二は左右いずれをもあらわすが、すべてをあらわしはしない。三がはじめてすべてをあらわす。三で定義されるのが全体であり、」そこにはじめて全体があらわれる。「三分割こそ完全な分割で、たんなる一（抽象的同一性）やたんなる二（たんなる対立）とはちがって、三は全体をなす。」いいかえれば、完全なものは三の形をもち、自己と同等であるとともに、不当に分割もされて対立をはらみ、さらにちがいがふたたび統一されて全体的なものになる。数においても三が現実そのものです。三は深遠な形式です。

キリスト教徒がこの三のうちに三位一体の観念をさがしもとめて発見したのも、なるほどと合点できることです。キリスト教に悪意をもつ人のなかには、三位一体は、理性を超えた謎であり、だから、古代人の手に負えない高級のものだという人もあれば、平凡きわまるものだという人もいる。どちらにせよ、三位一体を理性の近づきがたいものにしたいらしい。が、この三位一体に意味があるなら、わたしたちはその意味を理解しなければならない。二〇〇〇年にわたってキリスト教のもっとも神聖な観念であったものになんの意味もないとしたら、それは由々しいことです。三位一体は、理性の次元に引きおろせないほど神聖なものでもなければ、そこに意味を求めるのが醇風美俗に反するほどむなしいものでもありません。ただし、いまは三という概念だけが問題ですから、父なる神と子なる神との血のつながりをどう考えるべきか、といったことは問わないことにしますが。

三がどのようなものかについて、アリストテレスははっきりこう断言しています。完全なもの、ないし、実在するものは、はじまり、中間、おわり、という三つの状態をもって実在する、と。はじまりは単純なものであり、中間はべつなものへの変化（二、ないし、対立）であり、おわりは統一（精霊）、つまり、べつのものからふたたび自己へと還っていくことだ、というわけです。あらゆる事物は、(α)単純な存在、(β)差異または区別、(γ)両者の統一または変化のなかでの統一、という過程をたどる。この三つの過程を取りのぞいたら、事物の存在はなくなり、たんに頭の中にある抽象物になってしまいます。

(d)三のつぎには四がきます。四はピタゴラス派にとっては、三の発展した形であるという理由で、高い価値をもっていました。四が完全な数だという考えは、地、水、火、風の四元素や四方位などをもとにいわれることで（たしかに自然のうちには四が深くはいりこんでいます）、いまでもよく知られた考えですが、あまり根拠のあるものではない。数としての四は、二の完成品であり、二が自分に還ってきたもの、対立した二が二乗されて自分と合体したものです。二が自分みずからをおしすすめ、自分を重ねあわせ（つまり、自分をかけあわせ）、自分と自分を合体させたものが、四（二の平方）です。三と一の関係でいえば、四は三にふくまれます。三は、(α)統一、(β)他への変化、(γ)両者の統一、です。(β)にあたる他、否定、点、限界は、ここでは一つの契機と数えられていますが、実際は二つのものが存在し、二つのものがちがうものとして区別されている。だから、第三のものは一と二つの区別されたものの統一で、(β)を二つに数えれば、三はじつは四だということになる。四が三にふくまれるというゆえんです。

四はさらに、力のある能動的な四としてとらえられ、後期ピタゴラス派にあってはもっとも有名な数になりました。もとピタゴラス派であったエンペドクレスの詩の断片に、四がいかに尊敬されたかを示すものがあります。

　おまえがこれをなせば、
　おまえは神々しい徳の道に導かれよう。
　変わらぬ自然のみなもとにして根元たる四、
　われらが魂にその四なる数をあたえしピタゴラスに誓って、わたしはそう断言する。

(e)四のつぎには、ピタゴラス派は、四のもう一つの形式である十にただちに移行します。四が三の完成品だとすると、この四がもう一度発展的に完成されると、──つまり、四のすべての契機が実在の区別をなすものとされ、各々の契機が数字があらわすだけの数をもつものとされると（さもなければ、どの数字も一という大きさしかもたない）、四の実在の形として十が登場します。「四は、以前の四つの数をうちにふくんで完成する。すなわち、1＋2＋3＋4＝10となる。」が、四つの数をふくむ十という実在は、ここでは、たんなる数遊びの外的・表面的結果にすぎず、概念とはとてもいえません。ただ、四のうちには四つの一しかないのに、それを一つと数えないのは思想の力強さを示すものです。「十にくると、それがふたたび一と見なされ、あらたなはじまりになる。四が変わらぬ自然のみなもとであり根元であるのは、四が精神と肉体をふくむ宇宙の理法だからである。」のちに、プロクロスがピタゴラス讃歌の一節を引いています。「神のごとき数は前進する、」

数はけがれなく神聖な一から
神々しき四へと至る
四はすべてをはらむ万物の母を生み、母は万物の古き境界となる
倦《う》まず撓《たゆ》まず働く母を、人は、神聖なる十と呼ぶ。

数をこれ以上に追いかける必要はありません。ほかの数についていわれることは曖昧《あいまい》で、概念の脈絡がつけられない。五までの数にはまだしも思想がこもっていますが、六以降はまったく手前勝手な思いつきが語られるにすぎません。

二、数を応用して宇宙をとらえる

数という単純な理念とそこにこめられた単純な内容が、もっと複雑多様な内容を得るためには、数の理論がさらに発展しなければなりません。ピタゴラス派は、抽象的・論理的な観念から、数の具体的な応用を示す形式へとどのように移行したのでしょうか。具体的な対象を数によって定義するというピタゴラス派のやりかたは、空間図形や音楽の領域では一定の成果をあげていますが、自然や精神をさらに具体的に定義する段になると、純粋に形式的かつ空虚なおしゃべりに堕《だ》しています。

(a)「数によって世界を構成する」ピタゴラス派の一例として、セクストスの空間図形の構成の例があります。もちろんここでは観念的な原理ですますことができる。空間を抽象的に定義づけることが問題で、数をもって実際に空間が完全に定義づけられます。なにもない空間の最初に否定体である点をもって空間の構成をはじめたとすると、「点が一に対応する。点は分割できないものであり、一が数の原理であるのと同様、線の原理である。点が一に対応するのなら、線は二をあらわす。なぜなら、点から線への移行が可能で、――線は二点間の純粋な関係であり、幅をもたないからである。面は三からなる。立体もしくは物体は四に対応し、ここに三次元が成立する。べつの考えによると、物体は一つの点の寄せあつめである。（つまり、物体の本質は一つの点である。）なぜなら、点が流れて線となり、線が流れて面となり、面が流れて物体となるから。二つの考えのちがいは、前者が、一と無限定の二からまず数をつくりだし、つぎにその数から点や線や面や立体をつくりだすのにたいして、後者が、一つの点から他のすべてをつくりだすということにある。」前者にとっては、ちがいが明確な対立であり、二という明確な形式をもつのにたいして、後者は数の形式を活動としてとらえている。「したがって、物体が数の指導のもとに形成され、数から水、空気、火といった特定の物体が、さらに宇宙全体が、かれらのいうところによれば、調和にもとづいて形成される、――ここに調和とは、数の比によってあたえられるものにほかならず、数の比が、絶対的な調和をなすさまざまな共鳴音をつくりだすのである。」

ここで注意すべきは、点から現実の空間（線や面は抽象的契機にすぎない）への展開が空間を満たすという意味をもっていることです。というのも、一は本質であり、実体であり、物質であって、空間には、満たされぬ空間と満たされた空間のちがいしかないからです。空間の構成もまた単純にすすみ、運動ないし関係としてとらえられる。線の概念は点の純粋な関係であり、点は純粋な一であり、純粋な活動としての一であり、その純粋な関係が線である。同様に、面は線の関係であり、二乗であり、産出、活動、連続性、一般性である。立体空間についても同様である。ここでの発展形態は、運動ないし外的構成の形を取っていますが、空間構成はまだしもそれでやっていける。が、空間を満たしたあとに、特定の水や土などを導きだす場合にはそうはいかず、問題はもっとむずかしくなります。ピタゴラス派はその過程をあつかうことはしないで、ただ、宇宙を純理論的な単純な形式をもつものと見なし、それを数の比の体系として表現するにとどめました。もっとも、数の比の体系そのものも不明なところが多いのですが。

(b)数の応用ないし表示が本質的な意味をもつ領域として、ほかに、音楽の領域での音の比があります。ここでは数が特別の働きをする。音のちがいはさまざまな数の比で示され、それが音楽的なものを定義する唯一の方法です。音と音との関係は量的なちがいにもとづいて、そのちがいがときには協和音を、ときには不協和音をつくります。ピタゴラス派が音楽を情操教育に活用したのはそのためです。耳の聞きわける音楽上の関係が数学的に定義できること、――和音と不協和音の聞きわけが数学的な比較であることを最初に洞察した人が、ピタゴラスです。耳で聞けば主観的で単純な感覚にすぎないものが、じつは一定の比をなすことをピタゴラスは洞察し、それに知的に明確な定義をあたえました。もっとも単純な数の比に帰着する基本和音の発見は、かれによるものといわれる。こんな話があります。ピタゴラスが鍛冶屋の仕事場のそばを通りかかったとき、ハンマーをたたく音が特別の和音を奏でていることに気がついた。そこで、かれは、一定の和音を出すハンマーの重さを比較し、それにもとづいて音の比を数学的に確定し、最後に、それをキタラの弦に応用した。最初に演奏された和音は、一オクターブ音程と五度音程と四度音程だったといいます。よく知られているように、弦の音（管楽器なら、管の空気柱の音）は、弦の長さ、太さ、張りの強さの三つの条件によって決まります。二つの弦があって、その長さと太さが同じならば、張りかたのちがいが音のちがいをつくりだす。この場合、張りぐあいを比較するだけでよく、それには、弦を張るために弦のはしにつけられたおもりの重さを計ればいいのです。ピタゴラスによると、六ポンドのおもりのついた弦と一二ポンドのおもりの弦（つまり、重量比1：2）が一オクターブの音程をなし、8：12ないし2：3の場合に五度音程、9：12ないし3：4の場合に四度音程をなす。同一時間あたりの振動数のちがいが音の高低を決定するのですが、振動数は弦の太さと長さが同じなら、おもりの重さに比例する。重さが1：2ならば、強く張られた弦のほうが弱い弦の二倍の振動数、重さが2：3ならば振動数も2：3となる。ここでは、数がまさにちがいを確定するものとなり、音は振動ないし運動に還元されています。音にはたしかに、金属の音とガットの音、人間の声音と管楽器の音、などのあいだに見られるような質のちがいもあるけれども、一つの楽器の音楽的な音の比は、――それこそが和音を決める本来の音の関係ですが、――数の比です。音は時間と空間の関数たる物体の振動以外のなにものでもなく、そのちがいをあらわすには数――一定時間内の振動数――によるほかはない。音楽におけるほど数が有効な表現手段となる場合は、ほかには考えられません。

ピタゴラス派はここからさらにすすんで、くわしく音楽理論を展開しますが、それを追いかける必要はないでしょう。数の比にもとづく進行の先験的な法則や運動の必然性といったものは、濁った頭でもやっていけるようなきわめて曖昧《あいまい》なもので、というのも、至るところで概念へのあてこすりや表面的な一致があらわれては消え、消えてはあらわれるからです。

さらにすすんで宇宙を数の体系として形成する試みについていえば、ここには、ピタゴラス派の思想の混乱と悲惨が全面的に露呈しています。哲学思想を数の体系として表現しようとしたり、先人の数学的表現を理解して、そこにあらゆる可能な意味を、――概念が捨てさられると、平凡な表面的なつながりを、――こめようとしたりするピタゴラス派の苦労は、言語に絶するものがあります。ただ、前期ピタゴラス派については、いくつかの主要な論点の内容が知られているにすぎません。プラトンが宇宙を数の体系としてあらわす考えかたの見本をあたえてくれていますが、キケロその他の古代人はそうした数をプラトン的な数と名づけていて、どうやらピタゴラス派のものとは考えていないらしい。で、それについては後でふれることにします。キケロの時代にすでに、プラトン的な数といえば曖昧《あいまい》なものの代名詞だったのですが、なかでも、古い時代のものはごくわずかです。

(c)ピタゴラス派は宇宙の目に見える天体をも数によって構成しました。具体的にこまかいところまで見ていくと、ここでもただちに、数による定義のまずしさや抽象性が浮かびあがります。アリストテレスはいいます。「ピタゴラス派は数を自然全体の原理と見なしたから、天界と全自然のあらゆる内容や部分を数および数の比であらわそうとした。そして、どこか都合の悪いところがあると、この欠陥をなんらかの方法でおぎなって、全体を首尾一貫したものにしようとした。たとえば、かれらにとって十という数は自然全体を包括する完全な数と思えたから、天界を動く天体も十個あるとかれらは主張した。が、目に見える天体は九個しかないので、かれらは十番目の天体として反地球なるものを考えだした。」九個というのは、当時知られていた五個の惑星、一、火星、二、水星、三、木星、四、金星、五、土星に、さらに、六、太陽、七、月、八、地球、九、天の川（恒星）を加えたものです。そして十番目が反地球ですが、それが地球の裏側をさすのか、まったくべつの天体をいうものか、はっきりしないようです。

天体の物理的性質について、アリストテレスはさらにいう。「ピタゴラス派は火を真中に置き、地球は、この中心体のまわりを円を描いてまわる星と見なした。」とすると、中心体は一つの天体であり、しかも数字のうちでもっとも完全なまるい数、十に対応します。「そして、ピタゴラス派はこの天体にたいしてもう一つの地球を配した。」これはわたしたちの天体観に近いもので、太陽系の構造と似たところがあります。が、ピタゴラス派は中心の火を太陽とは考えなかった。アリストテレスはいいます。「かれらは感覚の示す現象にではなく、その根拠に執着した。」ちょうどわたしたちが、感覚的現象にさからってまで根拠をさがしもとめるように。ここには、物自体が物の現象とはちがったものだという考えの最初の例が見られるように思います。「真中にある火を、かれらはゼウスの番人と名づけた。」「ところで、これら十個の天体は、すべての運動物体と同様、音を立てていて、しかも、それぞれの物体がその大きさと速度のちがいに応じてちがった音を立てている。大きさと速度のちがいは天体相互の距離のちがいによって生じ、この距離は、和音をなすような音楽的間隔を保っている。こうして、運動する天体（天界）の調和音（音楽）が、——ひびきの美しい世界コーラスが、——奏でられる。」

理念の偉大さを、——必然性にもとづく理念の偉大さを、——わたしたちは認めなければなりません。天体の運行は、すべてが数の比であらわされる必然性の体系であり、必然性として把握できる体系であって、耳に聞こえる音楽の土台とも本質ともなりうる比の体系をなします。ここには世界という建造物の体系が、太陽系が、思想としてとらえられています。ただ、数の比として理解可能なのは太陽系だけであって、ほかの恒星はそれではとらえられません。天体が歌をうたい、天体の運動が音を奏でるという考えは、感覚の証言は得られないものの、太陽の静止と地球の運動と同様、わたしたちの知性には受け容《い》れやすい。たしかに天体の音楽は聞こえないし、地球の運動は見えない。だから、コーラスなど聞こえはしない以上、天界には至るところ沈黙が支配していると信じること、そして天体の音楽をいう人を非難することは、容易です。しかし、この音楽が聞こえない理由を示すことは容易ではない。ピタゴラス派はいいます。「音楽が聞こえないのは、わたしたち自身がその中に生きているから、」つまり、音楽がわたしたちの中にはいりこみ、わたしたちと一体化し、「わたしたちと対立する他者ではなくなっているからである。」わたしたちは完全にその運動の中に取りこまれているというわけです。天体の運動が音を発しないのは、天体が物体としてたがいに関係することがないからです。声が出るには、（運動の契機をなす）純粋な空間と時間が生物体において独自の、内発的な声となり、運動が動物の発声という個体的な運動としてあらわれねばなりませんが、音の場合には、物体同士が外的にふれあったり、打ちあったり（こすりあったり）して、個体そのものが瞬間的に形を変え、弾力性を利用してふるえなければならない。ところが、天体は、たがいに自由で、その運動も、一般的な、非個体的な、自由な運動なのです。

音にこだわることはないでしょう。天球の音楽というのは壮大な空想的イメージといってよく、わたしたちを本当に引きつけるものではありません。しかし、運動を分量として、すなわち、数ないし数の比の必然的体系としてあらわすという理念は、かけがえのないものです。というのも、差異や相互関係が数や大きさとしてあらわされるのは天体の場合しかなく、それは天体のありかたそのものを、つまり、時間と空間という純粋な場に存在する天体のありかたを示すものだからです。天体が不動の関係にあり、それが理性的な調和をなしているというのは、今日なお通用する思想です。たしかに、ある点でわたしたちの知識はピタゴラスよりすすんではいて、たとえば、ケプラーの発見した距離と公転時間とのあいだの離心率の法則などはその一例ですが、しかし、惑星間の間隔が調和をなす理由（進行の法則）については、どの数学も答えを提示することができない。経験的な数値を正確に知ることはできるが、どう考えても、それは必然的ではなく偶然そうなっているように見える。距離のおよその法則性を知ったり、のちに、ケレス、ウェスタ、パラス等の名をつけられた惑星の存在を火星と木星とのあいだに予想してあたったりすることはあるが、理性や知性にふさわしい、惑星の首尾一貫した系列は、いまだ天文学によって見出されてはいない。天文学はひょっとすると、この系列を法則化して表現する試みなど軽蔑するかもしれませんが、思えば、それこそがもっとも重要な点で、とても放棄するわけにはいきません。

(d)ピタゴラス派は数の原理を霊魂にも応用し、精神的なものを数であらわしました。アリストテレスによると、かれらのあるものは、日の光のなかに浮遊する飛塵《ひじん》を霊魂と見、またあるものは、飛塵を動かすものを霊魂と見たという。かれらがそう考えたのは、飛塵が風のまったくないときでも動いていて、だとすると、みずから動くものにちがいないと考えたからだという。たいした意味のある話ではありませんが、「霊魂は自己運動するもの」という定義がピタゴラス派にあったことは、見のがしてはなりません。数の概念を霊魂に適用した例としては、こういうのがあります。「べつの表現は以下のごとくで、理性は一であり、（自立した、自己同一のものである。）認識ないし知識は、一へとむかうものだから、二である。平面の数（三）にあたるのは、想像や思いこみであり、感覚は立体の数（四）、（現代ふうにいえば二の二乗）である。すべての事物は、理性か知識か思いこみか感覚によって判断される。」こうした定義は後期ピタゴラス派のものと考えねばなりませんが、そこには精神の特質が、たとえば、理性が純粋に普遍的なものであり、認識が他者と関係するものであり（知識はさらにすすんで観念や内容をもつ）、感覚がこまごまとした内容を一番多くふくむものだ、といった特質が、それなりにとらえられています。「霊魂は自己運動するものだから、それは自己運動する数である。」この定義が一と関連づけて述べられるような例は、ほかに見あたりません。

以上が、数の概念と霊魂との単純な対比です。もっと複雑な対比をアリストテレスは、プラトンの『ティマイオス』から引きだしています。（『ティマイオス』では数との対比がくわしくなされています。）霊魂は自己運動するとともに、自分のからみあう物体をも突き動かす。霊魂は要素（数）の複合体であって、数の調和にもとづいて分割されることによって、感覚や直接の内在的な調和を獲得する。「全体にひびきのよい衝動（運動、方向性）をもたせようと、かれ（ティマイオス）は直線（調和した線）を曲げて一つの円をつくり、さらにこの円からたがいに二点でまじわる二つの円をつくる。そして最後に二つの円の一方を七つの円にわけ、それによって霊魂の運動を天体の運動のように表示する。」残念ながらアリストテレスはこの考えをくわしく解説してくれてはいない。ここには全体の調和ということが強く意識されてはいますが、表現形式が不適切・不十分なために、どこまでも曖昧《あいまい》さがつきまとう。区別され分離されたもののうちにふたたび統一を確立し表現しようとするとき、いつもながら、深い直観と乱暴ないいまわしがぶつかってしまう。表現の素材との格闘が、神話的なもののいいかたに特有のゆがみを生むのです。思想そのものが不安定だというほかありません。ただ、注目すべきは、霊魂が太陽系に相当するような体系をもつとされていることです。プラトンの数においては、霊魂の内部系列が曲げられて一つの円をなすといったイメージも見られ、それにかんしてはくわしい数の比が示されています（ただ、その意味については述べられていませんが）。しかし、その叙述から特別に有意義な理論を引きだすことは今日もなお不可能です。要するに、数を配置するのは容易だが、それに実のある意味づけをすることは困難で、どんな意味づけもいい加減な思いつきにすぎません。「霊魂が大きさをもつというのは正確ないいかたではない。なぜなら、理性は思考と同様、一つにして持続するものだから。ところで思考とは思考されたものなのである。」

ピタゴラス派の霊魂にかんする定義のうち、もう一つ注目すべきは、霊魂輪廻《りんね》の説です。キケロによると、人間の霊魂が不死だと最初に言明したのは、ピタゴラスの師ペレキュデスだそうです。霊魂輪廻の説は遠くインドにまで広まっていて、ピタゴラスがそれをエジプト人から汲《く》みとったのはまちがいありません。ヘロドトスははっきりそういっています。冥界にかんするエジプト人の神話を述べたあとで、ヘロドトスはこういっています。「人間の霊魂は不死で、自分の肉体が滅んだあとはべつの生命体に移行する、と最初に言明したのはエジプト人である。そして、霊魂は、(罰としてではなく) すべての陸の動物、海の動物、鳥の肉体を通過したのち (つまり輪廻の全行程をおえたのち)、ふたたび人間の体にはいりこむ。一周期は三〇〇〇年で完結する。こうした考えはギリシャ人のもとにもある。昔も今もこの教えを利用しながら、それを自分の発明品のごとくいいふらす人がいる。わたしはかれらの名前を知ってはいるが、ここには記さないことにする。」ヘロドトスの念頭にあるのは、疑いなく、ピタゴラスとその弟子たちのことです。

ピタゴラスについては、ほかにもたくさんの話があります。たわいのないつくり話ですが。たとえば、「ピタゴラスは、自分の前世のようすも知っている、ヘルメス神が生前の状態の記憶をさずけてくれたから、とよくいっていた。(α)かれはあるとき、ヘルメスの息子アリタリデスであった。(β)ついで、トロイ戦争にパントオスの子エウフォルボスとして参戦し、パトロクロスを殺し、メネラオスに殺された。(γ)つぎに、ヘルモティモス、(δ)つぎに、デロス島の漁師ピュロスに生まれかわった。この間が全体として二〇七年あまり。メネラオスがトロイからもちかえって神に献上した楯《たて》、その楯のあるアポロ神殿にピタゴラスはおもむき、ぼろぼろになった楯の表面に、以前には知られていなかったしるしを見つけだし、前世がエウフォルボスであるのを証明した。」ほかのいろいろなつくり話は取りあげる必要はないでしょう。

ピタゴラスの教団がエジプトの司祭集団に想を得たものであることは、すでに述べました。この教団にしても霊魂の輪廻説にしても、外国から取りいれられた東洋的・非ギリシャ的な考えで、ギリシャの精神とはかけ離れていたために、ギリシャに根をおろし発展することなく前途を断たれてしまいました。霊魂輪廻説は、ギリシャでは表面をかすめて過ぎるだけで、なんら哲学的関心を引かなかった。ギリシャでは高度かつ自由な個人という意識がすでに強固に存在していて、自由な自立した人間の霊魂が動物の状態に移行するという考えは定着のしようがなかった。ギリシャ人のあいだにも、人間が泉や木や動物などになるという考えはあったが、それは霊魂の堕落と見なされたので、罪を犯したことにたいする罰としてしかあらわれなかったのです。

ピタゴラスの輪廻説について、アリストテレスはこういっています。「霊魂が肉体にやどるにあたって、それがどんな原因によるか、肉体のどんな状態によるか、といった点は、なに一つ確定的なことはいえない。というのも、一方が能動的・積極的であり、他方は受動的・消極的であって、たがいに偶然にぶつかりあうことはないからである。」アリストテレスはかれなりに簡潔に霊魂輪廻の説を否定している。「ピタゴラス派の神話によれば、たまたまある霊魂がたまたまある肉体にはいりこむことになって、」肉体のありかたは霊魂にとって偶然のものとなる。「ピタゴラス派は、建築家が笛を手に取るといっているに等しい。芸術家が道具を利用するように、霊魂は肉体を利用するのだから。」芸術にはそれぞれに固有の道具がある。「それぞれが自分の形をもたねばならない。」肉体のありかたは霊魂のありかたにとって偶然ではなく、その逆もまた真である。ところが、霊魂の輪廻は偶然におこなわれ、人間の霊魂が動物の霊魂にもなったりする。――アリストテレスの反論は説得力があります。

輪廻の理念は全体を覆《おお》うもので、すべてに内在する概念がそれぞれの形態を通過していくようなもの、つまり、永遠の輪廻であり、東洋的な一如があらゆるところにあらわれている。そういう輪廻こそが哲学的なものです。ピタゴラス派の輪廻にはこうした世界観がなく、あるのは、世界観のたそがれです。知的で明確な必然性のもとに、特定の霊魂が物として万物を遍歴していく。霊魂は自己を意識する思考の主体であって、東洋的な魂とは似ても似つかぬものです。霊魂とは、コーヒーの泡がひょっとして、感覚し思考する霊魂になるといった、ライプニッツのモナドもどきの、抽象的で空虚な単一体ではない。そんな霊魂なら、それが不死かどうかは、哲学的になんの興味もかきたてません。

三、実践哲学

さて、ピタゴラスの実践哲学についていえば、以上のことと関連するところ大ですが、そこには、哲学的理念といえるものはあまりありません。アリストテレスはこういっています。「ピタゴラスははじめて徳について語ろうとした人だが、語りかたが正しくなかった。徳を数に還元したために徳本来の理論を打ち立てることができなかったのである。」ピタゴラス派は、十個の天体にならって、十の徳を考えました。なかでも正義の徳は「同じ数をかけた数」（累乗数――自分が自分に等しい数――）とあらわされる。つまり、正義が数で定義され、自分と自分をかけてもいつも偶数になる平方数といいあらわされる。正義はたしかに変わることのないものではあるが、そんな抽象的な定義は他の多くの事柄にもあてはまるので、具体的なものがそんないいかたで定義しつくされるわけがない。ピタゴラス派は、このように物理的なものや道徳的なものを数によってあれこれ定義はしていますが、すべては曖昧《あいまい》で根拠がなく、概念による定義とはほど遠いものです。

道徳的な格言をつらねた六脚詩行のいくつかが金言の名のもとに残されていますが、これは後期ピタゴラス派の作とすべきものです。取り立てて問題にする必要のない、一般的な、聞きなれた道徳律をことばにしたものですが、古めかしい感じはたしかにある。はじめにくるのは、「掟にしたがって存在する不滅の神々を尊敬せよ」という命令です。ついで、「誓いを尊敬し、輝かしき英雄を尊敬せよ」という命令が、民族の不滅の神々への信仰と対比される。上のものと「下のもの」が、誓いにおいてむすびつくというわけです。さらに、「両親を尊敬し、親族を尊敬せよ」等々とつづきます。とくに目新しいものはなく、道徳上の要点が単純に礼儀正しく述べられた道徳訓で、人格形成の上では重要な内容をふくみますが、そこに哲学的なものがあるということはできない。

道徳訓という形式が日常の道徳へと移行していく過程のほうが、もっと重要です。タレスの時代には、自然哲学にたずさわる者が同時に国家の立法者や設立者であったのと同様、ピタゴラスの実践哲学も、共同生活を運用していく役割を担っていました。タレスの時代には、純粋理念としての絶対的実在が、特定の感覚的実在として存在し、同様に、共同生活も万民のものとして、つまり、国家の現実の精神、民族の法律や政治として存在し、道徳的なものも現実を離れることがなかった。ところが、ピタゴラスにあっては、絶対的実在は感覚的現実を離脱して純理論のうちに存在し、いまだ完全なものではないにしても、思想的な実在と見なされ、同様に、共同体も現実そのものから離脱したものとなる。したがって、現実全体の道徳的規律を顧慮するといっても、もはや一民族の生活が対象となるのではなく、一共同集団の生活が対象となるほかありません。

大づかみにいって、実践哲学は現代に至ってはじめて哲学的思索と呼べるものになっています。ピタゴラス教団は任意団体であり、勝手に世間をはずれて暮らしているので、司祭団のように体制の一部として認可されたものではない。ピタゴラスは教師として孤立した人格をなしていて、いってみれば学者のような存在です。十の命令、ギリシャの賢者のことば、ピタゴラスの金言、ピタゴラスの信条、等々は、とうてい哲学的思索とは認めがたいもので、それは、たとえば自然学の領域で、因果関係をとらえる物理的な概念や洞察が哲学的思索でないのと同様です。同じく、一般的な生活規則も哲学的思索とは認めがたく、というのも、そこでは、異質なものが絶対的に対立しつつ、対立物をうちにふくんで統一がなされるということがないからです。純粋な思索とは、対象をまったく排除して純粋に意識のうちで考えをまとめること――それが実践道徳の知です――でもなければ、意識をまったく排除して自然のうちで考えをまとめること――それが自然科学です――でもなく、意識という場の内部にあって外部の対象に働きかけるものであり、そこに全体としての統一がすでに存在していなければならない。統一といっても、もともとばらばらに独立して存在するものが結合されるのではないのです。道徳意識は、それが意識であるかぎりで、つまり、自然ないし存在と対立するかぎりで、意識のうちにあるというほかありませんが、しかし、意識の内部にあってなお、意識であるかぎり、それは固有の実在ないし存在をもつのです。つまり、民族とか一般意識とか民族精神といったものがその本体で、個々の意識はその派生体です。(といって個々の意識が不完全なものというわけではありませんが。) 個々の意識の本質は民族精神であること、純粋に普遍的な掟が個人の内部で絶対的なものとして意識されていること、民族精神の本質が意識そのもののうちにあらわれていること、それが哲学的思索というべきものです。そこには、対立する二つの異質なものが一体をなすものとしてとらえられている。

が、両側面はすでに意識の領域のうちに取りいれられているから、意識と自然といった対立の形式であらわれることはありません。ともあれ、意識が絶対的な個としてきちんととらえられるのは、道徳の領域においてはじめて可能となることであり、そこではじめて一切の行為が自覚的になります。

こうしたことの要点をピタゴラスが理解し、道徳の本体が共同体にあるととらえていたことは、つぎの例からわかります。「ある父親がピタゴラス派のひとりに、息子に最善の教育をさずけるにはどうしたらいいか、とたずねたとき、かれはこう答えた。『秩序ある国家の市民となるように教育すればよい』と。」これはすぐれた、正しい答えです。個人は家族のうちで教育され、ついで祖国のなかで、——秩序正しい法治状態のもとで、——教育される。民族精神のうちに生きるという大原則は、なにものにも優先する。今日では逆に、教育を時代精神から切り離そうとする傾向が見られますが、秩序ある国家のなかに閉鎖的な集団は存在しえない。人間は国家に従いつつ人格を形成していくもので、国家が最高の力です。国家から身をひき離すことはできず、自分だけになろうとしても無意識のうちに普遍的な国家の支配下にあるのです。

こうした点からすると、ピタゴラスの実践哲学は、道徳理念が教団という場で現実性をもつとした点に、哲学的思索のあとを認めることができる。自然が概念へと移行し、思想へと高まるように、現実を意識的にとらえる思想は、現実のほうへと帰っていく。つまり、思想は共同体の精神として存在し、個々の意識というだけでは非現実的な意識が、一つの集団のなかで現実性を獲得する。こうして、意識の成長、成育、自己保存とは、そのような共同体のなかに暮らしながら、普遍的な自己意識となるべく、自己をきたえあげていくことにほかなりません。

タレスの時代の共同体意識は、理論的原理が現実のどこにでも存在するものであるのに見合って、一般的な国家体制に従うものでしたが、ピタゴラスの場合には、理論的原理がなかば現実をぬけだして思想に高められた——数は現実と思想の中間物です——のに見合って、共同体意識も意識された一般的現実からぬけだして、一教団、一共同体に従うものとなる。これは、国家に従う普遍的・現実的な共同体意識の段階と、普遍的精神としての共同体意識が失われ、個人が個人として共同体に気を配らねばならないような段階との中間項をなすものです。つぎに実践哲学が登場するとき、いまいう個人的な段階が見られるはずです。

以上で、ピタゴラスの体系についてひと通り説明したことになります。ただ、わたしとしては、アリストテレスがピタゴラスの数の形式にたいしておこなった批判について、簡単にふれておきたい。「(数や) 限界や無限や偶数や奇数が基礎に置かれただけで、どうして運動が生ずるのかをピタゴラス派は説明していない。また、運動や変化なしに、どうして生成や消滅がありうるのか、あるいは、天体の配置や運行がありうるのか、かれらは説明しない。」この欠点は重大です。一、二、三、という数は、死んだ、無味乾燥な形式ですが、生命力や運動は数を超えたゆたかな概念です。つまり、数というのは、まったく抽象的で貧弱な原理なのです。第二に、アリストテレスはこういいます。「数によって理解できる物体の性質としては、重さと軽さしかない」」つまり、具体的なさまざまな概念は数では定義できない。数は、そのありかたからして具体的な性質へと移行することは不可能である。「ピタゴラス派は、天界にある数以外に数は存在しない、という。」とすれば、たとえば、天界と徳と道徳的性質と地上の自然現象とが同一の数で定義されることになる。それぞれの事物や性質について、それぞれに最初の数を示すことができ、それは当の事物や性質となんらかの関連をもつかもしれない。しかし、数がさらにくわしい内容をあらわさねばならないとしたら、まったく抽象的な量のちがいに終始する数は、形式的たるをまぬかれず、――たとえば、ある植物は花糸が五本あるから五である、といったいいかたしかできない。それは、酸素その他の元素による定義や方位による定義と同じように、表面的な定義です。ちょうど、電気や、磁気や、直流電気や、圧縮と膨張や、雄と雌などの図式をなんにでも適用しようとする近年流行の考えと似たような形式主義がそこには見られる。実在が対象だとするのなら、まったく空虚な定義といわざるをえません。

ピタゴラスやピタゴラス派のものだとされる学問上の思想や発見はほかにもたくさんありますが、あえて取りあげるまでもありません。たとえば、ピタゴラスは「明けの明星と宵の明星が同じ星であること」や「月は太陽から光を得ていること」を認識したとされます。音楽上の発見についてはすでに述べました。が、もっとも有名な発見は、ピタゴラスの定理と呼ばれるもので、事実これは、ほかの定理と同列にあつかうわけにはいかない、幾何学上の重要な定理です。この発見を祝ってピタゴラスは雄牛一〇〇頭を犠牲《いけにえ》にささげたといいますが、かれ自身、定理の重要性がわかっていたのです。注目すべきは、金持をはじめとする全市民を招待する大祝祭を催すほどのよろこびをかれが抱いたことで、定理の発見はそれだけの価値があった。それは、牛の犠牲の上になりたつ、精神（認識）の歓喜であり、祭典でした。

その他、偶然に、脈絡なく、ピタゴラス派の考えだとされているものは、哲学的にまったく興味のないお話にすぎません。（人間がどんな意見をもっていたかといったことなど、どうでもよろしい。）たとえば、ピタゴラス派は天に吸いこまれる空虚な空間、および、自然を連続するものと非連続のものにわける空虚な空間の存在を認め、それこそが数の最初にくる自然の分割者だと考えたという話。ディオゲネス・ラエルティオスはまったく無味乾燥な（後人には、外的で精神なきものに思える）話を長々とひいています。「（ピタゴラス派によると）地球のまわりの空気はじっとしていて不健康であり、その中にあるものはすべて死んでいく。だが、最上界の空気は永久に運動していて、純粋かつ健康である。そして、そのなかにあるものは一切が不死で神的である。太陽と月と星は神々である。というのも、それらのうちには生命の源である熱が保たれているから。人間も熱をもつから神々の同類である。だから、神は人間のことを配慮してくれる。……太陽の光は濃いエーテルをも冷たいエーテルをも通過してきて、万物に生命をふきこむ。（かれらは空気を冷たいエーテルと名づけ、海や湿気を濃いエーテルと名づける。）霊魂はエーテルの破片である。」

C、エレア学派

ピタゴラスの哲学はいまだ概念を純粋思考として表現する形式をもっていませんでした。数は概念ではあるが、イメージや直観に頼った概念であって、量的な区別は純粋概念による表現ではなく、概念と、イメージないし直観との混合物です。絶対的な実在を純粋概念ないし思想として表現すること、そして、概念ないし思考の運動を示すこと、それこそがつぎの哲学に要求されることであり、その要求に応えたのがエレア派です。エレア派において思想は自分みずからを自由に相手とし、エレア派が絶対実在だと言明するもののうちで、思想は自己を純粋に把握し、思想が概念のうちを運動する。ここに、弁証法のはじまりが、すなわち、概念における思考の純粋運動のはじまりが見られます。と同時に、思考が現象ないし感覚的存在と対立し、さらには、内部から見た自己と他者との関係のなかでの自己が対立し、自己のもとにある矛盾が対象のもとにもあらわれてくる。（それが弁証法の本来のすがたです。）純粋思考の歩みとはどのようなものでなければならないかを前もって概観しておくと、その三段階にわたる展開は、(α)純粋思想（思考されたものとしての純粋存在ないし一）がすきまなく単純かつ自己同一のものとして直接に存在し、他の一切は無であるとされる段階。(β)思想に最初のゆさぶりがかけられる段階。つまり、自己をかためた思想が、他者の存在をも認め、他者のもとにおもむいて、他者を単純にとらえた上でやはりそれが無であることを示す段階。(γ)他者のさまざまな内容をそれとして明確にとらえる段階。こうした思想を形成するのがエレア派の哲学史上での課題です。エレア派の命題はいまなお哲学的に興味を引くものであり、哲学のうちにどうしてもあらわれねばならぬ必然的な側面をなしています。

この派に数えられる哲学者は、クセノファネス、パルメニデス、メリッソス、ゼノンです。クセノファネスはエレア派の創始者と見なされ、パルメニデスはその弟子をもって任じ、メリッソスと、とりわけゼノンは、パルメニデスの弟子とされます。実際、四人をまとめてエレア派とすることができます。のちには、エレア派の名は消えて、ソフィストの名で呼ばれ、その活動の場もギリシャ本土に移ります。

クセノファネスがはじめたことを、パルメニデスとメリッソスがひきつぎ、このふたりの教えをゼノンが完成させました。アリストテレスは前の三人をこう特徴づけています。「パルメニデスは一なるものを概念に即してとらえ、メリッソスは物質に即してとらえたようだ。だから、パルメニデスは一なるものを限界あるものとし、メリッソスは限界なきものとした。一について最初に語ったクセノファネス（なぜならパルメニデスはかれの弟子といわれるから）は、はっきりしたことはなにもいわず、（一について）それが限界をもつかもたないかにふれることなく、ただ天空を見あげて、神は一だ、といった。クセノファネスとメリッソスの表現は一体に大ざっぱで、パルメニデスのほうが洞察が深く、」概念も綿密である。クセノファネスとメリッソスについては、あまりいうべきことはありません。とくにメリッソスについては、断片やいい伝えとして残っているものが、わけのわからぬ混乱を示していて、そこに概念的なものはあまり認められない。エレア派一般に、哲学的なことばや概念が貧弱で、ゼノンに至ってようやく哲学的にゆたかな表現が見られます。

一、クセノファネス

実生活――クセノファネスがいつの時代の人かは十分はっきりしていて、だから、生年と没年がはっきりしないのは気にかける必要がない。かれはアナクシマンドロスやピタゴラスとほぼ同時代の人です。生涯の出来事としては、理由は不明ですが、小アジアの祖国コロフォンを追われてギリシャ本土におもむき、おもにシシリア島のザンクレー（現メッシーナ）とカタナ（現カタニア）に逗留《とうりゅう》したことが知られるのみです。かれがエレアでくらしたとは、古代の文献にはどこにも出ていないことですが、近代の哲学史を見ると、どれをとってもそう書いてあります。たとえば、テンネマンは、かれが紀元前五三六年ごろコロフォンからエレアにおもむいたといっています。が、ディオゲネス・ラエルティオスは、紀元前五三二年がかれの最盛期で、エレアの植民の歴史にかんする二〇〇〇行の詩をつくったといっているだけです。まあそこから、かれもエレアに暮らしたという推測が生まれたのでしょうが。ストラボンは、エレアの住人としてはパルメニデスとゼノン（かれはこのふたりをピタゴラス派に入れていますが）しか名をあげていません。だから、エレア派の名も、このふたりに由来するといわねばなりません。クセノファネスは一〇〇歳近くまで生き、ペルシャ戦争（前四九〇年のマラトンの戦い）を体験しました。かれは貧乏で、自分の子の葬式を出すお金がなく、手ずから埋葬したといわれます。かれには師がなかったという説と、アルケラオスを師とした（時代が合わないのですが）との説があります。

かれは自然についての書物を書いています、――もっとも、「自然について」というのは、当時の哲学の一般的な名称で、哲学の対象は一般に「自然」と名づけられていたのですが。そのうちのいくつかの詩行が残っていますが、そこには筋道だった考えは示されていません。ボン大学のブランデス教授が、パルメニデスやメリッソスの断片とともに、『エレア派注釈』一巻に収録しています。古代の哲学者は詩で表現するのが普通で、散文を書くようになるのはもっと後のことです。シンプリキウスはテオフラトスからの引用をもとにクセノファネスを論じています。クセノファネスの詩には、不器用な激情的な表現が多く、ためにキケロは、見どころ少ない詩と名づけています。

クセノファネスの哲学。かれは第一に、絶対的実在を一なるものだと定義しました。「一切が一である。」かれはこの一を神とも名づけ、神はすべての事物のうちに植えつけられていて、しかも、非感覚的で、不変で、はじめ、中間、おわりがなく、不動である、としました。クセノファネスの詩には、つぎのことばがあります。「一なる神が神々および人間たちのなかでもっとも大きく、形も精神も人間とはくらべものにならない。」「神は至るところを見、至るところで考え、至るところで聞く。」ディオゲネス・ラエルティオスは、これに、「一切は思考であり理性である」ということばをつけくわえています。イオニアの自然哲学者たちは運動を客観的な運動としてとらえ、生成と消滅のことだと考えました。ピタゴラス派はこれらの概念について反省することなく、絶対的実在たる数を流れるものとしてあつかいました。エレア派に至って、変化はその抽象化の極限において無としてとらえられ、かくて、対象の側にあった運動が意識の側の主観的な運動に転化し、それとの対比において、絶対的な実在は不動のものとされます。

こうして、クセノファネスは、生成と消滅、変化、運動、等々の観念は真理をいいあてたものではなく、主観的な観念にすぎないと主張します。一なるものだけがある、存在だけがある、それが原理だというのです。一なるものとは、ここでは、純粋思考の直接の産物であり、それがそのまま存在です。存在（あるということ）とは、わたしたちのよく知っている陳腐な概念です。文法では、ある（Sein）は助動詞としても使われる。そういう「ある」や「一」は、ほかのいろいろな概念とならぶ一特殊概念にすぎない。ところが、ここでは、他のすべての概念はいかなる現実性も、いかなる存在ももたず、たんなる見せかけと考えられています。わたしたちは自分たちの観念をひとまず忘れさらねばならない。わたしたちは神が精神だと知っていますが、ギリシャ人の目の前には感覚的な世界しかなく、神々は空想するしかなかったので、感覚世界のなかでは自分より高度なものをもちえなくて孤立していたのです。こうして、感覚世界に満足できないまま、その一切を真理なきものとして投げすて、純粋な思想へとたどりついた。これはおそるべき進歩であり、思想はエレア派に至ってはじめて本来の自由と自立を手にいれたのです。

ここにはじめて登場した純粋思想は、また、知性が最終的に帰っていく場所でもあります。というのは、近代の哲学が示すように、神は最高の実在、抽象的な同一体としてとらえられるほかないからです。最高の実在としての神が、わたしたちの外、ないし上にあるというとき、神について、それがあるということしかわたしたちは認識しえず、神は無内容です。内容を知るとき、認識が生まれるはずだが、すべての内容は消滅していかねばならない。すると、真理として残るのは、神が一なるものだということだけで、――それは、一つの神だけがあるという意味ではなく（それはべつの定義です）、神が自己同一のものとしてある、ということだけで、――そうなると、エレア派の表現そのままということになる。たしかに、近代哲学は反省の長い道のりを歩んでいて、感覚的な事物のみならず、神の哲学的な観念や述語にも反省を加えてきているけれども、すべてを無に帰するような抽象化に至った段階を見れば、その内容、その結果は、エレア派と同一です。

エレア派の弁証法的な議論は、右の一なる存在と切っても切れぬ関係にあります。つまり、エレア派の証明するところは、生成や消滅はありえないということです。（くわしい論証は主としてゼノンの手になるものですが。）変化は存在しない、ないし、変化は自己矛盾する、ということを、エレア派は以下のように証明しています（この証明はクセノファネスによるとされていますが)。この議論が出てくるのは、アリストテレスの不完全な、部分的にはきわめて意味の不明な『クセノファネス、ゼノン、ゴルギアスについて』のなかですが、議論の展開者の名が出ているはじめの部分が欠けているため、クセノファネスの議論だというのは推測の域にとどまります。もっとも、アリストテレスのあつかうのがクセノファネスの哲学かどうかは、たんなる標題の問題にすぎないともいえるのですが。残った原稿は、「かれはいう」ではじまり、そのかれの名がどこにも出ていない。ほかの原稿にはまたべつの標題がついている。この著作でのクセノファネスにかんする論じかた(クセノファネス論)からすると、これ以前の引用がクセノファネスのことばだとすれば、ここでの「かれ」はクセノファネスではないようにも思われます。よく名の出てくるメリッソスあるいはゼノンが「かれ」であるのかもしれません。ここに展開される弁証法は、クセノファネスの詩から期待できるものより、もっと形が整い、もっと反省が行きとどいています。クセノファネスにはいまだ明確な表現がない、とアリストテレスが明言していることからすると、この著作にある形の整った議論は、クセノファネスのものではないとすべきかもしれない。少なくとも、クセノファネス自身が、ここに述べられたように整然と明確に自分の思想を表現することができなかったのはたしかです。さて、議論はこう書かれています。

「なにかが存在するとすれば、そのなにかは永遠で(非感覚的で、不動で、不変で)ある。」永遠という表現は適切ではない。というのも、永遠というとただちに時間が思いうかべられ、過去と未来をふくむ無限に長い時間のことと解されますが、ここにいう永遠なものは、自己同一のもの、純粋に現在のものを意味し、時間の観念ははいりこんでいないからです。要するに、生成や生育が排除されているのです。もしなにかが生成するとすれば、それは無から生成するか有から生成するかのいずれかである。「だが、なにかが無から生じることは不可能である。さて、すべてが生成してきたか、すべてが永遠だとはかぎらないと仮定したとき、いずれの場合にも、無からの生成が必要とされる。なぜなら、すべてが生成してきたとすれば、以前に無がなければならないことになる。また、存在するもののうちのいくつかがもとになって、そこから他のものが生まれたとすれば、（他のものを生みだした）この一は、そのことで数的ないし量的に大きくなっている。ところが、数的ないし量的な拡大は、無からの生成でなければならない。数的ないし量的に小なるもののうちに大なるものがふくまれることはないのだから。」「同様に、なにかが有から生成することもありえない。有はすでにそこにあり、有から生じてくるものではない。」有を前提にすれば、有が自分とはちがう有に移行することはありえない。「永遠なる有はまた、限界なきものである。なぜなら、それは存在のはじまりも、存在の消滅するおわりももたないから。」テンネマンはいいます。「クセノファネスは生成を理解不可能なものとし、」真理なきもの、存在しないものとする。「無限の一切は一なるものである。なぜなら、二つ以上のものがあれば、それらはたがいに制限しあうことになり、」はじまりやおわりをもつことになるから。そして、一なるものは他なるものの無を意味し、無から生じることになるから。「一なるものは自己同一のものである。もし、自己とちがうものがあるなら、一なるものではなく、多なるものが存在することになるから。この一はまた不動のものである。なにかに移行することがないのだから、不動である。もし移行することがあるとすれば、充実したものか空虚なものへと移動しなければならないが、充実したものへの移動は不可能だし、空虚への移動も、空虚は無なのだから、同じく不可能である。一はまた苦痛のない健康なもので、場所も形も変わらず、他と交じりあうこともない。こうしたことがおこるには、存在しないものが生成し、存在するものが消滅しなければならないが、それは不可能だからである。」以上が、生成や消滅にまつわる矛盾の指摘です。

さて、不動・不変の一という真理に、クセノファネスは主観的な思いこみを対置します。絶対実在のうちにはありえないとされた変化や複数存在が、他方の側に、つまり、思いこむ意識の側に登場してくるのです。クセノファネスがそう考えるのは当然のことで、それによって、変化や複数存在をもたず、したがって述語のない絶対実在が確定される。「感覚的直観のうちには、一なる絶対実在とは反対のもの、つまり、さまざまな事物や、それらの変化、それらの生成と消滅と混合があらわれる。こうして、生成や消滅は存在しない、とする第一の知とならぶ第二の知があらわれ、それは、普通の意識にとっては第一の知と同じように確実なものである。」二つの知のどちらを取るか、クセノファネスは決めかねて、二つのあいだをゆれうごきながら、結局、真理はこうだと認識しているようです。二つの対立する知のうち、生成や消滅はあるとする思いこみのほうが優位に立つが、優位といっても思いこみが強いというだけで、それが真理を示すというわけではない、と。以上がアリストテレスのいい草です。

懐疑主義者たちは、すべての事物の存在が疑わしいという見解をそこに読みとりました。セクストスは、こうした意味合いの詩をあちこちで引用しています。

だれも明確なことは知らないし、
神々について、世界の全体について、わたしのいうことを知ることはない。
たとえだれかが完全な事実を述べるようなことがあったとしても、
その人自身すら、それについて知っているとはいえない。すべての知には思いこみがま
つわりついているから。

これを一般化して、セクストスはこう解釈しています。「高価な品がたくさんある家で、夜中に何人かが金をさがすとする。各人が自分は金を見つけたと思ったとしても、だれひとり、かりに本当に見つけた人がいたとしても、見つけたことを確信はできない。それと同じで、哲学者も真理をさがしもとめて、大きな家にはいるようにこの世界にはいってくるので、たとえ真理をさがしあてたとしても、さがしあてたと確信することはできない。」

クセノファネスのあいまいな表現は、自分がここで知らせることをだれひとり知ることはない、といっているだけです。セクストスはそれを、クセノファネスはすべての認識を廃棄したのではなく、学問的なあやまりなき認識だけを廃棄し、思いこみの知には存在の余地を

残した、と解釈しています。「クセノファネスは『すべての知には思いこみがまつわりついている』という。とすれば、かれにとっての真理の基準は思いこみであり、本当らしさであって、しっかりと確実なものではない。が、かれの友人パルメニデスは、思いこみを価値なきものとした。」クセノファネスの一なるものに即して考えれば、かれが弁証法的な議論によって示した、さまざまな観念の廃棄だけが理にかなっている。つまり、つぎの点だけがあきらかです。かれのいう真理をだれも知らず、同じような考えが脳裡に浮かんでも、だれもそれが真理だとはわからない、——すべてに思いこみがまつわりついていて、その考えもまた思いこみにすぎないから。

さて、わたしたちはクセノファネスのうちに二重の意識を見ることができる。実在をとらえる純粋な意識と思いこみの意識です。前者は神の意識であり、一切の限定された内容を否定し廃棄する純粋な弁証法の働きです。こうしてかれは、感覚的な世界や有限な思想内容を真理なきものとしますが、同時にまた、ギリシャ人のいだく神話的な神のイメージにも徹底して反対しています。たとえば、こういうことばがあります。「雄牛やライオンが人間と同様に手を使って芸術作品をつくりあげることができるなら、かれらの描く神々のすがたは雄牛やライオンの形をしていることだろう。」ホメロスやヘシオドスの描きだした神々のイメージをもかれは誹謗《ひぼう》しています。「ホメロスとヘシオドスは、ぬすみ、姦通、だまし合い、など、人間の場合なら恥と非難に値する一切を神々におこなわせている。」

クセノファネスは、絶対的実在をとらえて、存在するものをつらぬき、存在するもののうちに直接に現前する単純なもの、と定義する一方、さまざまな現象についても哲学的に考察していますが、こちらのほうは、断片しか残っていないし、自然学的な見解はあまり興味深いものでもない。現代の自然学と同様、それは哲学的思索にかりたてる意味内容をもたない。たとえば、「一切は土からはじまり、一切は土におわる」ということばがありますが、ここにいう実在（自然的原理）は、タレスの水とはちがって根源的なものではない。アリストテレスが、土を絶対的な原理と見なした人はいない、と明言したのももっともです。

二、パルメニデス

パルメニデスはエレア学派のなかでもぬきんでた人物です。ディオゲネスによると、かれはエレアの富裕な名門に生まれました。しかし、かれの実生活については知られるところ少なく、アリストテレスは、かれがクセノファネスの弟子であったことをうわさとして伝えるのみです。セクストス・エンペイリコスはかれをクセノファネスの友人と呼んでいます。ディオゲネス・ラエルティオス（『哲学者列伝』）にはもう少しくわしい報告があって、かれはアナクシマンドロスの教えを受け、クセノファネスの教えも受けたが、クセノファネスの弟子にはならなかったといいます。かれはまたピタゴラス派のアメイニアスやディオカイタスの弟子のもとに滞在し、ディオカイタスの弟子になるとともに、（クセノファネスではなく）アメイニアスの導きでしずかな学究生活にはいったといいます。年齢的には、クセノファネスとゼノンのあいだにあって、前者よりやや若く後者よりやや年上ですが、このふたりと時代をともにしているのはまちがいない。ディオゲネスによると、紀元前五〇四—五〇一年ごろが最盛期にあたります。もっとも重要なのは、ゼノンを道づれにしたアテネへの旅行で、プラトンの対話篇によると、その機会にふたりはソクラテスと対話をしたことになっています。これは一般に事実と認められていますが、どこまでが史実かをつきとめることは不可能です。『テアイテトス』のなかで、ソクラテスは、エレア派の体系を検討してみようとの要求にたいし、こういっています。「全体が静止した一だ、と主張するメリッソスその他の人びとを相手にするのも大いにためらわれるが、しかし、パルメニデスほどではない。パルメニデスは、ホメロスのいいかたをかりれば、おごそかにしておそろしい人のようだから。というのも、わたしは、ずっと若いころ、もうすっかり老齢のパルメニデスと会って、すばらしい話を聞いたことがあるのだ。」プラトンの対話篇『パルメニデス』では、周知のように、対話者はパルメニデスとソクラテスですが、出会いの歴史的事情はさらにくわしく説明されています。パルメニデスはたいそう高齢で、髪は真白、外見は美しく、六五歳ぐらい、ゼノンがほぼ四〇歳となっています。この旅行が紀元前四六〇—四五七年のあいだだとすると、紀元前四六九年に生まれたソクラテスは、プラトンの提示するような対話をおこなうには、やはり若すぎる気がします。とすれば、エレア派の考えに沿って書かれたこの対話篇の主要部分は、プラトン自身の創作とすべきでしょう。ほかに、パルメニデスの実生活上のこととして知られるのは、エレア市民のあいだでたいへんに尊敬されていたこと、この都市の安寧は主としてパルメニデスのあたえた法律によってもたらされたこと、などです。テバイ人ケベスの書き板のはじめのほうに、「パルメニデスの生活」ということばが、道徳的な生活を意味する慣用句として用いられています。

注目すべきは、プラトンがエレア学派を名ざしで話題にするとき、クセノファネスにはまったくふれないで、メリッソスとパルメニデスだけを引きあいに出すことです。このこととこれまでに述べたすべてとを考えあわせると、クセノファネスの説だとされているものは、本当はパルメニデスの説だとすべきもののようです。その上、プラトンはその対話篇の一つで、パルメニデスに主役をふりあて、これまでにない最高の弁証法を展開させてもいますが、そのことにはいまはくわしくはふれないでおきます。クセノファネスの場合には、「無からはなにものも生じない」という命題によって、生成や、生成に関連ないし帰着するものは大きく否定されたが、パルメニデスの場合には、存在（ある）と非存在（あらぬ）の対立がもっとはっきりあらわれます。もっとも、パルメニデス自身がそのことを意識していたわけではありませんが。

さて、セクストス・エンペイリコスとシンプリキウスが、パルメニデスの詩のもっとも重要な断片を書き残しています。パルメニデスも哲学を詩で表現する時代の人です。最初の長い断片は、自然にかんする詩の導入部で、寓意の形を取っています。荘厳な導入部で、時代の詩作法を示すとともに、存在の本質と格闘し、本質をとらえて表現しようとする精力的で熱情的な魂の働きが全体にみなぎっています。ですから、パルメニデスの哲学を知るには、かれ自身のことばにふれるのが一番です。導入部は以下のようです。

「わたしを運ぶ馬たちは、力のつづくかぎり、知者を真理の国へと導く名高き女神の道を前進した。道案内は若い娘たち（感官をさす）であった。ヘリオスの娘たち（目をさすという）が、夜の家をあとにして道をいそぐとき、馬車の輪軸は熱くなって音を立てた。光にむかって馬車を走らせながら、娘たちは両手で頭の覆《おお》いを取りさった。と、そこに、昼と夜との道をわかつ門があった。天つ乙女たちは、不正を罰する女神ディケーが二重の鍵を手にまもる大門へと近づいた。娘たちはディケーに親しげに話しかけ、ただちにどんぐりの形の閂《かんぬき》を門からはずさせた。門は大口をあけてひらき、娘たちの馬車は開いた戸を通りぬけていった。女神はわたしを快くむかえ、わたしの右手を取ってこう話しかけた。『不死の御者と馬につれられてわがすまいにおいでのあなた、ごきげんよう。あなたは悪しき運命に導かれてこの道をやってきたのではなく（というのも、おそらくこの道は人間どもの軍用道路とは遠くへだたっているのだから）、掟の神テミスと正義の女神ディケーに導かれてやってきたのだから。あなたは一切を探究すべきだ。力強い真理を手にした不動の心をも、真の知なき人間の思いこみをも。だが、たずねゆく思考が思いこみの道にとらわれぬよう気をつけよ。百戦練磨の習慣に負けて、軽率な目やなりひびく耳や舌につきしたがうことのないように。わたしの告げる磨きあげられた教えを、理性のみによって考えぬかねばならぬ。道をあやまらせるのはただただ欲望なのだから。』」

さらに女神は一切の議論を展開していきます。二つの知、つまり、一、思考による真理の知と、二、思いこみによる知、が、詩の二つの部分にわけて述べられる。べつの断片に、この教えの主要部分が保存されています。女神はいう。「聞け、知の二つの道のありさまを。存在だけがあり、非存在はない、というのが確信に至る道であり、そこに真理がある。他方、存在はなく、非存在が要求される、というのが、改めていうが、これこそまったく非理性の道だ。というのも、非存在は認識も獲得も表現もできないものだから。」実際、無は思考や表現の対象となるとき、無ではないなにかに転じます。無を思考し、語っているつもりで、なにかを語り、なにかを思考しているのです。

「言ったり考えたりすることは無ではなく、存在することでなければならない。なぜなら、存在はあり、無はないのだから。」これは簡潔な定義です。否定一般や、もっと具体的に、限界や有限や制限は、この無に属するものです。すべて定義することは否定することである、とはスピノザの偉大な命題ですが、パルメニデスのいいかただと、否定がどのような形を取ろうと、それは存在しない、ということになります。無を真理と見なすのは、「あやまりの道であり、無知の双頭の人間がそこをうろつきまわる。心の迷いが感覚のあやまりを誘いだすのだ。かれらは耳や目がきかない人のように、あるいは、混乱した群衆のように右往左往し、ある（存在）とあらぬ（非存在）を同じものと思ったり、ちがうものと思ったりする。」あやまりは、両者を取りちがえること、両者に同じ価値をあたえること、あるいは、あらぬものとは一般に限界のあるもののことだといった区別をもうけること、にある。「こうして、あやまりの道はすべて堂々めぐりをする。」それは矛盾をくりかえす道であり、ばらばらになる運動である。人間たちは、一方こそ本質だと考えたかと思うと、つぎには他方を、またつぎには二つの混合物を本質だと考えて、矛盾をぬけだすことがない。

「真理はただ『ある』ということにある。『ある』は生みだされたものでも、消えゆくものでもなく、完璧で、一種類で、不動で、おわりがない。過去にあったものでも、未来にあるものでもなく、一切が同時にいまあって、ひとつながりをなす。というのも、あなたは『ある』の誕生をどこに求めようとするのか。どのように、どこから、『ある』が増加するというのか。あらぬものから、といった答えは、口にすることも考えることもわたしはゆるさない。『ある』があらぬということは、口にすることも考えることもできないのだから。『ある』がいかなる時機にもせよ、無からはじまったとしなければならぬ必要がどこにあろうか。『ある』は徹頭徹尾あるかないかのどちらかなのだ。確信の強さが、あらぬものからなにかべつのものを生じさせるといったこともありえない。」「かくて、生成はないし、消滅も信じられない。『ある』は全体が一様で、分割もできない。どこかが増加してつながりがこわれることもないし、一切が存在に満ちているから、減少することもない。一切がつながって、存在と存在が合流している。『ある』は変化せず、じっと安定している、──強くしっかりした紐《ひも》でまわりをがっちりしばられている。だから、『ある』をおわりなきものということはできない。おわりなきものとは、おわりを必要とするものの意で、それは、一切の欠如のもととなる非存在を呼びこむことになるから。」この存在は必然という制約のもとにあるから、際限なきものではありません。アリストテレスはパルメニデスには限界づけるという概念があったとしています。限界とはいろいろな意味に取れる曖昧《あいまい》な概念ですが、パルメニデスの場合、絶対的に限界づけるという働きをするのが、端的に明確この上ない絶対の必然性です。パルメニデスが粗野な無限概念を超えていることは、見おとしてはなりません。

「思考と思考の主題とは同じものだ。なぜなら、思考の表現される存在がなかったら、思考はどこにもなくなってしまうから。存在の外では思考は無であり、無になっていくから。」これがパルメニデスの中心思想です。思考は自己を生産し、生産されたものが思想である。だから、思考とその存在は同一であり、思考は存在という大肯定の外ではなにものでもない。プロティノスはこの箇所を引用しつつ、存在とは感覚的事物のことではないと考えることによって、パルメニデスはこの見解に達した、と述べています。

ソフィストたちは、ここから、「一切が真理で、あやまりは存在しない。なぜなら、あやまりとはあらぬもののことで、あらぬものは考えることができないのだから」という結論を引きだします。パルメニデスとともに本来の哲学がはじまる。理念の世界への上昇がここに見られるのです。ひとりの人間がすべての想像や思いこみから解き放たれ、それらを真理なきものと断言し、存在という必然的なものだけが真理だと言明する。このはじまりは、むろんまだ茫漠《ぼうばく》と曖昧《あいまい》で、そのなかになにがあるのかは不分明ですが、まさにそれをあきらかにしていくことが、いまだすがたを見せぬ哲学の全体を形成していくことです。そして、哲学の形成には、変化するものに真理なしという思想との弁証法的対決が必要で、というのも、この定義をそのまま受けいれれば、矛盾なしではすまないからです。

パルメニデスの比喩的表現はさらにつづきます。存在の一切について語ろうとすれば、その形に言及しないわけにはいかない。「一番外の限界が完璧だとすれば、それはどこから見てもまんまるな球のかたまりで、中心からあらゆる方向に同じ重さがかかっていなければならない。というのは、あちこちに重さの不均衡があってはならず、また、重さの均衡（すなわち、自己との統一）を妨げるような非存在は存在しないし、空白部分があったり、存在に大小の区別があるような存在も存在しないのだから。一切が完全無欠なのだから、どこを取っても内容のまったく同じ存在があらわれてくる。」プロティノスによると、パルメニデスが存在を球形だと想像したのは、存在が思考をもふくむ一切を内部に取りこむものだからで、球形は自己を同じ状態で保つものをあらわすという。シンプリキウスによると、詩人的気質のパルメニデスが神話的な虚構の助けを借りるのはおどろくべきことではないという。しかし、わたしたちの目からすると、球が（空間内で）限界づけられたものであり、周囲にべつのものが存在しなければならぬのはあきらかです。それでも、球の概念は異なった点における関係の同等性をあらわし、区別なきものの比喩として用いられている。だから、首尾一貫したイメージだとはとうていいえません。

こうした真理の理論に、パルメニデスは、人間の思いこみの理論、つまり、虚偽の世界体系をつけくわえます。「人間は思いこみのなかで二つの形を区別する。それは一つだけでは存在しないとされるが、二つの形があるとするのはあやまっている。二つは、あらわれかたや印象がちがい、対立する関係に置かれる。一方は天空の火炎で、きわめて軽く、自分とまったく一体化しているが、もう一方とは一体化していない。同じく自立しているもう一方は、夜に関係する厚く重たい実在である。」前者は、熱、やわらかさ、軽さと呼ばれ、後者は冷たさと呼ばれます。「だが、一切が光とも夜とも名づけられ、どんなものにも光と夜があるから、一切は光とくらい夜とに同時に満たされている。光と夜なしにはなにものも存在しないのだから、この二つは同じものである。」アリストテレスその他の哲学史家は異口同音に、パルメニデスは、現象する事物の体系として暖かさと冷たさの二原理を立て、その結合によって一切がなりたつとした、と述べています。光や火は能動的で、生命をあたえるもの、夜や冷たさは受動的なもの、と定義されます。

パルメニデスには、以下に見るように、ピタゴラスふうの表現もあります、（ストラボンはパルメニデスをピタゴラス的人間と名づけています。）王冠が上下に重ねて編まれている。上のものはいつも粗《あら》っぽく、下のものは密に編まれ、その中間には、光と影の混じった王冠がある。（ちいさい王冠は不純な火からなり、その下にあるのは夜からなり、そのあいだを炎の力が通過する。）しかし、それらすべてをまとめあげるのは城壁のようにしっかりしたものであり、その下には火の王冠がある。そして、粗く編まれた王冠の真中にあるのも火の王冠である。光と影の混じった王冠の真中にいるのは、すべてを支配し分配する、正義と必然の女神（自然）である。というのも、この女神は地上の一切の生産と混合の原理（創始者）であり、男性的なものと女性的なものの混合につとめるものだから。女神は愛の神エロスに助けを求め、すべての神を生みだす。さらに、空気は土から分離したものであり、火が息を吐きだしたものが太陽と天の川であり、空気と火が混じったものが月である、等々。
パルメニデスが感覚や思考を説明する方法についてもふれておかねばなりません。一見したところ唯物論ふうの説明ではありますが。テオフラトスはこの点についてこういっています。「パルメニデスは、くわしい説明ぬきに以下のようにいうだけだ。二つの要素があって、どちらに比重がかかるかによって認識のちがいが生まれる。つまり、暖かさが優勢か冷たさが優勢かで、思考の質が変わるのだ。暖かさに支配される思想が良質で純粋だが、暖かさだけでは不十分で、冷たさとの均衡も必要である。」

各人のさまよう四肢が暖と冷の混合であるように、
人間の知性も同じような混合物である。
人間のなかにある心の働きはあらゆる点で四肢と同じ性質をもち、
思考はその最たるものだから。

「こうしてパルメニデスは感覚と思考を同じものととらえ、記憶と忘却もこの二つの混合から生じるとした。しかし、混合のなかで二つがどういう変化をこうむり、どういう状態にあるかは、不問に付されている。ただ、思考と感覚がまったく対立するものととらえられているのはあきらかで、というのも、かれがつぎのようにいっているからである。死んだものは、火をもたないから、光や暖かさや音を感じない。が、それとは反対の冷たさや沈黙などは感じ、そして一般にあらゆる存在はなんらかの認識をもつ、と。」パルメニデスのこうした見解は、じつのところ、むしろ唯物論とは対立するものです。というのも、唯物論は、霊魂を独立した力という部分（感官という木馬）から合成しようとするものだからです。

三、メリッソス

メリッソスについては、いうべきことがあまりありません。アリストテレスは、メリッソスに言及するとき、いつもパルメニデスといっしょにあつかい、同じ思想の持主としています。かれはパルメニデスの弟子と呼ばれるが、弟子かどうかははっきりしない。ヘラクレイトスとつき合いがあったともいわれます。ピタゴラスと同じくサモス島の生まれで、サモス島では尊敬を集める政治家だったといいます。プルタルコスによると、サモス軍の海軍大将をつとめたこともあり、アテネにたいして勝利をおさめたとのことです。最盛期は紀元前四四四年です。哲学にかんしてはあまり見るべきものはない。自然にかんする散文の著作の断片がシンプリキウスの作品に多く残されていますが、見ると、パルメニデスのと同じ思想や議論が、部分的にパルメニデスよりくわしく展開されているにすぎない。アリストテレスによってクセノファネスの説とされているものが、じつはメリッソスの説ではないかとも考えられますが、その文体からすると、クセノファネスはもちろん、パルメニデスのものとしても整いすぎています。

アリストテレスは、パルメニデスとメリッソスの哲学のちがいについて、つぎの三点をあげるのみです。(α)パルメニデスは一なるものを概念に即してとらえたが、メリッソスは物質に即してとらえているようだ、——前者は実在を思想的なものと考え、後者は物質的なものと考えた。ただ、純粋な実在、存在、一なるものにおいては、この区別は消えうせるので、パルメニデスやメリッソスにとっては、純粋な物質も純粋な思想もなく、表現法のちがいでどちらかを強調しているように見えるにすぎない、というべきです。(β)パルメニデスは一を限界あるものと定義し、メリッソスは限界なきものと定義した。パルメニデスが実際にそう定義したとすれば、それはかれの哲学にただちに矛盾します、——限界は存在のない地点であり、限界を置くのは非存在を認めることになるから。ただ、パルメニデスの限界についての発言を見ると、概していえばそれはどこかしら曖昧《あいまい》さをふくむ詩的表現であって、純粋な限界といわれるものは、むしろ、すべてを絶対的に否定する単純なものです。単純な存在は、さまざまな留保つきで存在を認められるすべてのものの絶対的限界であり、そのなかでは他の一切が形をなくしてしまう。必然性とはまさしくこの純粋な否定性、純粋の自己内運動で(思想としては不動だが)、対立者を絶対的におしつぶすものです。(γ)パルメニデスは、思いこみの(あるいは現実の)学問をも、思想的実在としての存在に対立するものとして、同時に打ち立てた。

四、ゼノン

ゼノンの独自性は弁証法にあります。かれはエレア派の巨匠であり、エレア派の純粋思考を概念の自己運動たらしめ、学問の純粋な魂となした哲学者であり、弁証法の創始者です。これまでのエレア派は、「無は実在性をもたず、存在しない。だから、生成と消滅もない、」というだけでした。ところがゼノンは、同様に、存在に矛盾するものを仮定し、これを廃棄するのですが、無や運動が存在しないとはじめから主張するのではなく、理性の歩みに従って、あると仮定されたものがおのずとみずからを否定していくさまを示します。パルメニデスの主張はこうです。「一切は不変である。なぜなら、変化とは存在するものが存在しなくなることだが、実際には、存在しかなく、『非存在がある』というのは主語と述語が矛盾するから。」これにたいして、ゼノンは、「変化があると仮定したまえ。すると変化そのものが変化の無なることを示し、無となる、」といいます。パルメニデスにとっては、変化が内容のある特定の運動ですが、ゼノンは運動そのものを、あるいは、純粋な運動を問題としています。

ゼノンもまたエレアの人でした。かれはエレア派のなかで最年少で、とくにパルメニデスとのつき合いが深かった。パルメニデスはゼノンをとてもかわいがり、養子にむかえていました。実の父はテレウタゴラスといいます。かれは生前エレアの都市国家で大いに尊敬を集めただけでなく、国を越えて広く名を知られ、とくに教師として尊敬されました。プラトンによると（『パルメニデス』一二六―一二七節）、アテネその他の地からその教養にあずかろうとたくさんの人びとがかれのもとをおとずれたという。誇りたかき自足ぶりを示す例として、（アテネへの旅行のほかは）エレアのすまいを離れることなく、また、名声を求めて強大なアテネに長逗留したりはしなかったことがあげられます。とくに有名なのは、かれの精神の強さを示す死の場面で、かれが自分の命を犠牲にして国家（祖国エレアなのかシシリア島の国なのか不明だが）を僭主（あれこれ名があげられるが詳細は不明）から解放した話がいろいろと伝えられています。すなわち、かれが僭主打倒の陰謀に加わり、陰謀が発覚した。僭主はかれに共謀者の名を白状させようと、公衆の面前でありとあらゆる拷問にかけ、国家の敵はだれかとたずねたところ、かれは、まず僭主の友人すべてを共謀者としてあげ、つぎに、僭主自身を国家のわざわいのもとだと呼んだ。この力強い警告とゼノンの受けた途方もない責め苦と死が市民たちをふるいたたせ、かれらは勇を鼓して僭主におそいかかって僭主を殺し、その支配から解放された。とくに最後の激昂の場面のようすには、いろいろと異説があります。かれはなお僭主の耳にいれたいことがあるといつわって、僭主の耳にかみつき、まわりの者にたたき殺されるまで耳を離さなかったという。また、鼻にかみついたともいう。また、白状しろと最大級の拷問にかけられたとき、舌をかみきって僭主の顔にむかって吐きだし、自分からはなにも引きだせないことを示したうえで、臼《うす》にほうりこまれて搗《つ》きくだかれたともいう。

(a)ゼノンの哲学は、主張の実質からすると、全体としてクセノファネスやパルメニデスの哲学と同じ内容で、ただ、個々の局面や対立点が概念ないし思想としてくわしく表現されている点にちがいがあるにすぎない。が、議論の展開のしかたからすると、主張の実質においても進歩が見られ、対立や個々の概念の廃棄においてはそれがいっそう顕著になります。

ゼノンはいいます。「なにかがあるとき、それが生成してきたということはありえない。（このことをかれは神と関係づけます。）生成は同等なものから生ずるか不等なものから生ずるかのいずれかだが、どちらも不可能だからだ。なぜなら、同等なものから生ずるとき、同等なものからそれ以上のものが生みだされねばならないが、それは、たがいに同じ内容をもつという同等なものの定義に反するのである。」つまり、同等という考えのもとでは、生みだすものと生みだされたものとの区別が消えてしまうわけです。「不等なものから不等なものが生ずることも同じく不可能である。なぜなら、弱いものから強いもの、小さいものから大きいもの、悪いものから良いものが生ずる場合も、逆に、良いものから悪いものが生ずる場合も、存在するものから存在しないものが生ずることになるが、それは不可能だから。――かくて神は永遠である。」述べられているのは、無からはなにものも生じないという考えにもとづく汎神論（スピノザ主義）です。クセノファネスやパルメニデスでは、存在と無が取りあげられ、無からは直接になにものも生ぜず、存在は存在から生じる、という汎神論が主張されました。同等なものも、直接に表現すれば存在ですが、同等という以上、思想の運動を、つまり他との関係や自己内への反省を前提としています。存在と非存在は並列されるにしても、その統一が異なるものの統一として把握されず、異なるものが異なるものとして言明されてもいませんが、ゼノンにあっては、不等と同等の対立が意識されています。

つぎに、神が一つであることが証明されます。「神が万物のうちで最強者だとすれば、神は一つでなければならない。なぜなら、神が二つ以上あるとすれば、神同士は支配できないことになるが、他を支配できぬものは神ではないからである。だとすると、二つ以上の神があるとき、そこには強弱のちがいが生じることになるが、そうなれば、もはや神ではありえない。自分より強いものがいないというのが神の性質だから。二つ以上の神が同等だとすれば、最強者でなければならぬという性質がなりたたない。同等なもの同士は相手より劣ってもすぐれてもいず、（たがいに区別されないから）したがって、神が神として存在するのなら、神は一つであるほかはない。二つ以上の神があれば、思いのままになんでもできるというわけにはいかなくなる。」

「神が一つだとすれば、神はどこを取っても同じで、あらゆる場所で聞いたり見たり、その他の感覚を働かせることができる。さもないと、神のさまざまな部分に優劣が生じる（部分によって存在の有無、内容の有無が生じる）ことになるが、それは不可能なことだから。神がどこを取っても同じだとすれば、神は球形である。どこでも同じという条件を満たすのは球形しかないから。」さらに、「神が永遠で、一つで、球形だとすれば、神は無限（限界なきもの）でも限界づけられたものでもない。なぜなら、(α)限界なきものとは存在しないものだから。それは、中間もはじめもおわりももたず、部分ももたない。それが限界なきものである。そんな非存在が存在するとすれば、存在は存在しなくなる。」限界なきものとは、不明確なもの、否定的なものであり、存在しないもの、存在の廃棄であって、その内容からしても一面的なものである。(β)「二つ以上の神が存在すれば、たがいに限界づけるといったこともおこるだろうが、神はただ一つだから、限界づけられることはない。」ゼノンの証明はさらにつづきます。「一なるものは動かないし、また、不動でもない。なぜなら、不動なものは(α)存在しないものだから。(存在しないものにおいては運動が生じない。運動がないとは存在しないこと、ないし、空虚であることを意味する。不動のものとは欠如をあらわす。)存在しないもののうちに他者がやってくることはないし、存在しないものが他者にむかうこともない。(β)動かされるのは二つ以上のものにかぎられる。一つがもう一つのうちに移動しなければならないから。」自分とはちがう他者をもつものだけが動かされるわけで、動くには、複数の時間と空間が前提となります。「かくて、一なるものは静止もしないし、運動もしない。なぜなら、一なる神は不動の非存在でもないし、運動する複数存在でもないから。こうしたすべての点で神はあくまで神にとどまる。つまり、神は永遠であり、一であり、自己同一であり、球形をしていて、限界なきものでも限界づけられたものでもなく、静止するのでも運動するのでもない。」同等なもの、ないし不等なものからなにものも生じえないという命題から、アリストテレスは、神の外にはなにものも存在しないか、それとも、他の一切もまた永遠であるかのいずれかだ、という結論を導いています。

形而上学的推論とでも名づけるべきこうした推論のうちに、わたしたちは弁証法を見てとることができます。推論の根底にあるのは、「無は無のままで、存在に移行はしない。逆もまた真で、同等なものから同等なものも不等なものも生じない」という同一性の原理です。エレア派の存在や一は、こうした抽象体にすぎず、同一性をあくまで観念的にまもりぬこうとするものです。この最古の論証法は今日に至ってもなお通用するもので、たとえば神は一つ、の証明などに使われます。この論証法に別種の形而上学的推論がむすびつくと、たとえば神の力強さなどが前提とされ、そこからの推論で特定の述語が否定される。それは、わたしたちもごくふつうに用いる論証法です。論証にもちだされる概念についていえば、実在の存在を示す具体的な概念は遠ざけられて、「……ではないもの」という形の概念が使用されるのが、目につくことです。

あるはある、ないはない、という抽象原理にむかうのに、わたしたちはエレア派の弁証法とはちがった道をたどりますが、こちらのほうが平凡で身近なものです。わたしたちにいわせると、神は不変であり、有限のものだけが変化する（これはいわば経験的な命題です）、というのが一般で、一方に有限のものと変化があり、他方に、抽象的・絶対的な一として変化しない神がある。エレア派と同じ二分法ですが、ただ、エレア派が有限なものは存在しないとするのにたいして、わたしたちは有限のものにも存在を認めるというちがいがあります。それとはべつに、有限なものから出発して、だんだんと否定を重ねて一般的なものにむかい、最高の一般的なものとして神に——すべての内容ぬきにただあるというしかない最高実在に——至るという道筋もある。さらにまた、制限のある有限なものは無限なもののうちに根拠をもたねばならないという論理にもとづいて、有限なものから無限なものへと移行するやりかたもあります。

いずれもわたしたちにはなじみの道筋ですが、どの形を取ろうとも、エレア派の思想がぶつかったのと同じ難問が待ちかまえています。エレア派のごとく有限なものを度外視するにせよ、しないにせよ、具体的な内容はどこからやってくるのか、それはどのように把握されるのか、あるいは、無限なものはどのようにして有限なものにたどりつくのか。エレア派の思想がわたしたちの通俗的な思考とちがうところは、かれらが瞑想的に思索をすすめることです。ここでは、変化がまったく存在しない、という考えが瞑想的です。かれらの証明によると、存在というものを前提にすれば、変化はそれ自体矛盾するもの、理解不能なものなので、というのも、一なる存在からは一を否定する多は排除されるからです。有限な世界の現実性をも認めるわたしたちの考えかたにくらべると、一なるものだけが存在し、それを否定するものはまったく存在しないといいきるエレア派のほうが首尾一貫している。たしかにそうで、この首尾一貫性はおどろくべきものですが、しかし、それがきわめて抽象的な思考であるのはやはり否定できない事実です。

ゼノンにあってとくに注目すべきは、ある内容を否定すると、この否定がまた一つの内容をなすので、絶対的に否定しようとすれば、一つの内容だけでなく、対立する内容を二つとも否定しなければならない、という高度な意識の存在することです。まずもって運動が否定され、絶対的実在は静止するものだとされる。あるいは、有限が否定され、絶対的実在は純粋無限だとされる。しかし、すぐあとに見るように、静止や無限も特定の内容であり、有限なものである。同様に、非存在と対立する存在も一つの限定された内容であり、やがて見るように廃棄されてしまいます。

一なるもの、ないし、存在、と定義される絶対的実在は、そう定義されるときすでに否定(「……でない」)を媒介にしていて、否定的なもの、(「……でないもの」)つまり、無として定義されていることになる。かくて、存在と無に同じ述語がくっつくことになり、純粋な存在は運動ではない、それは運動の無である、ということになる。ゼノンはそのことをうすうす感づいてはいましたが、存在と無が正反対のものだとわかっていたため、無にあてはまる述語を存在の述語としては否定したのです。しかし、ことはそれだけではおさまらなかった。一なるものが最強だとすると、そのことは本来、絶対的な無化を意味する。というのも、力とはまさに、他者を絶対的に無たらしめるものであり、空虚なものだからです。同様に、一なるものは多の無であり、多は無のうちでも一のうちでも廃棄される。こうした高度の弁証法は、プラトンの『パルメニデス』に見られるもので、ゼノンではまだ二、三の概念をめぐって顔を出すだけで、一や存在の概念そのものについて、この弁証法が展開されるわけではありません。

意識が高まると、ヘラクレイトスやソフィストの場合のように、無と対立する概念たる存在が無に等しい、という意識が生まれます。そうなると、独立に存在する真理などどこにもなく、個々の意識の確信するところが真であり、反論という形を取る確信が真だとされる、

――これは、弁証法の否定的側面です。

(b)だが、すでに述べたように、ゼノンには真の客観的な弁証法も見出されます。対立する述語を二つとも否定するという、右に見たゼノンの議論は本来の弁証法ではなく、弁証法のはじまりにすぎませんが、とはいえ、かれが弁証法の創始者だということはきわめて重要な側面として見おとすわけにはいきません。クセノファネス、パルメニデス、ゼノンが基礎に置いたのは、無は無であり、無は存在せず、同等のもの（メリッソスの用語）が実在である、という命題です。つまり、かれらは対立する述語のうちの一方を実在と定義したのです。かれらはこの定義に執着し、一つの観念のうちに対立するものがあらわれるのを見ると、この観念を廃棄しました。しかし、この廃棄は、観念を外からながめるわたしの執着によるもの、いいかえれば、（一定の命題を出発点として）一方が真、他方が無、というようにふりわけたわたしの区別によるもので、観念の非存在が観念自身のもとにあらわれる、つまり、観念が自己自身を廃棄する、自分のうちに矛盾をもつ、という形でその非存在が示されたわけではありません。たとえば運動を例にとると、わたしがなにかが無だという定義に執着し、このなにかが運動のもとに見出されることを示して、運動は無だとの結論をくだしたとする。ところが、べつの意識がわたしの定義に執着せず、わたしの確信する真理とはべつのなにかを、たとえば運動を、真理と見なしたとして、いっこうにさしつかえない。一哲学体系がべつの哲学体系を論駁《ろんばく》するときによく見られるもので、基礎に置かれた第一のものから推論して相手を打ち負かそうとする。そうするとたしかに、「かれの哲学体系はわたしのと一致しないから真ではない」」という簡単なことばで事柄を片づけることができるが、相手もまた同じことばをいう権利をもっています。相手の非真理を示そうと思えば、なにかべつのものをもってくるのではなく、相手に即して示さなければならない。わたしがわたしの体系や命題を証明した上で、だからそれに対立する体系や命題は偽だ、と結論してもなんにもならない。べつの命題にとって、わたしの命題はつねに異質なもの、外的なものなのですから。命題が偽であることを示すには、それと対立する命題が真であることを示すのではなく、その命題そのものに即して偽なることを示さねばなりません。

こうした理性的な洞察のめざめがゼノンのうちに見られます。プラトンの『パルメニデス』には、この弁証法がみごとに述べられています。話の展開はこうです。まずソクラテスがつぎのようにいう。ゼノンはその著作のなかで、一切は一だ、というパルメニデスと基本的に同じ主張をくりかえしているけれども、いいまわしを変えることで新しいことをいうように見せかけている。つまり、パルメニデスは、一切が一だと詩に書いたが、ゼノンは、多なるものは存在しないといいかえている。これにゼノンが反論します。自分がそういったのは、パルメニデスの論敵たちが、パルメニデスの主張からどんな笑うべき自己矛盾が生じるかを示して、パルメニデスの命題を笑いものにしようとしているのを見てのことだ。自分は、多なるものが存在するという人びとにたいして、パルメニデスの命題よりもはるかに不合理なことがそこから生じることを示そうとしたのだ、と。

ここには客観的な弁証法がどういうものかがあきらかにされている。この弁証法は、もはや単純な思想が自己を確信していくものではなく、力をつけて敵地で戦端を開いていきます。ゼノンの意識のなかにある弁証法は、そうした側面をもっていますが、もちろん自己主張の側面も見おとされてはならない。普通に学問といえば、さまざまな命題が証明の結果としてあらわれるもので、証明そのものは洞察力をもっていくつもの媒介をつなぎあわせる運動です。一般に弁証法といえば、(α)外的弁証法――事柄の運動の総体とは区別される観察者の運動――と、(β)たんなる外からの洞察の運動ではなく、事柄そのものの本質、つまり、内容の純粋概念に導かれた運動とがあります。前者は、対象を観察した上で、これまで確実なことと見なされていた一切をぐらつかせるような根拠や側面を提示する方法です。その場合、根拠はまったく外的なものでもさしつかえなく、わたしたちは、ソフィストの哲学をあつかうさいに、この弁証法についてくわしく論じることになるはずです。もう一つの弁証法は、対象のなかにはいって観察するもので、対象は、前提や理念や当為ぬきに、外的な関係や法則や根拠からではなく、それだけで取りあげられます。観察者は事柄そのもののまっただなかに飛びこみ、対象を対象に即して観察し、対象のもつ内容に従って対象をとらえる。この観察においては、対象みずからが、対立する内容をもち、したがって廃棄されていくことをあらわにします。この弁証法は古代にとりわけよく見られます。外的な根拠にもとづいて推論する主観的な弁証法は、「正のうちには不正もあり、偽のうちには真もある」といったことを認める上ではそれなりの意味がある。が、真の弁証法は、対象が一面からして欠陥があるといった中途半端にとどまることなく、その本性の全体からして対象を解体します。この弁証法の結果はゼロという否定的なもので、肯定的なものはそこにはいまだあらわれてこない。エレア派のおこなったことは、真の弁証法の展開と名づけてさしつかえありませんが、ただ、かれらは、把握した概念と本質をさらに突きつめることなく、矛盾によって対象の無なることを証明するにとどまっています。

ゼノンによる物質の弁証法は今日に至るまで反論があらわれていません。この弁証法はいまだ克服されず、事柄は曖昧《あいまい》なままに放置されている。ゼノンの証明はこうです。「もし多なるものが存在するとすれば、それは大きく、かつ、小さい。大きいとすれば、その大きさは無限であり、」どうでもよい限界のうちにある多を超えて無限へと至らねばならない。が、無限なものは、もはや大きさはなく、多なるものではない。無限は多の否定である。「反対に、多なるものが小さいとすれば、それは大きさのないほど小さく」、原子であり、存在しないものである。「大きさも厚さも量ももたないものは、存在しない。なぜなら、それが他のものにつけくわえられたとしても、それによって他のものが大きくなることがないのだから。大きさのないものが加わっても、大きさが加算されることはないからで、とすると、つけくわわったものは無である。同様に、それがなにかから取りのぞかれたとしても、それで大きさが減ることもないから、取りのぞかれたものは無である。」

「存在するものは、どんなものでも、大きさと厚さ（延長）をもち、たがいに外にあって、それぞれのあいだに距離がある。ほかのあるものについても同じことがいえる。それらも大きさをもち、たがいに距離を取って存在するからである。ところで、一度いわれたことは、つねにいえるのだから、存在についていまいわれたことは、これが最後ということはなく、つぎつぎとあたらしいものがあらわれる。だから、多なるものがあるとすれば、それは大きくも小さくもあり、大きさのないほど小さいし、無限といえるほどに大きい。」

ところで、ゼノンの弁証法のくわしい展開はアリストテレスの著作（『自然学』第六巻第九章）に収録されていて、運動の弁証法がとくに客観的に論究されています。もっとも、プラトンの『パルメニデス』に見られる詳細さがそこに認められるわけではありませんが。わたしたちの見るところ、ゼノンの意識にとっては単純で不動な思想が消えうせ、みずから考える運動があらわれています。かれは感覚的運動の存在を論破しようとして、その考察に没頭しています。弁証法が最初に運動にかんして成立したことについては、その理由として、弁証法そのものが運動であること、いいかえれば、運動そのものがあらゆる存在の弁証法であることがあげられます。事物は運動するものとして自分のもとに弁証法をもっており、そして運動とは、べつのものになること、自分を廃棄していくことです。アリストテレスによると、ゼノンは、内部矛盾をもつという理由で運動の存在を否定したという。これは、たとえば、象は存在するが犀《さい》は存在しない、というのと同じ意味で、運動が存在しないといっているのだと解されてはならない。運動が存在すること、運動という現象があること、そのことにはなんら問題はなく、象が存在するように、運動の存在は感覚的に確信できる。そんな意味で運動を否定しようなどとは、ゼノンはまったく考えていない。問題はむしろ、それが真理かどうかなのです。そして、運動は矛盾するものだから真理ではない、とゼノンはいう。ゼノンのいわんとするところは、運動は真なる存在ではないということです。

ゼノンは、運動という観念が矛盾をふくむことを証明するにあたって、四つの論駁《ろんばく》の方法をもちだします。証明は空間と時間の無限分割をふまえたものです。

(a)第一の形式として、ゼノンはこういいます。運動体は目標に到達する前に、その空間の半分のところに到達しなければならないがゆえに、運動は真ではない。（アリストテレスがこんな簡潔ないいかたをしているのは、『自然学』のもっと前のところでこの問題を広くくわしく論じたあとだからです。）ゼノンの考えをもっと一般化していうと、ここでは空間の連続性が前提となっています。動く物体が一定の目標に到達するものとすると、この道のりは一全体をなす。運動体がこの全体を通過するためには、まずその半分を通過しなければならない。いまやこの半分の端が目標となる。が、この半分がまた一全体をなし、この空間にもまたその半分ができる。とすると、半分のところに到達するには、半分の半分に到達しなければならなくなり、こうして無限後退が生じる。ゼノンはここで、空間が無限に分割できることに思い至ります。空間と時間は絶対に連続するものだから、分割はどこまでいってもやむことがない。あらゆる大きさが――そして、あらゆる時間と空間はつねに一つの大きさですが、――ふたたび二つに分割できる。こうして、分割地点はどんどん後退するが、どんなに小さい空間をとっても、分割できないということはない。運動はこのようにつくられた無限の点を通過しなければならず、おわることがない。したがって、運動体は目標に到達することができない。

キニク派のひとりシノペのディオゲネスが、こうした運動の矛盾の証明をまったく簡単に反駁したのはよく知られています。かれは黙って立ちあがり、あたりを行ったり来たりした、——行為で反駁したというわけです。しかしこの逸話にはつづきがあって、弟子のひとりがこの反駁に満足したとき、ディオゲネスはその弟子をなぐりつけたという。師たる自分が根拠にもとづく論争をしている以上、弟子にも根拠のある反駁しか受けいれてほしくないといって。ディオゲネスのいう通りで、わたしたちは感覚的な確信に満足するのではなく、事態を概念的にとらえなければなりません。

エレア派に至ってはじめて、無限の概念が展開されてその矛盾があらわになっている、つまり、矛盾が意識されている。運動という純粋現象がここでの対象であり、それがその本質に即して明確に思考されたものとしてあらわれている。つまり、（瞬間の形式という点で）純粋な自己同一と純粋な否定性——連続と点——のちがいをどうとらえるかが問題になっています。わたしたちにとって、空間のうちに点が置かれたり、連続する時間のうちに瞬間が置かれたり、いまが連続する長さ（一日とか一年とか）をもったりすると考えることは、なんの矛盾も感じられないことですが、概念としてはそこに矛盾がある。自己同一の連続は、絶対的なつながりであり、すべての区別や否定や分離・独立を抹消するものですが、これに反して、点は純粋な自立、絶対的な分離であり、すべての同一性や他とのつながりを廃棄するものです。が、この二つが空間と時間においては統一されてあらわれるので、だから、空間と時間は矛盾そのものです。しかも、矛盾は運動においてもっとも明瞭に示される。運動では、対立するものが目の前にあらわれるからです。運動とは、まさしく時間と空間の本質であり実体であって、運動があらわれて対象となるとき、まさに現象する矛盾が対象となっている。ゼノンが注意を喚起したのは、この矛盾だったのです。

一空間の連続がまず具体的なものとして提示され、そこにそれを二等分する限界が置かれる。しかしこの限界は絶対不変の限界ではなく、限界づけられたものはふたたび連続をなしている。しかしこの連続もまた絶対的なものではなく、そこにまたその対立物——二等分する限界——があらわれる。が、それによって連続は限界に達するのではなく、いま二等分された半分はまたしても連続をなす。こうして無限につづく。無限につづくと考えるとき、わたしたちは、自分がイメージできないような、到達不可能の彼岸を考えます。進行にはおわりがないが、しかしそれを概念的に理解することは可能で、対立物の一方から他方へ、つまり、連続性から否定性へ、否定性から連続性へとむかう進行を、わたしたちは眼前にしているのです。ところで、進行の両極をなす二つの契機のうち、どちらか一方を本質的な契機と主張することができ、ゼノンは最初は、連続的進行のなかで、特定のものが終点に至ることはない——つまり、限界づけられた空間はなく、連続が支配している——とした。いいかえれば、進行は限界を越えてすすむ、としたのです。

この問題にたいするアリストテレスの一般的な解答、ないし、解決法は、空間と時間は実際は無限に分割されるのではなく、ただ無限分割が可能なだけだ、というものです。ところでしかし、無限分割が可能だとすれば、現実にもまた無限に分割されなければならないように思える。さもないと、無限分割が可能だともいえないはずだから、――それが常識的な一般解答というものです。だから、フランスの哲学者ベイル（一六四七―一七〇六）は、アリストテレスの解答をなさけないものだとして、こういっています。

「アリストテレスの説に従うのは世間をばかにすることだ。なぜなら、物質が無限に分割できるとすれば、それは無限に多くの部分をもつはずで、その無限は可能性としての無限ではなく、現実に、実際に、存在する無限であるのだから。しかし、可能性としての無限が部分への分割によって現実の無限になると考えても不都合はない。運動は分割と同じ効果をもつものだから。運動は空間の他の部分にふれることなく、その一部にふれることで、つぎつぎとすべての部分にふれていく。これは、現実に部分を区別することではないのか。幾何学者がテーブルの上に半プースの間隔でつぎつぎに線を引くのと同じ行為ではないのか。幾何学者はテーブルを半プースずつにきざみはしないが、にもかかわらず分割はおこなわれていて、現実に部分が区別されていく。もしだれかが一プースの物質の上に無限の線を引いたら、アリストテレスといえども、この分割によって、可能性としての無限が現実の無限に転化したことを、よもや否定することはあるまいと思う。」強調された「もし」がおもしろい。

　哲学にとってはあきらかなことですが、無限という純粋な現象――現象上の運動――の単純な本質は、単純かつ一般的な概念です。分割可能とか可能性とかも一般概念で、そこには連続性と、否定性ないし点とがともにふくまれますが、両者は契機として存在するので、それぞれが独立に存在するのではありません。わたしは物質を無限に分割することができるが、しかし、できるというだけで、現実に無限分割をおこなうことはない。無限というのは、まさにその契機のいずれもが実在性をもたないということです。絶対的限界と絶対的連続のいずれか一方だけがそれ自体として現実に生起し、他の契機がぬけおちるということはありえない。絶対的に対立する二つの契機は、単純かつ一般的な概念のうちに――いうならば、思考のうちに――契機として存在します。というのも、思考のうちに（想像一般のうちに）あらわれるものは、存在するともしないともいえるからです。想像されたもの、ないし、想像上のイメージは、事物ではなく、存在はもたないが無ではない。一般概念も同じで、――意識の内にあれ外にあれ、あるともないともいえぬ単純な統一体をなしています。ところで、空間と時間は量的なもの、かぎられた大きさをもつもので、だから、その上をすすむことができます。が、わたしが現実に空間を無限に分割することがないのと同様、動く物体が空間を無限分割することはない。つまり、一定の大きさの空間が限界つきの空間として存在し、そこで運動が生じるのです。運動における空間とは、一般にそのようなものとして運動体の前にあらわれる。分割していくと絶対の点に行きつくわけでもないし、純粋な連続は分割されないものだというわけでもない。時間も同じような一般概念で、純粋に否定的な点ではなく、連続でもあるのです。運動においては、純粋な否定性と連続性の二つが、一方は時間として、他方は空間として登場します。運動そのものは、まさにこの対立物を現実に統一するものです。二つの概念がそこで目の前に現実にすがたをあらわし、運動のうちで統一されて一般的なものとなり、統一されつつ並立し、並立しつつ統一されています。

時間と空間の本質は一般概念としての運動です。運動を把握することとは、運動の本質を概念の形で表現することです。否定性（点）と連続性の統一、といういいかたは、運動を概念ないし思想として表現するものです。とはいっても、連続と点のどちらか一方が本質とされるわけではない。運動をとらえる目には、この二つの契機が不可分のものとしてあらわれています。わたしたちが空間や時間を無限に分割されたものとして思いえがけば、そこには無限の点があるはずですが、同様にまた連続も――つまり、点を包括する一空間も――そこに存在します。しかし、この連続を概念としてとらえれば、それは、無限の点がすべて同等であることを、つまり点あるいは一としてばらばらなのは、本当のすがたでないことを意味します。

運動は時間と空間という対立物の統一として無限なものです。が、時間と空間という二つの契機も、存在するものとしてあらわれます。ただ、二つがたがいに関連なく存在する場合には、もはや概念はあらわれず、存在があらわれているだけです。そして、存在する時間と空間に否定の力が働くと、限界のある大きさがあらわれ、空間と時間は限界をもつ空間と時間になります。現実の運動は無限の空間と時間ではなく、限界のある空間と時間を通過するものです。

ゼノンの他の命題も右と同じ視点から把握されねばならない。つまり、一見そう見えはするが、運動の実在への反論としてではなく、運動をいかに定義すべきか、また同時にいかに推論をすすめるべきかの必然の道筋を述べたものとして把握されねばならない。反論を反駁するには、それが根拠なきものであることを示し、抹消されて二度と取りあげられることのないようにすればよい。しかし、ここで必要なのは、運動をゼノンの考えたように考え、さらにその先へと思考をすすめていくことです。

運動体はまず半分のところに到達しなければならない、というのは、連続を前提にした主張で、ここでは分割の可能性が、つまり、どんなに狭い空間でもいくらでも分割できるという観念的な可能性が承認されています。半分のところに到達しなければならない、という事態を無邪気に認めてしまうと、一切を認めてしまうことになって、目標への到達は不可能になる。一度認めれば、その半分、その半分、と、何度も認めなければならないからです。反対に、こういう考えもあります。大きな空間ならば、その半分ということは認められるが、どんどん分割をすすめていくと、もうこれ以上は半分にできない点にくるはずだ、――つまり、それの半分ということはもういえないような小さい空間、分割できず、連続せず、空間でない空間に至るはずだ、という考えです。が、これはまちがっている。連続は空間にとって不可欠な概念だからです。もちろん、空間のうちに最小の単位はあり、そこでは連続が否定されますが、この否定は抽象的なものです。同様に、分割できる、半分にできるという思いこみに抽象的に執着するのも、まちがっている。しかし、分割の仮定はすでに半分を仮定するところに端を発しています。むしろこういうべきです。空間には半分などなく、連続している、本や木は半分ずつに切り離すことができるが、空間はそうはできず、――そして運動のうちには空間しかない、と。が、これにはすぐにつぎのことばが返ってきます。空間は無限に多くの点から、つまり、無限に多くの境界からなっていて、それを通過するのは不可能だ、と。分割不可能な一点からべつの一点への移行は可能ではないかと思われるかもしれないが、この点が無限に多くあるとすれば、目標に到達はできない。ここでは、連続が不特定多数という対立物に分解され、かくて連続が想定できなくなり、運動も消滅する。連続ならざる点に到達するような運動が可能だと考えるのは、あやまった主張だとされる。運動はつながりだからです。

以前に、無限分割を可能にするものとして空間の連続が想定されたときは、連続はたんなる前提にすぎなかったのですが、ここでは、この連続する空間に、無限に多くの抽象的・絶対的な境界が実際に設《もう》けられているのです。

(b)第二の証明（これも連続を前提とし、そこに分割をもちこむものですが）は、「速足のアキレス」と名づけられるものです。古代人は難問を感覚的イメージに託して語るのを好みました。同じむきに動く二つの物体があって、一つが前に、一つが一定の間隔を置いて後方にあるとき、後方の物体が前方の物体より速ければ、やがて追いつくはずです。ところがゼノンはいう。「おそいほうは、どんなに速い物体にも追いつかれることはない、」と。証明はこうです。後から追いかける人がにげる人の最初に立っていた場所に到達するまでには、一定の時間がかかる。後の人が前の人の立っていた地点に到達するあいだに、前の人は新しく一定の距離を前にすすんでいる。後の人はこの距離をふたたび一定の時間をかけて通過しなければならず、そのあいだに前の人はまた前進する。こうして無限につづく。たとえば、B

が一時間に二マイル、Aが一時間に一マイルの速さですすむとして、ふたりの間隔が二マイルだとすると、BがAの最初に立っていた地点に到達するのに一時間かかる。そのあいだにAは一マイルすすんでいるから、Bはこんどは三〇分かけてこの一マイルを通過しなければならない。こうして無限につづく。Bがすすむ速度をどんなにあげても、Aとのあいだの間隔を通過するには一定の時間がどうしてもかかる。その時間にAはわずかながらも先にすすむので、「こうしていつもAがBの先にいる。」

この推論をあつかったアリストテレスは、簡潔に、「この証明も同じく無限分割の考えに（つまり、運動による空間の無限分割という考えに）立つ」といっています。「それは正しくない。なぜなら、かぎられた空間を超えることがゆるされるなら、速い人はおそい人に追いつくのだから。」アリストテレスの解答は正しく、そこにすべてがふくまれます。実際、この証明では二つの時点と二つの空間が、切り離されてべつべつに存在する、——いいかえれば、それぞれに境界が引かれ、たがいに限界をなしています。反対に、時間と空間は連続していて、二つの時点と二つの空間点がたがいに連続の関係をなすと仮定すれば、それらは二つでありつつ、二つではない、——つまり同一の時間であり空間であることになります。(α)空間にかんしていうと、同一の時間に、Aは距離b—cを通過し、Bはa—bプラスb—cの距離を通過する。こう考えれば、問題はまったく簡単に解決します。つまり、Bのほうが足が速く、同一時間内にAよりも大きい距離をすすむ。だから、BはAの出発点までやってくることができ、さらにそれ以上すすむことができる。(β)ところが、この一つであるはずの

時間部分を二つの部分に、つまりＢがａ―ｂを通過する時間とｂ―ｃを通過する時間とにわけることができる。前のほうの時間部分のあいだに、Ａはｂ―ｃを通過し、Ｂがｂについたときにはｃに到達している。アリストテレスによると、限界づけられたものをふみこえ、つらぬきすすむのが時間というものです。つまり、時間は連続的なもので、Ｂが追いつけないという難問を解決するには、Ｂがａ―ｂを通過する時間とｂ―ｃを通過する時間との二つにわけられたものが、じつは一つのものととらえねばならない、といえばいい。運動においては、二つの時間部分はまさしく一つとなっているからです。わたしたちが一般に運動について話すとき、わたしたちは、物体がある場所にあり、つぎにはべつの場所にあるという。が、運動している物体はもはや第一の場所にはないし、いまだ第二の場所にもない。どちらか一方にあるとすれば、それは静止していることになる。二つの場所のあいだにある、というのも正確ないいかたではない。二つの場所のあいだのある場所にあることになって、同じ困難が生じるからです。だが、運動するということは、この場所にあると同時にこの場所にないことである。それが空間および時間の連続性ということであり、それによってはじめて運動が可能になる。ゼノンはその推論において二つの地点を厳密に区別しました。わたしたちも空間と時間を分割はしますが、時間や空間は他方で限界を超えていく、つまり、限界を限界としないものでなければならない、――分割された時間点は連続性を失ってはならないのです。

わたしたちの常識的な運動のとらえかたのうちには、ゼノンの弁証法で前提されたのと同じ考えが横たわっています。わたしたちはいやいやながらも、一つの時間経過のなかで二つの空間距離が通過される、という。しかし、追いかける速足の男が二つの時間経過を一つにまとめあげる、とはいわないで、二つの時間経過のそれぞれに一定の空間を対応させる。が、前を行くおそい男が最初のハンディキャップ分だけ先にすすむためには、時間的なハンディキャップは使いきってなくなり、間接的に空間的な利点もなくなる、といわねばなりません。

ゼノンは、限界や部分や時間と空間の分割をどこまでもおしとおし、その結果、矛盾が生じています。難問が生じたのは、現実にはわかちがたくむすびついた対象の契機を、思考の力でむりやり区別することにいつも原因があります。人間が善悪を識別できる禁断の木の実を食べて原罪を負うことになったのも、思考がわざわいのもとをなしている。が、思考にはまた、この損害を回復するだけの力が備わっています。思考を克服することこそが困難であり、困難をつくりだすのは思考以外にはないのです。

(c)さて、ゼノンの証明の第三の形式は、「飛ぶ矢がとまっている」というものです。その理由は、動くものがいつも同じ「いま」と同じ「ここ」のうちに、つまり、区別できないもののうちにあるからだ、というのです。飛ぶ矢はここにあり、つぎにここにあり、つぎにここにある。それはいつも同じものであって、そういう状態にあるのは運動しているのではなく、静止している。いつも「いま」と「ここ」にあるものは、静止しているというわけです。べつのいいかたをすれば、矢はいつも同じ空間と同じ時間のうちにあり、その空間を出てべつの大空間ないし小空間にはいりこむことはない。ここでは他への変化は廃棄され、限界が一般的に定められ、しかも限界が極小のものとされています。「いま」や「ここ」そのものには区別がない。空間のうちでは、どの「ここ」も同等で、これが「ここ」であり、つぎにはこれが「ここ」であり、またつぎにはこれが「ここ」であり、……とつづき、しかも「ここ」というものはいつでも同じもので、たがいに区別されることなどない。「ここ」の連続性ないし同一性がここでは強調されて、「ここ」のちがいは視野の外に置かれている。それぞれの場所はちがってはいるが、しかも同じ「ここ」であって、ちがいは主観的なものにすぎないというわけです。実際、真の、客観的な区別は、こうした感覚的な関係のうちにではなく、精神のうちにはじめて生じてくるのですが。

似たような問題は力学にもあって、二つの物体のどちらが動いているかを決める場合がそうです。どちらが動いているかを決めるには、二つの場所では足りず、少なくとも三つの場所が必要です。そのかぎりで、運動がまったく相対的なものだというのは正しく、絶対空間において、たとえば目が静止しているか運動しているかは、どう考えてもまったくちがいがない。あるいはニュートンの命題をひきあいにだせば、たがいに相手のまわりをまわる二つの物体のうち、どれが静止し、どれが運動しているかの問題があります。ニュートンは糸の張力という外的条件によって判断しようとしていますが。わたしが船上で船の進行方向とは反対の方向にすすむとき、船にたいしては運動していますが、外の風景にたいしては静止しています。

前の(a)(b)二つの証明では、連続する進行が強調され、進行にあたって絶対的な限界や有限な空間はなく、すべての限界を超えていく絶対的な連続性が前提とされていました。いまここでは、反対に、絶対的な限界性、連続の分断、他への移行なきことが論の土台をなしています。アリストテレスはこの第三の証明にかんして、それは、時間が「いま」の寄せあつめでつくられると仮定するところから生じたもので、この仮定を認めなければ推論はなりたたない、といっています。

(d)「第四の証明は、レース場にある二つの同じ長さの連結車が、同じながさの第三の連結車の横を同じ速度で、一方はレース場の端から、他方はレース場の真中からたがいに反対方向に走る、というものである。そのとき、半分の時間と倍の時間とが等しいという結論が導かれるという。あやまりの原因は、運動体と静止体が同一時間に同一速度で同一距離を通過すると仮定したところにある。しかし、この仮定がまちがっている。」(『形而上学』第六巻第九章)

たとえば、一定の長さの板(Aa)の上に、これと同じ長さの二つの物体が、一方(Bb)はその端(B)を板の中央(m)の位置に置き、もう一方(Cc)はその端(C)を板の端(n)に置いて存在するものとします。さて、(Bb)と(Cc)とが同じ速度で反対方向に運動するとして、(Bb)が一時間で板の端(n)に到達したとすると、(Cc)は半時間で同じ空間(CN)を通過することになる。もう一つの板は(mn)を通過するのに二倍の時間がかかるのだが。つまり半時間が一時間に等しくなる。そして一時間では、物体(Cc)は物体(Bb)の全長を通過することになる。すなわち最初の半時間で(Cc)の中心c′はMから

Cまでの空間を通過し、後の半時間で、CからAをへてNにまで到達する、――つまり一時間全体ではMからNへと至りつくので、これは物体(Bb)が通過した距離の二倍にあたる。

この第四の形式は、反対むきの運動に際しての矛盾をいうものです。対立はここではこれまでとちがった形を取ってはいますが、(α)しかしここでもまた、各物体はそれぞれ固有の動きをしながら、運動の空間は共通な一般空間と考えられ、(β)しかも、それぞれの物体がどれだけのことをしたのかということだけが真実(実在)だとされている。一つの物体の運動した距離が二つの物体の運動した距離の総和となるのが肝心な点です。それはちょうど、わたしともうひとりの人間が同じ地点から一方は東へ、他方は西へ、二歩ずつ歩く場合と同じで、

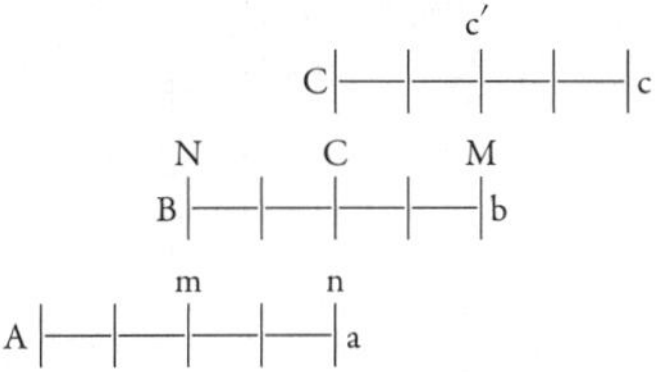

このときのふたりの運動した距離は四歩、――つまり、どちらの二歩も正の数として足し算される。あるいはまた、わたしが二歩前に行き、つぎに二歩後に行って、――同じ場所に帰ってくる場合を考えてもよい。わたしは四歩歩いたのに、出発点と同じ場所にいる。運動はゼロに等しく、というのも、前進と後退が反対物としてたがいに打ち消しあうからです。

以上がゼノンの四つの弁証法です。それは、わたしたちの空間観念や時間観念にふくまれるさまざまな性質に目をとめ、それをあえて極端に図式化し、矛盾をあらわにしようとしたものです。カントの二律背反も、ゼノンがここでおこなったことの焼き直しにすぎません。

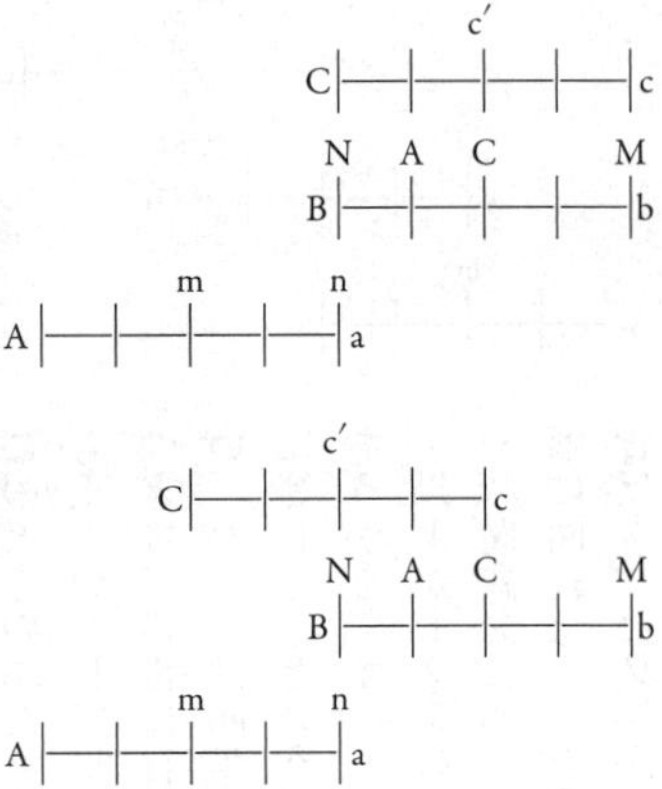

弁証法の土台をなすエレア派の一般命題は、「一なるものだけが真実で、他の一切は真ではない」というものであり、一方、カント哲学の結論は、「われわれは現象のみを認識する」というものです。二つは全体として同一の原理に立つもので、それをことばであらわせば、「意識の内容はたんなる現象にすぎず、真なるものではない」となりますが、といって、両者のあいだにちがいがないわけではない。すなわちゼノンその他のエレア派は、「感覚的世界そのものは無限に多様な形態をもつ現象世界にすぎず、——この側面には真理はふくまれない」と考えたが、カントはちがう。カントの主張によると、わたしたちが世界にむかい、外界に思考をむけ（思考にとっては、内的にあたえられる世界も外的なものです）、外界にかかわるとき、外界は現象へと転化する。外界に感覚的な内容や知的内容などをもつさまざまな性質を賦与《ふよ》するのは、思考の活動だというのです。わたしたちの認識活動だけが現象であって、世界はそれ自体、絶対的に真実である。わたしたちが世界に思考を適用し、世界とかかわることが世界をだめにする。世界にたいするわたしたちの行為はなんの役にも立たない。わたしたちが世界にたくさんの性質を投げあたえるからこそ、世界は真ならざるものとなる。こ

れがカントの考えで、ゼノンの考えとは大きなちがいがあります。ゼノンでも現象的な性質は価値なきものですが、カントのように、わたしたちがこしらえたものだから、というのではない。カントによれば、人間の精神の働きが世界をだめにするのですが、ゼノンの場合には、世界そのものが徹底して現象的なもの、非真理とされる。カントによれば、わたしたちの思考ないし精神活動がよくないものだということになり、そこには、認識を根拠なきものとする、途方もなくへりくだった精神が見られます。聖書のなかでキリストは、「おまえたちは雀よりすぐれているのではないか」という。思考するわたしたちはそうですが、感覚の次元では雀と大差はないのです。その思考の価値を否定する現代の弁証法よりも、ゼノンの弁証法のほうが客観性があるといえるかもしれません。ゼノンの弁証法はいまだ形而上学の領域にとどまっていますが、のちのソフィストにおいて、弁証法は一般化されます。

さて、エレア派とはおわかれです。エレア派の思想は、一方でレウキッポスに、他方でソフィストたちに、受けつがれます。ソフィストたちは、エレア派の概念をすべての現実、および、意識と現実との関係におよぼし、レウキッポスはエレア派の弟子としてその抽象概念を発展させつつ、意識と対立する自然の物理に関心をもちました。ほかにもエレア派の名で呼ばれる人物はたくさんいますが、あえて取りあげる必要はありません。テンネマンはいっています。「エレア派の体系に支持者があらわれるとは意外なことだが、セクストスはクセニアデスなる人物の名をあげている。」

D、ヘラクレイトスの哲学

絶対的なものをいまだ思想としてとらえなかったイオニア派とピタゴラス派の後に、エレア派の純粋存在と、有限な関係の一切を否定する弁証法とがあらわれました。思考は有限な現象の過程であり、存在や世界はもともと現象的なものであって、純粋な存在だけが真実である。それがエレア派の思想であり、ゼノンの弁証法は有限な内容そのものにふくまれる性質を問題とするものでした。そのかぎりで、つまり、弁証法が観察する主体のうちにあらわれるかぎりで、それはなお主観的弁証法と呼ぶことができるもので、一なるものはこの弁証法や弁証法的運動とかかわりのない一であり、抽象的な同一性です。ゼノンの主観的弁証法をおしすすめると、この弁証法が客観化される。つまり、弁証法の運動そのものが客観的なものとしてとらえられることになります。アリストテレスはピタゴラスの数やプラトンの理念（イデア）を非難して、数や理念（イデア）が事物の実体とされ、事物が数や理念（イデア）に関与するというのは内容のないおしゃべりだ、といっていますが、ではいったいなにが現実的なものなのか。アリストテレスは、運動を廃棄したといってタレスをも非難しています。パルメニデスのうちには存在と、主体の運動たる弁証法とが見られます。そして、ヘラクレイトスに至って、絶対者そのものがこの過程として、弁証法そのものとして、とらえられます。弁証法は、(α)外的な弁証法、すなわち、事柄の魂にふれることのない、あれこれの理由づけの段階、(β)対象の内在的弁証法ではあるが、観察する主体に帰属するものとされる段階、(γ)ヘラクレイトスの客観の弁証法、すなわち、弁証法そのものを原理ととらえる段階、にわけることができる。この展開は必然的なもので、それをおこなったのがヘラクレイトスです。存在は一なるもの、第一のものであり、第二にくるのが生成である、――かれはそのように考えたのです。生成は最初の具体的なもの、内部で対立物を統一した絶対的なものです。かくて、ここにはじめて哲学的理念が純粋な思索という形を取ってあらわれた。パルメニデスやゼノンの推論が抽象の域にとどまるのにたいして、ヘラクレイトスは深い思索の哲学者として万人に認められ、それが非難の種とすらなっています。哲学の陸地が見えてきたのです。ヘラクレイトスの命題で、わたしの『論理学』のうちに取りいれられなかったものは一つもありません。

紀元前五〇〇年ごろに最盛期をむかえたヘラクレイトスは、エフェソスの人で、その生涯は部分的にパルメニデスの生涯と重なります。かれとともに、哲学者が祖国の公務や公的関心から身を引き、哲学研究に引きこもる傾向があらわれはじめました。ふりかえると、(α)七賢人は政治家、君主、立法家であり、(β)ピタゴラス派は教団のもとに貴族制をなし、(γ)いまや、哲学が学問そのものとして関心の対象となります。ヘラクレイトスは学問研究だけに没頭し、孤独な哲学生活を送りました。かれの実生活については、祖国エフェソスの人びととの関係以外のことは知られず、しかもその関係たるや、大体において、エフェソス人たちはかれを軽蔑し、かれはそれに輪をかけてエフェソス人たちを軽蔑する関係、――ちょうどいまの世の中で、各人が自分こそはの気負いから他人をすべて軽蔑するのと似たような関係だったのです。かれのうちには大衆からの分離が見られる。この高貴な精神に大衆蔑視が生じたのは、同国人たちの考えかたや日常生活がまちがっている、という深い感情にもとづくもので、かれがいろんな折にその感情をもらしたことばが、いまも残っています。ヘラクレイトスの言としてディオゲネス・ラエルティオスがこう伝えています。「エフェソスの成人はすべて首をはね、未成年者に都市のことはまかせたほうがよい。（いまでも、支配のしかたを心得ているのは若者だけだと考える人がいます。）というのも、エフェソス人たちは、かれらのなかでもっともすぐれた人物ヘルモドロスを追放したからだ。追放の理由としてかれらは、エフェソスにすぐれた人物はいらない、そんな人物は他国で他国人たちと暮らせばよいのだ、といっている。」同じ理由から、アテネの民主制のもとでも、偉大な人物たちが追放されました。プロクロスのつぎのような言もあります。「高貴なヘラクレイトスは民衆を無分別で無思慮だと罵《ののし》った。民衆の分別と思慮とはいったいなんなのか、とかれはいう。劣ったものがほとんどで、すぐれたものはごくわずかだ。」「かれの同国人が公務の運営を分担してくれるようかれに要求したが、かれは、国家の体制や法律や統治機構が気に入らないといって、要求を斥《しりぞ》けた。」ディオゲネス・ラエルティオスにこういうことばもあります。「アンティステネスはヘラクレイトスの精神の偉大さを示す証拠として、王国を自分の弟にゆずった話をあげている。」

人びとが真理とか法と見なすものへの軽蔑がもっとも強く表現されているのは、ダレイオス一世のまねきにたいする返書のなかです。まず招待状はこうです。「……わたしはギリシャの知恵に与《あずか》りたい。自然にかんするあなたの著作は世界にたいする力強い思索をふくんではいるが、多くの曖昧《あいまい》な箇所があるから、どうかわたしのところにやってきて、不明の箇所を説明してほしい。」(ヘラクレイトスの著作が東洋的な色合いをもつものだとしても、ペルシャ王がヘラクレイトスを招待するというのは信じがたいのですが。) さて、ヘラクレイトスの返書です。「人間というものは生きているかぎり、真理や正義とは縁がなく、悪しき無分別のゆえに不節制と虚栄に身をまかせる。しかしわたしはすべての悪を忘れさり、過度な欲望の誘惑や功名心に打ちかったから、ペルシャなどには行かず、質素な生活に満足して、自分の気持に忠実な暮らしをつづけていく。」

かれの唯一の著作は、『ミューズたち』とも『自然について』とも名づけられるが、エフソスのアルテミス神殿で執筆されました。原本は後代まで保存されていたようです。いまも残る断片は、ステファノスの『哲学詩』に収録されたものです。最近、シュライエルマッハーが独自の構想のもとに再編集し、『ヘラクレイトス、難解なエフェソス人――作品の破片と古代人の証言をもとに』という標題で、ヴォルフおよびブットマン編『古代学の博物館』第一巻(ベルリン、一八〇七年)三一五―五三三ページに掲載しています。そこには七三の断片が載せられています。クロイツァーは、さらに厳密なテキストクリティークと語学知識をもとに、とくに文法学者の文献を資料に、いっそう完全な集成をおこないました。が、時間が足りないため、仕上げを若い学者にまかせたところ、この学者が亡くなったため、この集成はまだ公刊されていません。が、そのような集成は概していえば細部にわたりすぎるので、たくさんの知識が詰めこまれてはいますが、書く以上に読むのに骨が折れます。

ヘラクレイトスは一般に難解だとされ、難解さで名をなしています。キケロは例によってくだらぬ思いつきにとらわれ、ヘラクレイトスはわざと難解な書きかたをしている、などといっています。いかにもあさはかな言で、キケロは自分のあさはかさをヘラクレイトスにおしつけて、「わざと」そうしているなどというのです。「難解な人」というあだ名がつくほどのヘラクレイトスの難解さは、むしろ、統辞法のいい加減さと言語の未発達の結果です。アリストテレスもそう考えていて、難解さは文法的にいえば句読点の欠如が原因で、たとえば一つの単語が前につながるのか後につながるのかわからない、といっています。デメトリウスも同じ見かたをしています。ソクラテスはこの本について、自分の理解できたところはすぐれているし、理解できなかったところもすぐれていると思うが、読みとおすにはデロス島の泳者の力強さが必要だ、といっています。しかし、この哲学の難解さの主要な原因は、そこに深い思索にもとづく思想が表現されていることにある。深い哲学思想は分析的思考にとってつねに困難で曖昧《あいまい》なものです。それにくらべれば、数学はまったく簡単です。概念や理念は分析的思考をはねつけ、分析的思考の把握をゆるさないのです。

プラトンはヘラクレイトスの哲学をとくに熱心に研究しました。かれの作品にはヘラクレイトスからの引用がたくさんあります。プラトンは若いころの哲学的教養をまちがいなくヘラクレイトスから得ているので、ヘラクレイトスをプラトンの師と呼んでいいほどです。ヒポクラテスも同じくヘラクレイトス派の哲学者です。

ヘラクレイトスの哲学として伝えられるものは、一見するととても矛盾しているように見えますが、わたしたちは概念一般を手がかりに真意を読みとり、深い思索の人の面目をあきらかにしなければならない。かれは、これまでの意識を完成させた人であり、理念を全体におよぼす仕事を完成させた人、理念の本質たる無限の実相を表現することによって哲学のはじまりをなした人です。

一、論理的な原理

一般原理。この大胆な精神の持主は、まず第一に意味深長なことばをいう。「存在は非存在以上の存在ではなく、」非存在と同じく存在しない。存在と無は同じものであり、本質は変化である。真理は対立物の統一としてしか存在しない。エレア派は、存在だけがある、という抽象的な知性の段階にとどまっていましたが、ヘラクレイトスは、絶対的なものは存在と非存在の統一である、という表現にまで至る。「存在は非存在以上の存在ではない」という命題は、ちょっと聞いたところでは、たいして意味のないもの、すべてを否定するというだけの思想なきものに見えるかもしれない。しかしここに、原理の意味をもっとこまかく提示するもう一つの表現があります。ヘラクレイトスはいう。「一切は流れる。なにものも存続せず、同じままということはない。」プラトンはこれを敷衍《ふえん》して、「ヘラクレイトスは事物を川の流れにたとえて、われわれは二度と同じ流れに歩みいることはできないと考えた」といっています。川は流れていて、ふれる水はいつもちがうというわけです。ヘラクレイトスの後継者はさらに、われわれは一度たりとも流れに歩みいることができない、流れはただちに変化するから、あるものはすぐさまふたたびあらぬものとなる、といいます。アリストテレスはこういっています。ヘラクレイトスは、一だけが変わらぬものとしてあると言明する。他の一切はこの一が形を変え、変化し、加工されたものだ。この一以外の他の一切は、流れ、固定せず、自分をもちこたえない。つまり、真実は「なる」であって「ある」ではない、――真実の一般的内容を的確にいいあらわすことばが「なる」だというわけです。エレア派は、存在だけがあり、真実だといいましたが、存在の真実は「なる」であって、存在は第一の、直接の思想にすぎない。ヘラクレイトスは、一切が「なる」だという。「なる」が原理です。その原理はこうもいわれる。「存在は非存在と同じく存在しない。『なる』は、あると同時にない。」端的に対立する観念が一つにむすばれ、「なる」のうちには存在と非存在がともにあるとされます。しかも、「なる」は生成だけでなく消滅をもふくむので、その二つがばらばらのものとしてではなく、同一のものとして「なる」のうちにある。それが、さきのことばでヘラクレイトスのいおうとしたことです。存在はなく、非存在もない、そして、非存在はなく、存在もない。これが両者が同一だということの真相です。「ある」（存在）から「なる」への移行は偉大な思想の力を示します。「なる」はまだ抽象的なものですが、しかし同時に具体への第一歩、すなわち、対立する観念の最初の統一体です。対立する存在と非存在は、「なる」という関係のなかでは静止せず、生き生きと動くことを原理とします。かくて、アリストテレスがこれまでの哲学に欠如していると指摘したもの――運動の観念――が補足される。ここでは運動そのものが原理となっています。だから、ヘラクレイトスの哲学は過去の哲学ではない。その原理はいまも不可欠で、わたしの『論理学』でも、はじまりのところ、「存在」と「無」のすぐあとに位置を占めています。「ある」（存在）と「あらぬ」（非存在）は真理なき抽象概念であり、「なる」こそが第一の真理だ、ということを認識するには、大きな洞察力が必要です。分析的思考は、「ある」と「あらぬ」をべつべつにして、どちらも真にして有効なものと考えます。ところが、理性は一方のうちに他方を、一方のうちに他方がふくまれることを、認識し、――こうして、絶対的な全体は「なる」と定義されます。

ヘラクレイトスはまた、同一のものに対立する要素がある、たとえば、「蜜はあまく、にがい」――つまり、同じものに「ある」と「あらぬ」がある、といいます。セクストスはこう注釈しています。ヘラクレイトスは懐疑派と同じく人間の常識から出発する。健康な人が蜜をあまいといい、黄疸《おうだん》の人がにがいという事実はだれも否定できないだろう、と。蜜があまいだけなら、その性質が変えられるはずはなく、どんな場合でも、たとえ黄疸の人がなめた場合でも、あまいというわけです。ゼノンのやりかたは、運動のもとに対立する契機が、――つまり、限界づけと限界の廃棄があることを示し、運動という無限なるものをその矛盾のゆえに、真ならざるものとして一方的に否定するものでした。ヘラクレイトスは無限そのものを、いいかえれば、無限の概念と本質をとらえ、絶対的に存在する無限は対立物の統一であり、しかも、普遍的な対立物の統一、「ある」と「あらぬ」という純粋な対立観念の統一である、といいます。わたしたちが存在のイメージではなく、「ある」ということをそのままとらえれば、純粋な存在（「ある」）は、一切の内容を否定する単純な思想であり、絶対的な否定体です。そうなるとしかし、無も同じものであり、否定的な自己同一体です。存在から無へのこの絶対的な移行は、しかし、ゼノンのとらえるところとならず、かれは「無からはなにものも生じない」という段階にとどまっていました。が、ヘラクレイトスは否定の契機が「ある」に内在することを洞察し、こうして、哲学全体をつらぬく概念が取りだされたのです。

最初はヘラクレイトスは「ある」と「あらぬ」をまったく直接的・一般的な形で抽象的にとらえていますが、そこにとどまることなく、さらにふみこんで両者の対立をもっと厳密にとらえる。つまり、実在的なものと観念的なもの、客観的なものと主観的なものとの統一がとらえられ、主観的なものは客観的なものに「なる」もの、さもなければ真理なきものであり、客観的なものは主観的なものに「なる」ものだとされる。ここに真理とは、「なる」過程のことであり、ヘラクレイトスはちがうものが一体化していくこの過程を明確に表現します。たとえばアリストテレスによると、ヘラクレイトスは一般に「全体と非全体（部分）をむすびつけ――全体は部分となり、部分は全体となる――、合流するものと背反するもの、調和するものと不協和なものをむすびつけ、一切（の対立物）から一が、そして一から一切が生じるとした」とのことです。この一なるものは抽象的な一ではなく、分裂していく活動です。一を死んだ無限と考えることは、ヘラクレイトスの思索の深さをぶちこわすまずい抽象です。また、セクストス・エンペイリコスによると、ヘラクレイトスは、部分は全体とはちがったものだが、全体そのものと同じものでもある、実体は全体でもあり部分でもある、といったとのことです。キリスト教にいう、神が世界を創造し、自己を分割し、子なる神を生んだ、等々――こうした具体的な事柄の一切がヘラクレイトスの原理のうちにふくまれているといえます。プラトンは『饗宴』でヘラクレイトスの原理にふれています。「一なるものは、自分とはべつのものになるとともに、自分と一体化する、」――これが「竪琴や弓の諧調に似た」生命活動の過程である。プラトンはつぎに、『饗宴』の登場人物エリュクシマコスに、諧調が不協和に陥るとか、対立物からなるといったヘラクレイトスの説を批判させ、というのも、諧調は高低のちがいがあるから生じるのではなく、音楽の技術によって統一されるがゆえに生じるからだ、といわせています。しかし、これはヘラクレイトスへの反論にはなっていない。かれも同じことをいおうとしているからです。同一音の単純なくりかえしは、諧調にならない。諧調をつくるにはちがう音の存在が、つまり、端的に音がちがうということが必要不可欠です。こうして諧調をなすことがまさに絶対的な「なる」であり、変化であって、それは、いまはこれ、つぎはあれ、といった変身とはべつのものです。肝心なことは、それぞれに区別される特殊なものが他とちがっていること、――しかし任意のどれかとちがうのではなく、自分の相手とちがうこと、いいかえれば、それぞれが自分の相手を自分の概念のうちにふくむかぎりで存在するということです。変化とは統一であり、二つのものの一への関係であり、このものと他のものが一つの「ある」だということです。諧調あるいは思想において、わたしたちは、変化を本質的に一なるものとして見たり考えたりしていると認めることができる。精神はなにかを意識するとき感覚的なものと関係するが、この感覚的なものは精神とはべつのものです。諧調音の場合も同様で、それぞれの音は異なっていなければならないが、しかしまたそれらは一体をなすこともできる。それが音本来のありかたです。諧調がなりたつには、色の調和の場合と同様、一定の対立が必要であり、自分の相手となる対立物が必要です。さて、主観の相手となるのは、たとえば一枚の紙といったものではなく――意味なきものはただちに消えてしまう――客観そのものであり、それが自分の相手でなければならず、その相手との対立のうちに両者の同一性がふくまれている。かくて対立物は自分の相手の相手である。――これがヘラクレイトスの偉大な原理です。それは難解かもしれないが、哲学的思索に満ちたものです。「ある」と「あらぬ」、主観と客観、実在と観念をばらばらに固定して考える分析的思考にとっては、この原理はどこまでも難解です。

二、実在のありかた

ヘラクレイトスはその著作において概念による純粋に論理的な表現にとどまることなく、原理を述べた一般的形式のほかに、その理念をもっと実在的に表現しようともしています。取りあげられる実在の形態は概して自然哲学的なもの、少なくともその形式は自然に近いものです。ためにかれをイオニア派にいれる人もあるほどで、その説は自然哲学に活力をあたえました。けれども、原理となる実在の形態について哲学史家の見解が一致しない。火を実在の原理とした、とするのが最大多数の見解ですが、空気を原理としたという見解や、空気ではなく蒸発を原理としたとの見解もあり、さらには、時間を第一の実在と名づけたとの見解もセクストスの書に紹介されています。この見解の相違をどう理解するかが問題です。哲学史家たちのいい加減さのせいでいろんないい伝えが残った、とはとうてい信じられない。アリストテレスやセクストス・エンペイリコスのような第一級の証言者が、ことのついでではなく、明確にヘラクレイトスの実在の原理を主題に取りあげ、しかも見解の相違や矛盾については言及していないのですから。ヘラクレイトスの著作の難解さに目をとめ、表現の混乱が誤解をまねいたとするのは、もっともらしい理由づけに思える。が、よく検討してみると、難解さは克服できないものではない。字面《じづら》だけを追うのでは理解は困難だが、意味深長な概念を丁寧に追っていけば、ヘラクレイトスの真意はおのずと理解できます。とすると、こう考えるほかはない。そもそもヘラクレイトスは「ある」と「あらぬ」を同じものと考え、「なる」という無限の概念を考えていた以上、タレスのように水や空気などを絶対的な実在だということはできなかった。それが第一のもので、そこから他のものが生じるとはいえなかった、と。つまり、存在する絶対的な実在が、たとえば水という形を取って現実にあらわれることはない。水その他の実在も、変化するものであり、たんなる過程にすぎないのです。

(a)抽象的な過程、時間。セクストスによると、ヘラクレイトスは時間が第一の物体的な実在だといったという。懐疑派というものはしばしば未熟そのものの表現を取りあげたり、思想をまず未熟な形に仕立てておいて、しかるのちにそれをやっつけようとする。いまの「物体的な」というのもそうで、ここでは抽象的に感覚されるものという意味です。時間は過程が抽象的に直観されたものであり、最初の感覚的な実在だというわけです。その意味で、時間は真なる実在だとされる。ヘラクレイトスが「なる」という論理的表現だけにとどめないで、その原理に存在の形態をあたえようとしたとき、それにふさわしいものとして最初に目についたのが時間という形式だったのですが、それというのも、感覚的に直観できるもののうちで、時間こそは「なる」をあらわす第一のもの、「なる」の第一の形式だからです。時間は純粋な「なる」として直観される。時間は純粋な変化であり、純粋な概念であり、絶対的な対立物の調和からなる単純なものです。時間の本質とは、あるとともにあらぬことであり、それ以外に定義のしようがない。純粋に抽象的な「ある」と「あらぬ」が直接に一つの統一をなし、しかも区別されている。あるかあらぬかのどちらかだというのではなく、「ある」のうちで直接にあらぬものであり、「あらぬ」うちで直接にある存在を――「ある」が「あらぬ」に転換するという抽象的な概念を――わたしたちの意識が対象として直観したもの、それが時間なのです。時間のうちにあるのは過去のものでも未来のものでもなく、ただ現在だけですが、いまある現在は、ただちに否定され、過去のあらぬものとなる。が、現在がある以上、「あらぬ」は逆に「ある」に転換する。時間においてこの転換が抽象的に直観されるのです。ヘラクレイトスが「なる」という純粋な形式で認識した世界の本質、この本質に対応するようなものをわたしたちの意識にあらわれる実在のうちからさがしだそうとすれば、時間をあげるほかはなく、したがって、「なる」ものの第一の形式が時間だというのはまったく正当です。ヘラクレイトスの思想原理と時間とのむすびつきは、それほどに強いのです。

(b)過程の実在形式、火。時間という純粋に対象的な概念は、さらに実在化されねばなりません。時間のうちでは、「ある」と「あらぬ」の二側面はただちに消えゆく否定的なものとしてしかとらえられません。ヘラクレイトスはさらにすすんで、この過程をもっと物理的に定義しようとします。時間は直観されはするが、まったく抽象的です。時間のあらわすものをもっと実在的にイメージしようとするとき、すなわち、「ある」と「あらぬ」を持続する一全体として思いうかべようとするとき、この条件に適合する物理的な実在はなにかが問題となります。二つの契機の転換としてあらわれる時間は過程であり、自然を把握することは自然を過程として示すことだ、――それがヘラクレイトスのとらえた真理であり、真なる概念です。とすると、ヘラクレイトスが空気や水などを真実在だとはいえないのは一見あきらかで、というのも、それらは（すぐ身近にあるものではあっても）それ自身が過程ではないからです。それ自身が過程であるのは火なので、だからかれは火を第一の実在といい、――火が「なる」の原理の実在、自然の過程の真髄ないし実体、とされたのです。過程の概念のうちにも、運動の概念の場合と同様、三つの契機が区別されます。(α)純粋に否定的な側面、(β)存続するものが対立する側面、水と空気、(γ)静止した全体、土――の三つがそれです。自然の生命とは、これらの側面の過程であり、つまりは、土という静止した全体が分裂して対立に至り、対立物が相互に対立してあらわれ、――それが否定的に統一され、統一へと帰っていき、存続するものの対立が燃えつきる、といった過程です。火は時間が物理的になったものであり、絶対的な不安定、存続するものの絶対的な解体、――他者の、そして自己自身の消滅、つまり、とどまることのないものです。したがって、ヘラクレイトスはその根本性質からして火を過程の概念と名づけえたことを、そしてそれはまったく理にかなったことであるのを、わたしたちは理解できます。

(c)さて、ヘラクレイトスはこの火をさらにくわしく定義づけ、実在の過程として内容ゆたかなものとしています。火はそれだけで実在する過程であり、その実在は全体が過程をなしていて、そこにふくまれる種々の側面がくわしく具体的に定義されます。形ある事物の形態変化を示す火は、形の決まったものの変化であり変動であり、蒸発であり気化です。というのも、過程のうちにはその抽象的契機として空気よりもむしろ蒸発作用がふくまれるからです。この過程にたいしてヘラクレイトスは ἀναθυμίασις（気化、精化）というまったく特別の単語をあてています。これをたんに蒸発と取るのは表面的な理解で、――さらにすすんで、移行の意味が読みとられねばなりません。この点について、アリストテレスはこういっています。ヘラクレイトスの叙述に従えば、原理は霊魂である。なぜなら、霊魂が蒸発の働きであり、一切の源であり、蒸発や「なる」はもっとも形なきもの、いつも流れているものだから、と。これは、ヘラクレイトスの根本原理についてもいえることです。

さらにヘラクレイトスは、実在の過程を抽象的契機に即して定義する試みのなかで、過程にある二つの側面を、つまり、「上方への道と下方への道」――分裂の道と一体化の道――を区別しています。この二つは自然の過程の本質をなすものと解されるべきで、分裂は実在化ないし対立物の存続をあらわし、一体化は統一の回復ないし対立物の存続の廃棄をあらわします。ヘラクレイトスはこの二つをさらにべつの視点からこう定義しています。「敵意、憎悪、争いと友情、調和、――分裂と統一（これは神話的にエロース等々とも名づけられる）。この二つのうち、敵意、争いは、区別されたものの発生の原理であり、それが燃えつきると、協調と平和が生まれる。」人間のあいだに敵意のあるときは、一方が他方にたいして自己の独立を主張し、自分をまもろうとする、つまり、分裂ないし実在化一般の境地です。一方、協調と平和がおとずれると、自己主張が消えて区別や実在のない境地へとはいっていきます。世界の全体は三つの契機からなり、そこに本質的な統一があらわれるのですが、自然は二つの契機のあいだで安定を得ることのないもの、つまり、分裂から統一へ、統一から分裂への往復運動に終始するものです。

この実在の過程のさらにくわしい説明は、部分的に欠点と矛盾をふくむものです。この点にかんしては、実在の過程を説明するものとして、つぎのようなことばが残されています。「火が変化してまず海となり、ついで海の半分が土になり、もう半分が稲妻（脱走する火）となる。」これはきわめて曖昧《あいまい》な一般論です。ディオゲネス・ラエルティオスによると、「火は濃縮されて湿気となり、それがさらに安定すると水になる。（燃えつきた火が水であり、それは火がたがいに無関心になったものだというわけです。）水が堅くなると土になる。以上が下方への道である。つぎに土がふたたび溶けてくると、そこから湿気（海）が生じ、湿気から海の蒸発が生じ、蒸発から一切が生じる。（蒸気は火に移行し、炎となってふきだすというわけです。）これが上方への道である。」以上が火の形態変化の一般論です。「水が分裂してこまかい蒸気になると、土になり、――純粋な輝く蒸気になると火になって、天界で燃えたつ。火は流星や惑星や星座になる。」天体は静止した死んだ星ではなく、「なる」過程にあって永遠に生成するものと見なされています。この東洋的なイメージ表現は、むきだしの感覚的な意味に――この変化が目に見える形でおこっている、という意味に――解されるべきではなく、元素の性質を比喩的に表現したものと解されるべきです。つまり、土が永遠に太陽や彗星を生みだしているということです。

自然はこのように循環しています。つぎの発言もその意味です。「宇宙をつくったのは神でも人間でもない。永遠の昔から現在および未来にわたって生命を保ちつづける火があって、それが一定の法則に従って燃えあがったり消えたりする。」アリストテレスの引用にあった、霊魂が原理となるのは、それが蒸気であり、自己運動する世界過程だからだ、ということばも同趣旨のもので、つまりは、火が霊魂です。同じく、アレキサンドリアのクレメンスの引用する以下のことばもあります。「霊魂（生命体）にとっては水になることが死であり、水にとっては土になることが死である。逆にまた、土から水が生みだされ、水から霊魂が生みだされる。」一般的にいえば、消火の過程、つまり、対立が統一へと帰っていく過程と、対立が呼びさまされ、一から展開していく過程があります。霊魂や火が消えて水になる過程、燃えつきてべつのものを生みだす過程を、まちがって世界焼失の過程だと説明する史家もいますが、ヘラクレイトスのいう世界の炎上、つまり、一定期間ののちに（キリスト教ふうには世界のおわりに）世界が火になるというイメージは、空想上のものにすぎません。世界の炎上をきっぱりと否定する文言もあって、ヘラクレイトスが火のイメージで考えていたのは、あきらかに、たえざる燃焼、たえざる友情の生成、つまり、一般的な生命活動、一般的な宇宙過程です。「ヘラクレイトスによると、人間の生においても死においても、生きることと死ぬことが一体となっている。なぜなら、われわれが生きているとき、われわれの霊魂は死んで、われわれの体に埋めこまれているし、われわれが死ねば、霊魂はよみがえって生きるから。」

ヘラクレイトスが、ものに命をあたえる霊魂のようなものとして火を考えていたことについては、いささか奇異に聞こえるかもしれませんが、もっとも乾いた霊魂が最上である、という表現があります。わたしたちなら、もっとも湿った霊魂が最上だ、とまではいかなくとも、それがもっとも生き生きしたものだとは考えるでしょう。しかしここで「乾いた」というのは「火のような」という意味で、もっとも乾いた霊魂とは純粋な火のことであり、それは生きていないどころか、生命活動そのものです。

以上が実在する生命過程の要点です。純理論的な自然観察（自然哲学）のすべての概念がそれと関連をもちますから、もう少しこの話をつづけます。

自然はそれ自身が過程です。そのあらわれの一つに、一契機ないし一元素がべつのものに、たとえば火が水に、水が土や火に移行する現象があります。要素が変化するかしないかについては、古くからの論争があります。この点をめぐって、通俗的・感覚的な自然研究と自然哲学とは袂《たもと》をわかちます。大づかみにいうと、哲学的見解は、単一の実体が火その他の元素に変化すると考え、通俗的見解は、すべての移行を否定し、水は水、火は火、等々と——つまり、概念や絶対的運動はなく、ただ生起だけが、つまり、すでにあったものの外的な分離だけがあると考えます。前者が変化を主張するとすれば、後者はその反対を証明できると信じている。後者は、水、火、等々をもはや単一の実体と見なさず、それらを水素、酸素、等々に分解したりもしますが、そのときでも、その水素、酸素、等々は不変だと主張します。ただ、哲学的見解が真相だと主張することは現実においても真理であるはずだ、と一方で通俗的見解が考えるのは理にかなっている。というのも、哲学的思索が事柄の本性と本質をいいあてるものだとすれば、現実は哲学が思索するように存在しているはずだからです。（哲学的思索がどこにあるかわからず、思想ないし内面にしか存在しないと考える人が多いのですが。）哲学的思索は現実に存在するのですが、視野のせまい自然研究者はそのことに目をふさいでいます。

自然研究者にいわせると、かれらは観察しているだけ、見えることをことばにしているだけだという。が、これは正しくない。かれらは自分ではそうと意識していないが、見えたものを概念によってみずから変更している。だから、自然の変化・不変化をめぐる論争は、観察と絶対的概念との対立ではなく、視野のせまい固定観念と絶対的概念との対立です。自然研究者は、たとえば水の土への変化をありえないものという。つい最近までは、水を蒸溜すると土の残滓が出ることから、変化はありうるとされていたのですが。ラヴォアジェ（一七四三—一七九四）が精密な実験をおこない、すべての容器の重さを計り、その比較から、土の残滓は容器から出たものであることを証明しました。あるのはただ、実体の性質を変えることのない表面的な過程だけです。「水は空気に変化はしない。ただ水蒸気になるだけ。そして水蒸気が濃縮されると、いつでもふたたび水になるだけ。」だが、いずれにせよ自然研究者のやっているのは、一面的で不十分な過程を固定し、それを絶対的な過程だと僭称《せんしょう》することです。それはちょうど自然の過程は条件の全体によって決まる、というのと同じことで、条件のいくつかが欠けていれば、全条件が満たされている場合とはちがった結果が出てきます。鉄が磁石になるのは、熱することによってではなく、一定の方法でこすりあわせたり近づけておいたりすることによってです。もちろん、変わらないでいるための条件もある。いつでも可能なのは、機械的分割、つまり、一軒の家が石と木材に分解され、分解されたものが石や木材として存在する、といった分割だけです。この意味での全体と部分の関係は、理念的な契機をふくむものではなく、自然研究者は、無意識のうちに、潜在的に、その契機にぶつかるだけで、とらえられているのは積極的な理念ではなく、イメージの全体と部分にすぎない。しかし、現実の自然過程においてかれらは、結晶がこわれて水になったり、結晶のなかで水がすがたを変えて固くなり結晶水となったり、また、土の蒸気が湯気のように目に見える形で空気中にあるのではなく、空気がまったく純粋なままであったり、水分が純粋な空気のなかで完全に消滅してしまったり、といった経験をしています。なのに、かれらは大気中に水分を見つけるというむだな努力をくりかえしています。同様にまた、湿気も水分もふくまないまったく乾いた空気が、蒸気や雨に変わるといった経験もしています。これが観察されたことですが、かれらは固定観念によって変化の知覚を台無しにしている。つまり、部分は存続しつづけるもの、前々からそこにあったもの、あったものがあらわれ出ただけのもの、という全体と部分にかんする固定観念をいつでももちだしてくる。結晶がこわれて水が出てくると、かれらは「水はあらたに生じたのではなく、すでに結晶のうちにふくまれていたのだ」という。水が分解して水素と酸素が出てくると、「これらはあらたに生じたのではなく、水をなりたたせる部分として前もってすでにそこにあったのだ」という。しかしかれらは、結晶のなかに水の存在を示すことも、水のなかに水素や酸素の存在を示すこともできません。「潜在性温素」についても同様です。知覚や経験を語るすべての場合にいえることですが、人間のいったことにはかならず概念がふくまれていて、それはどうおしとどめようとしても、意識のうちに再生し、――つねに一般性と真理の飛行を開始する。概念がまさしく本質をいい当てているからです。しかし、概念が、自然研究者の場合のように限定されたものではなく、絶対的なものであるということは、教養ある理性にしかわからない。自然研究者たちはかならずやおのれの限界にぶつかります。空気中に水分を見つけられないのがかれらの背負う十字架です。湿度計も、空気の満ちたフラスコも、上空の風船も、水分の存在を証明してはくれない。同様に、結晶水ももはや水として存在するのではなく、――水が土に変わったのです。

ヘラクレイトスに帰りましょう。かれは無限なるものの性質をはじめて言明し、自然をそれ自体で無限なものだと、つまり、自然の本質は過程にあるのだと、はじめてとらえた哲学者です。かれとともに哲学がしっかりと現実に根をおろしはじめたということができる。かれの理念は不滅で、プラトンやアリストテレスの理念として受けつがれるとともに、今日に至るすべての哲学者たちの、変わることなき理念でもあります。

三、一般的な過程、および、過程と意識との関係

過程という理念になお欠けているものといえば、その単純な本質が一般概念として認識されていない、ということだけです。アリストテレスにあるような持続的なもの、静止したも

のがないのは、やはり不満に感じられます。過程はいまだ一般的なものとしてとらえられてはいないのです。ヘラクレイトスは、万物が流れ、存続するものはなく、ただ一なるものだけが変わらない、といいますが、それではまだ一般的な真理が言明されたとはいえない。対立のうちに統一があるとされているだけで、統一の論理が反省されて全体をつらぬくことがない。個々の事物の運動や過程と一つになりながら全体をつらぬく一こそが普遍的なものであり、類であり、知性であり、無限にして単純な、思想としての概念です。ヘラクレイトスの理念はそのような概念として定義する必要があり、するとそこにアナクサゴラスの知性《ヌース》が登場します。さて、普遍的なるものは、対立のうちで直接に単純に統一を保ち、区別されたものの過程をひとまとめにしたものですが、そういう普遍はヘラクレイトスにも見出されます。対立のなかにある統一――「ある」と「あらぬ」の同一性――としての普遍を、ヘラクレイトスは「運命ないし必然性」と名づけています。ところで、必然性の概念とは、一定の性質をもつ特定の存在が本来の自己（個体としての本質）を保持しつつ、まさにそのことによって自分の対立者と関係すること、いいかえれば、「全体の存在をつらぬく絶対的な関係」のことにほかなりません。ヘラクレイトスはこれをまた、「精気みなぎる身体、万物を生みだす種」と名づけています。かれにとっては、それが理念であり、普遍そのもの、普遍的本質です。それはいわば静止した過程であり、変わることなき動物の類のごときものであり、自分を取りもどす（自分に還っていく）単純な過程です。

　さて、なお考察すべきことは、この本質（世界ないし存在そのもの）と意識ないし思考との関係をヘラクレイトスがどうとらえていたかという点です。かれの哲学は全体として自然哲学的色彩の濃いもので、原理はなるほど論理的に立てられているが、その具体的なありかたは一般的な自然過程としてとらえられています。その論理はどのようにして意識されるのか。どのように個人の魂と関係するのか。その点をここでくわしく見ておきたい。真理を真理だということは、美しいことだし、無邪気で子どもらしいことでもあるが、ここでは、普遍的なもの、および、意識の本質と対象の本質の統一、および、対象の必然性が問題となります。

さて、認識についてのヘラクレイトスの発言は、いくつか残されています。あるもののすべては同時にあらぬものだ、というかれの原理の直接の帰結として、感覚的確信に真理はない、という発言が出てきます。というのも、感覚的確信とは、あるものがあるのだと確信することであり、それは、実際にはあらぬものでもあるものをあると確信することだからです。直接の存在は真なる存在ではない。絶対的に媒介された、思考された存在、つまり思想が真の存在であって、そこに至って存在は統一の形式をもちます。「めざめて見るものは死んでいるし、眠って見るものは夢である。」わたしたちの見るものは、変わらぬもの、固定した形態だというわけです。感官による知覚について、ヘラクレイトスはこういっています。「目や耳は、未開の霊魂をもつかぎりで、人間にとっては悪い証言者である。理性こそが真理の審判者であり、それも、理性ならなんでもいいわけではなく、神のごとき普遍的理性だけが真理の審判者である。」この尺度、このリズムが、万物の本質をつらぬきます。絶対的必然性とは、まさに真理を意識することですが、個々の事物にかかわる思考や、形式は思考だが内容はイメージにすぎない意識の関係のうちには、かならずしも絶対的必然性があるとはいえず、それをもつには、普遍的な知性、発展した必然の意識、主観と客観の同一性が確立されていなければなりません。「博識は知性をきたえない。博識がきたえるとすれば、ヘシオドスやクセノファネスやピタゴラスは大いにきたえられたことであろう。唯一の賢いこととは、一切を支配する理性を認識することである。」

セクストスは、主観的意識ないし特殊な理性と、普遍的な自然過程との関係について解説しています。ただしそれは、夢や錯乱の状態と冷静な状態とを対比する、といったまだきわめて物理的な観点から見られた関係です。めざめた人間は、そうでない人間とはちがって、事物と関係するのに、事物の状態にふさわしい一般的な視点からこれと関係する、という。セクストスの引用によると、「われわれのまわりの一切は、それ自身論理的であり合理的である」――これが必然性というものの一般的本質です。この一般的本質に対応する意識の形態が冷静さといわれるもので、対象の客観的な本質が合理的だからといって、主観もつねに合理的だとはかぎらず、主観は意識的に冷静になる必要がある。わたしが客観的・合理的な関係を冷静にとらえ、意識の客観性を保持するかぎりで、有限なわたし――事物と外的につながり、夢見ていてもめざめていてもつながりの領域にとどまる有限なわたし――が、知性や冷静さや意識をもって、(眠りこむことなく)つながりの必然性を、客観の形式を、有限のなかにある理念を、とらえるのです。

「呼吸によってこの一般的本質を自分のうちに引きいれるとき、われわれは知的である。が、そのためにはめざめていなければならず、眠ればわれわれは忘却の状態になる。」知性のこの形式は、ふつうに覚醒状態と呼ばれるものです。外界を意識し知性を働かせるこの覚醒状態は、意識の一状態と見なされるべきものですが、ここでは理性的意識の全体をさすものとされています。「眠りのなかでは、感覚の道が閉ざされ、われわれのうちにある知性は周囲とのつながりを断ちきられている。呼吸によるつながりだけが残されているが、眠りのうちになお存続するのは（めざめた状態の）つながりの根のようなものだけで、」そこにあらわれる外界は、めりはりのない抽象的なものである。だから、この呼吸は、他なる存在がわれわれにあらわれ、理性が客観的なものと交流する一般的な呼吸とは区別されます。全体とのつながりを欠いている以上、夢を見ているにすぎない。「そのように外界から切り離された知性は、以前にもっていた意識の力を失う。」ここでは、個々人の精神が客観性をもつとされていますが、個別的な精神は、そのままでは普遍的なものとはいえない、普遍的になるには、自分自身を対象とする思考へと高まらねばならないのです。

「めざめているとき、知性は、ちょうど火にかきたてられるように感覚の道を通じて外をながめ、周囲のものとつながるなかで、論理的な力を獲得する。」――これは素朴な観念論です。「石炭を火に近づけると石炭にも火がつき、遠ざけると火が消えるように、われわれの体のなかにあって周囲とつながる部分（必然的部分）は、周囲から切り離されると、ほとんど理性をなくしてしまう。」神は眠れるものに、夢遊病者に、知恵をさずける、という考えとは正反対です。「多くの道とつながることによって意識は全体を見わたせるようになる。」めざめるとは、現実の客観的な意識をもち、一般原理や存在を知り、しかも、そういう状態を自覚することです。（テンネマンがセクストス・エンペイリコスを引用しつつ、ヘラクレイトスに「思考の根拠、思考の力は人間の外にある」といわせていることはおどろきです。）「こうした全体、つまり、普遍的にして神的な知性であり、それに一体化するわれわれをも論理的たらしめる全体が、ヘラクレイトスにおける真理の本質である。だから、万人にあまねくあらわれるものは真理だと確信できる。普遍的にして神的な論理に与《あずか》るものだから。だが、一個人だけに思いつかれたものは、逆の理由から真理だと確信できない。『自然について』の冒頭でヘラクレイトスはいう。『人間のまわりにあるのが理性だから、人間は耳が聞こえる前や聞こえたばかりのときは、理性的ではない。なぜなら、出来事は理性に従って起こっているけれども、人間が理性の経験を積んでいないのだから。かれらは、わたしの示すことばや作品をしらべてみても、わたしが自然に従って一つ一つ区別し、そのありさまを語っていることがなかなかわからない。それだけでなく、めざめたときにやっていることを知らない人もいる。眠りのなかでやっていることを忘れる人がいるように。』」

ヘラクレイトスのことばはつづきます。「われわれの行為と思考の一切は神の知性に与ることによっておこなわれる。だから、われわれはこの普遍的な知性に従うほかはない。だが、多くの人は自分だけの知性をもつかのような生きかたをしている。知性とは、万物の秩序のありかたを理解すること以外ではありえないのに。だから、全体の知に関与しているかぎりでわれわれは真理のうちにあり、特殊なものにかかわっているうちはだまされている。」偉大な重要なことばです。真理についてこれ以上に真摯《しんし》に無邪気に述べることは不可能です。普遍的なものの意識だけが真理の意識であり、個別的なものの意識や個別的行為の意識、さらには、独自の内容や形式のうちに認められる独創性は、真理も価値もないものです。あやまりはひとえに思考を個別化するところに生まれ、——普遍的なものから離れるのが、悪であり偽です。人間は普通なにかを思考すべきときに思いこみで済ませますが、そこではかならず特殊なものがあらわれているはずで、それがだまされていることです。

ヘラクレイトスは、すべての存在が流れ、感覚的に確信されたものはあると思ったときにはもうない、だから、感覚的な知のうちには真理がない、と主張することで、知の形式には対象とかかわるという側面が不可欠であることをあきらかにしています。わたしの知る理性的な真理は、対象の存在にまつわる感覚性、個別性、特殊性をぬけだしたものではあるが、理性が自己のうちに知るものは存在の必然性ないし普遍性でもあって、それは思考の本質であるとともに世界の本質でもあります。この真理観は、「事物を永遠の相の下に考察する」というスピノザのそれと同じものです。自分にむきあった理性というものは、対象をもたぬ夢のような意識ではなく、自覚的な知であって、対象となる理性は、明晰に意識され、万人に共通の普遍的対象としてあらわれています。夢みるときの内容はわたしにだけ知られるものです。想像力を働かせる場合なども、夢みる場合と同じです。感情も、なにかがわたしにとってだけ存在し、わたしが自分という主観のうちになにかをもつことです。高貴な感情といわれるものもあるにはあるが、わたしの感じるものがわたしという主観にたいして存在するもので、わたしから自由な対象としてあるのではない、という本質は変わりません。だが、真なる対象というものは、それ自体で存在する自由なものとしてわたしにたいしてあり、わたしも主観の枠をぬけだして対象に対面している。つまり、この対象は、わたしの力を俟《ま》ってはじめて対象となった想像上のものではなく、それ自体が普遍的なものです。

ほかにもまだヘラクレイトスの断片や発言はたくさんあります。たとえば、「人間は死すべき神々であり、神々は不死の人間である。一方の死は他方の生であり、他方の死は一方の生である。」神々の死は人間の生であり、人間の死は神々が生きることとです。神にふさわしいのはたんに自然的なものを思考によってぬけだすことであり、たんに自然的なものは死を運命づけられています。

ヘラクレイトスのものとしてわれわれに残されたものはすばらしい、とソクラテスはいいましたが、実際それは至言《しげん》です。しかし、残されなかったものについても、同様にすばらしかったと推測すべきです。いずれにせよ、運命というものは後世にいつも最上のものを残してくれる、と信じるのが正しいとすれば、少なくとも、ヘラクレイトスについて語り伝えられていることは、保存に値するものであったといわなければなりません。

E、エンペドクレス、レウキッポス、デモクリトス

わたしたちはエンペドクレス、レウキッポス、デモクリトスの三人をひとまとめに考察します。感覚的なものを理想化すると同時に、それを一般的に特徴づけ一般的なものとしてあつかう、というやりかたは三人に共通しています。エンペドクレスはイオニア派へのかたむきをもつピタゴラス派のイタリア人であり、レウキッポスはイタリア的な傾向をもっています。

一、エンペドクレス

エンペドクレスの断片は、これまでに何回か編集されています。(a)ライプチヒのシュツルツが四〇〇行を越す詩篇を編集したもの。『アクラガスのエンペドクレスの生涯と哲学――古代文献に残る詩をもとに』(一八〇五年)、(b)ペイロンの編集した『エンペドクレスとパルメニデスの断片』もあります。これは一八一〇年にライプチヒで復刻版が出ています。ヴォル

フの『語録』にエンペドクレスの章があるのをリッターが指摘しています。ヘラクレイトスは小アジアの人だったのですが、エンペドクレスはシシリア島のアクラガスの出身です。わたしたちはふたたびイタリアにやってくるので、歴史はこの両端を行ったり来たりしていて、真中のギリシャ本土にはまだ哲学はあらわれていません。エンペドクレスは紀元前五〇〇年ごろに生まれ、前四六〇年ごろが最盛期です。ドッデルによると、「紀元前四三九年にパルメニデスは六五歳であった。前四七九年に生まれたゼノンは、相弟子エンペドクレスより七歳年上であった。ピタゴラスはエンペドクレスの生まれる一年前の前四七三年に死んだ。」したがって、ドッデルによるとエンペドクレスは前四七二年生まれとなります。アリストテレスの言に「エンペドクレスはアナクサゴラスより年長だが、作品はアナクサゴラスより若い」とありますが、それが、アナクサゴラスより時間的にはやく哲学をはじめたという意味なのか、それとも（こちらの可能性が大ですが）、その哲学が概念の発展段階からしてアナクサゴラスの概念よりも若く未熟だという意味なのか、はっきりしません。

さて、実生活にかんするいい伝えを見ると、エンペドクレスはピタゴラスによく似た魔術師だったようです。生前から市民のあいだで大いに尊敬を受け、その名声は広く受け容《い》れられていたので、死後、祖国に彫像が立てられました。ヘラクレイトスのように自分だけの生活に閉じこもることなく、エレアにおけるパルメニデスのように、アクラガスの市民にも国家機構にも大きな影響をあたえました。アクラガスの支配者メトンの死後、アクラガスに自由な体制を打ち立て、すべての市民に同等の権利をあたえるために多大の貢献をしました。また、祖国の支配権を奪いとろうとする市民の何回かの試みを未遂におわらせました。市民の敬意を一身に受けて、王位についてほしいとの申し出をも受けましたが、それは辞退し、声望ある私人として生涯を通しました。

生涯のさまざまな事跡とならんで、かれの死についても多くのつくり話があります。かれは実生活上ですぐれた態度を示しましたが、死にあたっても、自分が死すべき人間ではなく、ちょっといなくなるだけだということを示すために、普通の死にかたをしないよう心がけたといわれます。饗宴のあとふいにいなくなったとも、エトナ山上に友人たちといっしょにいて急にすがたが見えなくなったともいいます。かれのその後の消息があきらかになったのは、かれの靴の片一方がエトナ山から投げだされ、友人のひとりに見つかったからで、その結果、エトナ山の火口に飛びこんだことがわかったが、かれがそうやって人びとの前からすがたを消したのは、死んだのではなく神の仲間に加わったと思わせるためだったという。このつくり話のもとになったのは一篇の詩のようで、そのなかには、それだけ見ると思い上がりの言としか思えない詩行がふくまれています。すなわち、「黄色いアクラガスの大きな城に住み、すぐれた仕事に励む友よ、ごきげんよう！　わたしはもはや死すべき人間ではなく、不死の神となった。わたしは万人に尊敬され、宝石のちりばめられた若草色の王冠に飾られて歩きまわる。わたしが花咲く町にやってくると、男女のむれが私を尊敬し、わたしの後についてくる。あるものは救いの道をたずね、あるものは予言を求め、またあるものはさまざまな病気を治すことばを聞きたがる。だが、なにか偉大なことをおこなって、死すべき滅ぶべき人間たちのもとにとどまることなど、わたしにとっていったいどんな意味があるのか。」このような自慢たらたらのほらの真意は、自分の受けている敬意にどんな価値があるのか、というところにあって、もう尊敬されるのはたくさんだというのです。

エンペドクレスはピタゴラス派の何人かを師とし、かれらと交際をもちました。そのため、パルメニデスやゼノンと同様、ときにピタゴラス派に数えられますが、それはまったく根拠のないことです。かれがピタゴラス教団に属したかどうかは疑問の余地なしとしませんが、その哲学はピタゴラス派らしいところがまったくありません。かれがゼノンの相弟子だったとの説もあります。

かれの哲学にかんしては、こまかい物理的思想や教訓的な表現が数多く残されていますが、なかでは、思想の実在への参入と自然の認識とが多岐にわたる展開を見せています。しかし、そこにはヘラクレイトスほどの思索の深さはなく、どちらかといえば実在のとらえかたにかんする概念が多く、自然哲学ないし自然考察の展開が主題をなしています。その展開にあたって、要《かなめ》となるようなものとしてそこに登場してくる特徴的な中心概念は、混合ないし総合の概念です。混合は、まず第一に、対立物の統一として示されます。対立物の統一（ヘラクレイトスの概念）が静止状態にあるとされるとき、混合というとらえかたが出てきますが、それは思想がいまだ普遍的なものをとらえていない段階にある概念です。エンペドクレスはまた、物理的な四元素——火、空気、水、土——を根本実在と見なす通有観念（これはいまなお生きていますが）の創始者です。化学の世界では元素というと化学的な単体を意味しますから、もはや四元素説は通用しないのですが。

さて、かれの思想は簡潔に示すにとどめます。かれの哲学にあまり多くを期待できませんから。数ある個々の発言を、一つの思想へとまとめあげねばなりません。

かれの一般思想をアリストテレスが手短にこうまとめています。「（これまでそれぞれが原理と見なされてきた火、空気、水の）三元素のほかに、土を四番目の元素としてつけくわえ、こういった。四元素はなにかから生じるのではなく、いつも同じで、ただ、結合したり分離したりするときの量に大小のちがいがあるだけである。」炭素や金属などは、なにかから生じるのではなく、いつも同じ、といえるような絶対的なものではないから、ここでは形而上学的なものが考えられているのではありません。が、エンペドクレスには形而上学的構想があって、すべての事物は四元素の結合のしかたによって生じるといいます。一般的な元素と見なされた四元素は、わたしたちが普通に思いうかべるような感覚的事物ではありません。感覚的な見かたをすれば、ほかにもちがった感覚的事物がいろいろとあるからです。たとえばすべての有機物は別種の存在だし、一なる土、単純で純粋な土などはなく、あるのは、さまざまな性質をもつ土だということになる。四元素ということばのうちには、感覚的なイメージを超えた思想の領域への上昇が読みとられねばなりません。

この四元素の相互関係を抽象的にとらえるにあたって、エンペドクレスは（ヘラクレイトスと同様）、だれにも先んじて、四元素にくわえて「友情と敵意」を原理として取りいれた、とアリストテレスはいいます。友情と敵意はすでにヘラクレイトスのところに出てきましたが、すぐにわかるように、エンペドクレスのそれはヘラクレイトスの場合とはちがって、まったく一般的な概念としてもちだされます。つまり、エンペドクレスにあっては、四自然元素が実在の原理として、友情と敵意が観念上の原理として登場するので、あわせて六つの原理があることになる。その点にかんするアリストテレスの注釈を引用しましょう。

(α)「エンペドクレスのどもった語り口を超えて、それを筋道立てて合理的に理解するとすれば、友情は善の原理であり、敵意は悪の原理であるということができる。だとすると、エンペドクレスはある意味で善と悪を絶対的原理にすえた最初の人ということになる。善はすべての善事の原理であり、悪はすべての悪事の原理とされているのだから。」アリストテレスはエンペドクレスの思想のうちに普遍的なものの手がかりを認めています。つまり、エンペドクレスは、それが当然といえば当然ですが、絶対的に存在する原理という概念を問題にしているというのです。ただ、絶対的原理というものは、自分自身のもとで直接に自分と対決する概念ないし思想であるほかはなく（「ある」と「あらぬ」の形式的統一の場合に見たように、それ自体で存在するものは自分と対決するには至らず、他者にたいして対立関係にあるにとどまっています）、そうした原理はいまだ見出されず、アナクサゴラスのもとにはじめてあらわれるのですが。ヘラクレイトスのもとに善の原理がないのを残念がっていたアリストテレスは、エンペドクレスのもとにそれを見つけてよろこんでいます。善とは、ここでは、絶対的な目的、端的にしっかりと自立したもの、の意味に解されねばなりません。すでに何度もいったように、アリストテレスは古代の哲学者たちに運動の原理のないことを残念がり、変化は存在からはとらえられないのに、といっていました。でも、この原理はヘラクレイトスの「なる」の運動のうちに見出されました。ところが、アリストテレスのいうもっと深い原理というものがあって、それが、「なんのために」という形を取る目的であり、善とはまさに、自分自身のためにあるもの、です。目的とは絶対的に自立し、自己決定する概念であり、他のすべてがそれによって存在するような、端的に自立した真理です。目的（善）を真理といいあらわすとすれば、そこには、活動、自己実現、自己目的、絶対的概念、等々の性質がふくまれる、つまり目的とは、自分みずから決定し、同時に自己を実現する活動でもあります。目的という理念は、自己を客観化し、客観化された対象のうちにあっても自己同一性を失わない概念です。アリストテレスはヘラクレイトスのもとに目的の、自己同一体の、自己維持の概念がないのを残念がり、ヘラクレイトスには変化のみあって、帰還や目的がないと論難しました。その目的がここに見出されるとかれは信じましたが、同時にまた、エンペドクレスはどもるいいかたしかできなかった、ともいっています。

(β)統一と分離という二つの一般原理はとても重要な思考概念です。しかし、この二原理の関係と性質をめぐって、アリストテレスはこう非難しています。「エンペドクレスは友情と敵意の原理を徹底して利用してもいないし、その性質を固持してもいない。なぜなら、友情がしばしば分裂をもたらし、敵意が統一をもたらすから。たとえば、万物は敵意によって各元素に解体されるが、同じ敵意によって火その他の元素はそれぞれ一へと統一される。」分です。分離されて一方の側に立つに至ったものは、それ自身、内部で統一されたもの、自立性をもつものは、全体のうちに結合された元素を分解することは、各元素の内部でその部分を統一することでもあるのです。「だが、一切が友情によってふたたび一つにまとまったとすると、それぞれの自立した一から、その部分がふたたび分離されてこざるをえない。」四つの元素がある以上、そこには最終的な一体化はないからです。一体化そのものがさまざまな要素をふくむ雑然たるもので、まとまることは同時にちがいを生じさせることです。これはすべての性質について一般的にいえることで、すべての性質には反対の性質がつきまとい、つねに矛盾するものとしてあらわれざるをえません。一般に、分離なくして統一なく、統一なくして分離なし、とは深遠な発言で、同一性と非同一性はまさしくそのような、分離できない思考概念です。アリストテレスの非難は事柄の本性に根ざしたものといえます。アリストテレスの注釈はつづきます。「エンペドクレスは、運動の原理を一つではなく二つの対立するものととらえることによって、友情と敵意という原理をはじめて打ち立てた人である。」(エンペドクレスのほうがヘラクレイトスより年下です。)

(γ)実在的な契機が周知の四元素であることはすでに述べましたが、これにもアリストテレスの注釈があります。「(四つというとわれわれはたがいに関係のない四つのものを並列しがちだが、)エンペドクレスは四元素をそのようにはとらえないで、対立する二つのものに、つまり、火だけが一方の側にあり、他方に同一性質の土と空気と水があるととらえた。」この関係がどうなっているかは、この上なく興味をそそられます。

(δ)友情と敵意という二つの観念的契機と四つの実在元素との関係（観念的なものがいかにして実現されるか）についていえば、アリストテレスのいうように、表現は、どもりがちです。エンペドクレスはそれぞれの契機を適切に区分せず、並列するだけで、そこには理性的な関係が見られません。ために、たとえばアリストテレスとセクストスが拾いあげたつぎの詩句では、六つの元素があるように見えます（セクストスはエンペドクレスの六元素といういいかたをよくします）。

われわれは土をもって土を見、水をもって水を、
空気をもって神的な空気を、火をもって永遠の火を、
愛をもって愛を、争いをもって悲しき争いを見る。

このように六つのものが同じ価値をもつものとして並列的に説明されることがよくありますが、エンペドクレスが実在的なものと観念的なものとを区別もし、実在的なものの関係こそが思想だといっていることもたしかです。

観念的なものは実在的なものに関係することによってわたしたちの前にあらわれる。ということは、精神ないし霊魂そのものも統一体であり、元素と同じく一全体をなしていて、──土の原理に従って土と関係し、水の原理に従って水と、愛の原理に従って愛と関係する、

ということです。わたしたちが火を見れば、わたしたちの内部に火が生じ、それが客観的な火と関係するというわけです。

これら実在的な契機の関係は、すでに述べたように、一方に火があり、他方にそれと対立して他の三つがある、というものです。そして、これら四元素の過程についての言及もなくはありませんが、それは概念的な把握といえるようなものではなく、特徴的なのは、混合をもって統一だと考えているところです。こうした寄せあつめ的な結合――関係しているとも、していないともいえるような、存在の表面的な概念なき結合――においては、一方に元素の統一があらわれるかと思えば、他方にはまた元素の分離があらわれるという矛盾をどうすることもできない。元素が契機として存在し、区別されつつも直接に統一され、統一されつつも区別される、といった普遍的な統一はそこにはなく、統一と区別という二つの側面がばらばらになっている。統一と区別の関係が曖昧《あいまい》なままに放置されています。

アリストテレスのことばはつづきます。(α)「ここには自然というものがなく、あるのは混合と混合されたものの分離だけである。それを自然だというのは人間の勝手な命名にすぎない。」要素や部分が寄りあつまってなにかをなしたとしても、それはまだ自然とはいえず、要素や部分が明確な統一を示すとき、そこにはじめて自然があるといえます。たとえば、ある動物の自然といえば、その動物の持続する本質的な性質、その類的特性、その普遍性、――そうした単純なものをさします。だが、エンペドクレスはこうした意味での自然を放棄している。かれによれば自然は単純な元素の混合だからです。だから、それ自体が普遍的で単純な真実体ではなく、わたしたちが自然と名づけるようなものではありません。アリストテレスは、なにかが自己目的に従って動くことを自然と名づけています。後の時代になると、いうまでもなく、こうした考えはだんだんと失われていくのですが。

(β)このように元素がそれ自体で存在する単体だとすれば、元素の過程といったものはそもそもなりたたない。過程のなかでは、元素はそれ自体で存在するのではなく、同時に消滅していく契機にすぎないからです。それ自体で存在する元素は、変化もしないし、一なるものを構成することもできない。一なるもののうちでは元素の存続（ないし、その独立）が廃棄されるからです。ところが、エンペドクレスは一がなりたつという。事物は四元素からなり、そこには同時に統一がなりたっているという。アリストテレスはその点をみごとに衝《つ》いています。現象のとらえかたにかんするエンペドクレスの矛盾は、一方で、元素は他のなにものからも生じず、他の一切が元素から生じる、といいながら、他方で、元素を友情によって一つの全体へと合体させ、この一なるものからふたたび争いによって元素を導きだす点にある、と。「かくて、一定のちがいと性質のもとに、あるものは水になり、あるものは火になる。また、一定のちがいが取りのぞかれると（それはもともとからあるものではなく、生じてきたものだから、取りのぞくことは可能です）、あきらかに、土から水が、あるいはその逆が生じる。」というのも、元素が生じてくる、そのもとのものは、たとえば水なら水が統一体をなしているもので、そこから土が生じたとすれば、土は水から生じたことになるからです。一なるものが一ではなく、水プラス土プラス空気プラス火だとしても、それらはやはり一つのものとして存在するしかない。が、一つのものになるとすれば、たとえば水を水たらしめる性質は、変わりうるものということになる。が、そのことは、水や土が絶対的な元素であり、それ自体で存在するという原理に矛盾する。元素がそれ自体で存在せず、他のものに移行するものだとすれば、「エンペドクレスがそもそも、一なるものを本質と見なしたか、多なるものを本質と見なしたかがはっきりしない。」現実の事物について、かれはそれを元素の混合物と見なし、元素がすべてのもとになるとしながら、他方また、万物は一なるものから友情と敵意によって生じてくると考える。これが寄せあつめ的な考えというものの本性で、ときに一だと断定し、ときに多だと断定しながら、二つの考えを統合できない凡々たる無思慮ぶりがそこに露呈しています。一を廃棄したと思ったら、それはまた一ではなかったというお粗末さです。

以上が要点です。エンペドクレスは哲学的というよりむしろ詩的な人で、それほど興味のある存在ではありません。エンペドクレスの総合という観念は関係の完成を意味するもので、もともとヘラクレイトスのものです。ヘラクレイトスの哲学的理念は実在一般のうちにも過程という形で存在していますが、個々の契機が実在のうちに相対立する概念として存在しているというわけではありません。エンペドクレスの総合という概念は今日もなお有効なものです。

二、レウキッポスとデモクリトス

レウキッポスとデモクリトスはエンペドクレスよりも興味があります。かれらはエレア派を継ぐものです。ふたりの哲学者は同じ哲学体系をなしていますから、その哲学思想にかんしてはまとめて論じることにします。レウキッポスのほうが年上です。デモクリトスはレウキッポスの弟子であり友人であって、レウキッポスのはじめたことを完成させた。しかし、どこから先がデモクリトス独自の思想なのかを区別するのはむずかしく、歴史的に実証はできません。

エンペドクレスにおいて、さまざまな原理が、つまり原理の区別があらわれました。原理のちがいが意識されたことが肝心です。が、原理のいくつかは物理的な存在という性格をもち、他の一部は観念的な存在という性格をもちながら、それらの形式はまだ思考の形式にはなっていなかった。ところが、レウキッポスとデモクリトスになると、観念性の強い原理——原子と無——と、思考概念の対象へのより深い浸透——物体の形而上学のはじまり——が見られます。いいかえれば、純粋概念が物体的な意味を獲得し、思想が対象的な形式へと移行していくのです。その教説は全体として未熟で、とても満足のいくものではありませんが。

レウキッポスの実生活については、こまかいことはまったく知られず、どこの国の人かということすら不明です。エレアの人だという説もあれば、アブデラの人だという説（デモクリトスとつき合いがあったから。アブデラはエーゲ海北岸のトラキアの町）、メロスの人だという説（メロスはペロポネソス半島から遠くない島）、さらには、シンプリキウスのごとく、ミレトスの人だとする説もあります。かれがゼノンの聴衆であり友人だったとは、たしかないい伝えですが、実際はゼノンとは、そしてヘラクレイトスとも、ほとんど同年輩だったようです。

レウキッポスは有名な原子論的体系の創始者です。この体系は近代に至ってよみがえり、合理的な自然研究の原理とされていますが、体系そのものとして見れば、むろん貧弱なもので、見るべきところはあまりありません。ただ、レウキッポスの大きな功績とすべきは、かれが、近代科学のいいかたにならっていえば、物体の一般的性質と感覚的性質を区別したことです。一般的性質とは哲学的に思索されたもののことで、かれは実際に物体をその概念ないし本質にもとづいて一般的に定義した、いいかえれば、もののありかたを表面的にではなく哲学的思索によってとらえた、ということです。物体が、たとえば形、不可侵性、重さ、といった一般的性質をもつ、といういいかたを耳にすると、わたしたちは、「物体」という漠然とした観念がその本質であり、いまいう一般的性質とこの本質とはべつものだと考えがちです。が、哲学的思索にとっては、本質とはまさしく一般的性質のことであり、いいかえれば、一般的性質が本質の抽象的な内容であり実態です。通俗的な見解にとっては、物体の本質としては純粋な個別性質しかなく、それが本質的な性質です。しかし、物体は対立物の統一であり、さまざまな述語を統一した統一体がその本質をなし、述語もその本質にかかわるものでなければならない。つまり、一般概念が本質であり、それ自体として存在するものです。

思いおこせば、エレア派の哲学において、存在と非存在が対立させられ、存在はあり、非存在はあらぬ、と定義されました。非存在の側にはすべての否定的なものが、たとえば、運動、変化、思考などが置かれる。要するに、存在だけがあるとされるとき、非存在の側に廃棄される概念すべてが置かれます。存在はいまだ、自分に還ってくる統一、ないし、自分に還ってきた統一ではなく、その意味で、ヘラクレイトスの運動とも、一般的な存在ともちがいます。感覚的・直接的な知覚のうちに区別や変化や運動があらわれることからすると、存在だけがあるという主張は、思想と矛盾するだけでなく、直観とも矛盾するといえる。エレア派の廃棄した無がそこにあるからです。エレア派には二つの契機があり、その二つがたがいに関係づけられないのです。他方、ヘラクレイトスの理念においては、存在（ある）と非存在（あらぬ）は同じものです。その意味は、両者の統一からふたたびそれぞれを分離して見るときあきらかになる。存在はあるが、存在と一体化した非存在もまたある。いいかえれば、「ある」は存在の述語でもあり、非存在の述語でもある、ということです。それがレウキッポスのいいかたですが、かれは、エレア派が暗々裡にとらえていた真実を、存在するものとして言明したのです。

存在と非存在をともに対象の性質として、あるいは感覚的に直観できるものとしていいあらわすとすれば、充実したものと空虚なものとの対立がそれにふさわしいものです。空虚なものとは、存在するものとしてとらえられた無であり、充実したものとは、これと対照的に、対象（実在）一般としてとらえられた存在です。この二つが一切を生みだす根本要素であり、一方が他にたいする存在、他方が自己内への反省ですが、それがまだ感覚の段階にとどまっていて、それ自体として定義されてはいません。充実したものは、空虚なものと同様、自己同一というだけにとどまっています。

充実したものは性質が不定で、原則として原子のような存在です。つまり、絶対的に存在するのは原子および空虚ですが、これは貧弱な定義だとはいえ、重要なもののとらえかたです。原理は、原子と空虚が真なるもの、絶対的なものだということです。わたしたちのいう原子、わたしたちがたとえば空中に浮かぶものとしてイメージするこの単体、それだけが絶対のものではなく、それの存在する場、無なる場もまた絶対不可欠であり、それが否定的なもの、空虚なものと定義されます。こうして、原子論の体系がはじめてすがたをあらわすことになります。

さて、この原理そのものについて、その特質や意義をあきらかにしなければなりません。

(a)第一に取り上げるべきは、一なるものであり、自立存在という定義です。これはいままでにはなかった。パルメニデスは存在という抽象的な普遍を原理とし、ヘラクレイトスは過程を原理としたので、一ないし自立存在の定義はレウキッポスの手になるものです。パルメニデスが、無はどこにもない、といい、ヘラクレイトスが存在と無を過程のうちにとらえたとすれば、レウキッポスは、正なるものを自立存在する一として、負なるものを空虚としてとらえた、といえます。

自立存在は本質的かつ必然的な思考概念です。原子論の原理はやがて消えさるものではなく、この点からすれば不滅だといわねばなりません。一はいまもあり、永久にあるもので、どの論理哲学にとっても必要不可欠な契機ですが、しかし最終の契機ではない。一、統一、存在をもっと具体的に定義すれば、一は自立存在である、といいあらわされ、自分自身との単純な関係の存在があきらかになる。しかし重要なことは、自立存在をさらにゆたかに定義できることで、それは他なる存在の否定を通して自己と関係するのです。わたしは自立した存在だ、というとき、わたしはたんに存在するだけでなく、わたしのなかで他の一切を否定し、わたしの外にあらわれる一切を排除している。それが他なる存在の否定ということで、逆に、この他なる存在はわたしを否定しようとする。だから、自立存在とは否定の否定であり、それは、いうならば、絶対的な否定力です。わたしが自立して存在するとき、わたしは否定的存在たる他を否定する。つまり、この否定の否定は肯定です。自立した自己とのこうした関係は積極的な肯定であり、結果として生じてくる存在であり、他者によって媒介されたもの、しかし、他者の否定によって媒介されたものです。そこにふくまれる媒介は同時に廃棄された媒介です。

自立存在は偉大なる原理です。「なる」は存在と無のそれぞれが否定されて、存在が無に、無が存在に転換することですが、両者が単純に自己のもとに存在するとされるとき、それが自立存在の原理となる。レウキッポスは、その原理を意識化し、絶対的に定義したのです。これは、「ある」や「なる」からの前進です。論理学では、「ある」や「なる」のつぎには、まず「そこにある」がきますが、これは現象的、仮象的なもので、現象の領域に属し、したがって、哲学の原理とはなりえない。哲学史の発展は論理の発展と対応しなければならないが、こうした場合には、哲学史上に対応するものが欠如せざるをえない。「そこにある」を原理とするような場面としては、わたしたちの日常的な意識を考えればよく、物があり、たがいの関係のなかでそこにあり、有限であり、相互に関係している、といった思想なき意識のありかたがそれにぴったりです。

さて、レウキッポスには自立存在の原理がある。それが肝心のことでした。が、レウキッポスの一はまだ抽象的な一です。具体的たらんとする努力は認められますが、抽象的であるのはどうしようもない。同時に、とても貧弱な概念にとどまっている。ともあれ、自立存在にかんして本質的なことは、「ある」という統一的なひろがりと一とが対立していること、いいかえれば、一般的なものと個別性、個体性、主観性とが対立していることです（原子は個体的なもの、分割できないもの、主観的なものです）。この対立は、すべての事物において問題となるもので、とても重要なものの見かたです。具体的な場面でもそうしたものの見かたが重要な働きをすることがわかれば、貧弱な概念の価値も納得できるというものです。たとえば、自由、権利、法律、意志を考える際にもっぱら問題となるのも、一般性（全体）と個別性（個人）の対立です。精神は原子ないし一でもありますが、一として自立しつつ、無限のゆたかさをもっています。

レウキッポスとデモクリトスの場合には（のちのエピクロス派の場合にも）、自立存在という概念は物理的に解されるにとどまっていますが、それは精神の領域にもあらわれてきます。たとえばそれが意志の領域にあらわれれば、国家においては原子たる個人の意志が絶対である、といった見解が生まれる。それは、現実に広く受けいれられてもいる近代的な国家理論です。国家は一般意志にもとづかねばならない、といわれるとき、この一般意志とは絶対的に存在する意志、つまり、個人の意志なのです。最終の拠点は原子論的なもので、ルソーの『社会契約論』など、その典型です。すべてのもとになるのが、一という思考概念です。一の原理はまったく観念的なものであり、まったく思想に属するものです。原子が自然のうちに存在する、という場合でも、そのことに変わりはない。原子は物質的にとらえることは可能ですが、それそのものは非感覚的なものであり、純粋に知的なものです。レウキッポスの原子は、物理学の小物質たる分子ではありません。レウキッポスが「原子は目に見えない」とか「形が小さすぎて」見えない、というのは、そのことのあらわれです。近代科学は分子について同じことをいうではないか、というのは、たんなるいいがかりで、一を見ることができないのは、それが思想的な抽象だからです。レンズとメスをつかって原子を示すことはできない。（同様に、視覚上ないし聴覚上の感覚的特性も示せない。）示すことができるのは、いつも、合成された物質です。近代科学が顕微鏡によって内面――霊魂――を探求し、有機体の奥をさぐり、特別に見たりさわったりしようとするのは、それらを物質だと考えているからです。が、一の原理はまったく観念的なものです。といっても、しかし、それらは思想のうちにのみ、頭のなかにのみあるというのではなく、むしろ、思想こそが事物の真なる本質です。レウキッポスもそのことは理解していたので、だから、かれの哲学は少しも経験的なものではない。とすると、テンネマンのつぎの言はまったくの誤解です。「レウキッポスの体系はエレア派の体系とは正反対である。かれは経験世界を唯一客観的に実在するものととらえ、物体を唯一の実在形式ととらえている。」残念ながら、原子と空虚は経験的な事物ではありません。感官によっては真理を意識することができない、という言にも見られるように、レウキッポスの体系は、主観的観念論を超えた高度な観念論です。

(b)原子は「個体」とも訳されますが、そのことばを見ると、わたしたちはすぐに具体的な個物を思いうかべます。この原理は、思想の一歩前進である以上、大いに尊敬されねばなりませんが、その先がどうなるかと考えてみると、ただちに不満がきざしてきます。具体的かつ現実的なものの一切について、つぎにくるイメージはこういうものです。「充実したものは単一ではなく、無限に多数である。この無限に多数のものが空虚のなかを動く。空虚は存在するのだから。多数のものが結合（合体）すると、（感覚できる実在の事物が）生起し、解体ないし分解すると事物は消滅する。」以下、すべてのカテゴリーがここにかかわってきます。「能動と受動の動きは、多数のものがふれあうところに生じる。しかし、ふれあったからといって、それらが一つになることはない。なぜなら、真なる（抽象的な）一から多数が生じることはないし、真なる（抽象的な）多から一が生じることもないから。」あるいは、

「多数のものは、実際は受動的でも能動的でもなく、」空虚によっていつも切り離されている。なぜなら、能動ないし受動の動きをするには、多数のものがたがいに関係しなければならないが、それは、たがいに一体となること、もはや絶対の多ではなくなること、多として絶対的に存在するのをやめることなのだから。むしろ、多数のものを関係づけたり分離したりして能動と受動の関係をつくりだすのは、「もっぱら空虚の働きであって、」——空虚は、多数のものにとっては純粋に否定的なもの、疎遠なものであり、それがつくりだす関係も、多数のものには直接にかかわらないのである。ちょうどそれは、わたしが金貨を一枚、二枚、三枚と数えていくようなもので、そうやって数えられることは金貨にとって能動でも受動でも、その他なんの関係でもなく、金貨はただの金貨にとどまるのと同じです。原子も、物と名づけられるもののなかでたがいに合体しているように見えても、じつは空虚によってたがいに切り離されている、というわけです。空虚は運動の原理でもあり、原子は空虚のなかを運動している。運動はいわば、この空虚を埋め、空虚を否定しようとする原子の請願のようなものだ。以上が、原子と空虚の関係です。

この思想のぎりぎりの境界までわたしたちは話をすすめてきました。というのも、関係が問題となるかぎり、この思想の外に出ていかざるをえないからです。(α)第一に、すでに見たように、存在と非存在は思想的なものですが、充実したものと空虚なものはたがいに関係するとき、ちがうものとしてイメージされている（もともとちがいはないものなのに）、つまり、意識にたいしてあるものとないもの、という形を取っています。(β)充実したものは自分で自分を否定するような力をもち、自立存在しながら他者となり、たがいに他を排除するものとなっている。つまり、一でありながら、無限に多くの一なのです。一方、空虚なものは排他的なものではなく、純粋な連続です。こうして、一と連続が対立をなしています。(γ)対立がそういうものだとすると、それにもっともふさわしいイメージは、存在する連続のなかを原子が、——ときには離れ、ときにはくっつきながら、——泳ぎまわっているという図です。とすると、その結合は表面的な関係にすぎず、結合されたものの性質とはかかわりのない総合で、そのなかで、結合された絶対的存在の一つ一つは根本的には切り離されたままであり、原子はむすびつくというより、分離の状態にあります。

これはまったく外的な関係です。独立したもの同士が独立性を失わないままに結合したもので、機械的な合体にしかすぎない。生命あるもの、精神的なもの、等々もすべてそのように結合されるだけで、だから、変化も生産も創造もたんなる合体にすぎない。ここにこそ思想のまったくの貧弱さがあらわれています。近代においても、とくにガッサンディ(一五九二—一六五五)がこのような原子論を復活させましたが、肝心なことは、原子、分子、小物体などを独立に存在するものと見なすかぎり、統一は機械的になるほかなく、統一されたものはたがいに外的に関係するにとどまり、その絆《きずな》もたんに外的な合体にすぎないということです。

原子論が貧弱だからといって、近代の原子論にときに見られるように、かつては原子に満たされた空虚という混沌状態があり、しかるのちに原子が結合され配列されてこの世界が生まれた、といった修正を施《ほどこ》すわけにはいかない。どこまでいっても、それ自体として存在するのは空虚なものと充実したものでなければなりません。自然研究が原子論に引きよせられるのは、まさに対立する存在が思想的な対立者であること、つまり、変わることのない存在であることによります。だから、原子論はそもそも超越的な存在による世界の創造や維持といった考えに対立します。原子論を取る自然研究は、第一に、世界の根拠を示す必要を感じなくてすむ。というのも、自然が自然以外のものによって創造され維持されるものとすると、自然はそれ自体で存在せず、自分の外部に概念をもつことになる、すなわち、自分に根拠がなく、自分とは異質の根拠をもち、他者の意志によってしか理解できないもの、自分のもとに必然性や概念をもたない偶然の存在になってしまうからです。これに反して、原子論では自然がそれ自体で存在すると考えられ、自然のなかに思想がこめられていることになるから、まさに自然そのものをとらえよう、自然を概念的にあきらかにしようとする立場にとっては好都合です。自然は抽象的な実在のうちにみずからの根拠をもち、単純な自立した存在としてあらわれる。一に対立し、意識にも対立するとされる特定の感覚的存在の根拠はといえば、原因は対立するものにあり、根拠は対立する両者の統一のうちにある。いずれにせよ、外部のなにかを必要とはしない。とはいえ、原子と空虚は単純な概念です。だから、ごく形式的な内容、まったく単純で一般的な原理以上のものを――つまり、一と連続の対立が打ち立てられていること、自然のうちに思想が見出されること、実在は思想的なもの自体であること、以上のものを――それに求めることはできません。

もっとすすんだゆたかな自然観をもってきて、原子論でもってそれを理解しようとすれば、原子論はたちまち不都合のものとなり、前にすすもうとすると、矛盾や不十分さがただちに見えてきます。が、べつの自然観をもってこなくとも、この思想はそれ自体として超えられねばならない。連続と非連続の対立がまず超えられるべきもので、そこには純粋な思想が克服しなければならぬ契機があります。というのも、この否定的な一がそもそも絶対的なものではない、つまり、原子はたがいに区別のつかぬ同じもので、その本質は純粋な連続と考えられ、こうして原子はただちに一つのかたまりになってしまうからです。原子を感覚的な性質をもつばらばらなものとして思いうかべることはできますが、それらがたがいに同じものだとすると、そこには空虚と同じ純粋な連続があらわれてきます。

しかし、存在するものは具体的で、一定の性質をもちます。では、色、形などの性質はどこからくるのか。それはまったく外的な、偶然なものになる。性質上のちがいはどこにも見出せない。自立存在としての一はすべての性質を失っているからです。電気、磁気、光波、分子の回転、といったさまざまな性質を仮定すれば、(α)統一をまったく無視してかかるか、(β)結局は同じことですが、現象から現象への移行を合理的に理解できなくなるか、のいずれかです。

(c)レウキッポスとデモクリトスの考察はさらにすすみ、原子という絶対的な存在を廃棄するような関係があらわれてきます。一つの植物を説明するものとします。その性質はどこからくるのか。性質のちがいを原子論の原理からどうとらえようとするのか。(政治の場合はちがいは個人の意志に由来します。）さて、レウキッポスでは、統一と分離という表面的なちがいを超えたもっとこまかなちがいが必要となり、かれは原子にあれこれの性質をおしつけることによってそれをつくりだそうとします。ために、原子はたがいに等しくないものとされ、しかも無限のちがいをもつとされる。このちがいをレウキッポスは三種類に整理します。アリストテレスによると、かれは原子のちがいを、(α) AとNのような形のちがい、(β) AＮとＮAのような配列（場所）のちがい、(γ) ZとNのような置きかたのちがい、にわけ、すべてのちがいはそこから生じるとしたという。ここにまたしても外的な関係、どうでもよい性質の登場するのが見られます。形や配列や置きかたは、物自体の本性にかかわらぬどうでもよい関係であり、他者によって統一され関係づけられるにすぎぬもの、概念や本質によって結合されたのではない外在的な関係です。このちがいはそれ自体ですでに首尾一貫しない。原子はまったく単純な一で、形や配列などは問題となりえず、形や配列のちがいなど生じない完全な同等物で、置きかたにもちがいはないからです。こうしたとらえかたはそれ自体きわめて貧弱なもので、感覚的なものをわずかな要素に還元しようとしつつ、感覚的なものを物質のうちに独立に存在するものと見なしてしまっています。

アリストテレスはいいます。「レウキッポスは思想を現象や感覚に近づけようとして、」無を存在と同じようにあるものだと主張したが、それは理にかなっている。「それによってかれは、運動や生成や消滅をそれ自体で存在するものと考えた。」感覚的に直観される「なる」も、単純にして絶対的な存在たる原子の分離および結合として、それ自体が存在だとされる。

が、分離と結合は実際は原子そのものの動きではなく、外からやってくる動きである。というのも、原子は純粋な自立存在であって、過程を本質とするものではないから。ところで、このように原子をそれ自体で形のあるものと考えると、その本質は感覚的直観には近づくが、概念からは離れていきます。原子の形はどうやって決まるかを説明しなければならないが、それをおこなうには、連続と分離の考えをさらにおしすすめねばならないからです。

レウキッポスは視野を限定して、連続と分離から他のすべてのちがいを説明しようとします。形もそこからとらえられるので、アリストテレスによると、「デモクリトスなど古代の哲学者の大多数は、感覚的なものについての表現がきわめてまずく、感覚できるものの一切を手に取れるものと見なしている。一切を触覚に還元するのだから。」すべての感覚的性質は分子のさまざまな結合たる「形に還元され、」結合がなにかを「味のあるもの」や匂いのあるものにするとされる。白と黒はまったくちがうものですが、そのちがいをかれらは、「黒はざらざらしたもの、白はなめらかなもの」といいあらわす、——近代の原子論にもよく見られるやりかたです。理性の促《うなが》しによるものですが、やりかたがまちがっている。分子の配列というのは全く内容のない、曖昧《あいまい》な一般論だからです。この物質的原理は機械論的なもので、デカルト以来、フランスでは主流をなすものですが、この考えでは、具体物のすべてが外的な合体物にすぎなくなり、内在的な性質が存在しなくなる。機械的性質以外のものは問題とされないか、されたとしても、貧弱で平板で心細いものでしかない。本質的な性質と非本質的な性質——第一性質と第二性質——の区別があらわれるのは、この哲学思潮のなせるところで、第一性質とは、物質が自立存在し、重量をもつことと関係するものです。

さて、レウキッポスは原子と空虚という原理から、奇妙な世界ながら世界を構築しようとします。レウキッポスがまずしい概念をやりくりしていく様子、つまりこの思想を絶対と見なしてそれを超え出ようとはせず、世界の全体をそれによってイメージする――むろん空虚なイメージですが――様子を、ディオゲネス・ラエルティオスが伝えています。精神なき報告ですが、レウキッポスの試みに精神が稀薄である以上、いたしかたないというべきで、わたしたちとしてはそこにレウキッポスの世界観の貧弱さをうかがうほかはありません。

「無限に分割された原子がたがいにぶつかりあって（原子の斥力《せきりょく》が登場しています）、さまざまな形を取りながら大きな空虚へとはいっていく、――これは、原子相互の抵抗と原子の振動にもとづく運動である。原子が集まると渦ができ、原子はぶつかったりさまざまな円運動をしながら、同じもの同士がそれぞれにいっしょになる。集まった原子が安定し、数が多いために動けなくなると、軽い部分はいわばふきわけられて外の空虚へ飛びだし、残りがたがいにからみあって円運動をなし、ここに第一の天体系ができる。これは、あらゆる種類の物体を内にすっぽりと包む外皮となる。物体が中心のまわりを渦巻運動すると、渦にふれた物体がつぎつぎと渦巻運動に加わって、物体を包む外皮は薄くなる。こうして、中心に引きよせられた物体が合体するとき、地球が生まれる。外皮の形をした周囲は、ふたたび外部の物体が付着することによって拡大される。付着した物体がまた渦巻運動をし、自分にふれるすべての物体を奪いとる。それらがいくつか合体すると、全体の渦のなかにあらたなかたまりが、最初は湿ってぬかるんだかたまりが、つぎに乾いた回転するかたまりができ、それに火がつくと完全な天体が生まれる。一番外側が太陽であり、月は内側にある。」

これは空虚な表現です。ここには円運動や、のちに牽引と反発の名で呼ばれる運動の曖昧《あいまい》で混乱したイメージがあらわれていますが、それは興味を引くところがなく、多くを期待できません。物質の本質としてさまざまな運動があげられていますが、原子を動かす原理は空虚にあり、それは肯定的ではなく否定的なものです。原理の存在と原理の前進が見られることとは大いに尊敬すべきですが、原理を具体的な場に適用する段になると、具体的な概念の貧弱さが露呈してしまいます。

デモクリトスはレウキッポスより年譜が確実で、出身はエーゲ海トラキア地方のアブデラです。アブデラは、のちに市民の心のせまさで知られるようになる町です。生年は、紀元前四六〇年か四七〇年、一説には四九四年ともいいます。ディオゲネス・ラエルティオスによると、(四六〇年生まれとして)アナクサゴラスより四〇歳年下で、ソクラテスの時代にも生き、しかもソクラテスよりも年下です。デモクリトスとアブデラ市民との関係は大いに論評され、たくさんの悪い逸話をディオゲネス・ラエルティオスが伝えています。市民との接触を避けていたことは有名です。かれはたいへんな金持で、父はギリシャに進軍中のペルシャ王クセルクセスをもてなしたといいます。デモクリトスはエジプト旅行と中近東旅行に相当な財産をつぎこんだといわれますが、中近東旅行のほうはありそうもない話です。一〇〇タラントの財産があったといわれますが、一タラントが一、〇〇〇ないし一、二〇〇ターレルだとして、むろんそれだけで大いに羽振りのいい生活ができたことでしょう。かれがレウキッポスの友人であり弟子であったことは異論のないところですが、ふたりがどこで出会ったかは不明です。「デモクリトスは旅で全財産を使いはたして祖国に帰ってきたため、（アブデラ市民の軽蔑を受けて）隠棲《いんせい》していた。が、やがて兄弟のもとに引きとられ、（哲学によってではなく、）いくつかの予言によって市民の尊敬を集めるに至った。アブデラの法律によると、父の財産を使いつくしたものは父祖の墓地に埋葬してもらえないことになっていた。そこで、（放縦な生活で財産を蕩尽《とうじん》したとの）誹謗《ひぼう》と中傷を封じるために、『二つの宇宙』という自作をアブデラ市民の前で朗読し、もって五〇〇タラントの寄金を受けとるとともに、その彫像が公に立てられ、およそ一〇〇歳で死ぬと壮麗な葬式がおこなわれた。」これもアブデラ人の悪ふざけと取れなくもありませんが、この話を語りのこした人びとは少なくともそうは思っていないようです。

すでに述べたように、デモクリトスはレウキッポスの体系を全面的に受けいれています。こういうことばがあります。「暖かさ、冷たさ、色、あまさ、にがさは、人間が習慣上あると思いこんでいるものだ。本当にあるのは、分割できないもの（原子）と空虚だけである。」かれがレウキッポスの思想をさらに発展させた、との報告はたしかにあり、それに関連する断片も二、三のこされていますが、引用する価値はありません。

「霊魂は球形の原子である」というデモクリトスのことばがあります。かれが意識と対象との関係に目をむけ、とりわけ、感覚の起源の説明にふみこんだことが注目されます。事物からいわばそのうすい表面がはぎとられ、それが目や耳に流れこむというイメージは、かれにはじまるものです。それからさき、それ自体で存在する唯一の性質たる形状、配列、位置（形態一般）といった契機が、どのようにして色ないし色のちがいとして感覚されるかについては、なにも述べられていません。デモクリトスの説といえるものは、(α)現実は形態一般のうちに正しくあらわれるもので、それ以外の現実は欺瞞《ぎまん》的なものであること、(β)理性は本来、現象や知覚物を把握しようとつとめるものであること、この二点以外にはありません。

　デモクリトスがそれ自体としての存在という側面と、他にたいする存在という側面とを明確に区別していたことはたしかです。というのも、それ自体で存在するのは空虚と原子とそれらの性質だけですが、他にたいして存在するものとして、暖かさ等々のさまざまな非本質的な存在があるからです。ただ、そうした考えは同時に悪しき観念論に門戸を開くものでもある。というのは、対象を意識に関係づけたうえで、それはわたしの感覚であり、わたしのものだというだけで、対象を自由に処理できるような気になる観念論が生じてくるからです。そうした考えによって、個々の感覚的な性質が存在の形式をもたないことはあきらかになるが、しかし、感覚的な多様性は消えてなくなるわけではない。感覚の受けとめるものは概念を欠いた多様性であって、そこには理性的なものは見られず、悪しき観念論はさらにふみこんでその問題にかかわろうとはしないのです。

F、アナクサゴラス

ここにはじめて一つの光がのぼりはじめ（光はまだ弱いものだが）、知性が原理として承認されます。アナクサゴラスについて、すでにアリストテレスがこういっています。「生命にかんしても自然にかんしても、理性こそが世界と一切の秩序の原因だといった人アナクサゴラスは、以前にあてずっぽうをいった人びとにくらべると、ひとり素面《しらふ》であるように見える。」アナクサゴラス以前の哲学者たちは、「自然学者と呼ばれる人びとだが、フェンシングの選手に似たところがある。選手たちはあちこち動きまわりながらしばしばみごとな一撃を加えるが、それは偶然うまくいったにすぎない。同様に、哲学者たちも自分のいっていることをまったく意識していないように見える。」意識するようになるのはアナクサゴラスが最初で、それが、思想は絶対的に存在する普遍的なものだ、純粋な思想が真理だ、ということばとなってあらわれています。もっとも、酔っぱらいのなかでただひとり素面に見えるアナクサゴラスにしても、その一撃はあまりあてになるものではありませんが。

これまで原理とされてきたものに、存在（「ある」）や「なる」や「一」などがあります。

それらは思想であり、一般的なものであって、感覚的なものでもなければ、空想的なイメージでもない。が、その内容や部分が感覚的なものから取ってこられているので、限定つきの思想です。アナクサゴラスのいうのは、一般的なものが――つまり、神々や感覚的原理や元素や限定つきの思想（反省概念）ではなく、対立なき一般であり、一切をうちに包括する絶対的な思想そのものが――実体だということです。ただ、ここでは主観的な思想を思いうかべてはならない。思考というとわたしたちは意識のうちにある主観的な思考をすぐに連想しますが、ここではむしろまったく客観的な思想が、一般的なものとして、能動的知性として考えられている。ちょうど、世界や自然のうちに知性や理性がある、とか、自然界にある類は一般的なものだ、という場合を考えるといい。犬は動物であり、動物であることが犬の類であり実体である、犬そのものがそうしたものだ、というとき、この法則、この知性、この理性は、自然に内在するものであり、自然の本質です。法則や理性は人間が椅子をつくる場合のように外から形成されるものではない。机が理性的につくられることもあるが、それはこの木材にとっては外的な知性です。知性ということばを聞くと、わたしたちはこうした外的な知性をすぐに思いうかべますが、ここにいう一般的な知性は、対象そのものの内在的本性をなすもので、それが原理とされている。これまでにも思想は登場してきましたが、いまや、思想そのものが原理とされています。

知性《ヌース》とは、外にあって世界を調整する思考体ではありません。そんなものなら、アナクサゴラスの思想はとっくに滅んで、哲学的興味をかきたてはしなかった。外にある個別者とは、まったく主客二元論の枠内にとどまるイメージで、思考する実在といわれるものは一主観にとどまって、思想ではないからです。真の普遍は抽象的なものではない。自分のうちで自発的に特殊なもののありかたを決定していくのが普遍的なもの（善、美、目的）の本来のすがたで、外的な目的とは似て非なるものです。

かれの哲学にふれる前に、その実生活を見ておきます。かれとともに哲学はこれまで縁のなかったギリシャ本土に上陸し、しかもアテネへとさまよい行きます。これまでは、小アジアかイタリアが哲学の地だった。アナクサゴラスは、小アジアの出身ですが、主としてアテネで、――ギリシャの権力の中枢であるとともに、いまや芸術と科学の中心地でもあるアテネで、――暮らしました。アナクサゴラスの生涯はペルシャ戦争とペリクレスの時代にはさまれた偉大な時代にあたっています。それはギリシャ的・アテネ的生活がもっとも美しく開花した時代であり、さらに没落につらなる時代、いやむしろ没落にともなう高揚に、つまり、美しいアテネの生活の死滅につらなる時代です。マラトンの戦いが紀元前四九〇年、サラミスの海戦が前四八〇年で、アナクサゴラスがアテネにやってきたのが前四五六年でした。

アナクサゴラスは前五〇〇年の生まれで、デモクリトスよりも年上で、年齢からするとデモクリトス、エンペドクレス、パルメニデスと同時代の人で、ゼノンと同年輩です。祖国はリュディアのクラゾメナイで、コロポンやエフェソスからほど遠からぬ所にある半島の首根っこの町です。

アナクサゴラスは哲学史の一時代をおわらせた人で、かれの後に新しい時代がはじまります。師から弟子へと原理が伝わるという俗流の系譜学によると、イオニア出身のかれは、しばしばイオニア哲学の継承者、ないしイオニア哲学者と見なされます。クラゾメナイのヘルモティモスがかれの師だったからです。同じ観点から、かれをアナクシメネスの弟子とする説もありますが、アナクシメネスは前五六〇年ごろの生まれで、アナクサゴラスより六〇歳も年上です。

かれの生涯を手短にいうと、かれは学問研究に打ちこみ、公的な仕事には携《たずさ》わらず、多くの旅をし、最後に三〇歳か、四五歳か（こちらのほうが本当らしい）でアテネにやってきた。当時のアテネは、もっともさかんな、もっともはなばなしい時期をむかえていました。ペリクレスが国家の頂点に立って、アテネに最高の栄光をあたえ、生活は銀色に輝いていました。ペリクレスはアナクサゴラスのもとをたずね、かれと親交を重ねました。当時のアテネは美しい偉大さの頂点に達していたので、その点でとくに興味深いのは、この時代のアテネとスパルタの対立です。アテネとスパルタは、ギリシャにおける覇権の争奪をめざす二大ギリシャ都市国家でした。アテネとスパルタの対立は、これら有名な二国家の原理の対立として問題にされねばなりません。スパルタには芸術や学問はなかった。アテネが学問と芸術の地となったのは、アテネに独自の国家機構と精神性があったからです。

スパルタの国家機構も高く評価されるべきものです。スパルタ人はその一貫した国家機構によって、厳格なドーリア精神をきたえあげました。その国家機構の眼目は、個性を、つまり一切の個人的な特性を、共同体に、国家の目的に、国家の生活に、従属させる、いやむしろ、そのために犠牲にすること、――いいかえれば、個人が国家のために働き、生き、行動していると意識するときにのみ、自分の名誉や価値を意識することにあります。個人の意志をおよそまったく消しさって、このように純正な統一をつくりあげた国民は、無敵の団結を誇り、それによってギリシャの頂点に立ち、トロイ戦争時のアルゴス人のように主導権を保持しました。

これは、本当の国家ならかならず備えていなければならぬ偉大な原理ですが、スパルタ人の場合にはそれだけに偏《かたよ》りすぎていた。アテネ人はこの偏りを避け、それによってもっと偉大な国民となりました。スパルタでは個性や人格性や個人性が軽視され、個人は自分だけの自由な人格形成や自己表現をおこなえなかった。個性は認められず、したがって、個性が国家の公的目的と合致することも一体化することもなかった。個人の特殊性や主観性の価値を認めない公的生活が、スパルタでは広く行きわたっていて、同じ原理は形を変えてプラトンの『国家』にもあらわれています。

しかし、共同体は、個々の意識をそれとして内部にふくむのでなければ生きた精神ではない。共同体は個人の直接の生活や存在をなすのでもなければ、たんなる実体をなすのでもなく、意識の通った生活をなします。共同体からはずれた個人が無力になって没落していくように、公的な面のみを強調する頑《かたく》なな制度は、個人の反抗をおさえることができない。意識の自由を認めず、それを無視して共同体をつくりあげたスパルタ精神は、やがて、個人が自由を求めて共同体に反逆する場面に直面しなければならなかった。だから、ギリシャを僭主から最初に解放したのがスパルタ人であり、アテネ人自身もペイシストラトスの一族の追放に感謝してはいたけれども、やがて、スパルタは同盟諸国にたいして粗野で卑劣な暴力をふるうようになり、国内においても厳格な貴族制と強固な財産の平等を実施し（あるいは、各家族の相続財産はそのままだが、本来の金融商業活動を追放して富の不平等の可能性を排除するという措置を実施し）、ために、共同体に粗暴かつ卑劣に反発する所有欲をかきたてました。

個人の特殊性という本質的な契機が国家に受けいれられず、合法的・道徳的なものとは認められないとき、それは悪徳としてあらわれます。理念のすべての契機は理性的な有機組織のうちにふくまれるもので、肝臓が胆汁を作る臓器としてそれ自体の活動は増加も減少もしないとしてもそれが身体組織から切り離されると身体にたいして敵対的に働くのと同じです。

これに反して、アテネ人たちはソロンによって権利の平等と精神の統一を保証する国家機構をあたえられたばかりでなく、個人にも活動の余地があたえられ、国家権力は（最高監督《エフォロ》官《イ》ではなく）国民にゆだねられ、僭主追放ののちは、国民は国家権力を手中にした真に自由な国民となりました。個々人自身が全体を自覚し、全体のなかで自分を意識し、自分の行為をおこなっていたので、だからこそ自由な意識が形成されたといえます。

アテネもまた民主制国家でしたが、その民主制はスパルタよりも純粋だった。市民各自が共同体の一員として、法律ないし国家との一体感を抱いていましたが、同時にまた、各人の個性や精神や思想が尊重されて、自分を生かし、自分を表現し、自分なりにふるまうことが個人にゆるされていました。共同体にそうした原理があるからこそ、個人の自由が偉大なすがたをあらわす。主観的自由という原理はいまださまざまな制約のもとにあり、法律に具現されたギリシャ的共同体の一般原則と一体であり、ときには神話とすら一体化していますが、天賦《てんぷ》にめぐまれた精神が思い通りにふるまって自由な構想を生みだすとき、造型美術の傑作や不滅の詩作品、歴史物語が生まれたのです。主観性の原理はいまだ共同体の枠を超えるものではないから、個人の特性がそのまま解放されて、内容までが共同体のものの考えかたや習慣や宗教や法律とはちがった、主観的に特殊なものになることはない。つまり、作品にあるのは、特殊に変形された思いつきではなく、偉大な、共同体的な、醇乎《じゅんこ》たる神的内容であって、それが対象として意識の前にもたらされます。主観性の形式がすべての枠を超えて解放され、習慣、宗教、法律といった実体的なものと対立するに至るのは、もっとのちのことです。

主観性の原理の基礎にいまだ共同体の一般的なものの見かたが生きているのが、アナクサゴラスの哲学です。かれはソクラテスより何歳か年上ですが、ふたりはたがいに顔見知りでした。かれがアテネにやってきたのは、右に述べたような民主制の華やかなりし時代でした。アテネはペルシャ戦争ののち、ギリシャ諸島の大半とトラキアから黒海に至る海洋都市の多くを支配下におさめました。この高貴で自由で教養ある国民のもとで国家の第一人者となる、——その栄誉を得たのがペリクレスで、ためにかれはほとんどならぶもののないほどその個性を称讃されました。人間世界に偉大といえるものはいろいろありますが、人間の意志を支配するのはもっとも偉大なことといえます。というのも、支配するものの個性はもっとも普遍的で、それゆえにもっとも生き生きとした個性でなければならない。神ならぬ人間にとって、これ以上の運命はめったにあるものではありません。ペリクレスの偉大な個性はきたえあげられていて深く、まじめである（かれはけっして笑わなかった）とともに活力に満ち安定していました。かれは全精力をアテネの治政に注ぎました。ツキディデスの『戦史』に、国民にむけたペリクレスの演説がいくつか書きとめられていますが、これに匹敵する演説は歴史上そう多くはありません。ペリクレス治下のアテネは、道徳的な共同体の最高の達成を見たので、それは、個人がいまだ共同体の枠のなかにあるぎりぎりの均衡状態を示しています。そのすぐあとには、個人の生命力が極端に発揮されて、個人のほうが優勢になりますが、それというのも、国家がいまだ国家として自立した有機体をなしていないからです。アテネという都市国家の本質が共同体精神に、つまり、共同体への宗教的信仰にある以上、この信仰がなくなれば民族の内的本質も失われますが、そうなるのも、近代国家の場合とちがって精神《ヌース》が概念として存在していないからです。概念への急激な移行を示すのが主観性としての知性ですが、それは自己を反省する実在であって、抽象体ではありません。

アテネは芸術と学問の巨星たちが寄りつどう場所でした。アテネには最高の芸術家が集まっただけでなく、名声なりひびく哲学者や知者たちもそこに居をかまえました。アイスキュロス、ソフォクレス、アリストファネス、ツキディデス、アポロニアのディオゲネス、プロタゴラス、アナクサゴラス、小アジア人たち。（小アジアそのものはペルシャ人の支配するところとなり、自由が失われるとともに哲学も死滅したのでした。）

アナクサゴラスはこの時代にアテネに住み、国務にたずさわる以前からのペリクレスの友人でした。一説によると、ペリクレスになおざりにされてアナクサゴラスは貧窮に陥り、あかり用のランプの油にも事欠くありさまだったといいます。

もっと重要なことは、かれが、ソクラテスその他の多くの哲学者と同様、民衆の尊敬する神々を軽蔑したとの理由で告訴されたことです。散文的な知性と詩的・宗教的見解が対立する一例です。明確ないい伝えによると、アナクサゴラスは太陽や星を灼熱の石と見なしたという。（一説によると、予言者が奇跡――前兆――だと称するものをかれは自然なやりかたで説明したともいう。）それと関連する話ですが、アテネの最後の艦隊がリュサンドロスに敗北する日に、天からアイゴスポタモスに隕石が落ちるとかれが予言したといいます。

そもそも、太陽や月や地球や星を物と見なしてさまざまにイメージしたという話は、すでにタレスやアナクシマンドロスのときに出ていたもので、とくに目を引くというものではありません。そうした考えは、もともと時代の教養が用意したものですから。そんな対象についてのすべての考えに共通するのは、それによって自然が脱神格化されることです。今日では生命なきものと見なされるすべてのものに、本来の生命を、ときには感情やいわゆる意識的な存在をもあたえる詩的自然観が、それによって解体される。つまり、詩的自然観に散文的自然観が取ってかわる。太陽は、わたしたちの目に映るすがたのままに、物質的なものと見なされ、もはや生きた神ではない。太陽その他の対象は、たんなる事物、精神にとって外的な対象、精神なき対象となる。そうした事物は思考から導きだすことができる。そのとき思考の働きの核心は、神的ないし詩的と名づけられる対象や対象のイメージを迷信の全体もろとも追放し、それらをたんなる自然物と呼ばれるものにしてしまうことです。というのも、思考のなかでは精神こそが真の存在、真の現実であることが自覚されるからです。思考とは自己と対象が一致することであり、思考する精神にとって、非精神なもの、外的なものは、精神の陰画たる事物にすぎません。

詩的な自然観が失われるからといって、それとともに自然との一体感や美しい信仰や精神の無垢《むく》な純粋さや子どもらしさが失われゆくのを嘆くにはあたらない。詩的自然観はたしかに無垢で子どもらしいものですが、理性はまさにそうした無垢や自然との一体感をぬけ出していかねばならない。精神が自分自身をとらえ、自立するや、意識の陰画として自分と対立する他者を、精神なきもの、意識なく、生命なきものと明確にとらえ、その上で、こうした対象から自分のもとへと還ってこなければならない。古代人の神話、たとえば、アルゴーの乗組員たちが以前は鋏《はさみ》のように動いていたヘレスポントスの海峡の岩を動かないよう固定した、という話に見られる、動く物の固定は、対象の非精神化の一例です。同様に、教養がすすむと、以前は内部に独自の運動と生命をもつと思われていたものが、固定され、静止した物とされてしまう。

神話的な自然観から散文的な自然観へのこうした移行が、いまやアテネ人の意識するところとなったのです。移行が生じるためには、これまでと内的にまったくちがう要求があらわれねばなりません。つまり、人間が思考力を強め、自分自身を意識し、哲学を確立することによって、ものの考えかたにぬきさしならぬ重要な転換がすでに生じています。

さて、無神論の廉《かど》で告訴されるという事件は、のちにソクラテスの場合にくわしく論じるつもりですが、アナクサゴラスにあっては、ペリクレスへの嫉妬がアテネ人のうちに生まれる、という外的な事情がからんできます。すなわち、アテネの支配権をめぐってペリクレスと覇《は》を競《きそ》う人びとが、直接に（公に）ペリクレスに手を出すわけにはいかなくて、かわりにかれの寵臣たちを法廷で血まつりにあげようと、嫉妬心ゆえの告訴におよんだというわけです。こうして、ペリクレスの女友だちアスパシアも告訴され、高貴なペリクレスはかの女を救うためアテネ市民たちに涙ながらに告訴の取りさげを懇願しなければなりませんでした。アテネの市民は、支配権をゆだねた権力者にたいし、かれが市民の下僕であることを自覚せざるをえないような行為をみずからすすんで要求したのです。こうして市民は大人物たちのもつ支配権に一矢《いっし》を報い、復讐をとげ、支配者たちに従属感と隷属感と無力感を表明させることで、相手との均衡を保とうとしたのです。

アナクサゴラスの告訴の結末がどうなったかは、まったく矛盾する不確定な報告しかありませんが、ペリクレスのおかげで死罪をまぬかれたことだけはたしかです。一説によると、ペリクレスがかれを市民の前につれだし、かれを弁護し、免罪を懇願したところ、かれの老齢と衰弱が市民の同情を呼び、追放の刑だけですんだという。べつの説によると、かれがペリクレスの手びきでアテネをのがれたあと、欠席裁判で死刑が宣告されたが、刑は執行されなかったともいう。また、無罪放免されたが、かれはこの告訴に腹を立て、ふたたび告訴されることをおそれて、すすんでアテネを離れ、紀元前四二八年にランプサコスで六〇ないし七〇年の生涯を閉じたともいいます。

一、一般的な思想原理

かれの哲学と以前の哲学とのつながりについていえば、ヘラクレイトスの運動という理念においてはすべての契機があとかたなく消えうせ、エンペドクレスやレウキッポスやデモクリトスではこの運動が統一へとまとめあげられはするが、そのまとめかたが寄せあつめにすぎない。もっとも、エンペドクレスでは統一の契機が火とか水といった実在の元素だが、後二者の場合は原子という純粋な抽象体、つまり、それ自体で実在する思想であるというちがいがあって、そこに普遍的なものが直接に提示されているということができる。対立物がもはや感覚的なささえをもたないからです。さて、統一の力が、対立を克服した全体的な統一力として回復されると(寄せあつめ的な統一では対立物はまだ独立に存在し、思想そのものが存在となってはいません)、思想が純粋で自由な内部過程として、つまり、自分自身を明確にしていく一般原理としてあらわれる。この思想は人間の意識する思想とべつのものではなく、かくて、アナクサゴラスにおいては、これまでとはまったくちがう世界が登場することになります。

アリストテレスは「アナクサゴラスがはじめてこうした考えを打ち出した」——つまり絶対的実在が知性という一般的なものであり、思考活動（理性ではなく）である、と言明した最初の人だといいます。アリストテレスその他の哲学史家は、クラゾメナイのヘルモティモスなる人物がその先駆をなした、というつまらぬ事実に言及していますが、アナクサゴラスがこの説をなしたことは明々白々です。ヘルモティモスの哲学についてわたしたちはなにも知らない以上、そんなことをいってもどうにもならない。実際、ヘルモティモスの哲学などなかったのかもしれない。ただ、歴史上の人物としては、あれこれ研究がなされているのはたしかで、この講義でもその名が一度出てきています。(α)ピタゴラスがその前世においてピタゴラス以外の人物として生きていたという話のなかで、ピタゴラスの霊魂が住みついていた人物のひとりとしてヘルモティモスの名があがっていました。(β)ヘルモティモスは、霊魂となって自分の肉体を離れられる天賦の技をもっていたとの話もあります。ただ、この技は最後にかれに災《わざわ》いをもたらしたとかいうことで、というのも、事情をよく知っているはずの妻がかれとけんかをしたために、霊魂の離れた肉体を死体だといって知人の目にさらし、霊魂が帰ってくる前にその肉体が焼かれてしまったというふしぎな話があるからです。この古い物語の基礎にあるものはなにか、事態をどうとらえるべきか、といった疑問は探求しがいのないもので、まあ、ヘルモティモスがよく恍惚状態に陥ったのだろう、ぐらいに考えておけばよい。そうした話は、ペレキュデス、エピメニデスなど、古代の哲学者について数多く伝えられていて、たとえば（寝坊の）エピメニデスは五七年間眠りつづけたといわれます。

アナクサゴラスの原理は、かれがギリシャ語でいうνοῦς（ヌース）、つまり、思想ないし知性を、世界の単一の実在として、絶対的なものとして、認識したことにある。νοῦς（ヌース）が単一だというのは、それが一つの存在だということではなく、普遍的なもの（統一するもの）だということです。普遍的なものは単一であり、自分のなかに区別をもちながらも、この区別はただちに廃棄され、同一性がしっかりと打ち立てられる。実在は内部にこもる閉鎖的なものではなく、全体に行きわたるものです。この普遍的なものがそれだけ取りだされて純粋に存在するすがたとしては、思考活動を思いうかべるしかない。普遍的なものは自然としても実在し、対象の本質をなすのですが、自然のなかでは純粋に自立して存在せず、特殊なものが直接にまつわりついている。たとえば、自然のうちでもっとも観念的で、もっとも普遍的な空間や時間についてすら、純粋な空間や時間や運動は存在せず、特殊なものが直接にまつわりついて、特定の空間、空気、土、等々として存在する。純粋な空間を示すことは純粋な物質を示すことと同様、不可能なことです。思考こそが純粋に自立する普遍的なものであり、図式化すれば、わたしはわたしである、「わたし」=「わたし」となります。わたしがなにかをわたしから区別したとしても、この純粋な統一性はまもられている。運動としてまもられているのではなく、区別が区別されることなくわたしにたいしてあるのです。そして、一定の内容をもつわたしの思考のすべてにおいて、わたしの対象となるのはわたしの思想であり、わたしはこの対象のなかでまさに自分を意識するのです。

自立的に存在するこの普遍的な思考は、しかしやはり、個別的なものにたいして明確に対立する。いいかえれば思想は存在にたいして明確に対立する。するとそこで、普遍的なものと個別的なものがどのようにして絶対的に統一されるかが哲学的に思索されねばならないはずですが、概念そのものを把握するというこの課題は、むろん、古代人の関与するところではない。一つの体系をなして宇宙を構成する知性、それが純粋な概念というものですが、それは古代人には期待できません。アナクサゴラスが知性《ヌース》をどうとらえていたかについて、アリストテレスはこう解説します。普遍的な知性には、(α)純粋な運動であるという面と、(β)普遍的で、静止していて、単一であるという面との両面がある。とすると、運動の原理を示すことが——つまり、運動が自動的なものであり、（自立した存在としては）思考であることを示すことが——重要だ。かくて、「知性《ヌース》はアナクサゴラスにとっては霊魂と同じものだ」となります。たしかに霊魂は自動的なものであり、直接に単独で存在するものですが、単一で普遍的な知性《ヌース》ではない。思考はなにかをめざして動くもので、目的が最初にくる単一物であり（類が目的である）、最初にきて結果をも導きだすものです。古代人はそれを善および悪と名づけましたが、それはまさしく正の目的と負の目的です。

アナクサゴラスではくわしく展開されてはいませんが、こうしたもののとらえかたはとても重要です。これまでの原理が素材的なもの二つ（アリストテレスによれば、性質と物質的素材）、およびヘラクレイトスの過程（運動の原理）の三つだったのにたいして、第四の原理たる目的原理が知性《ヌース》とともに登場するからです。これは自分のうちに内容をもつ具体的な原理です。以前に引用した箇所（本書二五九ページ）のつづきはこうです。「これらの人びと(イオニア人その他)やこれらの原理(水、火など)があらわれたのち、事物の自然を生みだすにはそれだけでは不十分だったので、哲学者たちは、既述のように、真理そのものにかりたてられてそれにふさわしい原理を追いもとめた。なぜなら、一切が善であり美であること、あるいは善となり美となること、そのことの原因として土その他の原理をもちだせばそれで十分というわけにはいかず、イオニア派その他もそう考えていたとは思えないし、といって、善や美にかかわる問題を自己運動や偶然にゆだねるわけにもいかないからである。」善や美は単純な静止した概念であり、変化をあらわすための運動概念とはべつものなのです。

さて、目的という原理の登場とともに、以下のような観念があらわれます。(α)知性とは自分自身を明確にしていく活動であること。これはいままでになかった考えです。ヘラクレイトスの「なる」はたんなる過程にすぎず、自主自立して自分を明確にするものではない。自分自身を明確にしていく活動とは、過程をなしながら、同時に、自己を普遍的なもの、自己同一のものとして維持する活動です。火は(ヘラクレイトスによると、過程は)消滅するもので、他へ移行するとき自立性をなくしてしまう。めぐりめぐって火に帰ることはあるが、変化のなかで火の原理が維持されてはいない。対立物への移行がいわれるだけで、対立する両者のうちで普遍的なものが維持されるわけではない。(β)目的の原理のうちには、明快な表現を得ていないとはいえ、普遍性の観念がふくまれています。普遍的なものが活動のなかで具体的に自己と関係します。(γ)この原理は目的ないし善をふくみます。

目的の概念については先日（本書四〇九ページ）も取り上げました。目的の概念をとらえるには、それがわたしたちの意識のうちにどのように存在するかを考えるだけでは足りません。

たとえば、わたしが一つの目的をもったとする。それはわたしの思いえがくもので、実現されようとされまいと、それだけで存在します。が、目的のうちには実現の活動がふくまれるので、わたしはその内容を実行し、生産されたものは目的にかなっていなければならない。実行者が不器用でないかぎり、つくられた客観は目的以外のものをふくんではならない。つまり、目的は主観から客観への移行を要請するので、わたしはたんに主観的にとどまる目的には満足できない。わたしの活動は目的のこの欠陥をおぎない、目的を客観化するものです。そして目的は客観のうちに維持されています。たとえば、わたしが家を建てるという目的をもったとすると、そのためにわたしは活動し、家ができあがる。目的はその家のうちに実現されています。

しかし目的を考えるには、わたしと目的とがともども独立に存在するこうしたごく普通の主観的な目的のイメージに安住していてはいけません。たとえば思慮深い神が目的に従って支配するというとき、目的が思慮深い神の頭のなかに独立して存在するというイメージが思いうかぶかもしれない。しかし、目的の普遍性は、それが確固とした内容をもち、活動のしかたを左右するこの内容が、目的を実現し、目的に存在をあたえる働きをもつことにあります。しかも、実現されたものは目的に支配され、目的を維持している。目的が事柄の真髄であり霊魂であるとは、そういうことです。その場合、善そのものが内容となっているといってよく、この内容を活力として他に働きかけるとき、結果として出てくる実在のうちにはほかならぬもっとも大切なものが維持されます。以前にすでにあったものと、内容が外にあらわれたのちのものとが同じなので、それが目的です。

こうした目的のありかたをもっともよく示しているのが生物です。生物は生きていること自体が目的だから、目的として自分を維持している。生物は生き、働き、衝動をもつが、この衝動が生物の目的です。生物は目的についてはなにも知らず、ただ生きているだけだが、一番大切なことはゆるぎなく保たれている。動物は、この衝動を充足すべく、つまり、目的を実現すべく動きまわり、外界の事物と機械的あるいは化学的にかかわりあう。が、活動のありかたそのものは機械的でも化学的でもない。結果として生みだされるのは動物そのものであり、動物が自己目的であり、活動によって自分自身しか産出しないのであって、機械的ないし化学的なかかわりは生命活動のうちに組みこまれ吸収されます。外界との機械的ないし化学的な関係においては、はじまりとはちがう結果が生じてくるので、化学的なものが維持されるわけにはいかない。が、自己目的の活動では、結果ははじまりであり、はじめとおわりが等しい。自己保存とは持続する生産のことであり、そこにはなにも新しいものは生まれず、活動は自己産出へと帰っていく。生まれるのはつねに古くからあったものだけです。目的とはそうしたものです。そして知性《ヌース》とは、一番大切なものを主観的に打ち立て、それを客観化するというその活動です。客観化されたものは形を変えますが、この対立はつねにふたたび廃棄され、客観的なものと主観的なものは一致します。ごく身近な例でいえば、わたしたちがある欲求を満たすとき、主観的なものを客観化するとともに、それを自分に取りもどしています。自分自身を明確にしていくこの活動は、やがて他にも働きかけ、他と対立し（自分を主張し）、対立をふたたび克服・支配し、対立のなかでおのれに還っていくもので、それが目的であり、知性《ヌース》です。知性は自己を明確にしつつ維持するもので、今後、哲学はその内容を発展させる課題を負うことになります。

知性《ヌース》のさらに具体的な意味を求めつつ、アナクサゴラスの思考がどこまで発展しているかをこまかく見ていくと、自己を出発点とする観念活動は一つの基準を設定するという以上にはすすまず、発展は基準の設定にとどまっているのがわかります。アナクサゴラスは知性《ヌース》を発展させて、その内容を具体的に示すことは——それが肝心なことですが——していない。だから、具体的な内容をもつものが抽象的に示されているだけです。

知性《ヌース》のさらなる展開についてアリストテレスは、アナクサゴラスは霊魂と知性《ヌース》をかならずしも明確に区別していない、といっています。一方で、知性《ヌース》を美や正の原因だとしばしばい、なにかが美しかったり正しかったりするのは知性《ヌース》のおかげだといいながら、他方では霊魂以上のものではないという。知性《ヌース》が一切を動かすという場合も、霊魂に動かす力があるという意味にすぎない。さらにアリストテレスからの引用を重ねると、知性《ヌース》は純粋で、単純で、外部のなにかによって受動的に動かされることはなく、「混じりけなく、ほかのなにかといっしょになることがない」という。これは、自分自身を明確にしていく単純な活動を説明したもので、この活動は自分とだけ関係し、自分と同一で、ほかのどんなものとも等しくなく、なにかを生みだしても自分以外のものになることはない、――ここにはまちがったことがいわれているわけではありませんが、どの形容語を取ってみても、それだけでは一面的たるをまぬかれません。

二、部分均質体

以上が、アナクサゴラスの原理の一側面です。つぎに、知性《ヌース》の外に出て、どんな内容の展開がなされるかを見なければなりません。(もっとも、アナクサゴラスの哲学の残りの部分は、一見したところ、その原理の抱かせる期待にとても答えるようなものではないように見えますが。)思考という普遍的なものに対立するのは、存在ないし物質(多様なもの一般)で、思考が現実的なものだとすれば、こちらは可能的なものです。善や目的といった普遍的なものは可能的なものともいうことができますが、自己運動する普遍的なものはやはりそれ自体現実的なものであり、自立した存在として、潜在的なもの、可能的なもの、受動的なものに対立すると考えるべきです。アリストテレスはアナクサゴラスの核心にふれる記述のなかでこういいます。「だれかがアナクサゴラスには二つの原理があるといったとすれば、(アナクサゴラスがその点を明確に説明していないとしても、)その人の言はアナクサゴラスの説にかなっている。」知性《ヌース》がかれの原理だという一般論からすれば、原理が二つというのは理屈に合わぬ話ですが、でもまったくの正論だというのです。「アナクサゴラスは、はじめは一切が混じりあっていたという。なに一つ分離されないとすれば、他とちがうものが存在することはない。白も黒も灰色もその他どんな色もなく、そもそも色というものがなく、また、どんなものとも、どのくらいのものとも、なんだともいえない。混じりけのない純粋な知性《ヌース》以外は、すべてが混じりあっている。」

この第二の原理は、よく知られているように部分均質体（*ὁμοιομερῆ*）と呼ばれます。その意味は、存在する個々の物質（たとえば、骨や金属や肉など）がどこも同種同質の非感覚的な部分からできているもののことです。アリストテレスでは、部分均質的なものといういいかたが先にあって、そこから部分均質体という一般名詞が導かれます。（リーマーは *ἡ ὁμοιομέρεια* を「個々の部分と全体との類似」と訳し、*αἱ ὁμοιομέρεια* を「元素、原材料」と訳しています。後者を部分片の意味で使うのはのちの用法です。）部分均質体の意味をはっきり浮かびあがらせるには、レウキッポスやデモクリトスの原子と比較するのがよい。レウキッポスやデモクリトス、それにエンペドクレスでは、絶対的な物質が対象として実在するものとされ、この単純な原子——エンペドクレスでは四元素、レウキッポスとデモクリトスでは無数の原子——が、形だけ異なるものとして存在し、それが寄りあつまって現実の事物ができるとされる。ところが、アリストテレスのいうには、「アナクサゴラスは元素についてエンペドクレスとは反対のことを主張する。」（べつの場所では、アナクサゴラスが物質にかんして多くの原理を、「無限に多くの原理を」採用したともいわれますが。）「エンペドクレスは根本原理として、火、空気、土、水の四つをあげ、」それらは単純で、はじめから存在し、混じりけなく、変化なく、不滅で、「すべての物はそれらの結合から生じると考えた。これにたいしてアナクサゴラスは、元素（実在の基本内容）をこうとらえた。」実在する、さまざまの、一定の性質をもった、個々のもの、「たとえば肉は、単純で、はじめからあるもので、反対に、水や火のようなもの（存在のもととされる一般元素）は、はじめからあるものの混合物であり、」すべての実在が無限小の部分として無限に混じりあったものである。また、肉は小さな肉部分から、金は小さな金部分からなる。

これはエレア派と同じ原理に立つものです。同じものは同じものからなり、対立物への移行や、対立物の統一は可能ではなく、「無からはなにものも生じない、」というのです。だからアナクサゴラスにとってすべての変化は同じものの集合離散にすぎず、無からなにかが生じるという真の変化は存在しない。「生じたものはすでに以前にそこにあったもので、」ただ目に見えずに潜在していた。つまり生成とは、「すでにそこにあったけれども、小さくて気づかれなかったものが生じてくること」にすぎない。四元素はそうしたものの混じりあった混沌で、同質に見えるのは見かけだけのことにすぎない。具体的な事物が生じるのは、この無限に多くの原物質が分離し、混沌から分離した同じもの同士がいっしょになるからで、つまりは、異質なものからの分離がおこっているわけです。「生成も消滅もなく、生成は合体にすぎず、消滅は分離にすぎない。」そこで作品の冒頭でこういわれます。「同時に一切があった。」——同時に、というのはむろん、曖昧《あいまい》に、区別されることなく、混沌とした状態で、という意味です。「つぎに知性《ヌース》が区別を設け、さまざまな形態をつくった。」思考が動かすものので、同じものを合体させたり切り離したりするというわけです。この点にかんするエンペドクレスとアナクサゴラスの考えのちがいについて、アリストテレスは「前者はこうした状態が循環すると考えるが、後者は一回しか起こらないと考える」といっています。

無限に多様なものがもとになるとする点で、アナクサゴラスの考えはデモクリトスの考えに似ています。しかし、アナクサゴラスの原物質は形態上の特質をもつもので、デモクリトスの原子のような単一の自立体ではありません。たとえば、肉の部分片や金の部分片が原物質とされるので、これらの完全に個性をもつ原子が寄りあつまって、肉や金といった目に見える形態をつくりあげます。これはわたしたちの日常感覚に近い。たとえば食品は血や肉と同質の部分をふくむとわたしたちは考える。すると、消化するとは、同質のものをよりだして取りいれ、異質のものを切りすてることだ。栄養を摂るとは、たんに同質のものをふやすことであり、死とは同じものが分散して、異質のものと混じりあうことだ、と考えられます。混沌のなかから同種のものをよりだして合体させるのも、同種のものをふたたび分散させるのも、知性《ヌース》の働きによるとアナクサゴラスはいう。活動は単純で、自己と関係するのみで、純粋で、形式的で、それだけでは無内容です。

これは常識に近い考えで、しかも、たとえば近代の化学などで支配的になった考えそのままです。化学の元素は酸素、水素、炭素、金属などで、それらは相対的に単純なものです。肉や木や石などが実際はどういうものかを知りたければ、もうそれ以上分割できぬ単純な要素を示さねばならぬ、と近代の化学は考える。また、多くの単純なものがじつはそうではなく、たとえばプラチナは三、四種の金属からなると考える。水や空気は長く単純なものと見なされていたが、いまの化学はそれをさらに分解する。こうした化学の物質観によると、自然物のもとになる元素は一定の性質をもち、しかも恒常と考えられる。たとえば、人間は炭素、水素、土、酸、燐などの混合体です。化学者たちは自分勝手に水や空気のなかに酸素や炭素を区別し、よりわける。栄養摂取や成長は真の吸収作用によるのではなく、内臓のそれぞれが自分に合った特定部分を取りいれるにすぎない。肝臓などにも鼻があって、さまざまな植物や動物のなかから自分に合った部分をぬき出してくるというわけです。

一定の性質をもつ無限の単体があって（肉はもちろんもう単体とは認められないが、水素ガスなどは単体です）、その単体が合体してはじめて他のものができる、という考えは、アナクサゴラス哲学の立場そのものです。もちろんアナクサゴラスと近代の化学とのあいだにはちがう面もあって、たとえば、化学が具体物と見なすものを、かれは同一質のもの（もとになるもの）と見なしている。が、たとえば肉についていえば、その部分がどこも同じというわけではなく、さまざまな部分が混じりあうなかで数の上で優勢な部分の名を取って肉と呼ばれることを、かれはすでに認めています。肉だけでなく、すべての物が他のすべてのもの、たとえば水、空気、骨、果実、等々をふくみ、また逆に、水が肉そのもの、骨、等々をふくむという。こうして原物質の無限の多様性というところにアナクサゴラスは帰っていきます。感覚的なものはあらゆる部分片が集まってはじめて生じ、そこではすべてが混じりあいながら優勢を占める部分片があります。ある部分均質体がどこかに一番たくさん集まると、全体がこの部分均質体の性質を帯びるというわけです。

この物質観はタレスやヘラクレイトスの考えとはまったくちがっていて、タレスやヘラクレイトスでは、あるものから他のものへの変化が可能でもあり、現実にもおこっている、とするのが基本です。ヘラクレイトスの過程では、一定の性質のものがべつの性質に変わりうるというのが基本の考えで、その変化が興味深い。変化には二重の意味が、実在上の変化と概念上の変化とがあります。古代人が変化を話題にしているのを見ると、わたしたちは普通、実在上の変化の意味に取って、たとえば水が加熱や蒸溜といった化学的処理によって土に変わるかどうかを問題としますが、そこにはむしろ化学の限界が露呈している。概念上の変化はそれとはちがうもので、しかもヘラクレイトスをはじめ古代の哲学者すべてのいう変化はこちらの意味です。たとえば水が時間や空間そのものに変形されるというのは、レトルトのなかでおこることではありませんが、古代の哲学者はそのような性質の移行を考えている。哲学理念のうちでは水は空気に変化する。つまり両者は概念において内的につながり、一方は他方なしに存在せず、たがいに不可欠で、そのつながりの外ではどちらも存立できない。いいかえれば、両者の関係が自然の生命です。こういうと、水を取りされば植物や動物は弱るが石は変わらない、とか、色の例で青を取りさっても緑や赤はそのままだ、といった反論がよくなされる。それはたしかに経験の示すところで、それぞれの性質が自立しているといえる。が、それは実在上のことで、概念からすれば、それぞれが関係し合い、切っても切れない内的なつながりができています。たとえば生物に見られるつながりがそれで、そこでは概念そのものが実在の形を取っているがゆえに石や色とは話がちがう。心臓を取りのぞけば、肺その他もだめになってしまう。脳が他の器官との統一のうちにしか存在しないように、自然もまた統一のうちにしか存在しないのです。

絶対的実在は普遍的思考であると定義したアナクサゴラスですが、対象的実在ないし物質の領域では、普遍性や思想をうまく生かせてはいないようです。もとからあるものは本来の感覚的存在ではありません。感覚的存在を超える第一歩は、それを否定して、非感覚的なもの、つまり、見たり聞いたりできないものにすることで、ふつうの物理学では、わたしたちへのあらわれを単純に否定して非感覚的なものを想定するという以上にはすすまない。が、哲学ではもっと積極的に、存在の本質そのものが普遍的だと考えるべきです。アナクサゴラスでは、知性《ヌース》は対象的なものでもありますが、それと対立するもう一つの存在は単体の混合物で、肉でも魚でも赤でも青でもない。しかも、単体はそれ自体、単純ではなく、その本質からすれば、感覚できないほど小さい部分均質体の合成物です。部分均質体は小さいとはいっても存在は保っていますが、でも、見たり嗅いだりできる普通の存在とはちがっています。が、この無限小の部分均質体は考えがすすむと消えうせるので、たとえば部分均質体だとされた肉は、すべてが混じりあったもので、単体ではないことになる。分析の進行がただちに考えの混乱を露呈し、たとえば肉から肉でないものを取りさると、肉は変化するのか、変化できずもとのままなのかがはっきりしない。混乱の種は多かれ少なかれそうした考えそのもののうちにひそんでいます。一方、それぞれの物体の主要元素はもとからあるもので、この部分がいっしょになってすべての混合体たる物体全体をかたちづくる。その際、知性《ヌース》は各部分をむすびつけたり、切り離したりするものにすぎない、という考えは納得できるものです。部分均質体の考えに混乱は見られるものの、大筋は確たるものです。

部分均質体というのは目を引くイメージです。それがアナクサゴラスのもう一つの原理とどう関係するか。これを知性の原理とむすびつけると、個別のイメージは思ったほど辻褄《つじつま》の合わぬものではありません。知性は自分自身を明確にしていくものですから、その内容が目的であり、内容は他との関係でも維持されます。また、知性には活動はあるが、生成や消滅はありません。だから、具体的な原物質が存立しつづけるというアナクサゴラスの考えは筋が通っている。生成や消滅はなく、単体の集合離散たる変化だけがあるというのです。原物質は具体的で内容があり、目的ももっていて、変化が起こってもその存在は維持される。変化は外的な集合か離散かで、似たものだけが合体します。混沌とした混じりあいはむろん似ないものの合体ですが、それは同じ場にあるというだけで、個体として生きた形態をなすのではない。生きた個体は、似たもの同士の結合として維持される。以上、粗《あら》っぽい考えではあるが、知性《ヌース》の原理にはそれなりに適合しています。

三、知性《ヌース》と物質との関係

さて、知性《ヌース》と物質との単純な哲学的関係についていえば、両者が深い思索のもとに一なるものとしてとらえられることはありません。物質が一なるものとしてとらえられることがなく、そのなかに概念が浸透していかないからです。ここでは概念が上すべりしてしまっている。知性《ヌース》はすべてを動かす霊魂であり、「霊魂として、大小優劣を問わずすべての動物のうちにある。」が、世界の霊魂をなし、全体の有機的体系を司《つかさど》る知性とは、それは、ほど遠いものです。古代人は生物そのものについては、霊魂を原理とする（霊魂は自己運動するものだから）という以上の原理を求めなかったが、動物を全体の体系のなかに一契機としておさめようとすれば、原理の一般的内容が問われる。アナクサゴラスのいう知性はそうした一般的内容をもつ原理であり、実際、単純な実在であり、区別のなかで自己同一性を保ち、自己を分割して物質を生みだす絶対概念の働きは、そうした原理にふさわしいものです。しかし、アナクサゴラスが宇宙のもとに知性を認めたり宇宙を合理的体系ととらえたという痕跡はないし、古代史家の明確な証言によれば、かれは、世界や自然が一大体系をなす、とか、世界には聡明な秩序がある、とか、一般に理性が存在する、というだけで済ましていたという。これらのことばからは、この理性がどう実現されるか、世界がどう理解されるかはうかがいようがありません。

アナクサゴラスは、原理の存在とはその展開にほかならないと見ぬいてはいたが、原理たる知性《ヌース》は形式的なものにとどまっている。アリストテレスはその不十分さをこう表現しています。「アナクサゴラスは知性《ヌース》を世界創造の道具として使い、ものごとへの必然性（必然性の根拠）を示す必要にせまられたとき、それを呼びだしてくるだけで、その他一切の説明には、知性《ヌース》以外のものを使った。」

アナクサゴラスの知性《ヌース》が形式的なものにとどまることをとくに念入りに示すのが、プラトンの『パイドン』の有名な一節（九七―九九）で、アナクサゴラスの哲学を論ずるのにこれを逸するわけにはいかない。プラトンはソクラテスの口を借りて、ソクラテスおよびプラトンにとって肝心なこと、つまり、絶対なものがなんであり、アナクサゴラスのどこが不満なのかを、この上なく明確に述べたてます。引用から、古代の哲学意識にとっての中心概念がそもそもどんなものだったかが浮かびあがります。ソクラテスは知性《ヌース》に関心をもち、知性《ヌース》とはどんなものかと思いをめぐらしている。プラトンはここでソクラテスに、アナクサゴラスとのつき合いの経過を話させます（これまたやや長いおしゃべりの実例ですが）。ソクラテスはおおよそつぎのようなことをいいます。「わたしがかつてアナクサゴラスの書物の朗読を聞いていたとき、知性が世界を秩序づけ、（万物の性質や動きを決定する）原因となる、ということばに接して、こういう原因の考えられていることがうれしかった。わたしはこう考えた。知性が万物を秩序づけるとすれば、あらゆるものに最善の位置があたえられるだろう、と。（目的の概念が提示されています。）さて、個々のものについて、それがどのように生じたり消滅したり存在したりするのか、その原因を見つけようとすれば、各々について、どう存在し、どう受動的に、あるいは能動的になるのが最善かを、さがさねばならない。」知性が原因であることと、一切が最善の状態にあることとは同義です。知性が原因でない場合と比較すれば、それはよく納得できることですが、プラトンにもどって、「だとすると、人間についても、自分のことであろうと他人のことであろうと、最善・完璧なものはなにかを考察することこそが大切で、それができれば、悪いことも知ることができるはずだ。善を知ることと悪を知ることは同一の知なのだから。そのように考えながら、存在の（善の）原因を教えてくれる意にかなった師をこのアナクサゴラスに見出したと思って、わたしはうれしかった。」つまり、「かれは地球が平たいかまるいかを教えてくれると同時に、ものごとの原因や必然性を説き明かして、どちらが善なのかを示してくれる。あるいはまた、地球が中心にあるというとき、中心にあることが善であるのを（つまり、なにかに役立つという特定の外的目的ではなく、それ自身で価値のある目的を）説き明かしてくれる、と思ったわけだ。そして、もしそれが示されたなら、もうそれ以外の原因をもちださせることもないと心に決めたのだ。太陽、月、その他の天体についても、それらの相対速度や運行や他の現象についても同じことだ。かれは個々の事物の原因や万物に共通の原因を示すのだから、個々の事物の最善も、万物に共通の最善（つまり、自由で完璧な理念、絶対的な最終目的）も説き明かしてくれると思った。どんなに大金をくれるといわれてもこの期待は手放すまいと思って、わたしはいそいでかれの書物を手に取り、いそぎにいそいで読みすすみ、一刻もはやく善と悪について知ろうとした。が、かぎりなく美しいこの期待は、読むうちに消えていった。この男がものごとに秩序をあたえるのに知性その他の原因をまったく使わず、空気や火や水やその他多くのまずいものをもちだすのがわかったからだ。」ここに見られるのは、知性に従って（目的との関係で）存在する最善のものと自然的原因と呼ばれるものとの対立、ライプニッツの用語でいえば、目的因と動力因との対立です。

この対立をソクラテスは牢屋のなかで死の一時間前にこう説明します。「アナクサゴラスのやりかたは、たとえていうとこういうことだ。だれかが、ソクラテスはすべての行為を知性によっておこなうといっておきながら、いざその行為の原因を示す段になると、わたしがいまここにすわっているのは、わたしの体が骨と筋肉からできていて、骨は（体をささえるほど）かたく関節によってわかたれ、筋肉は伸縮自在で肉や皮膚とともに骨のまわりを包んでいる、（関節のところで伸筋と縮筋の相互作用により四肢の動きをとめることができるという能力によって、いまここにすわっているのだ）というようなものだ。また、わたしが君たちと話しあっていることについても、その原因として音だの空気だの聴覚だのといったものを無数にもちだしてくる。そうしておいて本当の原因（たんに機械的・外的原因を支配下に置く自由な決断）をあげようとはしない。本当の原因とは、アテネ人たちがわたしに有罪をいいわたすのがいいと判断し、それゆえにわたしもまたここにすわっているのがいいと判断し、とどまってかれらのくだす刑に服するのが正しいと判断したことなのだが。」（ここで、ソクラテスの友人のひとりがソクラテスの逃亡のために万端の準備を整えたが、ソクラテスは逃亡を拒否したことを思いだす必要があります。）「なぜなら、誓っていうが、もしわたしが逃亡しないで国家の命じる刑に服することを正しく立派なことだと思わなかったら、わたしの骨や筋肉は、最善を求める思いに導かれて、とっくの昔にメガラかボイオティアに行っているだろうから。」プラトンはここで二つの原因、つまり、目的因と外的原因（化学的過程、機械的過程、等々）を的確に対比し、意識をもった人間の事例に即して二つを混同する愚を指摘しています。アナクサゴラスは目的因を立て、そこから出発するかに見えながら、それをただちに放りだしてまったく外的な原因に目をむけます。「骨や筋肉を原因と名づけるのはまったくまずい（まちがっている）。骨や筋肉などいまわたしのもつものをもたなければ、最善と思うことを実行できないだろう、というのはまったく正しい。しかし、わたしの行為――知性をともなう行為――を、わたしが最善と思うものを選択したがゆえに実行するのではなく、骨や筋肉のゆえに実行するのだとだれかが主張するとすれば、それは思慮なきものというほかはない。本当の原因とその原因を実効あらしめるもの（条件）とを区別できないのだから。」プラトンの批判は、アナクサゴラスの知性《ヌース》が形式的なものにとどまる点にむけられています。

行為の原因を説明するのに目的を見うしなった愚を示すものとして、プラトンのもちだした例は適切なものです。が、例が意識的な選択の領域に生じる思慮深いもので、無意識の目的ではないだけに、どんな場面にもあてはまるとはいえない。(α)アナクサゴラスの知性《ヌース》を批判するにあたって、一般に、アナクサゴラスがその知性《ヌース》を実在界に適用しなかったことが指摘されています。が、(β)ソクラテスの的を射た批判も、極端に走りすぎて、自然にたいする原因を求めるのに、自然に即した原因ではなく、自然の外部にある意識に一般に見出される原因をもちだすとすれば、当を得たものとはいえない。というのも、善なるものや美なるものは意識そのものが考えだしたものであり、目的や目的にかなう行為も、さしあたり自然の行為ではなく意識の行為だからです。いいかえれば、自然のうちに目的を設定するかぎり、目的そのものは自然のもとにあるのではなく自然の外に（わたしたちの判断のうちにのみ）あるので、自然のもとにあるのは自然の原因と名づけられるもの、つまり、自然をとらえようとしてわたしたちが探求し提示する内在的原因だけだからです。この区別に従えば、ソクラテスの例でも、かれの意識的な行為の目的ないし理由と、現実の行為の原因とが区別できるので、後者はもちろんかれの骨、筋肉、神経、等々のうちに求められます。自然を観察するのに目的を――自然の存在たる目的ではなく、わたしたちの考えだす目的を――追放するとすれば、任意の目的論的自然観はすべて追放される。たとえば、草が生長するのは、動物がそれを食べるため、そして、動物が存在し草を食べるのは、人間が動物を食べるため、といった自然観。木の目的は、実を食べられ暖房用の木を提供することにある、とか、多くの動物の毛皮はあたたかい着物になるためにある、とか、北方の海が材木を岸に流れよせるのは、北方の岸辺では木が生長せず、住民が流木を確保する必要があるからだ、といった自然観。このように考えられた目的ないし効用は、自然そのものには直接かかわりません。つまりここでは、事物の自然なありかたがそのまま観察されているのではなく、事物が直接にかかわりのない他のものと関係づけられているにすぎない。木や草は自然物として独立に存在するので、草が食べられるためにあるといった目的論は草そのものとは関係がない。ちょうど、人間が動物の毛皮を着ることが動物とは直接に関係がないように。

こうした目的論的自然観がそもそもアナクサゴラスにはないのを、ソクラテスは批判しているようにも見えます。ただ、わたしたちのよく目にするこうした効用や目的のとらえかたは、人間にとって当然の見かたともいえる反面、唯一の見かたではないし、プラトンもそういう見かたをしているとは思えない。(α)善（効用）や目的が存在のうちにはなく、それを思いうかべる人間のうちにしかないという一面的な見かたを捨て、この図式を離れてその本質をとらえようとすれば、そこに、全存在をつらぬく普遍的なもの、類的なもの、理念があらわれる。これこそ真の原因であり、自分に還っていく原因です。普遍的な目的とは、なによりも第一に存在するものであり、運動の出発点でも帰着点でもあり、現実にあらわれる以前に目的として思いうかべられるだけでなく、実在そのもののうちにあるものです。実現の運動は総体的な現実があらわれる過程にほかならず、動物や植物にあっては、その本質は種属（類）であり、種属（類）一般が運動のはじまりであり目的です。種属（類）の総体が植物や動物にとっての全体であり、しかも、この全体は植物や動物の外部にあるものではなく、植物や動物がみずからつくりだすものです。つまり、全体がまずはじめにあり、第一のものであり、自分自身を生みだすものです。そういう意味でそれは普遍的な目的であり、生成のうちに存在するものです。理念は実在とちがう内容や外見をもつ特別のものではありません。

普遍的理念は、(a)生みだされていないあいだは、目的と呼ばれる。たとえば芽や種や仔がいまだ実現されない普遍的な目的です。(b)目的への運動をひきおこす実現過程は、目的と切り離されたものではなく、芽や仔は、すでに自分が潜在的にそれであるものに、――つまり植物や動物になる。実現以前と実現体との対立は可能的なものと現実的なものとの形式的対立にすぎず、実現にむかう活動と生みだされた結果は同じものです。実現の運動は対立をくぐりぬけてすすみますが、その運動過程は普遍的なものを否定する面をもちます。つまり、普遍的な種属が個々の動植物として実現されると、そこには普遍と個の対立が生じる。たとえば、生物の種属は雄性と雌性の対立をもつものとして実現される。が、雄も雌も本質が種属であることにかわりはない。個々の生物は個体としての自己保存をめざし、食べたり飲んだりするが、そうした活動はじつは種属を実現するものです。個体は死滅するが、種属だけはたえず生みだされる。植物はいつも同じ植物しか生みださないので、普遍的な種属こそが基盤です。

(β)つぎに、端的に自然的原因と呼ばれるものと目的因とのちがいを明確にしなければなりません。個体をそれだけ取りだして、もっぱらその運動や運動の一局面を観察すれば、そこに自然的原因なるものがあらわれる。たとえば、この生物はどこから生まれたか、と問えば、この生物の父と母の生殖によって、と答えられ、この果実の原因はなにか、と問えば、樹液が蒸溜されてちょうどその果実ができた、と答えられる。こうした答えは、たがいに対立する個体のうちのいずれかを原因として提示するが、しかし個体の本質は種属です。ただ、自然は種属を種属として示すことができない。生殖の目的は個体の存在を廃棄することにあるが、個体の廃棄のあとにあらわれてくるのは普遍的な種属ではなく、べつの個体です。骨、筋肉などが運動をもたらすとき、それらは原因といわれますが、骨や筋肉自身もまたべつの原因によって動かされるので、連鎖は無限です。が、普遍的な種属はそれらを契機としてうちにふくみこむので、それらが運動の原因としてあらわれるにしても、それらをささえる基盤は種属という全体にある。個体が第一のものではなく、植物の樹液等々が行きつく結果こそが第一のものです。植物の生成過程において、それは産物としてのみあらわれ、はじめとおわりをなす種子とはべつの個体に見えるが、本質は変わらないのです。

(γ)そうした種属はそれ自身が特定の種属であり、とすれば、他の種属と、たとえば、植物という種属や動物という種属と関係せざるをえません。普遍化が前進するわけです。それが外的な目的論としてあらわれると、植物が動物に食べられ……という形を取るが、これは植物という種属の限界を示すものです。つまり、土は植物のうちに、植物は動物のうちに、動物は意識存在のうちに、実現の絶対的目標をもつというわけです。こうして全体の体系がつくられ、各種属は他に移行するものとなる。ここには二重の見かたがあらわれています。(a)それぞれの種属は内部で円環をなし、植物や動物にはそれなりにめざすところがある。(b)全体のめざすところがあって、そのなかでは各種属は契機にすぎなくなる。たとえば、動物をたんに外的な目的のために存在するもの、他の役に立つだけのものと一面的にとらえれば、この他のものが本質であり、絶対的な目的となる。が、一方、たとえば植物を絶対的な自然物、自己目的体、自己完結し、自己にのみ関係するもの、ととらえるのも、——たんなる食料、たんなる衣服ととらえるのとはべつの意味で——一面的です。種属が自己完結した円環をなすのはたしかですが、完結したあとではべつの円環へと移行してもいく。ちょうど、一点を中心に回転する渦が、それを取りこむもっと大きな円の周上に位置している、といった図を思いうかべるといいのです。

目的（善）が普遍的といわれるものです。普遍的なもの（共通の善）はよいものです。ソクラテスはいつも善ないし目的を問題にする。ソクラテスのいう目的という形式は、アナクサゴラスの知性《ヌース》を包むものです。物の本性は概念に従って認識されねばならない、ということき、概念とは、物を独立に、それとして観察することです。概念とは、物の本来のありかたのことです。概念は実現され、変化もしますが、他とのからみあいのなかでも自己を維持するものであり、自然的原因の介入を阻止するものです。こうした概念が目的です。目的とは一見すると事物の外部にあるもので、事物はその目的に役立つものと考えられる。が、これは事物自身の目的ではなく、外来の目的にすぎない。わたしたちはそのような外的な目的を考えるわけにはいかない。わたしたちが世界の最終目的というとき、それは世界に内在する目的のことなのです。（外的な最終目的といったものももちろん考えられなくはありませんが。）

以上の説明は余談ではなかった。というのも、今後の哲学的思索は、——これまでの哲学的思索が存在や存在する契機および運動を問題としてきたのにたいして、——もっと普遍的なものの領域へと足をふみいれるからです。ただし、移行するといっても、存在が廃棄されて、存在に対立する意識への移行がおこなわれる、と考えるわけにはいかない。そんな普遍なら、哲学的思索の名に値しない。普遍的なものは自然に内在しなければならない。知性《ヌース》が世界をつくり、世界を秩序づけると考えるとき、あるいは、個々の意識の活動が一方にあって、むこう側に現実や物質があって、その現実や物質を意識が形成し分割し秩序づけると考えるとき、わたしたちは悪しき二元論に陥っているので、むしろ、普遍的な思想は哲学においてはこうした対立を超えて存在するとしなければならない。存在が絶対的な抽象物であり、純粋な思想であったことを思いおこせば、存在（純粋な存在）そのものが普遍的であるのはいうまでもない。ただ、存在が存在として対象化されるとき、それは自己のうちへと反省する思考に対立するものとなり、わたしたちの内面に対立するものとなる。が、この反省はむしろ、普遍的なものが直接自分のもとでおこなうものと考えるべきです。

結局、古代人はここにまでたどりついた。成果は多くないように見えます。「普遍」といっても内容は貧弱で、みんながそのことばは知っているが、それが本質をなすことは知らない。感覚的なものが目に見えないもの（超感覚的なもの）だとまでは考えられるようになったが、その積極的内容はあきらかではない。述語なき絶対者はたんなる否定の積み重ねにすぎず――今日では常識的な絶対者像以上のものではなく――、それを広く思考するという積極性はまだ見られない。アナクサゴラスの知性《ヌース》に至って、ようやく、自己を維持しつつ内容を自分の手で打ち立てる普遍者、絶対者が登場してきたのです。

思想の発見とともに哲学史の第一章は幕を閉じ、わたしたちはこの原理を携《たずさ》えて第二期にはいります。第一期の収穫はあまり多くはありません。そこに特別の知恵がふくまれると考える人もあるが、思考はまだ若く、内容はまだ抽象的で貧弱です。思考はわずかのことをあきらかにしたにすぎず、しかも、それをもちこたえられない。水、存在、数、等々の原理はもちこたえられず、普遍的なものの登場が要請された。アナクサゴラスに至ってはじめて、普遍的なものが自己自身を明確にする活動としてあらわれます。

とはいえ、普遍的なものはやはり存在と対立し、意識そのものが存在との関係のうちにとらえられています。意識のありかたは、実在をどう定義するかによって決まってくる。この点でアナクサゴラスはまだまだ不十分で、というのも、(α)思考が実在だと認識しながら、この思考そのものを物質のもとで展開してみせることがないし、(β)したがって、物質は思考を欠いた無数の部分均質体がそれだけで集まったもの、つまり、それ自体で存在する無数の感覚的存在（部分均質体）の集積にすぎないからです。意識と実在との関係も不確定で、アナクサゴラスは一方で、思考と理性的認識のうちにのみ真理がある、といいつつ、他方、それ自体で存在する部分均質体が感覚によってとらえられることを認めています。

セクストスの引用によると、アナクサゴラスは、(α)知性《ロゴス》が真理の基準であるとし、「感官はその弱さゆえに真偽を判断できない」と考える。弱いというのは、部分均質体は無限に小さいもので、感官はそれをとらえることができず、また、それが頭で考えられた観念的なものだとわからないからです。感官の弱さをいう有名な例に、「雪は黒い。なぜなら雪は水であり、「水は黒いから」というかれの主張がありますが、ここでは、真理の根拠が提示されています。

(β)べつの所では、アナクサゴラスは、対立物の中間になにかがあり、したがって一切は偽である。なぜなら、対立物の双方が混合されると、混合物は善でも非善でもなく、したがって真理をふくみようがないからだ、といっています。また、アリストテレスによると、弟子にたいするかれの格言の一つに、物は自分たちがとらえる(自分たちにあらわれる)通りに存在する、というのがあったといいます。この格言は、物質的存在は本来の存在たる部分均質体の集積なのだから、感覚による知覚こそが事物のありのままをとらえるのだ、という考えにもとづくのかもしれません。

が、そのあたりの事情ははっきりしません。いずれにせよ、ここに、意識と存在との発展が、いいかえれば、真理を認識するとはどういうことかという方向への発展が開始されます。精神が思考こそ本質だと言明するに至ったとすれば、本質は意識そのもののうちに、――それ自体で存在するとともに、意識のうちにも、――存在することになる。本質は意識に認識されるかぎりで実在し、知られることがその本質をなす。精神は自分以外のところに本質をさがす必要はなく、自分自身のうちにさがせばよい。これまで自分とはちがうものと見えていたものがじつは思考なのであり、本質はむしろ意識そのもののもとにあるからです。が、存在と対立するこの意識は個別意識です。そして、個別意識の登場とともにじつはそれ自体である存在は廃棄されている。というのも、それ自体である存在は、対立するものでも個別的なものでもなく、普遍的なものだからです。それは認識もされますが、いまや、存在するものは認識のうちにしかなく、いいかえれば、意識に認識される存在以外のなにものでもありません。普遍的なものがこのように発展して、本質がまったく意識の側に移行したありさまを表現するのが、ソフィストたちのさまざまな哲理です。普遍的なものの否定的な性質が発展したものとして、わたしたちはこの哲理をとらえることができます。

*本書は、一九九二年一月に小社より刊行された『哲学史講義』上巻第一部第一篇第一章までを加筆・修正し、文庫化したものです。

Georg Wilhelm Friedrich Hegel :
Vorlesungen über die Geschichte der Philosophie

哲学史《てつがくし》講義《こうぎ》 I

二〇一六年 九 月一〇日 初版印刷
二〇一六年 九 月二〇日 初版発行

著 者 G・W・F・ヘーゲル
訳 者 長《は》谷《せ》川《がわ》宏《ひろし》
発行者 小野寺優
発行所 株式会社河出書房新社
〒一五一-〇〇五一
東京都渋谷区千駄ヶ谷二-三二-二
電話〇三-三四〇四-八六一一（編集）
〇三-三四〇四-一二〇一（営業）
http://www.kawade.co.jp/

ロゴ・表紙デザイン 粟津潔
本文フォーマット 佐々木暁
本文組版 株式会社創都
印刷・製本 凸版印刷株式会社

Printed in Japan ISBN978-4-309-46601-9

サイバースペースはなぜそう呼ばれるか＋　東浩紀アーカイブス2

東浩紀　41069-2

これまでの情報社会論を大幅に書き換えたタイトル論文を中心に九十年代に東浩紀が切り開いた情報論の核となる論考と、斎藤環、村上隆、法月綸太郎との対談を収録。ポストモダン社会の思想的可能性がここに！

郵便的不安たちβ　東浩紀アーカイブス1

東浩紀　41076-0

衝撃のデビュー「ソルジェニーツィン試論」、ポストモダン社会と来るべき世界を語る「郵便的不安たち」など、初期の主要な仕事を収録。思想、批評、サブカルを郵便的に横断する闘いは、ここから始まる！

正法眼蔵の世界

石井恭二　41042-5

原文対訳「正法眼蔵」の訳業により古今東西をつなぐ普遍の哲理として道元を現代に甦らせた著者が、「眼蔵」全巻を丹念に読み解き、簡明・鮮明に道元の思想を伝える究極の道元入門書。

文明の内なる衝突　9.11、そして3.11へ

大澤真幸　41097-5

「9・11」は我々の内なる欲望を映す鏡だった！　資本主義社会の閉塞を突破してみせるスリリングな思考。十年後に奇しくも起きたもう一つの「11」から新たな思想的教訓を引き出す「3・11」論を増補。

日本

姜尚中／中島岳志　41104-0

寄る辺なき人々を生み出す「共同体の一元化」に危機感をもつ二人が、日本近代思想・運動の読み直しを通じて、人々にとって生きる根拠となる居場所の重要性と「日本」の形を問う。震災後初の対談も収録。

軋む社会　教育・仕事・若者の現在

本田由紀　41090-6

希望を持てないこの社会の重荷を、未来を支える若者が背負う必要などあるのか。この危機と失意を前にし、社会を進展させていく具体策とは何か。増補として「シューカツ」を問う論考を追加。

退屈論
小谷野敦　40871-2

ひとは何が楽しくて生きているのだろう？　セックスや子育ても、じつは退屈しのぎにすぎないのではないか。ほんとうに恐ろしい退屈は、大人になってから訪れる。人生の意味を見失いかけたら読むべき名著。

心理学化する社会　癒したいのは「トラウマ」か「脳」か
斎藤環　40942-9

あらゆる社会現象が心理学・精神医学の言葉で説明される「社会の心理学化」。精神科臨床のみならず、大衆文化から事件報道に至るまで、同時多発的に生じたこの潮流の深層に潜む時代精神を鮮やかに分析。

定本　夜戦と永遠　上
佐々木中　41087-6

『切りとれ、あの祈る手を』で思想・文学界を席巻した佐々木中の第一作にして主著。重厚な原点準拠に支えられ、強靭な論理が流麗な文体で舞う。恐れなき闘争の思想が、かくて蘇生を果たす。

定本　夜戦と永遠　下
佐々木中　41088-3

俊傑・佐々木中の第一作にして哲学的マニフェスト。厳密な理路が突き進められる下巻には、単行本未収録の新論考が付され、遂に定本となる。絶えざる「真理への勇気」の驚嘆すべき新生。

思想をつむぐ人たち　鶴見俊輔コレクション1
鶴見俊輔　黒川創〔編〕　41174-3

みずみずしい文章でつづられてきた数々の伝記作品から、鶴見の哲学の系譜を軸に選びあげたコレクション。オーウェルから花田清輝、ミヤコ蝶々、そしてホワイトヘッドまで。解題＝黒川創、解説＝坪内祐三

現代文訳　正法眼蔵　1
道元　石井恭二〔訳〕　40719-7

世界の哲学史に燦然と輝く道元の名著を、わかりやすく明晰な現代文で通読可能なテキストにした話題のシリーズ全五巻。第一巻は「現成公按」から「行持」まで、道元若き日のみずみずしく抒情的な思想の精髄。

道徳は復讐である　ニーチェのルサンチマンの哲学

永井均　40992-4

ニーチェが「道徳上の奴隷一揆」と呼んだルサンチマンとは何か？　それは道徳的に「復讐」を行う装置である。人気哲学者が、通俗的ニーチェ解釈を覆し、その真の価値を明らかにする！

なぜ人を殺してはいけないのか？

永井均／小泉義之　40998-6

十四歳の中学生に「なぜ人を殺してはいけないの」と聞かれたら、何と答えますか？　日本を代表する二人の哲学者がこの難問に挑んで徹底討議。対話と論考で火花を散らす。文庫版のための書き下ろし原稿収録。

後悔と自責の哲学

中島義道　40959-7

「あの時、なぜこうしなかったのだろう」「なぜ私ではなく、あの人が？」誰もが日々かみしめる苦い感情から、運命、偶然などの切実な主題、そして世界と人間のありかたを考えて、哲学の初心にせまる名著。

集中講義　これが哲学！　いまを生き抜く思考のレッスン

西研　41048-7

「どう生きたらよいのか」——先の見えない時代、いまこそ哲学にできることがある！　単に知識を得るだけでなく、一人ひとりが哲学するやり方とセンスを磨ける、日常を生き抜くための哲学入門講義。

対談集　源泉の感情

三島由紀夫　40781-4

自決の直前に刊行された画期的な対談集。小林秀雄、安部公房、野坂昭如、福田恆存、石原慎太郎、武田泰淳、武原はん……文学、伝統芸術、エロチシズムと死、憲法と戦後思想等々、広く深く語り合った対話。

南方マンダラ

南方熊楠　中沢新一〔編〕　42061-5

日本人の可能性の極限を拓いた巨人・南方熊楠。中沢新一による詳細な解題を手がかりに、その奥深い森へと分け入る《南方熊楠コレクション》第一弾は、熊楠の中心思想＝南方マンダラを解き明かす。

森の思想

南方熊楠　中沢新一〔編〕　42065-3

熊楠の生と思想を育んだ「森」の全貌を、神社合祀反対意見や南方二書、さらには植物学関連書簡や各種の論文、ヴィジュアル資料などで再構成する。本書に表明された思想こそまさに来たるべき自然哲学の核である。

道元

和辻哲郎　41080-7

『正法眼蔵』で知られる、日本を代表する禅宗の泰斗道元。その実践と思想の意味を、西洋哲学と日本固有の倫理・思想を統合した和辻が正面から解きほぐす。大きな活字で読みやすく。

クマのプーさんの哲学

J・T・ウィリアムズ　小田島雄志／小田島則子〔訳〕　46262-2

クマのプーさんは偉大な哲学者⁉　のんびり屋さんではちみつが大好きな「あたまの悪いクマ」プーさんがあなたの抱える問題も悩みもふきとばす！　世界中で愛されている物語で解いた、愉快な哲学入門！

千のプラトー　上・中・下　資本主義と分裂症

G・ドゥルーズ／F・ガタリ　宇野邦一／小沢秋広／田中敏彦／豊崎光一／宮林寛／守中高明〔訳〕　46342-1　46343-8　46345-2

ドゥルーズ／ガタリの最大の挑戦にして、いまだ読み解かれることのない二十世紀最大の思想書、ついに文庫化。リゾーム、抽象機械、アレンジメントなど新たな概念によって宇宙と大地をつらぬきつつ生を解き放つ。

哲学の教科書　ドゥルーズ初期

ジル・ドゥルーズ〔編著〕　加賀野井秀一〔訳注〕　46347-6

高校教師だったドゥルーズが編んだ教科書『本能と制度』と、処女作「キリストからブルジョワジーへ」。これら幻の名著を詳細な訳注によって解説し、ドゥルーズの原点を明らかにする。

哲学とは何か

G・ドゥルーズ／F・ガタリ　財津理〔訳〕　46375-9

ドゥルーズ＝ガタリ最後の共著。内在平面―概念的人物―哲学地理によって哲学を総括し、哲学―科学―芸術の連関を明らかにする。限りなき生成／創造へと思考を開く絶後の名著。

ニーチェと哲学

ジル・ドゥルーズ　江川隆男〔訳〕　46310-0

ニーチェ再評価の烽火となったドゥルーズ初期の代表作、画期的な新訳。ニーチェ哲学を体系的に再構築しつつ、「永遠回帰」を論じ、生成の「肯定の肯定」としてのニーチェ／ドゥルーズの核心をあきらかにする著。

フーコー

ジル・ドゥルーズ　宇野邦一〔訳〕　46294-3

ドゥルーズが盟友への敬愛をこめてまとめたフーコー論の決定版。「知」「権力」「主体化」を指標にフーコーの核心を読みときながら「外」「襞」などドゥルーズ自身の哲学のエッセンスを凝縮させた比類なき名著。

ドゥルーズ・コレクション Ｉ　哲学

ジル・ドゥルーズ　宇野邦一〔監修〕　46409-1

ドゥルーズ没後20年を期してその思考集成『無人島』『狂人の二つの体制』から重要テクストをテーマ別に編んだアンソロジー刊行開始。１には思考の軌跡と哲学をめぐる論考・エッセイを収録。

ドゥルーズ・コレクション II　権力／芸術

ジル・ドゥルーズ　宇野邦一〔監修〕　46410-7

『無人島』『狂人の二つの体制』からのテーマ別オリジナル・アンソロジー。フーコー、シャトレ論、政治的テクスト、芸術論などを集成。ドゥルーズを読み直すための一冊。

ピエール・リヴィエール　殺人・狂気・エクリチュール

M・フーコー編著　慎改康之／柵瀬宏平／千條真知子／八幡恵一〔訳〕　46339-1

十九世紀フランスの小さな農村で一人の青年が母、妹、弟を殺害した。青年の手記と事件の考察からなる、フーコー権力論の記念碑的労作であると同時に希有の美しさにみちた名著の新訳。

服従の心理

スタンレー・ミルグラム　山形浩生〔訳〕　46369-8

権威が命令すれば、人は殺人さえ行うのか？　人間の隠された本性を科学的に実証し、世界を震撼させた通称〈アイヒマン実験〉——その衝撃の実験報告。心理学史上に輝く名著の新訳決定版。